国家社科基金项目《宋朝贫富冲突与调控机制研究》（21bzs056）阶段性成果

# 北宋贫困及其应对研究

康文籍 著

 吉林大学 出版社

·长春·

图书在版编目（ＣＩＰ）数据

北宋贫困及其应对研究 / 康文籍著 . -- 长春 : 吉
林大学出版社，2022.11
ISBN 978-7-5768-1160-5

Ⅰ . ①北… Ⅱ . ①康… Ⅲ . ①贫困问题 – 研究 – 中国
– 北宋 Ⅳ . ①F129.441

中国版本图书馆 CIP 数据核字（2022）第 226490 号

| 书　　　名 | 北宋贫困及其应对研究 |
| --- | --- |
| | BEI SONG PINKUN JI QI YINGDUI YANJIU |

# 前 言

众所周知，贫困问题是伴随私有制的出现而产生的。不过，自魏晋以迄隋唐，国家与社会大体上呈现出一体化格局，大量社会下层得以依赖于体制而生存。在这种情况下，国家对社会下层的保障责任通过授予土地而履行完毕，个体的贫困自然不会成为社会特别关注的问题，除非出现大规模、临时性的贫困，如大规模饥荒，才能引起社会的关注和国家的干预。由唐入宋，社会发生明显变动，被称为唐宋变革时期。其中最主要的转变是国家与社会关系的调整，即国家与社会的关系由一体化逐渐转向分离，国家取消授田，土地自由买卖，工商自谋出路，原来依附于体制生存的社会各阶层被划分为体制内外两大类。体制内，在权力分配格局之下，处于政治等级底端的群体中出现大量贫困人口。体制外，由于均田制的废除和土地自由交易的确立，乡村中失去土地依靠的大量农民或者滞留乡村成为佃农，或者流入城市成为雇工，扩大了社会贫富差距，造成了事实上的大量贫困人群；城市中远离权力中心的小工商业者和雇工在商品经济发展的背景下，在激烈的市场竞争中处于劣势地位，也造成了大量贫困人群。在体制变动的推动下，社会贫困引起了政府和社会的关注，即贫困在北宋成为了一个全新的社会类别，必须予以干预。

梳理学界已有研究成果可见，中国历史上的贫困问题受到关注已久，但却并未被视为一个独立的社会问题予以提出，也尚未形成关于贫困问题的系统性研究。因此，本书以北宋贫困问题为切入点，系统梳理北宋贫困的类型，以及不同主体对于不同贫困类型的认知和应对，试图考察在唐宋变革之下的北宋社会的深层状况。通过本研究，希望有助于加深对宋朝时代主题和唐宋变革的理解，并进一步加深对中国古代历史发展线索的理解。同时，对于北宋贫困及其应对问题的研究，也有助于理解当代中国社会的贫困问题，总结符合中国历

发展脉络的贫困应对逻辑是了解中国现代贫困治理历史逻辑的重要基础。

贫困是一个系统的概念，根据不同的致因可以划分为多个类型。针对这个问题，本书主体分为三个部分。

第一部分是社会性贫困，探讨由社会制度和社会结构不合理而导致的群体性贫困状态，以及宋人对此类贫困的认知与应对问题。社会性贫困者主要包括两个类别：一是由于社会制度不合理造成的制度性贫困者。一方面，北宋不立田制，土地兼并愈加激烈，大量农民失去土地成为乡村贫困群体，必须部分或完全租种地主土地以营生，他们要承担政府摊派的沉重赋役，还要接受地主在田租分配上的不公和压榨；另一方面，在城市经济繁荣的吸引之下，大量失地农民进入城市，成为城市小工商业者和雇工，为城市经济发展提供了基础劳动力，同时也和城市中原有的社会下层一起组成了更加庞大的城市贫困群体。二是由于社会结构不合理造成的结构性贫困者。在国家与社会分离的结构之下，社会各阶层被划分为体制内和体制外两大类。一方面，体制内按照权力等级进行财富分配，低等级人员除了在正当分配中所得极少，同时还要承受高等级人员的压榨和掠夺而陷入贫困状态；另一方面，体制外通过商品市场分配财富，以乡村农民和城市小工商业者与雇工为代表的社会下层在市场竞争中多处于劣势地位，同时还要受到体制内权力所有者的倾轧和体制外大资本所有者的压迫，进一步加重其贫困程度。面对社会性贫困，北宋民众、精英和政府从不同的立场出发，形成了各自的贫困认知，并在认知基础上予以应对。民众基于宿命论的文化认知，积极求助于"神明"，同时推动道德性舆论对政府和富人提出一定的救济要求；在现实层面，民众多将贫困致因指向富人和政府，要求富人和政府减少对贫民的剥削。精英基于天命说宣扬贫富有命，基于民本思想和贫富相资观念对政府和富民提出救济要求；同时，在现实层面，精英主张调整社会制度和社会结构，也积极推动具体救济活动。政府在认知与应对的文化层面与精英保持了极高的一致性；而在现实层面，政府通过直接的行政干预和提倡民间互助的方式予以应对。

第二部分是环境性贫困，探讨由自然环境及其引发的自然灾害对生产与生活造成损害而导致的贫困状态，以及宋人对此类贫困的认知与应对问题。环境性贫困者主要包括两个类别：一是由于区域性自然地理环境尤其是土壤环境不

利于生产与生活造成的地理性贫困者。较之前代，北宋疆域面积缩小，人口大幅度增加，人均耕地面积下降。为了开垦荒地，宋人大规模地向山区和湖泊进发。因此，由于自然环境而影响生产和生活的贫困人口更多了，也成为了国家和社会关注的新的社会类别。二是由于自然灾害影响生产生活而造成的灾害性贫困者。北宋时期灾害频繁，同时，由于社会的下层群体大多处于常态的贫困状态，其在面临灾害时的风险抵御能力极为不足，因此灾害来临时，陷入灾害性贫困的社会群体更加广泛。面对环境性贫困，北宋民众、精英和政府从不同的立场出发，形成了各自的贫困认知，并在认知基础上予以应对。民众基于宿命论和强烈道德性色彩的文化认知，主要通过求"神"祈祷的方式以求消弭灾害，并通过宣扬报应说以形成社会舆论推动富人的救济。在现实层面，针对地理性贫困，民众努力垦荒，因地制宜改善土壤环境，提高单位面积产量；针对灾害性贫困，民众通过自救、互助和求助等多种现实途径应对灾害造成的损失。精英认为灾害是由于阴阳失和而致，而其根源在于施政不当和社会道德的缺失，因此会通过祈祷祭祀等方式乞求消弭灾害。在现实层面，针对地理性贫困，精英劝农勤劳耕稼，组织民众兴修水利，推动农业发展；针对灾害性贫困，精英认为民众不知积蓄、富人闭粜不出和政府救济不力是重要的致因，积极推动政府救济和民间救济活动。政府基于"阴阳五行"和"天人感应"观念，在文化层面采取祈祷、虑囚、避殿减膳等方式以求消弭灾害。在现实层面，针对地理性贫困，政府组织兴修水利，劝农勤劳耕垦，减轻贫困者负担；针对灾害性贫困，政府劝谕民众在常态下注重积蓄，积极救助受灾贫困者，鼓励和劝导民间互助，并形成制度化政策。

　　第三部分是个体性贫困，探讨由个体自身因素造成其在社会竞争中处于劣势而导致的贫困状态，以及宋人对此类贫困的认知与应对问题。个体性贫困者主要包括两个类别：一是由其年龄、性别以及身体状况等因素造成社会竞争力不足的先天性贫困者。一方面，北宋人口快速增长、战乱动荡增多与灾害频发致使其群体扩大和人数增多；另一方面，北宋家庭组织结构和社会基层组织结构变化致使针对该社会群体的血缘保障和地缘保障较为松弛，国家和社会关系变动又导致其难以得到体制的稳定庇护，于是这些社会竞争力不足的体制外弱势群体就更容易陷入贫困状态。二是由其个人品性、个人能力以及个体选择造成社会竞争力不足的后天性贫困者。一方面，北宋商品经济繁荣，体制外的社会竞争空前激烈，对参与竞争的市场主体的个人材性和社会资源都提出了更高的要求，社会贫富分化加剧，在激烈的竞争之下处于劣势的市场参与者自然更多处于贫困状态；另一方面，面对激烈的市场竞争，不论是体制内还是体制外，都存在部分因个人选择而安于现状的贫困者。面对个体性贫困，北宋民众、精英和政府从不同的立场出发，形成了各自的贫困认知，并在认知基础上予以应对。民众基于宿命论的文化认知，通过文化方式进行自我精神慰藉和推动道德性社会舆论以要求政府和富人进行贫困救济。在现实层面，民众认为这是个体品性和能力问题，主要通过个人奋斗和民间互助的方式进行应对。精英基于天命说主张贫困天定，同时亦通过宣扬仁义道德推动富人救济。在现实层面，精英基于材性说赞同一定程度的贫富差距，同时亦积极推动政府保障和民间慈善活动。政府从文化层面认为近亲缺失和邻里疏远是造成先天性贫困的主要原因，同时通过劝勤、劝俭的文化方式引导后天性贫困者。在现实层面，政府对先天性贫困者予以优待、救济，并在此基础上建成一套系统的福利救助机构，形成了制度性救济法令。

在对贫困进行分类研究的基础上，本书进一步探讨北宋贫困的时空特点及其影响因素。从结构角度看，北宋贫困作为新的社会类别具有突出的时代特点，三种贫困类型之间既有明显差异也有交织重合；从纵向角度看，随着人均耕地减少、土地兼并加剧、商品经济发展和政府财政压力增大，北宋贫困人口不断扩大，贫困问题愈加凸显；从横向角度看，北宋贫困问题受到各区域人均耕地状况、赋役负担、自然地理环境与社会风俗的影响，呈现出不均衡的区域分布特点。与此同时，伴随着贫困成为北宋突出的社会问题，也引起了政府和社会各阶层的关注和一定程度的干预。因此，本书对宋人的贫困认知和贫困应对进行了总结。民众、精英和政府三个层面的社会主体，从各自的利益诉求和权力关系出发，分别形成了对于贫困的认知和应对逻辑，并共同推动了北宋济贫事业的兴起和社会保障的转型。其中，伴随权利意识的初步觉醒，民众基于对现实生活的切身体验，对贫困问题进行道德性界定，形成主要指向富人和政府的伦理性贫困认知，进一步推动精英与政府对贫困问题的关注和干预。精英基于对社会现实的关注和分析，对贫困问题进行学理性认知，形成关于贫困问题的

理论构建，促使其对国家体制和社会结构进行反思和改良，进一步推动政府性社会保障的建设和民间慈善活动的兴起。政府基于其统治策略的转变，将贫困问题纳入其社会责任之中形成法理性认知，通过法律制度的形式推动政府性社会保障的转变和民间慈善活动的兴起。

# 目 录

# 绪　论

## 一、研究缘起

作为文明的产物，贫困是一个长期存在的社会现象。在不同历史时期，贫困有着不同的表现形式和社会影响，但都对社会秩序与国家稳定有着毋庸置疑的负面影响。在社会生产力发展不足的时候，贫困是广泛存在的现象，并不构成问题。随着社会生产力的发展，贫富差距拉大，贫困才成为引起人们注意的"贫困问题"。为此，历代都对贫困关注颇多，对贫困的讨论与应对措施不绝于卷。唐宋时期，随着土地制度和赋役制度的变化，商品经济快速发展，社会有了较大的转型，被称为唐宋变革。在国家与社会关系调整的背景下，社会分化和阶层流动加快，社会财富空前增长推动经济性贫富分化加剧，贫民成为新的社会类别，贫困成为突出的社会性问题，并引起政府和民间的广泛关注和讨论，亦从多方面予以干预和应对。

回顾中国古代历史，先秦时期的宗法制之下，社会等级固化，宗法之外的野人群体的贫困是身份性的，被视为理所应当的。而宗法之内的国人群体，有宗族可依赖，其贫困也不被国家和社会所重视。只有那些"人伦缺失者"，即所谓"穷民"，成为国家不可忽视的救济对象。战国时期，在部分商品经济发达地区，由于宗族关系松弛，导致部分社会成员陷入贫困状态，从而开始引起国家关注。《管子·入国》中提到齐国有"通穷制度"："凡国都皆有通穷。若有穷夫妇无居处，穷宾客绝粮食，居其乡党，以闻者有赏，不以闻者有罚。此之谓通穷。"① 不过，这一制度并不普遍，仅见于战国时的齐国，其余各国仍以传统的"鳏寡孤独"等穷民为需要救济的贫困者。秦汉至隋唐，保留了此

---

① 黎翔凤：《管子校注》卷18《入国第五十四》，中华书局，2004年点校本，第1034页。

前时代的身份性特征,有良民与贱民之分。贱民阶层的贫困被视为是正常的,而良民阶层有国家授予的一定数量的土地作为保障,<sup>①</sup>同时还有宗族可以依赖。贫困问题虽因经济发展与土地兼并而日益明显,但尚未突破身份桎梏得到统治者的足够重视。政府仍以赈济穷民为主,其方式,一是通过授予土地,使穷民可以通过雇人耕种而解决基本的生计问题;二是通过定期或不定期的"廪给""赏赐"方式,对穷民予以生活补助;三是通过灾荒期间优先赈济穷民,缓解临时性匮乏。而贫民,汉代已有所规定,是指资产在2万~4万钱以下的家庭,即一般拥有土地50亩以下的家庭。<sup>②</sup>不过,汉代政府对贫民的界定主要运用于饥荒时期的救济,在社会常态下意义不大。由此可见,这一时期的贫困虽已凸显并引起了关注,但尚不具有事实层面的社会意义,"穷民"仍是贫困者的主体人群。

迨至宋朝,随着均田制的废除,贫困成为一个必须加以正视和干预的社会问题。除了理论上的讨论,还出现了对贫困进行量化的做法,颇有点类似现代社会贫困线。<sup>③</sup>其标准是指每个家庭户所拥有的土地不足20亩或产业不足20亩等值价值即50贯钱的乡村下户和客户,以及同等条件的城市下户和客户。<sup>④</sup>同时,宋朝的贫困概念有了更多实际意义,社会常态下的救济不再只限于"穷民",也包括"贫民"。"贫"与"穷"这两个概念亦有了合流的趋势,"贫民"与"穷民"的界线逐渐消失。<sup>⑤</sup>在"不立田制"的基础上,宋政府承担起了贫困救济的社会责任,贫困的概念亦发生了转型,具有了更广泛更实际的社会意义。

---

① 关于唐代田制,学界长期存在争议。以邓广铭先生、宋家钰先生等为代表的部分学者认为,唐代均田制并非授田制,而是对土地占有限额的规定。同时,多数学者的观点还是认为唐代是对农民授田的,即均田制包括了限田和授田两个方面的规定。

② 张文:《中国古代乡村社会保障问题研究》,西南师范大学出版社,2015年,第132页。

③ 关于宋朝社会贫困线问题,孙竞、张文《宋代的社会贫困线及其社会意义》(《思想战线》2016年第3期)进行了深入的探讨。

④ 张文:《宋朝社会救济研究》,西南师范大学出版社,2001年,第18页。

⑤ 如宋人每谓某人贫困无状,不再单独使用"贫""尤贫"等概念,而是"贫""穷"合并予以言说。《宋史》卷177《食货志上五》引司马光的话说:"自行免役法以来,富室差得自宽,贫者困穷日甚。"《嘉祐集》卷5《田制》苏洵言:"是以田主日累其半以至于富强,耕者日食其半以至于穷饿而无告。"《水心别集》卷2《民事中》叶适说:"而今也不然,使之穷苦憔悴,无地以自业。"《夷坚志》支丁卷7《张方两酒家》记某人,善造酒,后破败,"而穷困不可复济矣"。

　　唐宋时期，如众所知，这是中国古代社会的一个重要转型期。唐宋转型时期的政治、经济和文化历来受到学界的高度关注，伴随着土地制度与赋役制度的变化，国家制度和社会结构发生了较大的改变，与此同时，国家与社会的关系也发生了转变。关于这一问题，业师张文提出，在唐宋变革之下，国家和社会由一体化模式转为两分化模式。[①]北魏至隋唐，在均田制的基础上，社会财富的分配相对均衡。虽然社会贫富分化明显，但社会矛盾主要集中在政治性的身份等级之上，而非财富方面。这一时期，乡村农民由国家授予土地，并藉由较为固定的土地营生，受到国家体制的庇护，并向国家承担赋役；城市亦处于政府的控制之下，城市商品经济发展有限，工商业者也受到官府管理。总的来说，社会各阶层均依托于国家体制之下，国家与社会是"一体化"的关系。在国家与社会一体化格局之下，均田制、租庸调制、府兵制等一系列制度保障着各阶层的相对稳定，无论是乡村的农民还是城市的小工商业者，大多能依附体制维持基本的生存。自唐代施行两税法后，土地制度和赋役制度的改变，商品经济快速发展，社会发生变革，世家大族日趋衰落，固有的身份性等级秩序松动，国家社会一体化格局也开始动摇。

　　至宋，国家取消授田，土地自由买卖，工商自谋出路，都意味着旧有格局被打破，国家与社会的关系从一体化转为分离。原来均依附于国家体制的各阶层被区分为体制内与体制外两部分。体制内人员以皇室宗亲、官僚士大夫、军人等为主，他们可以依附于体制，凭借政治身份和政治权力获得相应的财富；体制外人员以地主、工商业者、自耕农、佃农及其他社会下层为主，他们失去了体制的庇护，只能凭借个体能力和社会资源参与市场竞争而获得财富。同时，传统的注重身份等级的政治社会逐渐转向注重经济差别的商品社会，[②]商品经济发展带来社会财富空前增长，新的财富力量崛起，经济性贫富分化加剧，贫困人口增多。在旧有社会分类方式不足以涵盖新的财富带来的复杂性时，新的类别必然应运而生，[③]于是，贫困成为了国家和社会都必须予以正视并干预的

---

① 所谓体制，是国家机构设置、隶属关系和权限划分等方面的体系和制度的总称。关于唐宋变革下国家-社会两分化的说法，系由业师张文提出，并且在其指导下，孙竞在《北宋城市的贫富差距与收入再分配问题研究》（西南大学博士论文，2016年）一文中对该观点已有阐述。

② 宋朝并非现代意义上的商品社会，而是在传统农耕文明时代下产生的不完全意义的商品社会，即传统农耕之下商业繁荣、重视商业利益的社会状态。

③ 梁其姿：《施善与教化：明清时期的慈善组织》，北京师范大学出版社，2013年版，第17页。

社会问题。

因此，基于对唐宋变革之下的北宋社会的认识，关注北宋贫困及其应对问题，是有其必要性的。

其一，对于宋朝本身来说。宋朝出现了中国古代历史上社会保障的建设高峰，也是民间慈善发端的重要时期，这已经成为了学界共识。这一方面意味着宋朝较之前代更注重对民众的救助，并以此开创了此后影响元、明、清的政府保障和民间慈善传统；另一方面也反映出宋朝社会突出的贫困问题引起了国家与社会的高度关注并必须予以应对。可以说，贫困是反映宋朝社会发展状况与社会结构关系的核心问题之一。因此，对于贫困问题的关注亦即是对宋朝社会核心问题的关注。就两宋而言，北宋和南宋有着明显区别。北宋人口首次突破一亿，商品经济快速发展，社会财富空前增长。同时，北宋处于唐宋变革的关键时期，以土地制度、赋役制度和征兵制度的改变为基础，国家与社会分离，在新的体制逐步确立的过程中，体制内外都出现了一批新的贫困者。而南宋，由于人地矛盾更为尖锐，城市化进程加快，以及持续的战争破坏都使社会的贫困问题愈加凸显，属于另一个复杂类型。我们有必要在对两宋贫困问题的探讨中先进行基础性的研究，对北宋贫困问题进行系统梳理，这不仅有助于下一步对南宋贫困问题的探讨，对于理解宋朝的时代主题也是必不可少的。

其二，对于唐宋转型来说。唐宋是中国传统社会的重要转型期。社会变革反映在各个层面，尤其是政治、经济制度方面的转变是历来最受学界关注的。但是社会变革带来的并不只有积极影响，与此同时也会产生一些新的社会问题，例如社会贫富差距的扩大和贫困人口的大规模增加。贫困在宋朝成为广受关注的新的社会问题，很显然和唐宋时期从社会制度到社会结构的转变密切相关，同时，我们注意到，在北宋社会凸显出来的贫困有着不同的类型，但无一例外都在社会转型之下呈现出新的时代特点。一是体制分化造成了大量处于权力底端的体制内贫困者和远离权力中心同时又处于市场竞争劣势地位的体制外贫困者，二者共同构成了社会性贫困者。二是人口快速增长和土地兼并的发展推动了面向山区湖泊的垦荒行动，增加了自然环境对生产生活的影响范围，增强了宋人对地理环境和自然灾害的感知程度，亦形成了一个新的社会类别即环境性贫困者。三是社会变革让大量原本被束缚于土地之上、依附于家族和乡里的农民得到了更多的自由，但也造成血缘和地缘保障的相对弱化。大量的老幼妇残和其他社会竞争力不足的人群因保障不足而成为个体性贫困者。面对新的社会贫困问题，无论民众还是朝野，都对此进行了一定的思索和探讨、认知和应对。因此，从贫困问题的视角来观察宋朝社会，更有助于我们从制度背后去理解唐宋变革。

其三，对于中国古代历史来说。中国古代历史上灾害频发，[①]高频率的饥荒对于历代社会都有极大的影响。饥荒虽然主要是由灾害所引起的，但其核心问题却是民众的贫困。因为对贫困群体来说，其本身即是处于物质匮乏的状态，缺少必要的粮食和财富储备，抗风险能力较差，遭遇饥荒时往往陷入绝境，甚至家破流离。并且，贫困作为一个社会性问题，必然会影响到国家的政策选择和制度安排。可以说，在某种程度上，中国古代的政治、经济、文化诸方面都长期受到社会贫困的影响。宋朝是中国传统社会贫困问题大规模发生的朝代，其社会贫困现象和朝野上下对于贫困的认知与应对在中国古代社会发展历史中都极具典型性。因此，对于宋朝贫困问题进行学理性研究，有助于理解中国古代传统社会的贫困问题，进而有助于对中国古代历史的核心问题的解读和对中国古代历史发展线索的理解。

其四，对于中国当代社会来说。现实是历史的延续。与唐宋之际的社会转型颇为相似的是，当下的中国也属于转型期社会。改革开放之后，随着社会财富的增长，经济上的贫富差距急剧扩大，贫困问题尤其是相对贫困成为社会发展中不可忽视的突出问题。与之相应，政府和民间社会应当如何认知和应对贫困也成为广受关注的问题。近三十年来，中国在扶贫工作上取得了举世瞩目的成就，尤其是 2020 年底脱贫攻坚战的全面胜利，在 14 亿人口的国家实现了绝对贫困的消除。这一伟大胜利，必然是立足于对中国社会与中国历史深入研究基础上的。因此，对中国社会的贫困问题进行历史性研究，深入探讨中国文化土壤之上的贫困问题与贫困群体，总结符合中国历史发展脉络的贫困应对逻辑，是了解中国现代贫困治理历史逻辑的重要基础。选择北宋这样一个由制度变革推动经济高度繁荣和贫富差距急剧扩大的社会转型期，探讨其具有特殊时代性的贫困及其应对问题，这对于加强对现代中国转

---

① 据邓云特先生研究，中国历史上，"水、旱、蝗、雹、风、疫、地震、霜雪等灾害，自西历纪元前一七六六（商汤十八年）至纪元后一九三七年止，计三七〇三年间，共达五二五八次，平均每六个月强即罹灾一次"。参见邓云特：《中国救荒史》，上海书店，1984 年，第 51 页。

型期贫困问题的理解，总结贫富治理工作经验，防止返贫和推动调整相对贫困问题具有积极的参考和借鉴价值。

基于上述出发点，本研究的目的在于全面考察社会转型时期的北宋贫困问题，从不同的贫困致因出发，对其进行分类归纳。同时，在此基础上以贫困认知为考量，以贫困应对为依归，探讨北宋贫困治理的逻辑和模式。希望借此研究加深对唐宋变革和北宋社会的理解，并进一步深入理解中国古代社会的历史发展逻辑，同时为推动当代相对贫困治理工作提供历史借鉴。

## 二、基本概念

1. 贫困。

西方语境下的 poverty（贫穷、贫困），从广义上来说，指的是包括经济、社会、环境、精神文化等方面的缺乏，狭义贫困仅指财富物质方面的匮乏，这也是学界讨论研究最多的范畴。19 世纪末朗特里（S. Rowntree）最早对贫困下定义，认为贫困是一个家庭的总收入不足以维持其最低生理上的需要。《大不列颠百科全书》将 poverty（贫困）界定为："缺乏通常的或社会上可以勉强过得去的货币数量或物质财产的人的状况。当人们缺少满足基本需要的手段时，称为处于贫穷状况。"[1]《中国大百科全书》中称"贫困"是指"在一定环境下，居民长期内无法获得足够的收入来维持一种生理上要求的、社会文化可接受的和社会公认的基本生活水准的状态。可以分为绝对贫困与相对贫困、狭义贫困与广义贫困、长期贫困与暂时贫困、农村贫困与城镇贫困、长期贫困与个体贫困等"[2]。中国古代语境下，贫与穷并非一个概念。孔子弟子原宪曰"无财者谓之贫"，[3]《说文解字》中谓"贫，财分少也"，[4] 可见"贫"是缺少财物的状态。"穷"与"贫"词义相近，但其财物匮乏状态更甚于"贫"，《广雅·释诂四》："穷，贫也。"《荀子·大略》中说："多有之者富，少有之者贫，至无有者穷。"因此，《辞源》中说："缺乏财物为贫，生活无着落、

---

① 《大不列颠百科全书》国际中文版第 13 册，中国大百科全书出版社，1999 年，第 446 页。

② 《中国大百科全书》第二版第 17 册，中国大百科全书出版社，2009 年，第 334 页。

③ [汉] 司马迁：《史记》卷 67《仲尼弟子列传第七》，中华书局，1963 年点校本，第 2208 页。

④ [汉] 许慎：《说文解字》第六下，中华书局，1963 年点校本，第 131 页。

前途无出路为穷。"①《孟子·梁惠王下》中说，"老而无妻曰鳏，老而无夫曰寡，老而无子曰独，幼而无父曰孤，此四者，天下之穷民而无告者"，可见，穷民还特指鳏寡孤独之人。因此，梁其姿提出，中国古代的贫是财富缺失，而穷是人伦缺失。贫困首先是由于资源分配造成个体性和群体性财物匮乏的社会经济问题，同时也是一个文化问题。人类学大师萨林斯曾说："世界上最原始的人们拥有极少的财产，但他们一点都不贫穷。贫穷不是东西少，也不仅是无法实现目标；首先这是人与人的一种关系。贫穷是一种社会地位。它恰是文明的产物。"②文化具有整体性特点，因此必须将其置于特定的时空条件中进行历时性与共时性研究，对社会进行全方位的理解和结构性的分析。

本书所研究之贫困，按照贫困理论分类来看，首先是属于狭义贫困，即着眼于物质财富的匮乏状态；其次是属于绝对贫困，即家庭收入和财产难以维持基本生活和生产的状态。至于相对贫困，是指与他人相比缺乏足够的物质财富和生产生活资料的状态，这在任何一个等级社会都普遍存在，而且往往被认为是合理的。按照贫困的成因进行分类，首先可以划分为人为因素和自然因素两大类，其次人为因素中又可以分为社会性和个体性两类。因此，从贫困致因出发，本书将北宋贫困划分为三种类型：社会性贫困、环境性贫困与个体性贫困。

社会性贫困，主要是指由于社会制度的设计和社会结构关系所导致的群体性贫困状态。社会学认为，即贫困是"社会力"作用的结果，"社会力"包括"那些为产生或重新产生贫困这样一种特殊社会秩序而运筹帷幄的国家、阶级、群体、组织机构和制度"。③国际劳工组织（ILO）曾提出："贫困是结构失灵和无效的经济和社会制度的后果。它是不适当的政治反应、破产政策思想和不充足的国际支持的产物。"④社会性贫困主要包括两个方面，一是由于社会制度不合理造成的制度性贫困，二是由于社会结构不合理造成的结构性贫困。

环境性贫困，是指由于自然环境及其引发的自然灾害对生活生产造成损害而导致的贫困状况。在西方社会，地理环境决定论曾经盛极一时，即认为自然

---

① 《辞源》（修订本），商务印书馆，1979年，第2953页。

② [美] 马歇尔·萨林斯：《石器时代经济学》，张经纬等译，三联书店，2009年，第45页。

③ 参见周怡：《解读社会：文化与结构的路径》，社会科学文献出版社，2004年，第145页。

④ 国际劳工局：《努力摆脱贫困》，局长的报告，国际劳工大学第91届会议，日内瓦，2003年，第1页。

地理环境对于社会发展有着决定性的作用，甚至可以支配人类的命运。地理环境决定论虽是不合理的，但无疑地理环境对于社会发展和民众生活有着极为重要的影响。尤其中国自古是一个农业大国，地理环境对民众的生产和生活都有着极大的影响。环境性贫困主要包括两个方面，一是地理性贫困，即由于地域性自然地理环境不利于生产生活造成的贫困；二是灾害性贫困，即由于自然灾害影响生产生活造成的贫困。

个体性贫困，是指由贫困者自身与家庭原因造成其在社会竞争中处于劣势所造成的贫困状态。阿玛蒂亚·森提出的可行能力贫困理论认为，贫困是缺乏基本的达到某些最低可接受的水平的能力。一个人的可行能力是指"此人有可能实现的、各种可能的功能性活动组合。可行能力因此是一种自由，是实现各种可能的功能性活动组合的实质自由（或者用日常语言说，就是实现各种不同的生活方式的自由）"。[①] 简单来说，即"一个人的能力是与他不得不过这种或那种生活的自由相当的"。[②] 一个人自身的先天状况和其后天能力与选择都会致使其贫困，如森举例说，一个拥有较多基本物品的残疾人和一个拥有较少基本物品的健康人相比，其过上正常生活（或追求其目标）的机会仍然较少。同样，一个年老者或一个病弱者也大多是处于劣势的。[③] 个体性贫困主要包括两个方面，一是由其家庭环境、个人年龄与性别以及身体状况等因素造成社会竞争力不足的先天性贫困，二是由其个人品性、个人能力以及个体选择造成社会竞争力不足的后天性贫困。

本书对于贫困的分类并非按照现代贫困理论的分类框架，而是从宋人对贫困的认知出发，即宋人如何看待贫困和如何对贫困进行归类。这样的分类是基于两方面的考虑，其一，历史上的贫困问题与现代贫困问题虽有延续关系，却并非完全一致。同时，现代贫困理论多来自于西方学术界，属于西方理论体系，因此现代贫困理论的分类框架并不完全适用于研究中国古代历史贫困问题。当然，在本书研究过程中，也必然要借助当今社会学、经济学对于贫困的研究理论来进行分析。其二，受到宋代传世史料的限制，本书只能依据可掌握的文献

---

① [印] 阿玛蒂亚·森：《以自由看待发展》，中国人民大学出版社，2002年，第62页。

② [印] 阿玛蒂亚·森，[美] 玛莎·努斯鲍姆主编：《生活质量》，社会科学文献出版社，2008年，第3页。

③ 参见 [印] 阿玛蒂亚·森：《以自由看待发展》，中国人民大学出版社，2002年，第62页。

史料，对北宋社会贫困问题进行尽可能全面的梳理，在此基础上进行贫困的分类研究。而在本书主体部分的章节排序上，也是依照宋人对贫困致因认知的主次顺序，即在宋人对于贫困致因的讨论中，大体来说，社会性因素是议论最多的，其次是环境性因素，再次是个体性因素。

2. 贫困认知。

认知即认识和感知。主体通过对客体的认知，将其转化为自身的知识并用以指导主体的行为。贫困认知是对贫困进行感知、分析和解释的观念系统，它是贫困应对的逻辑前提。社会行为基于文化认知。通过探讨宋人如何界定贫困概念，如何看待贫困现象，如何解释贫困致因，如何分析贫困利弊，进而解析其进行贫困应对的逻辑和理念，并深入探究其背后蕴含的国家伦理与民间意识的特点。本书将从北宋政府官方文书和宋人笔记文集等文献资料入手，从普通民众、社会精英和宋政府三个认知主体出发，分别从文化和现实两个层面探讨其对于贫困的认知观念。普通民众，是指不具有政治地位和社会地位的中下层群体，其中贫困者居多。他们是贫困的主体，是贫困的深切体验者，其基于对社会现实的即时反应而形成的贫困认知显然更具有典型性，也为贫困应对提供了伦理基础。社会精英，是指掌握着一定的政治、经济、社会、文化等资源的社会成员，在北宋主要指拥有政治地位和社会地位的中上层群体，其中以官员士大夫为主体。他们站在一定的社会等级之上对贫困问题形成了相较于民众来说更加全面和系统的认知，并对其进行学理性思考和结构性分析，提出贫困应对的主张。政府的贫困认知是宋朝国家最高统治意志的体现，主要通过立法形式来体现，并为贫困应对提供了法理基础。

3. 贫困应对。

应对是一种反应机制。贫困应对指针对个体或社会的贫困问题而作出的行为努力。我们常用的济贫、扶贫、治贫等概念均属于贫困应对范畴。《现代汉语词典》中有如下解释：济贫是指救济贫苦的人；扶贫是指扶助贫困户或贫困地区发展生产，改变穷困面貌；治贫是指治理、改变穷困落后的状况。这三个概念体现了贫困应对的不同角度。济贫有救济之意，在中国古代，往往带有恩赐和人情的色彩；扶贫是帮扶、扶助，体现出以贫人为行动主体；治贫强调治理，是从社会学的角度出发，将贫困视为一种不应存在的社会问题，必须予以解决和消除。本书研究之贫困应对，也是从普通民众、社会精英和宋政府三个应对

主体出发，分别从文化和现实两个层面探讨其对于贫困的应对方式。贫困的文化应对是将贫困置放于文化视野中，从思想、文化、心理等方面应对贫困，而现实应对则是指针对贫困而采取的具体应对举措。首先，民众从文化层面出发，一方面对自身贫困境况进行文化阐释和自我精神慰藉，另一方面运用道德舆论和宗教信仰劝善富人。民众也从现实层面出发，一方面积极通过勤俭积蓄等方式试图积累财富改变贫困状况，另一方面也积极向政府和富人求助以获得救济。其次，精英从文化层面出发，一方面运用儒家思想、民间思想、宗教信仰等劝善富者和对贫者进行心灵安抚，另一方面也主张国家本着仁政思想对贫者进行救济。同时，精英也从现实层面出发，一方面积极推动政府救济的落实和完善，另一方面推动民间慈善的兴起。再次，政府从文化层面出发，主要从天人感应的原理出发，通过对主流意识的引导、对宗教信仰的管理和给予贫人温暖、麻痹和移情等手段，以达到安抚贫人、稳定统治秩序的目的。政府也从现实层面出发，以优待减负和政府救济的方式为主，还有相应的财政、军政和民政措施。

## 三、研究现状

史学界对中国历史上的贫困关注较早，主要从三个角度进行研究：其一，从社会分层的角度关注社会阶层中的贫困群体；其二，从荒政、社会保障、民间慈善等角度关注政府和民间社会对贫困群体的救济；其三将贫与富视为对应概念，探讨贫富差距和贫富观念。下面就这三个方面对相关的研究成果进行梳理。

### 1. 对贫困群体的研究

中国自古是个农业国家，农民是最主要的社会群体，中国的问题实质上就是农民问题，中国文化实质上就是农民文化。农民问题一直是历史学界关注的重点，对贫困群体的研究也是首先从关注农民阶层开始的。国内学者对农民阶层的研究首先开始于 20 世纪二三十年代，主要关注农民起义和农民战争史，其中对太平天国的研究成果较多，还有如薛农山《中国农民战争之史的研究》（神州国光社 1935）等作品，但并未形成系统的研究。20 世纪 50 年代后，阶级斗争史观指导下的农民战争史研究成为史学研究领域的"五朵金花"之一。这一时期，众多历史学者对中国农民战争史进行了全面深入的研究，研究成果非常

丰富,代表人物有赵俪生、漆侠、孙祚民等。其中,以范文澜《中国通史简编》(人民出版社 1953)和吕振羽《简明中国通史》(人民出版社 1955)为代表的通史性著作中对农民起义进行了专题论述。对历代农民起义与农民战争进行断代研究和专题研究的成果,有漆侠《隋末农民起义》(华东人民出版社 1954),刘开扬《秦末农民战争史略》(商务印书馆 1959),漆侠、宝志强、段景轩、李鼎芳合著《秦汉农民战争史》(三联书店 1962),洪焕椿《明末农民战争史略论》(江苏人民出版社 1962),漆侠《西晋末年以流民为主的各地起义》(《中国农民战争史研究》第一辑 1979)等。对农民战争理论问题进行探讨的成果,有孙祚民《中国农民战争问题探索》(上海人民出版社 1956),史绍宾主编《中国封建社会农民战争问题讨论集》(三联书店 1962),漆侠《关于中国农民战争的性质问题》(《光明日报》1960 年 2 月 18 日),孙祚民《在中国农民战争史研究中运用历史主义和阶级观点》(《人民日报》1964 年 2 月 27 日)等。对农民战争思想进行探讨的成果,有洪家义《关于中国农民战争中的平均主义思想及其实践问题》(《南京大学学报》1956,1-2),董克昌、邓中绵《关于中国农民战争的指导思想问题》(《哈尔滨师范学院学报》1964,1-3),程征《关于农民战争的思想武器问题》(《哲学研究》1964,2),洪家义《关于中国农民战争中的平均主义思想及其实践问题》(《南京大学学报》1965,2),杨宽《论中国农民战争中革命思想的作用及其与宗教的关系》(《文汇报》1961,15),刘其发《试论农民战争的思想武器》(《江汉论坛》1979,2)等。对历史上农民起义史料进行整理汇编的成果,有苏金源、李春圃编《宋代三次农民起义史料汇编》(中华书局 1963),何竹淇《两宋农民战争史料汇编》(中华书局 1976),郑天挺主编《明末农民起义史料》(中华书局 1954)、谢国桢编《清初农民起义资料辑录》(上海人民出版社 1957)等。还有学者关于农民战争的个人论文集,如赵俪生、高昭一《中国农民战争史论文集》(新知识出版社 1954),孙祚民《中国农民战争问题探索》(新知识出版社 1956),李光璧等主编《中国农民起义论集》(三联书店 1958),史绍宾主编《中国封建社会农民战争问题讨论集》(三联书店 1962)等。

1978 年,中国农民战争史研究会成立,对农民战争的研究进入了一个新阶段。大量农民战争的史料汇编出版,有安作璋《秦汉农民战争资料汇编》(中华书局 1982),张泽咸、朱大渭《魏晋南北朝农民战争史料汇编》(中华书局 1980），王永兴《隋末农民战争史料汇编》（中华书局 1980），张泽咸《唐五代农民战争史料汇编》（中华书局 1979），杨讷、陈高华《元代农民战争史料汇编（上、中、下）》（中华书局 1985、1986、1985），袁良义《明末农民战争史料汇编》（中华书局 1987），谢国桢《明末农民起义史料选编》（中华书局 1978），四川大学历史系编《王小波李顺起义资料汇编》（四川人民出版社 1978）等；一系列专著对中国历代的农民起义进行了系统的梳理，还有农民战争的通史性著作出版，如田昌五主编的《中国古代农民革命史（第 1 卷）》（上海人民出版社 1979），胡如雷《唐末农民战争》（中华书局 1979），孙达人《中国古代农民战争史》（陕西人民出版社 1980），万绳楠《隋末农民战争》（中华书局 1980），谢天佑《中国农民战争简史》（上海人民出版社 1981），顾诚《明末农民战争史》（中国社会科学出版社 1984），朱大渭主编《中国农民战争史·魏晋南北朝卷》（人民大学出版社 1985），李斌城主编《中国农民战争史·隋唐五代十国卷》（人民出版社 1988），孙祚民主编《中国农民战争史》（湖北人民出版社 1989），朱大昀主编《中国农民战争史·秦汉卷》（人民出版社 1990）等；还有对农民战争的思想和理论进行了进一步的讨论，如董楚平的《论平均主义的功过与农民战争的成败》（《历史研究》1980，1），林衍经《农民战争中的平均主义思想撮论》（《安徽大学学报》1981，1），孙祚民《建国以来中国农民战争史若干理论问题研究评议》（《东岳论丛》1984，5）等。在成果丰硕的农民战争史研究中，主要是从阶级压迫的角度关注了农民阶层中贫困群体的生活境况、思想观念和贫困应对方式，做了大量基础性的整理研究。

20 世纪 80 年代末，随着阶级斗争史观的沉寂，对农民战争的研究也走向了没落。代表作寥寥可数，如白钢的《中国农民问题研究》（人民出版社 1993），孟祥才等主编《中国古代民本思想与农民问题》（山东大学出版社 2003）、董楚平论文集《农民战争与平均主义》（方志出版社 2003）等，并开始反思此前三十年的农民战争史研究，如孟祥才的《建国以后我国农战史研究的反思》（《农村发展的历史与未来》，山东人民出版社 2004），王学典《意识形态与历史：近 50 年来农战史研究之检讨》（《史学月刊》2005，7）等。

同时，随着 20 世纪 80 年代社会史、经济史研究的兴起，社会学、经济学等学科的理论方法越来越多被史学界借鉴吸收，学界对农民阶层的研究转向更多关注历代农村社会和农民群体的经济生活与思想文化等问题，但研究的热度已远不如新中国成立后三十年间对农民战争的关注。其中海外的研究成果有：美国学者黄宗智的《华北的小农经济与社会变迁》（中华书局 1986）和《长江三角洲的小农家庭与农村发展》（中华书局 1992），施坚雅《中国农村的市场与社会结构》（中国社会科学出版社 1999），马若孟《中国农民经济：河北和山东农业发展 1890—1949》（江苏人民出版社 1999），日本学者宫崎市定的《从部曲走向佃户》（刘俊文主编《日本学者研究中国史论著选译》第五卷，中华书局 1993），草野靖《宋代的顽佃抗租和佃户的法律身份》（刘俊文主编《日本学者研究中国史论著选译》第五卷，中华书局 1993）等。其中黄宗智所著《华北的小农经济与社会变迁》是其中的代表作，对清代以来贫农特点进行了专门的分析。

　　国内学者中以孙达人、秦晖等学者为代表，致力于农民学的研究。1983年孙达人在《中国史研究》第 3 期上发表了《在马克思主义指导下加强农民史研究》，强调在改革开放新时期农民史研究不该被忽视。其在《中国农民史的价值和意义》（《社会学研究》1994，6）一文中进一步强调以农民为主体的中国应该走符合本国历史逻辑的发展道路，其前提是研究中国农民的历史，揭示其内在发展逻辑和特点。其所著的《中国农民变迁论》（中央编译出版社 1996）以农民变迁的角度回顾了中国历史的发展进程。秦晖致力于在更新研究范式的基础上重振农民研究，推动中国农民学的研究和理论建构，其在《农民、农民学与农民社会的现代化》（《中国经济史研究》1994，1）中反思了我国此前的农民问题研究，梳理了国际上农民学的研究脉络，强调中国应该有自己的农民学理论体系。其著作《田园诗与狂想曲——关中模式与前近代社会的再认识》（中央编译出版社 1996）是中国农民学研究的经典之作，其认为权利不平等产生的等级差别是农业社会的本质特征，中国的土地长期是"按权分配"的，在关中地区尤为突出；其认为中国古代的农民战争只是中国宗法共同体的功能紊乱的产物，是一种自我调节机制。其在《耕耘者言：农民学文集》（山东教育出版社 1999）中系统总结反思了农民学研究历程，在对中国历史上的农民问题研究的基础上，进一步探讨当代中国农村改革。

　　此外，还有不少学者对历史上的农民群体及其中的贫困人口进行了研究，其中关注宋朝农民阶层中贫民下户的研究成果也颇多，如漆侠《宋代经济史》（上海人民出版社1988)中对宋朝乡村的贫民群体进行了系统的论述。梁太济的《宋代五等下户的经济地位和所占比例》（《杭州大学学报》1985，3）对乡村五等下户的经济地位及其在总户数中所占比例进行了考察，指出五等下户和客户同是宋朝佃农的主要构成成分。李晓《论宋代小农、小工、小商的三位一体化趋势》（《中国经济史研究》2004，2）指出宋朝农民经济与商品经济结合之下，农民大多有兼业活动，出现了小农、小工、小商的三位一体化趋势。王晓如对乡村下户和客户的关注较多，研究成果有《略述宋代乡村的第五等户》（《青海社会科学》1990，2）、《宋代乡村的无产税户》（中国经济史研究1991，1）、《宋代的役与乡村下户的负担》（历史教学1999，11）和《宋代乡村第五等户在城市经济发展中的作用》（《唐都学刊》2013，4）。此外还有葛金芳《唐宋之际农民阶级内部构成的变动》（《历史研究》1983，1），曾琼碧的《宋代的乡村下户》（《宋史论集》，中州书画社1983）和《宋代佃耕官田的农民》（《中山大学学报》1985，4），陈乐素《主客户对称与北宋户部的户口统计》（《求是集》第二集，广东人民出版社1984），郭东旭《试论宋代乡村客户的法律地位》（《河北大学学报》1985，8），穆朝庆《论宋代租佃关系中的佃户成份》（《河南大学学报》1987，1），邢铁《关于宋代乡村五等户制度的两个问题》（河北师范学院学报1988，1），张倩《在贫困中求温饱——宋代乡村下户的生活常态》（《首都师范大学学报》2019，2）等。

20世纪80年代以后，随着社会史研究的推进，对社会下层的关注增多，除了对农民下层的研究，还广泛关注城市下层和其他特殊贫困群体。对城市下层社会群体的整体研究，张鸿雁《春秋战国城市经济发展史论》（辽宁大学出版社1988），周长山《汉代城市研究》（人民出版社2001），张继海《汉代城市社会》（社科文献出版社2006），刘章璋《唐代长安的居民生计与城市政策》（台湾文津出版社有限公司2006），黄新亚《消逝的太阳：唐代城市生活长卷》（湖南人民出版社2006），李春棠《坊墙倒塌之后：宋代城市生活长卷》（湖南人民出版社2006），包伟民《宋代城市研究》（中华书局2014），陈国灿《南宋城镇史》（人民出版社2009），史为民《都市中的游牧民：元代城市生活长卷》（湖南人民出版社2006），陈宝良《飘摇的传统——明代城市生活长卷》（湖南人民出版社1996），韩大成《明代城市研究》（中国人民大学出版社1991），赵世瑜《腐朽与神奇：清代城市生活长卷》（湖南人民出版社

2006），李明伟《清末民初中国城市社会阶层研究（1897—1927）》（社会科学文献出版社 2005）等断代城市史研究著作中均有涉及。

其中，对宋朝城市下层社会群体的研究成果主要有：王云海、张德宗《宋代坊郭户等的划分》（《史学月刊》1985，6）对宋朝城市户等的划分标准进行了探讨，其中也讨论了宋朝城市的贫民下户。刘树友《从〈夷坚志〉看宋代城市下层居民》（《固原师专学报》1991，1）从笔记小说《夷坚志》出发考察了宋朝城市社会下层居民。程民生《论宋代的流动人口问题》（《学术月刊》2006，7）对宋朝流动人口问题的严重性及其形成原因进行考察，分析流动人口的出路，指出流动人口改变了宋朝的社会结构、促进了商品经济和城市发展、加剧了社会矛盾的同时也使得社会不郁积矛盾而相对稳定。陈国灿的《南宋城镇史》（人民出版社，2009）系统地考察了南宋城镇的发展状况、人口规模、社会结构、管理制度及社会生活等方面，对南宋城镇的社会下层有较全面的考察。梁庚尧的《南宋城市的社会结构》（《大陆杂志》1990，4-6）按照行业与身份对南宋城市居民进行了考察，分析了城乡人口的横向流动与城市内贫富阶层的纵向流动。王曾瑜的《宋朝的坊郭户》（《涓埃编》河北大学出版社2008）对宋朝的城市坊郭户进行了较全面的探讨，分析了各阶层的群体构成与经济状况。相关的研究成果还有：周宝珠《宋代东京研究》（河南大学出版社1992），吴晓亮《宋代城市化问题研究》（《宋代经济史研究》，云南大学出版社1994），徐吉军《南宋都城临安》（杭州出版社2008），宁欣的《唐宋都城社会结构研究——对城市经济与社会的关注》（商务印书馆2009），包伟民《意向与现实：宋代城市等级刍议》（《史学月刊》2010，1），柳平生、葛金芳《南宋城市化进程与城市类型分析》（四川师范大学学报2014，11）等。

此外，对贫困群体的关注还包含在对其他特殊群体的专题研究中，如下层妇女、游民、流民、乞丐、娼妓等。关注下层妇女的有王书奴《中国娼妓史》（上海三联书店1988），王绍玺《小妾史》（上海文艺出版社1995），白凯《中国的妇女与财产（960—1949）》（上海书店出版社2003），陆德阳、王乃宁《社会的又一层面——中国近代女佣》（学林出版社2004），张超《民国娼妓问题研究》（武汉大学博士2005），朱蕾《宋代的娼妓活动与影响》（辽宁工程技术大学学报2009，4），邵雍《中国近代妓女史》（上海人民出版社2005），邓小南、王政、游鉴明《中国妇女史读本》（北京大学出版社 2011），董怀良《东京娼妓与北宋政府制度关系考》（《宁夏大学学报》2014，4）等。其中研究宋朝下层妇女的代表作有：王曾瑜《宋朝的奴婢、人力、女使与金朝奴隶制》（《文史》第 29 辑，1988），吕永《宋代的妾问题研究》（安徽师范大学硕士 2007），王乾《从歌妓词看宋代下层妇女自我意识的觉醒》（《内蒙古大学学报》2008，2），李洪珊《宋代婢妾生存状况若干问题初探》（武汉大学硕士 2010），范梦《宋代下层妇女的社会生活》（《西南农业大学学报》2010，5），李静红《宋代中下层妇女的社会经济活动》（《沧桑》2014，6）等。

关注游民问题的有王跃生《试论清代游民》（《中国史研究》1991，3）和《晚清社会的游民问题》（《学术研究》1991，6），陈宝良《中国流氓史》（中国社会科学出版社 1993），宫宝利《清代游民问题探析》（《南开学报》1998，4），王学泰的《游民文化与中国社会》（学苑出版社 1999）和《中国游民》（上海远东出版社 2012），杨云峰《游民与汉代社会》（山东大学博士 2007），徐学初《清代四川游民问题论析》（《中华文化论坛》2007，3），肖建乐《唐代城市经济研究》（人民出版社 2009），阮军鹏的《宋代城市游民研究》（渤海大学硕士 2012），郭培培《宋代游民群体形成原因探究》（《海南师范大学学报》2015，3）等。其中阮军鹏的硕士论文对宋朝城市游民的来源和生存方式进行了较全面的梳理，探讨了政府对城市游民的管理和游民对社会的影响。

关注流民问题的有李洵《试论明代的流民问题》（《社会科学辑刊》1980，3），罗贤佑、任崇岳《元代流民问题浅探》（《郑州大学学报》1988，3），罗彤华《汉代的流民问题》（台湾学生书局 1989），曹文柱《两晋之际流民问题的综合考察》（《历史研究》1991，2），钱宗范《中国封建社会流民和流民起义诸问题探析》（《广西师范大学学报》1993，12），池子华《中国近代流民》（浙江人民出版社 1996），曹文柱《中国流民史》（广东人民出版社 1996），陆德阳《流民史》（上海文艺出版社 1997），池子华《中国古代流民综观》（《历史教学》1999，2）江立华、孙洪涛《中国流民史·古代卷》（安徽人民出版社 2001）等。其中关注宋朝流民问题的主要有：段有成《宋代流民问题研究》（西北师范大学硕士 2004），李秋华《宋朝流民问题及其社会调控》（南昌大学硕士 2005），郭文佳的《宋代流民救助述论》（烟台大学 2006，1），李想《北宋流民救助问题探究》（东北师范大学硕士 2014）等。

关注乞丐问题的有曲彦斌的《中国乞丐史》（上海文艺出版社 1990），岑大利《中国乞丐史》（台湾文津出版社 1992），曹保《乞丐》（吉林大学出版社 1999），周德钧《乞丐的历史》（中国文史出版社 2005）；陈哲谦《城市漫游者：明代中晚期乞丐研究》（台湾政治大学历史学系硕士 2010），卢汉超《时空上下：中国的乞丐次文化》（台湾稻乡出版社 2012）和《叫街者：中国乞丐文化史》（社会科学文献出版社 2012）等。其中探讨宋朝乞丐问题的不多，主要有：冯荫楼《古汴乞丐生涯》（《开封文史资料》第 4 辑，1986），郭文佳《宋代乞丐囚徒救助述略》（《商丘师范学院学报》2007，1）等。

此外还有对士人、军队中的贫困群体进行关注的，如梁庚尧的《南宋的贫士与贫宦》（《台湾大学历史学系学报》1991，8），结合南宋时代背景对南宋士人与官宦中的贫困群体进行考察，从生活态度和经济压力的角度分析导致其贫穷的因素。籍勇《宋代士兵研究》（河北大学博士 2012）、王军营和陈峰《北宋基层士卒变乱刍论》（《陕西师范大学学报》2012，3）等对宋朝军队中的贫困群体进行了研究。

2. 关于贫困救济的研究

学界对历史上的贫困救济问题关注已久。20 世纪 20 年代开始，一些学者已开始关注这一问题，主要以荒政史的视角进行研究，如邓云特的《中国救荒史》（商务印书馆 1936）全面系统地考察了中国历代的救荒政策，分析了中国救荒思想的发展。徐钟渭《中国历代之荒政制度》（《经理月刊》1936，1）对我国古代荒政进行了总体论述，考察了历代荒政制度。还有于树德的《我国古代之农荒豫防策——常平仓、义仓和社仓（上）（下）》（《东方杂志》1921，14、15），华文煜《宋代之荒政》（经济统计季刊 1932，4），冯柳堂《中国历代民食政策史》（商务印书馆 1934 年影印本），高迈《宋代的救济事业》（《文化建设》1936，12）等研究成果。

20 世纪 50 年代至 70 年代的作品有：金中枢《宋代几种社会福利制度——居养院、安乐坊、漏泽园》（《新亚学术年刊》1968，10），王德毅的《宋代的养老与慈幼》（《庆祝蒋慰堂先生七十荣庆论文集》1968）和《宋代灾荒的救济政策》（台北中国学术著作奖助委员会 1970），方豪的《宋代佛教对社会及文化之贡献》（现代学苑 1967，9-11）和《宋代佛教与遗骸之收瘗》（台北中华学术院天主教学术研究所学报 1971，3）等。日本的有今堀诚二的《论宋代的婴儿保护事业》（《广岛大学文学部纪要》1955，8）和《关于宋代冬季失业者的救护事业》（《东洋学报》1956，3），福泽与九郎的《宋代的救济治疗事业》（《福冈学艺大学纪要》1954，3）和《宋代贫民救济事业的素描》（《福冈学艺大学纪要》1956，6），道端良秀《中国佛教与社会福利事业》（日本法藏馆1967）等。美国学者刘子健的《刘宰和赈饥——申论南宋儒家的阶级性限制社团发展》（《北京大学学报》1979，3-4）等。

进入20世纪80年代，对贫困救济的研究成果逐渐增多，主要从社会救济和民间慈善两个角度进行研究。日本学者的研究成果有：星斌夫《中国社会福利的历史》（日本山川出版社1988），梅原郁《宋代的救济制度：城市社会史的考察》（《社会史上的都市》，日本山川出版社，1983），夫马进《中国善会善堂史》（商务印书馆2005）等。

我国学者的研究成果有：梁庚尧的《南宋的社仓》（《史学评论》1981，4）、《南宋义庄分布及规模》（《南宋的农村经济》，台湾联经出版事业公司1984）、《家族合作、社会声望与地方公益：宋元四明乡曲义田的缘起与演变》（《中国近世家族与社会学术研讨会论文集》，台湾"中研院"史语所出版品编辑委员会1998）和《中国历史上民间的济贫活动》（"传统社会与当代中国"学术研讨会论文，1995），其所著《南宋的农村经济》（台湾联经出版事业公司1984）的第五章中专门探讨了南宋农村的贫穷救济与家族互助。此外还有陈荣照《论范氏义庄》（《宋史研究集》第17辑，台湾编译馆1988），黄敏枝《宋代的僧人与医疗》（"历史上的慈善活动与社会动力"学术研讨会论文，香港中文大学1999），刘建伶《近代济贫政策的变迁及其影响——以英国贫法（The Poor Law of 1601）与中国北宋时期（960—1127）济贫政策的实施为例》（"历史上的慈善活动与社会动力"学术研讨会论文，香港中文大学1999），游子安《劝化金箴：清代善书研究》（天津人民出版社1999），鲍家麟、吕慧慈《妇人之仁与外事——宋代妇女和社会公共事业》（《唐宋妇女与社会》，上海辞书出版社2003），蔡惠如《南宋的家族与赈济：以建宁地区为中心的考察》（台湾政治大学历史研究所硕士论文2003）等。

对宋朝社会救济进行研究的主要作品有：宋采义和豫嵩《宋代官办的幼儿慈善事业》（《史学月刊》1988，5），刘秋根《唐宋常平仓的经营与青苗法的推行》（《河北大学学报》1989，4），陈朝先《宋朝的仓储后背制度与赈恤》（《上海保险》1992，12），李向军《宋代荒政与〈救荒活民书〉》（《沈阳师范学院学报》1993，4），蔡华《北宋义仓制度述论》（《甘肃理论学刊》1993，5），康弘《宋代灾害与荒政述论》（《中州学刊》1994，5），宋炯《两宋居养制度的发展》（《中国史研究》2000，4），李瑾明《宋代社会救济制度的运作和国家权力》（《中国史研究》2005，3），王卫平《唐宋时期慈善事业概说》（《史学月刊》2000，3），郭文佳的《宋代社会保障机构简论》（《广西社会科学》2003，6）和《宋代社会保障研究》（新华出版社，2005），李华瑞《宋代救荒史稿》（上海古籍出版社2013），陈国灿的《论宋代江南城市的社会救助》（《江西社会科学》2011，12）和《论宋代城市流浪人员的官方救助》（《河北学刊》2014，5）等。其中以专文探讨宋代贫困救济的有：郭文佳的《宋代的济贫与救困》（《江西社会科学》2003，6），段惠青的《宋朝贫困救济问题研究》（郑州大学硕士2005），赵宏欣的《宋代政府对贫困人群的社会救助》（《内蒙古农业大学学报》2008，2），吴清秀的《宋代城市穷民的社会救助》（浙江师范大学硕士2012）和马晓燕的《惠而不实：宋代老人救助实态》（《河南大学学报》2019，1）等，这些研究成果都侧重于梳理具体的贫困救济措施，并未对于贫困状态多加讨论。业师张文在该领域用功颇深，其在专著《宋朝社会救济研究》（西南师范大学出版社2001）中首次对宋朝政府的社会救济进行了全面系统的考察研究，运用多学科理论方法，初步提出了宋朝社会救济事业研究的理论框架；其在《宋朝的贫宦与对贫宦的救济》（《钦州师范高等专科学校学报》2002，4）中对宋朝贫困官宦的生活困境和形成因素，以及政府对贫宦的优恤、资助、救济措施进行了考察；其在《季节性的济贫恤穷行政：宋朝社会救济的一般特征》（《中国史研究》2002，2）中从宋朝贫困人口的季节性困境角度对宋朝的政府性社会救济进行分类梳理，包括春夏的救疾、冬春的救饥和冬季的救寒，在此基础上指出宋朝社会救济已不再是纯粹的象征新意味，更注重救济的实效，并有了制度化的趋势。除前述直接关注贫困救助的论著外，其在《对流民的救济与安置：宋朝社会控制的实践途径》（《西南大学学报》2002，2）中认为宋朝政府对流民的救济与安置集中体现了宋朝政府社会控制的特性，这也是两宋没有出现大规模农民起义的重要因素；其在《宋朝乡村社会保障思想研究：以〈救荒活民书〉为中心》（《苏州大学学报》2012，2）和《中国宋代乡村社会保障模式的三层结构》（《学术月刊》2012，4）中对宋朝乡村社会保障思想及其运作模式进行了探讨，提出宋朝乡村社会保障呈现出了三层同心圆的结构模式；其在《宋朝社会保障的成就与历史地位》（《中国人民大学学报》2014，1）和《论两宋社会保障体系的演变脉络》（《苏州大学学报》2015，2）中对宋朝政府的社会保障进行了整体性总结，肯定其在中国古代社会保障中的历史地位，并对两宋社会保障的发展演变情况进行了梳理，进一步分别探析两宋的社会保障特点。

20 世纪 80 年代以后，宋朝民间慈善问题逐渐受到我国学者的关注，成果较多，研究主要以义田、义庄和社仓为中心，代表作品有：张全明《试论朱熹的社仓制》（《华中师范大学研究生学报》1986，4），邢铁《宋代的义庄》（《中国经济史研究》1987，5），王日根的《宋以来义田发展述略》（《中国经济史研究》1992，4）和《义田及其在封建社会后期中后期之社会功能浅析》（《社会学研究》1992，6），张邦炜等《两宋时期的义冢制度》（《天府新论》1995，5），张品端《朱子社仓法的社会保障功能》（《福建论坛》1995，6），王善军《范氏义庄与宋代范氏家族的发展》（《中国农史》2004，2）等。进入 21 世纪以后，宋朝民间慈善问题的研究进入了新阶段，社会学、经济学等学科理论和研究范式被大量运用。其中，业师张文的研究成果尤为突出，其专著《宋朝民间慈善活动研究》（西南师范大学出版社 2005）中首次系统梳理了宋朝民间慈善的基本形式、基本结构、慈善主体，进一步总结了宋朝民间慈善活动的意义、特点和功能。此外，其在《济贫恤穷活动与宋朝民间社会的兴起》（《郑州大学学报》2006，6）中考察了宋朝民间的济贫恤穷活动的表现形式，以及其在民间的贫困应对过程中，民间慈善对民间社会暨地方社会发育的动力作用；其在《荒政与劝分：民间利益博弈中的政府角色 —— 以宋朝为中心的考察》（《中国社会经济史研究》2003，4）中运用博弈论对宋朝劝分制度进行分析，认为其实质是民间利益博弈，指出宋朝政府过于依赖劝分，虽然有较好的短期效果，但从长期来看，造成了政府角色的长期异位，加剧了贫富对立与冲突；其在《民间慈善：妇女参与社会活动的有效途径》（《西南师范大学学报》2005，3）中认为妇女通过参与民间慈善活动获得了参与社会的权利是推动其慈善行动的重要动力；其在《社区慈善：两宋民间慈善活动的空间结构》（《中国社会经济史研究》2005，4）中提出两宋民间慈善活动的空间结构主要分为面向"熟人"的乡村社区的封闭性慈善与面向"陌生人"的城市社区的开放性慈善；其在《慈善与枷锁：论宋代地主对农民的救济》（《思想战线》2013，4）中指出地主对农民的救济虽缓解了农民的困难，也是为农民套上了新的枷锁，形成对地主的依赖，另一方面这样的救济活动也是地方精英取得社会控制权的主要途径，推动了乡村地方社会的发育。此外，相关研究成果还有：林文勋《宋代富民与灾荒救济》（《思想战线》2004，6），何兆泉《宋代浙江佛教与地方公益活动关系考论》（《浙江社会科学》2009，10），宋燕鹏《南宋士人与地方公益事业之研究》（河北大学博士2010），薛政超《从国家无偿赈给到"劝谕"富民出资：唐宋国家实物救灾职能转变之考察》（《云南社会科学》2011，1），黎志刚《宋代民间借贷与灾荒救济》（《思想战线》2012，3）等。

3. 关于贫富问题与贫困观念的研究

与宋朝贫困问题研究相近的还有对宋朝贫富分化和贫富差距的研究，如杨华星的《宋代的贫富分化与朝廷控制》（《广西社会科学》2008，1）、《宋代的贫富分化与政府控制》（《社会科学战线》2008，7）和《宋代的贫富分化与朝廷控制》（《宁夏大学学报》2011，4）三篇文章探讨了宋朝政府和民间社会针对贫富差距的应对举措，认为两个层面的措施在调节贫富差距方面都没有取得明显效果。林文勋、黎志刚的《宋代贫富分化及政府对策》（《宋史研究论文集》2008）中提出，宋朝贫富分化的根源是商品经济发展之下的土地买卖和土地兼并严重，并对国家安全构成了威胁，宋朝政府试图通过"均贫富"的措施对日趋严重的贫富分化加以控制。钟金雁《宋代贫富分化与政府治理》（《思想战线》2012，3）对于宋朝贫富分化加剧的原因和政府的治理措施进行了简单探讨。奎建荣《宋代乡村贫富分化研究》（云南大学博士2012）对宋朝乡村的贫富分化问题及其社会影响进行了较为全面的分析，包括其对乡民日常生活、乡村社会关系、乡村社会流动的影响，进一步探讨了国家、乡村社会与个体家庭在调节贫富分化过程中的协调互动与社会整合。孙竞《北宋城市贫富差距与收入再分配研究 —— 以开封为中心》（西南大学博士2016）从分配角度对北宋城市化背景下的贫富差距进行了研究，并通过对开封的基尼系数估测来对北宋城市贫富差距进行了量化研究，进一步探讨以税收、政府保障和民间慈善为代表的收入再分配对贫富差距的影响。

关于宋人的贫困认知和贫困观念的研究成果较少，日本学者田中峰雄《中世都市の贫民观》（中村贤二郎编《前近代における都市と社会层》，日本京都大学人文科学研究所 1980）率先关注了这一问题。梁其姿在《"贫穷"与"穷人"观念在中国俗世社会中的历史演变》（《人类、意义与社会》，台湾"中研院"民族学研究所 1993）中溯源明末以前的慈善，指出宋以前"贫穷"并不构成一个需要解决的特殊经济社会问题，提出中国历史上的贫穷问题，尤其是城市的贫穷问题，在宋朝才被视为必须处理的社会问题，贫人也是在宋朝才成为了必须正视的社会类别。杨宇勋《宋人传记所载士大夫家贫的思考》（《学术研究》2014，1）认为宋人自述传记文本中的"贫穷"主要是士人和士大夫的个人主观感受，可信度较低，而他人所撰传记中的"贫穷"是一种政治精英群体的术语，并具有一定的阶级观念。另外，杨华星的《宋代平均思想研究》（云南大学硕士 2002）和《宋代收入分配思想研究》（云南大学博士 2006）在对宋朝收入分配思想进行系统论述的同时也涉及了宋人的贫困认识和贫困观念问题。

与此同时，在对宋朝经济思想的研究中也会涉及到宋人贫困观问题，如赵靖主编《中国经济思想通史》（北京大学出版社 2002）中宋代经济思想部分对具有代表性的宋人经济观点进行了研究。还有漆侠《论"等贵贱、均贫富"——宋代农民的政治经济思想》（中国史研究 1982，4），叶坦《宋代经济思想研究》（中国社会科学院博士 1988），谷更有《宋代乡村户意识形态研究》（思想战线 2003，2），杨蕤《北宋时期经济思想的转型》（《青海民族学院学报》2007，2）等对宋朝经济思想进行了系统的研究。具体到宋朝士人的经济思想的研究成果很丰富，包括李觏、欧阳修、苏轼、司马光、王安石、朱熹、陈亮、叶适等人的经济思想。代表成果有：何汝泉《试论陈亮的经济思想》（《西南师范学院学报》1978，2），美国学者田浩《功利主义儒家——陈亮对朱熹的挑战》（江苏人民出版社 1997），铁爱花《欧阳修经济思想研究》（西北师范大学硕士 2003），戴奔《李觏经济思想初探》（江西社会科学 2003），孙雪《李觏的经济思想》（东北财经大学硕士 2006），周茶仙《朱熹经济伦理思想研究》（光明日报出版社 2009），欧阳华英《叶适经济思想研究》（兰州大学硕士 2009），刘祎《苏轼伦理思想研究》（湖南师范大学博士 2010），王慧子《苏

轼社会思想研究》（重庆师范大学硕士 2012），罗晶《司马光伦理思想研究》
（湖南师范大学博士 2013），王磊《王安石义利观的"新义"及其当代价值》
（南京师范大学硕士 2013），罗晶《司马光财富伦理思想及其现实启示》（伦
理学研究 2013，3），梁森《朱熹收入分配思想研究浅论》（西南大学硕士
2014），杨忠伟《论析苏轼"儒道合一"经济思想》（贵州社会科学 2015），
杨绍成《李觏新功利主义经济思想研究》（云南大学博士 2015），焦唤芝《〈袁
氏世范〉家庭伦理及其现代价值》（南京大学硕士 2015），罗尚荣、刘洁《曾
巩经济伦理思想探析》（《南昌航空大学学报》2017，2）等。此外还有针对
宋朝家训的研究，以此可探讨宋人对贫困的认知观念，如李俊《宋代家训中的
经济观念》（河北师范大学硕士 2002），杨华星《从家训看中国传统家庭经
济观念的演变—— 以宋代社会为中心》（《思想战线》2006，4）、姚迪辉《宋
代家训伦理思想研究》（湖南工业大学硕士 2011），易金丰《宋代士大夫的
治生之学与消费伦理：以宋代家训为中心》（河北大学硕士 2013）等。

此外，对于宋朝社会贫困问题的研究，学界较少有专门的成果，但在关于
宋朝社会整体发展和社会经济发展状况的研究中均有对该问题进行讨论。关于
宋朝社会经济的发展程度，学界长期有两种截然不同的观点，一是认为宋朝
"积贫积弱"，政府财政困难，民众负担沉重、生活困苦；[①] 二是认为宋朝是
中国古代社会经济的发展高峰，商品经济高度发展，民众生活较为优裕。[②] 近
年来，对于该问题的研究倾向于更客观的评价，既充分肯定宋朝在中国古代社
会发展中的历史地位和宋朝社会经济的发展高度，同时也正视宋朝政府的财政
困难和民众的生活贫困问题。代表的研究成果有：邓小南《宋代历史再认识》
（《河北学刊》2006，5），王曾瑜《正确评价宋朝的历史地位》（《北京日报》
2007 年 12 月 11 日理论版），张邦炜《不必美化赵宋王朝—— 宋代顶峰论献
疑》（《四川师范大学学报》2011，6），包伟民《宋代经济：历史观察的时

---

① 关于宋朝"积贫积弱"说，李裕民认为自钱穆开始，此后翦伯赞提出这一词组，并为之后的学
者所承祭。这一观点在改革开放以前极为盛行，改革开放之后的宋史研究中也依然有部分学者
主张这一说法。

② 对于宋朝历史地位和社会经济发展水平给予较高评价的代表学者有程民生和李裕民。程民生《论
北宋财政的特点与积贫的假象》（《中国史研究》1984 年第 3 期）认为北宋的贫困只是短期的贫困，
并且可以说这种贫困是一种假象。李裕民《宋代"积贫积弱"说商榷》（《陕西师范大学学报》
2004 年第 3 期）从经济发展水平和国力方面给予宋朝较高的评价。

代背景》（《光明日报》2017 年 1 月 2 日理论版）等。对于宋朝的贫困状况，学界主要从宋朝社会贫困人口比例和宋人生活水平的角度予以呈现，[①] 总的来说，学界对于宋朝社会贫困程度达成了一定的共识。

当然，与宋朝贫困问题研究相关的还有宋朝的土地制度和土地兼并问题、城市发展和商品经济问题、生活水平与消费问题、社会结构与社会阶层问题、人口与户籍制度问题、财税政策和赋役制度问题等方面，研究成果较多，在此不多赘述。

从上述研究成果的梳理中可见，学界对历史上的贫困问题关注已久，研究思路主要有三：其一是从社会阶层的角度揭示了某一社会群体的贫困问题；其二是从社会保障的角度将经济上的贫困问题与灾荒问题、穷民问题等置于同一框架中探讨政府和民间社会的救济措施；其三是将贫与富作为一组对立概念进行参照研究。在既往研究中，贫困并未被视为一个独立的社会问题予以提出，也尚未形成关于贫困问题的系统性研究。究其原因，大致有三：其一，新中国成立以来一直到 20 世纪 80 年代，由于阶级斗争史观对历史研究的主导，贫困问题被淹没在了阶级斗争的研究模式中，虽然对贫困群体的研究做了大量基础性工作，但更多强调阶级的剥削、压迫和冲突，削弱了贫困的实质性问题；其

---

① 首先，在贫困人口比例方面，据漆侠研究，北宋的乡村下户（第四、五等户）在北宋总户数中约占 43.3%～58.5%，客户约占 30.4%～37.9%，如果将第四等及其以下户视为贫困户的话，则乡村贫民总计约占总户数的 73.7%～96.4%（参见漆侠：《宋代经济史》，中华书局，2009 年版，第 47—51 页）。另据王曾瑜研究，北宋乡村第四、第五等户在总户数中占比 43.7% 至 59%，没有土地的客户约占总户数的 34.5%，如果将第四等及其以下户视为贫困户的话，则乡村贫民总计约占总户数的 78.2%～93.5%（参见王曾瑜：《宋朝阶级结构》增订版，中国人民大学出版社 2009 年版，第 62—63 页）。如果保守一些计算，将第五等户和客户视为贫困户，则约占总户数的一半。根据梁庚尧研究，南宋都城临安的贫民约占都城居民的 50% 左右，其他城市的贫民比例较之富庶的都城或许不会更低。（参见梁庚尧：《南宋城市的社会结构》，《宋代社会经济史论集》上册，台北允晨文化 1997 年版，第 658 页）。虽然没有关于两宋贫困人口的完整统计数据，但根据已有研究，宋朝贫困人口占据总人口的一半以上，基本为学界所接受。其次，在宋朝民众生活水平方面，程民生《宋人生活水平及币值考察》（《史学月刊》2008 年第 3 期）认为，宋朝普通百姓的生活水平是有所提高的，社会下层大约日入百文左右，可以基本解决五口之家的口粮问题。张邦炜《不必美化赵宋王朝——宋代顶峰论献疑》（《四川师范大学学报》2011 年第 6 期）认为随着社会生产力的提高，宋代农民在总体上生活水平有所提高，但程度有限，民众的幸福指数并不高。

二，贫困长期以来被认为是中国历史上的常态，研究者们通常喜欢从非常态问题入手，往往对常态东西关注不多；其三，贫困的定义有一定模糊性，不同时期有不同的贫困范畴界定，不同时代的人们对贫困问题也有不同的认识，使得贫困问题的研究具有极大复杂性。基于上述原因，贫困问题的深入研究受到了很大限制。

学界经过长期对贫困群体、贫困救济与贫富问题的基础性研究，为系统性的贫困问题研究提供了坚实的资料基础。同时，随着社会学、经济学、人类学等不同学科理论的交叉运用，贫困学理论亦有了极大推进，为贫困问题的研究提供了理论基础。基于上述三个基础，本书将贫困问题视为一个独立的社会问题进行系统研究，并与贫困学理论进行对接，以唐宋变革之下的北宋时期为契机，尝试探索一种对中国历史上的贫困进行分析研究的范式。

## 四、研究方法与史料说明

### （一）研究方法

本书以北宋贫困及其应对问题为研究内容，必然首先要以历史学方法为基础。同时，贫困问题是个经济问题、社会问题，还是一个文化问题，因此，政治经济学、社会学、人类学等学科的研究方法都是本书研究中所需的理论工具。

1. 史学方法

本书以北宋时期为研究的时代背景，必然要运用传统史学方法全面把握北宋时期的史料，掌握大量第一手文献资料。本书主要资料来源是官方典籍、地方志书、碑刻文献、文人笔记和笔记小说等传世史料，因此需要运用传统史学的方法对史料进行抽丝剥茧的分析解读和系统性的整理分类，以获取尽可能全面的研究资料与分析数据。

2. 经济学的方法

贫困问题首先是一个经济学的研究问题。其一，贫困是由于财富收入不足以维持生产和生活而处于物质匮乏的状态，需要运用收入分配理论进行分析，探讨在北宋收入分配格局之下各社会群体的财富分配状况，分析其贫困致因。其二，针对贫困问题，需要运用政治经济学的研究方法，探讨社会的基本经济关系，同时考察贫困应对对于社会经济结构与发展的影响。其三，针对环境性贫困问题，需要运用经济地理学的分析方法，探讨受到地域空间制约的社会经济现象。其四，西方理论界在对贫困问题进行研究的基础上已经形成了一个多学科视角的理论结构，即现代贫困理论，本书在研究的过程也将结合该理论，对北宋的贫困分类和贫困状态进行系统研究。

### 3. 人类学的方法

人是社会的主体。贫困一方面是对人的极大伤害，剥夺人的权利，伤害人的尊严，甚至影响人的生存；另一方面，贫困在一定程度上也是人的自主选择，只有在充分尊重其选择权的基础上，才能更好理解贫困。人类学注重对文化主体自身感受的探知，因此本书在探讨宋人的贫困认知和贫困应对时还需要运用人类学的理论方法，从文化视角考察北宋社会的贫困，并注重分析历史当事人自身对贫困的文化感受，并在此基础上讨论贫困应对的逻辑和意义。同时，人类学强调文化是一个由诸多相互联系、相互影响和制约的文化要素有机组合而成的整体。基于对文化整体性的认识，本书需要将贫困置于特定的时空条件进行全方位的理解和结构性的分析，力图避免任何一种单一的视角所可能导致的片面认识。

### 4. 社会史的研究范式

萨林斯曾说，"世界上最原始的人们拥有极少的财产，但他们一点都不贫穷。贫穷不是东西少，也不仅是无法实现目标；首先这是人与人的一种关系。贫穷是一种社会地位。它恰是文明的产物。"[①] 因此，贫困也是一个社会问题，需要应用社会学分析方法进行研究。本书对北宋贫困问题进行研究，将采用社会史的研究范式，对于北宋社会变革之下的阶层分化与社会流动等问题及其与贫困的关系进行考察。

社会史范式是一个强调多学科结合的综合研究范式。具体来说，首先，在对个体性贫困进行研究时需要运用社会学方法，将其置于社会的时代背景中，分析社会整体中的个体问题；其次，在对社会性贫困进行研究时需要运用社会学与经济学方法，考察土地制度变化基础上的财富分配格局与社会结构变动，探讨其与贫困之间的关系。再次，在对环境性贫困进行研究时需要运用经济地理学和社会学方法，考察贫困的空间分布与地理环境的关系，结合北宋的社会

---

① [美] 马歇尔·萨林斯：《石器时代经济学》，张经纬等译，三联书店，2009 年，第 45 页。

发展状况探讨环境和灾害对贫困的影响。在对贫困进行分类研究的基础上，进一步运用人类学方法，探讨宋人对贫困问题的文化认知以及在认知基础上的应对问题。

（二）史料说明

本书写作所依据的史料主要包括以下几类：一是官修与私著的史书，包括《宋史》《续资治通鉴长编》《宋会要辑稿》《三朝北盟会编》与《宋史全文》等。二是专门的典籍，如诏令方面的《宋大诏令集》，法律方面的《宋刑统》和《庆元条法事类》等。三是宋人的文集、笔记，其中，范仲淹、欧阳修、张方平、司马光、王安石、苏轼、苏辙、蔡襄等人的文集中较多地讨论了北宋的社会贫困问题。还有以《夷坚志》为代表的宋朝笔记小说，为本书探析民众贫困状况与其贫困认知和应对都提供了大量材料。四是宋朝地理总志、方志和碑刻文献，包括《舆地纪胜》《方舆胜览》《舆地广记》等地理总志和《宋元方志丛刊》中收录的宋朝方志都对于宋朝各区域自然地理环境有较多记载，此外还有宋人文集中收录的碑文，以及《宋代石刻文献汇编》以及《全蜀艺文志》与各种方志中摘录之宋朝碑文。

需要说明的是，宋朝史料虽然相对丰富，但其在时代和类型的分布上极不均衡。首先，在史料的阶层分布方面，受到话语权力的影响，传世文献以官方文书和宋朝文人的观点言论为主，较多地反映了宋朝社会中上层的生活状态以及宋朝官方意识和主流社会意识，而对于宋朝社会中下层的生活状态以及普通民众认知观念的呈现则颇为不足。其次，在史料的时代分布上面，北宋在官方政府的文献材料方面更为丰富，而在文人文集、方志和笔记小说等方面则远不如南宋的文献材料的丰富程度。因此，这为北宋贫困的相关研究增加了较大的难度，本书只能在尽可能全面掌握北宋相关文献材料的基础上，试图对北宋贫困及其应对问题进行梳理和探讨。

# 第一章　社会性贫困及应对

社会性贫困，主要是指个体性因素之外，由于社会制度的设计和社会结构关系所导致的贫困。即贫困是"社会力"作用的结果，"社会力"包括"那些为产生或重新产生贫困这样一种特殊社会秩序而运筹帷幄的国家、阶级、群体、组织机构和制度"。[①] 本章主要从社会制度和社会结构两方面讨论社会性贫困问题。

## 第一节　制度性贫困

所谓制度性贫困，是指由于社会制度不合理直接造成的贫困。关于社会制度的概念，《中国大百科全书·社会学卷》界定为："人类社会活动的规范体系。它是由一组相关的社会规范构成的，也是相对持久的社会关系的定型化。"[②]广义的社会制度包括政治制度和经济制度，具体到北宋社会，包括有职官制度、财政制度、土地赋役制度、工商管理制度等。其中对于导致贫困的制度因素，宋人讨论最多的是土地制度和赋役制度。唐宋变革之际，土地制度和赋役制度的变革成为根源性的因素。关于宋朝的土地赋役制度，学界关注已久，已有丰

---

① 参见周怡：《解读社会：文化与结构的路径》，社会科学文献出版社，2004年版，第145页。
② 《中国大百科全书》社会学卷，中国大百科全书出版社，2002年版，第352页。

硕的研究成果。[①] 本节将在已有研究成果的基础上探讨土地制度和赋役制度分别对乡村和城市的社会性贫困问题的影响。

## 一、土地制度与贫困

先秦井田制之下，土地是以分封的形式分配给贵族，并得以世袭延续的。秦汉名田制之下，国家根据爵位规定可占有的最高土地面积，同时会对良民授予一定的土地。东汉末年，名田制崩溃，豪强庄园大量兴起，大量民众将自己的名田献予豪强，以得到其庇护。战乱之下，大量田地荒芜，屯田制兴起。北魏至隋唐实行限田制，一方面根据爵位等级限制贵族和品官所占有土地的面积，另一方面按户给予普通百姓授田，严格限制其买卖。可以说，从井田制到名田制再到限田制之下，土地国有制都是最主要的土地所有权形式，土地买卖要受到国家的限制，土地私有制的发展并不成熟。

自唐德宗建中元年（780 年）颁行"两税法"开始，中国古代土地制度发生了极大的变革。建立在授田制基础上的国有土地所有制瓦解，私有土地所有制开始占据主导地位。同时，传统的授田制结束，国家不再向农民授予土地，也不再限制土地的买卖兼并。这意味着国家放弃了自秦汉开始的对土地制度进行控制调节的传统政策。北宋建立，确立了"不立田制""不抑兼并"的土地制度，民众可以自由垦荒与买卖土地。"今天下无在官之田，而卖易之柄归之于民。"[②] 而究其原因，这是社会生产力发展、商品经济繁荣、社会结构变动

---

① 　土地制度方面，郦家驹《宋代土地制度史》（中国社会科学出版社 2015 年），漆侠《宋代经济史》（中华书局 2009 年）等著作对宋代土地制度进行了全面的介绍。论文方面，主要代表有李景林《对北宋土地占有情况的初步探索》（《历史教学》1956 年第 4 期）、梁太济的《两宋的土地买卖》（《宋史研究论文集》1982 年）、葛金芳的《试论"不抑兼并"——北宋土地政策研究之二》（《武汉师范学院学报》1984 年第 2 期）和《唐宋之际土地所有制关系中的国家干预问题》（《中国史研究》1985 年第 4 期）。赋役方面，以孙毓棠的《关于北宋赋役制度的几个问题》（《历史研究》1964 年第 2 期），王曾瑜的《宋朝的两税》（《文史》1982 年第 14 期）、张熙惟的《宋代折变制探析》（《中国史研究》1992 年第 1 期）、程民生的《北宋商税统计及简析》（《河北大学学报》1988 年第 4 期）、李景涛的《宋代商税问题研究》（云南大学出版社 2001 年）、王浩禹《宋代城市税收研究》（云南大学博士论文 2015 年）等为代表，对于宋朝乡村和城市的赋税进行了充分探讨。

② 　[ 元 ] 脱脱等：《宋史》卷 173《食货志上一》，中华书局，1977 年点校本，第 4164 页。

导致的必然结果，是社会各阶层分化及其在财富分配中利益博弈的产物。

北宋土地制度相较于前代而言主要有以下两个特点：一是私有土地所有制取代国有土地所有制成为主要的土地所有权形式。宋朝国有土地数量在总土地数中所占的比例较小，据漆侠先生统计，北宋国有土地总数为三十二万二千余顷，以神宗熙宁元丰之际的垦田总数计算，国有土地约占 4.3% 左右，而私有土地则占总数的 95.7% 左右。[①] 并且，官田亦逐渐成为私有土地。[②] 如屯田，越来越多成为私有土地，"天下屯田省庄，皆子孙相承，租佃岁久"。[③] 还有官田的直接出卖，如仁宗天圣三年（1025 年），张君平上言："州县户绝没官庄田，官司虽检估，召人承买莳佃，其有经隔岁月，无人承当。盖检估之时，当职官吏准防已后词讼，多高起估钱，以致年深倒塌荒芜，陷失租税。望降敕选官重估实价，召人承买。自今须子细看估，不得高起估钱，虚系帐籍。"三司借此建议出卖户绝没官田，得到批准。[④] 二是私有土地所有制占主导的前提下，土地买卖盛行。在这样放任的政策之下，在商品经济发展的推动下，土地所有权转移频繁。官户豪强和富商大贾凭借其权势和资产，或强取豪夺，或利诱买卖。如马端临所说："富者有赀可以买田，贵者有力可以占田。"[⑤] 可以说，北宋土地兼并之风愈演愈盛，仁宗时期已经呈现"势官富姓，占田无限，兼并冒伪，习以成俗，重禁莫能止焉"的态势。[⑥] 漆侠先生认为北宋的土地兼并大致经历了这样一个过程："从北宋初年的缓和状态到宋仁宗时的猛烈发展，又从宋神宗时期的缓和状态到宋徽宗时的再度猛烈发展。"[⑦]

而土地兼并带来的影响，主要可以从乡村和城市两个维度进行讨论。

### （一）土地制度与乡村贫困

对乡村而言，土地兼并的发展直接导致了富裕群体和贫困群体的扩大与贫富差距的加大。

---

① 参见漆侠：《宋代经济史》，中华书局，2009 年版，第 343 页。

② 宋朝官田包括屯田、营田、职田、学田、户绝没官田等。

③ [清]徐松辑：《宋会要辑稿》食货 53 之 8，上海古籍出版社，2014 年点校本，第 7200 页。

④ [清]徐松辑：《宋会要辑稿》食货 63 之 174，上海古籍出版社，2014 年点校本，第 7704 页。

⑤ [元]马端临：《文献通考》卷 2《田赋考二》，中华书局，1986 年影印本，考 43。

⑥ [元]脱脱等：《宋史》卷 173《食货志上一》，中华书局，1977 年点校本，第 4164 页。

⑦ 漆侠：《宋代经济史》，中华书局，2009 年版，第 341 页。

一方面，富贵者广占田地，大量土地集中到少数人手中。在"不立田制""不抑兼并"土地制度的推动下，乡村土地兼并猖獗。从土地所有权主体来看可分为两类，一是官户、形势户往往凭借权势强占土地。官户即品官之家，大多是拥有大量土地的大地主。形势户即胥吏之家，往往也能凭借其在地方上的权势而成为大地主。如仁宗嘉祐五年（1060 年），两浙转运司言："睦州桐庐县令刘公臣言，民间有古溪涧沟渠泉源接连山江，多被富豪之家渐次施工，填筑作田耕种。"① 王蒙正"恃章献刘太后亲"，在嘉州广占田地，"侵民田几至百家"。② 苏州昆山县"朱迎等不愿出卖田产"，章惇以其子之名，"逼胁逐。人须令供下愿卖文状，并从贱价强买入己"。③ 正如朱彧所说，官户豪强"尤喜乘人之窘急，时以微资取奇货"，④ 面对着他们的强取豪夺，即便是普通地主和富农都无力抵抗，更不用说中下户的农民了。仁宗乾兴元年（1022 年），已有臣僚上言："自开国以来，天下承平六十余载，然而民间无积蓄，仓廪未陈腐，稍或饥馑，立致流移，盖差役赋敛之未均，形势蒙强所侵扰也……若不禁止，则天下田畴半为形势所占。"⑤ 南宋高宗绍兴二年（1132 年），在全国耕地之中，"官户田居其半"，已占了一半的田地，可见其侵占兼并土地的力度。二是富商大贾凭借财势兼并土地。在土地制度变化的基础上，乡村中出现了大量并无政治身份，主要凭借经济财势扩充土地的地主群体，被称为富民，也被称为"富室""富户""富姓""兼并之家"。苏辙说，"惟州县之间，随其大小，皆有富民"，⑥ 韩琦也说，"乡村上三等并坊郭有物业民户，乃从来兼并之家也"，⑦ 可见北宋社会中富民已经非常普遍，并且成为社会中上层的中坚力量。通常情况下，富民大多通过钱财购买农民土地，所谓"贫富无定势，

---

① ［清］徐松辑：《宋会要辑稿》食货 61 之 95，上海古籍出版社，2014 年点校本，第 7502 页。

② ［宋］王安石：《临川先生文集》卷 95《郭维墓志铭》，中华书局，1959 年点校本，第 982 页。

③ ［宋］刘安世：《尽言集》卷 5《论章惇强买朱迎等田产事》，中华书局，1985 年丛书集成本，第 55 页。

④ ［宋］朱彧：《萍州可谈》卷 3，中华书局，1985 年影印本，第 44 页。

⑤ ［清］徐松辑：《宋会要辑稿》食货 1 之 20，上海古籍出版社，2014 年点校本，第 7701 页。

⑥ ［宋］苏辙：《栾城集·栾城第三集》卷 8《诗病五事》，上海古籍出版社，2009 年点校本，第 1555 页。

⑦ ［宋］韩琦：《上神宗乞罢青苗及诸路提举官》，收录于赵汝愚编：《宋朝诸臣奏议》卷 111，上海古籍出版社，1999 年点校本，第 1208 页。

田宅无定主，有钱则买，无钱则卖"，<sup>①</sup>于是"富家大姓幸其邻里之破产卖田，则啗以厚利而兼并之，然后可以食其租而役其人"。<sup>②</sup>富室很多占田广阔，田连阡陌，如欧阳修说，"今大率一户之田及百顷者，养客数十家"<sup>③</sup>；苏洵也说，"富民之家，地大业广，阡陌连接，募招浮客，分耕其中"。<sup>④</sup>而在正常交易之外，富民还往往通过借贷、典当等方式侵夺贫者土地。如"豪民，多贷钱贫民，重取其息，岁偿不逮，即平入田产"。<sup>⑤</sup>福建"俗重凶事，其奉浮图，会宾客，以尽力丰侈为孝；否则深自愧恨，往往至数千人。至有亲亡秘不举哭、必破产办具而后敢发丧者。有力者乘其急时贱买其田产，而贫者立券举责，终身不能偿"。<sup>⑥</sup>耀州华原县"有富人不占地籍，唯以利诱贫民而质其田券，多至万亩，岁责其入"。<sup>⑦</sup>王岩叟即说，"民间典卖庄土，多是出于婚姻丧葬之急，往往哀求钱主，探先借方印契"。<sup>⑧</sup>

另一方面，乡村中大量农民失去土地依靠，成为少地下户或无地客户，必须依靠租佃地主土地为生，贫困群体扩大，贫困程度加重。均田制之下，虽然也存在土地不足和贫困的状况，但依附于体制之内的农民还是有一定的保障，其阶层内部的差异也并不明显。北宋不抑兼并政策之下，土地兼并严重，很多农民典卖了土地，却依然保留着税额，形成"产去税存"的现象。于是，富者越来越富，而贫者越发贫困，又进一步推动了土地的集中，以至出现"富者有弥望之田，贫者无卓锥之地"的局面。<sup>⑨</sup>大量自耕农失去土地，成为半自耕农或佃农。北宋将乡村农民划分为主户和客户。主户按照资产划分为五等，承担不同等级的赋役。客户是无地农民，即"佃人之田，居人之地"者，租种地主

---

① [宋]袁采：《袁氏世范》卷3《富家置产当存仁心》，中华书局，1985年丛书集成本，第62页。
② [宋]李焘：《续资治通鉴长编》卷397，元祐二年三月丁卯条，中华书局，1993年点校本，第9686页。
③ [宋]欧阳修：《欧阳修全集》卷60《原弊》，中华书局，2001年点校本，第871页。
④ [宋]苏洵：《嘉祐集》卷5《田制》，上海古籍出版社，1993年点校本，第135页。
⑤ [宋]李焘：《续资治通鉴长编》卷86，大中祥符九年四月辛丑条，中华书局，1993年点校本，第1983页。
⑥ [宋]欧阳修：《端明殿学士蔡公墓志铭》，收录于曾枣庄、刘琳主编：《全宋文》卷756，上海辞书出版社、安徽教育出版社，2006年点校本，第35册，第378页。
⑦ [宋]程颢，程颐：《二程集·华阴侯先生墓志铭》，中华书局，1981年点校本，第504页。
⑧ [清]徐松辑：《宋会要辑稿》食货13之22-23，上海古籍出版社，2014年点校本，第7906页。
⑨ [宋]李焘：《续资治通鉴长编》卷27，雍熙三年七月甲午条，中华书局，1993年点校本，第621页。

土地，交纳地租。主户的第四、五等户多被称为下户，与客户一同被视为贫困群体。[①] 这样的四、五等户在北宋的总户数中占比 43.7% 至 59%，再加上没有土地的客户约占总户数的 34.5%，也就是说，北宋乡村的贫困户数总计约占总户数的 78.2% 至 93.5%。[②] 下户"占田常狭"[③]"才有田三五十亩，或五七亩而赡一家十数口，一不熟，即转死沟壑"。[④] 下户占有的土地数量往往不足以维持一家生计，必须租种部分土地，成为半自耕农。本就产业薄弱的贫困农民，在承担政府的赋役之外，还要负担交纳给地主的田租，更是所剩无几。而客户失去了土地的保障，必须租佃他人土地，如吕南公说，客户"能输气力为主户耕凿而已。则其一日不任事，其腹必空"。[⑤] 客户不需要承担政府赋役，但要向地主交纳高额地租。"对分制在宋代地租诸形态中占有支配地位。"[⑥] 如苏洵说，地主出租土地给佃农，"而田之所入，己得其半，耕者得其半"，以致佃农"穷饿而无告"。[⑦] 因此，"地力不尽，田不垦辟"，[⑧] 进而"耕不免饥"的原因是"土非其有也"。[⑨] 如南丰朱器之曾解救一个自缢的农夫，其原因是"负租坐系，贫不能输，虽幸责任给限，竟无以自脱，至于就死"。[⑩] 此外，还要忍受高利贷的盘剥。贫民下户大多无所积蓄，需要租赁耕牛、借贷谷种，往往以借贷来维持生产。由于借贷，"贫者寒耕熟耘，仅得斗斛之收，未离场圃，已尽为富室夺去"。[⑪] 贫者借贷之时，富者往往"坐收倍称之息"，所以"富

① 北宋政府划定的贫困线为占田 20 亩，因此，占田 20 亩以下的乡村主户和客户，或等同于 20 亩的 50 贯产业钱以下的坊郭主户和客户即为贫困人口。参见孙竞、张文：《宋代的社会贫困线及其社会意义》（《思想战线》，2016 年第 3 期）。

② 王曾瑜：《宋朝阶级结构》，中国人民大学出版社，2010 年版，第 62 页。

③ [清] 徐松辑：《宋会要辑稿》食货 62 之 19，上海古籍出版社，2014 年点校本，第 7214 页。

④ [宋] 李焘：《续资治通鉴长编》卷 168，皇祐二年六月乙酉条，中华书局，1993 年点校本，第 4048 页。

⑤ [宋] 吕南公：《与张户曹论处置保甲书》，收录于曾枣庄、刘琳主编：《全宋文》卷 2368，上海辞书出版社、安徽教育出版社，2006 年点校本，第 109 册，第 237 页。

⑥ 漆侠：《宋代经济史》，中华书局，2009 年版，第 355 页。

⑦ [宋] 苏洵：《嘉祐集笺注》卷 5《田制》，上海古籍出版社，1993 年点校本，第 135 页。

⑧ [宋] 李觏：《李觏集》卷 16《富国策第二》，中华书局，1981 年点校本，第 135 页。

⑨ [宋] 李觏：《李觏集》卷 20《潜书第一》，中华书局，1981 年点校本，第 214 页。

⑩ [宋] 洪迈：《夷坚丁志》卷 20《朱承议》，中华书局，1981 年点校本，第 705 页。

⑪ [清] 徐松辑：《宋会要辑稿》食货 4 之 18《青苗》，上海古籍出版社，2014 年点校本，第 6043 页。

者日富，贫者日贫"。① 欧阳修也说，佃客向田主借债，偿还之时"息不两倍则三倍"，② 如此高昂的利息，往往将借债者逼至破产甚至步入绝境。

对于乡村农民来说，在国家与社会分离的背景下，他们从体制内被析出了，成为了体制外人口。均田制之下，农民通过授田得到国家体制的庇护，可以得到基本的生存保障。而在北宋的土地制度之下，国家不再对农民授田，亦不再限制土地兼并和自由买卖，农民必须依靠自身努力才能保住自己的土地。在此情况下，小部分农民凭借勤俭积蓄和善于经营而得以扩充自己的土地，成为富农或地主，即富民；大部分农民则仅能守住自己微薄的土地维持基本生存，甚至因竞争失利或天灾人祸而丧失部分甚至全部土地，必须租种他人土地维持生计。因此，租佃关系成为了宋朝农业生产关系中的最重要形式，这样租种地主土地的客户在农民总数中所占比例较高。对此，吕陶说，"古之有田者自耕而食，皆为天子之农。今天下之田太半归于兼并，而贫人不能占以为业。天下之自耕而食。为天子之农者，十无二三；耕而食于富人，而为之农者，盖七八矣。耕富人之田而食之，则岁时劳苦之所得，见夺于兼并而无憾；虽自耕其田，而为生之具又多仰给于富人，则亦不免其见夺。是以贫者常罹不足之害，富者常享有余之利"。③

自战国时期土地私有制出现开始，租佃关系就已存在。历代以来，佃户与土地产权所有者之间都有着较强的人身依附关系，是被固定在土地之上的，其人身自由受到较为严格的限制。相较于前代佃户来说，北宋佃户的人身依附关系更弱了。宋朝租佃关系普遍采用契约形式，"明立要契，举借粮种，及时种莳，俟收成，依契约分，无致争讼"。④ 契约形式除了可以保障土地所有者的利益，也可以在一定程度上保障佃农的相关权益和人身自由。而且，北宋佃户选择田主的权利更大，"富户召客为佃户，每岁未获之间，借贷赒给，无所不至，一失抚存，明年必去而之他"，⑤ 可见佃户的独立性和自由度较高，与田主的人

① [宋]苏辙：《栾城集》卷35《自齐州回论时事书》，上海古籍出版社，2009年点校本，第773页。
② [宋]欧阳修：《欧阳修集编年笺注》卷59《原弊》，巴蜀书社，2007年点校本，第65页。
③ [宋]吕陶：《论限名田责守宰疏》，收录于曾枣庄、刘琳主编：《全宋文》卷1598，上海辞书出版社、安徽教育出版社，2006年点校本，第37册，第225页。
④ [清]徐松辑：《宋会要辑稿》食货1之16，上海古籍出版社，2014年点校本，第5946页。
⑤ [清]徐松辑：《宋会要辑稿》食货13之21，上海古籍出版社，2014年点校本，第6255页。

身依附关系较弱。

相较于租种地主土地的佃户，耕种官田的佃户则更艰难些。官田招佃虽然有"自愿请佃"的原则，但大多带有明显的强制性，如张阐说荆襄之地屯田、营田得不到发展，并非田土不可耕，而是因为"欲耕田而无田夫，任事之人虑其功之不就吕，不免课之于游民；游民不足，不免抑勒于百姓。百姓受抑，妄称情愿，舍己熟田，耕官生田。私田既荒，赋税犹在。或远数百里追集以来；活名为双丁，役其强壮者。占百姓之田以为官田，夺民种之谷以为官谷。老稚无养，一方骚然"。① 耕种官田大多没有充分的人身自由，租课过重。如江西屯田，"大抵其田多沃而荒，其耕者常困，其利则官与私皆不获。夫田之沃者，耕之招也，而何至于荒？利不皈于上则皈于下，而官与私何至于两不获？租重故！一年而贫，二年而困，三年而逃；不逃则因于官，不瘝死、不破家则不止。前之耕者去矣，后之耕者复如是焉"。②

总的来说，乡村下户和客户深受土地兼并之害，少地甚至无地的状况致使其大多身处贫困境地。因此，除租佃耕织以营生之外，乡村中的少地无地农民也往往依靠佣力帮补家计，如遂州小溪县村民程君友，"家数口，垦耕力作，常于乡里佣力，织草履自给"；③ 荆门军长林县村民邹亚刘有一块土地，"且常为人佣"；④ 都昌县农妇吴氏"为乡邻纺绩、澣濯、缝补、炊爨、扫除之役，日获数十百钱，悉以付姑，为薪米费"。⑤ 还有为茶园、果园等充任雇工，如茶园中"园户采撷，须资人力……又佣力者多贫民"。⑥ 同时，乡村雇工的薪酬极为微薄，如乡里小民"日以三十钱顾之春谷，凡岁余得钱十四千"。⑦ 福建漳州的客户，"全无立锥，惟藉佣雇，朝夕奔波，不能营三餐之饱，有镇日只一饭，或达暮不粒食"，⑧ 可见生计之艰难。

---

①　[清]徐松辑：《宋会要辑稿》食货3之11，上海古籍出版社，2014年点校本，第7681页。

②　[宋]杨万里：《杨万里诗文集》卷89《民政下》，江西人民出版社，2006年点校本，第1425页。

③　李剑国辑校：《宋代传奇集·黄休复·程君友》，中华书局，2002年点校本，第99页。

④　[宋]洪迈：《夷坚支景志》卷1《员一郎马》，中华书局，1981年点校本，第884页。

⑤　[宋]洪迈：《夷坚志补》卷1《都昌吴孝妇》，中华书局，1981年点校本，第1555页。

⑥　[清]徐松辑：《宋会要辑稿》食货30之3，上海古籍出版社，2014年点校本，第6651页。

⑦　[宋]洪迈：《夷坚丙志》卷11《钱为鼠鸣》，中华书局，1981年点校本，第462页。

⑧　[宋]陈淳：《上庄大卿论鬻盐》，收录于曾枣庄、刘琳主编：《全宋文》卷6723，上海辞书出版社、安徽教育出版社，2006年点校本，第295册，第176页。

对于广大的乡村下层农民来说，即便其努力经营依然难以摆脱贫困状态，如果一旦遭遇天灾人祸，则免不了流离失所家破人亡。如富弼说河北的流民多至许、汝、唐、邓州，他们大多是来自镇、赵、邢、洺、磁、相等所谓"下等州"的下等人户。其中十分之六七是第五等户，十分之三四"是第四等人及不济户与无土浮客，即绝无第三等已上之家"。① 可见四五等户与客户的生活是极不稳定的。故此，司马光说，"四民之中，惟农最苦。农夫寒耕热耘，沾体涂足，戴星而作，戴星而息。蚕妇治茧，绩麻纺纬，缕缕而积之，寸寸而成之，其勤极矣。而又水旱霜雹蝗，间为之灾。幸而收成，则公私之债，交争互夺，谷未离场，帛未下机，已非己有矣。农夫蚕妇所食者糠粃而不足，所衣者绨褐而不完"。② 可见主要说的是乡村中的下户和客户，即乡村贫困群体。

当然，在没有体制庇护的前提下，地主阶层虽然掌控了土地买卖的主导权，但所谓"贫富无定势"，土地所有权转换频繁，贫富之间的升降变换亦是常见之事。谢逸说，"余自识事以来四十年矣，见乡闾之间，曩之富者贫；今之富者，曩之贫者也"。③ 徐守信诗云："遥望南庄景色幽，前人田土后人收。后人不用心欢喜，更有收人在后头""南庄北宅眼前花，好儿好女莫谩夸。我若一朝身死后，又属张三李四家"，④ 都有讲到贫富更替频繁的社会现象。

### （二）土地制度与城市贫困

可以说，土地兼并的愈演愈烈和乡村贫困群体的扩大是北宋土地制度造成的直接影响，那么，城市贫困群体的扩大就是土地制度的间接影响之一。

汉唐时期，城市以政治和军事职能为主，城市中的社会阶层较为固定，以皇室贵族、官员、军人为主，虽然也有下层贫困人口，但其比例相对较少，亦并未引起政府和社会的关注与重视。同时，这一时期的城市较为封闭，外来人口较少，一方面是因为政府对城市的管理严格，通过坊市制度和时间控制限制

---

① [宋]富弼：《上神宗论河北流民到京西乞分给田土》，收录于赵汝愚编：《宋朝诸臣奏议》卷106，上海古籍出版社，1999年点校本，第1139—1140页。
② [宋]李焘：《续资治通鉴长编》卷359，元丰八年八月己丑条，中华书局，1993年点校本，第8589页。
③ [宋]谢逸著，上官涛校：《溪堂集》校勘《黄君墓志铭》，中山大学出版社，2011年点校本，第170页。
④ [宋]徐守信：《徐神翁语录》，载《全宋诗》卷725，北京大学出版社，1993年版，第8381页。

了城市工商业的发展，并且控制外来人口进入城市；另一方面是因为城市自身经济发展有限，缺少吸引大量外来人口进入的条件，因此城市人口较为单一化。

由唐入宋，商品经济繁荣，城市化进程加快。所谓城市化，是"人口向城市地域集中和乡村地域转化为城市地域的过程"，[①]包括城市数量的增加、城市规模的扩大、城市人口的增多，城市生活的丰富等。而城市化的核心必然是城市人口的扩充。北宋城市人口的具体数字虽然无从考证，但北宋已经出现了一批人口在十万人以上的城市，如真宗天禧五年（1021年）开封府据统计有坊郭户97750户，哲宗时杭州城内"约计四五十万人，里外九县主客户口共三十余万"。[②]加上大量出现的县、镇、市中的坊郭人口，虽然城市人口比重远不及乡村人口，但明显是有大幅度增加的。城市人口的大幅度增加，除了城市自身的自然人口增长之外，乡村人口的进入是其中重要的内容。究其原因，其一，在北宋不立田制、不抑兼并的土地制度之下，大量乡村贫民失去土地。他们或租种地主的土地，或另谋出路进入城市谋生。如苏轼说，"民无所为生，去为商贾，事势当耳"。[③]高弁亦说，"耕织之民，以力不足，或入于工商、髡褐、卒夫，天下无数，皆农所为也"。[④]其二，从唐代中后期开始到北宋，城市发生了较大的变革。坊市制瓦解，城市商品经济繁荣，各行业兴盛，城市提供了更多的就业机会和消费选择，吸引了更多的外来人口进入。王安石变法时曾对开封城内利润较低的160余行免征免行钱，"奉诏，在京免行钱贫下户减万缗，已减百六十余行，依旧祗应"，可见北宋都城开封城内"行"数远超过于160。行业甚多，自然可以提供更多的就业谋生机会。而雇工在北宋已经极为普遍，如漆侠先生所说，"即使说雇工在宋代已经形成为社会的一个阶层，也无任何夸张之处"。[⑤]不论是官府还是民间都需要大量雇工，可以说，雇工成为城市发展的重要基础。在一定程度上，宋朝的雇工已经呈现出自由劳动力

① 《中国大百科全书》第3册，中国大百科全书出版社，1988年，第482页。
② [宋]苏轼：《苏轼文集编年笺注（第4册）》卷30《论叶温叟分擘度牒不公状》，巴蜀书社，2011年版，第166页。
③ [清]黄以周等辑注：《续资治通鉴长编拾补（第1册）》卷6，熙宁二年，中华书局，2004点校本，第281页。
④ [宋]吕祖谦编：《宋文鉴》卷125《望岁》，中华书局，1992年点校本，第1752页。
⑤ 漆侠：《关于宋代雇工问题》，《河北大学学报》1987年第3期。

的性质。① 其三，政府对城市的管理和控制放松，城市对于外来人口的接纳包容程度大大提高。北宋户籍管理较之前代也宽松很多，对流动人口的限制也被取消，百姓迁于异地也可在当地落户，② 给失地农民流入城市提供了机会。其四，北宋政府在城市中建立了较多福利机构，也有较多济贫措施集中在城市，因此对于乡村贫民而言，城市自然更加具有吸引力。如仁宗至和二年（1055 年），刘敞上奏曰："臣伏见城中近日流民众多，皆扶老携幼，无复生意。问其所从来，或云久旱耕种失业，或云河溢田庐荡尽。窃闻圣慈悯其如此，多方救济，此诚陛下为民父母之意。"③

在北宋城市经济繁荣的背景下，城市内贫富差距较之乡村更加突出。大商人依附于国家体制，与高官贵族联合，赚取了高额利润，资产丰厚。因此说，"国家承平岁久，兼并之民，徭役不及，坐取厚利。京城资产，百万者至多，十万而上，比比皆是。"④ 中小商人则"上为官司科买所困，下为兼并取息所苦"，⑤ 既要受到官府的压榨，亦要受到大商人的倾轧，愈发贫困。城市内部贫富差距极大，如司马光说开封城中，富者是"土偶长尺余，买之珠一囊，安知杼轴劳，何物为蚕桑"；⑥ 贫者则是"妻儿日憔悴，囊钱与盎米，薪木同时匮，败衣不足准，搏手坐相视"。⑦ 而对于大量进入城市的失地农民而言，能够跻身城市中上层的概率微乎其微，主要是进入以下两个城市群体。

---

① 如马克思说，"就在城市本身中，在那不被行会所包括的短工的形式下，在粗工等等的形式下，也存在着形成真正雇佣劳动的要素"。（参见马克思：《资本主义生产以前各形态》，第 56 页。）

② 曾布曾说，"古者乡田同井，人皆安土重迁，流之远方，无所资给，徒隶困辱，以至终身。近世人民，轻去乡土，转徙四方，因而为患。而居作一年，即听附籍，比于古亦轻矣"，可见外地人在当地居住一年之后即可附籍落户。参见马端临：《文献通考》卷 167《刑考六》，中华书局，1986 年影印本，考 1449。

③ [宋]刘敞：《上仁宗论水旱之本》，收录于赵汝愚编：《宋朝诸臣奏议》卷 4，上海古籍出版社，1999 年点校本，第 410 页。

④ [宋]李焘：《续资治通鉴长编》卷 85，大中祥符八年十一月已巳条，中华书局，1993 年点校本，第 1956 页。

⑤ [宋]李焘：《续资治通鉴长编》卷 240，熙宁五年十一月丁巳条，中华书局，1993 年点校本，第 5826 页。

⑥ [宋]司马光：《司马温公集编年笺注》卷 3《和公达过潘楼观七夕市》，巴蜀书社，2009 年点校本，第 178 页。

⑦ [宋]司马光：《司马温公集编年笺注》卷 3《八月十七日夜省直纪事呈同舍》，巴蜀书社，2009 年点校本，第 181 页。

其一，小工商业者。农民进入城市"转为工商"较为普遍，[①] 其中只有极少数人能够发家致富，跻身城市中上层。大多数人只能从事小型工商业，赚取微薄的利润以糊口。很多人无力入行，"京城浩穰，乡庄人户般载到柴草入城货卖不少"，[②] 或成为"零细小铺、贫下经济不系合该行户之人"。[③] 宋朝笔记小说中不乏这样的记载，如"乡民张客，行贩入邑"。[④] 建安徐建常父子，"本农家子，后以市药为生"。[⑤] "促织盛出，都民好养，……乡民争捉入城货卖，斗赢三两个，便望卖一两贯钱"。[⑥] 城市中小商人生活颇为艰难，"朝夕营营，以急升米束柴而不赡者"。[⑦] 小商贩的收入不高，一天收入至多二三百文，少则数十文。一般来说，城市下层工商业者一天辛勤劳动的所得仅能维持一天的生活。[⑧]

其二，雇工。商品经济发展推动城市工商业发展，需要大量底层劳动力，涌入城市的失地农民正好填补了这一空缺。他们受雇于他人，在城市没有房产，每日赚取酬劳微薄，甚至难以自给，大多处于贫困状态。如开封府"凡雇觅人力、干当人、酒食作匠之类，各有行老供雇；觅女使即有引至牙人"。[⑨] 京城中有大量雇工，"倘欲修整屋宇，泥补墙壁，……即早晨桥市街巷口皆有木竹匠人，谓之杂货工匠，以至杂作人夫，……罗立会聚，候人请唤，谓之罗斋，竹木作料亦有铺席，砖瓦泥匠随手即就"。[⑩] 其他城市也有大量雇工存在，如成都府，"村民日趋成都府小东郭桥上卖工，凡有钱者皆可雇其充使令负担也"。[⑪] 又如《能改斋漫录》中载："江西俚俗骂人，有曰客作儿……客作儿，佣夫也。"[⑫]

① ［元］脱脱等：《宋史》卷177《食货志上五》，中华书局，1977年点校本，第4299页。

② ［清］徐松辑：《宋会要辑稿》食货37之12，上海古籍出版社，2014年点校本，第6811页。

③ ［清］徐松辑：《宋会要辑稿》食货64之66，上海古籍出版社，2014年点校本，第7767页。

④ ［宋］洪迈：《夷坚丁志》卷15《张客奇遇》，中华书局，1981年点校本，第666页。

⑤ ［宋］何薳：《春渚纪闻》卷10《记丹药》，中华书局，1983年，第152页。

⑥ ［清］朱彭等：《南宋古迹考》，浙江人民出版社，1983年，第109页。

⑦ ［宋］郑侠：《西塘集》卷6《上王荆公书》，文渊阁四库全书本。

⑧ 参见程民生：《宋人生活水平及物价考察》，《史学月刊》2008年第3期。

⑨ ［宋］孟元老著，邓之诚注：《东京梦华录注》卷3《雇觅人力》，中华书局，1982年，第115页。

⑩ ［宋］孟元老著，邓之诚注：《东京梦华录注》卷4《修整杂货及斋僧请道》，中华书局，1982年，第125页。

⑪ ［宋］元好问：《湖海新闻夷坚续志》卷2《幻为盗术》，中华书局，1986年点校本，第88页。

⑫ ［宋］吴曾：《能改斋漫录》卷2《俗骂客作》，中华书局，1985年丛书集成本，第31页。

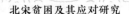

可见雇工在城市中相当普遍，同时其社会地位较低。而家庭内部的雇工通常被称为仆、婢。对于城市雇工的报酬，不同城市的标准不同。王安石说，"京师雇直太重"，而很多地方则"雇直至贱"。<sup>①</sup>受雇于官府和受雇于民众的雇直也有所不同，一般来说，官府雇工的报酬高于民间。<sup>②</sup>平均来说，城市雇工每日的收入约在百文上下。元祐元年（1086 年），苏辙说"民间每夫日雇二百钱"，这是颇高的收入。<sup>③</sup>大多数情况下雇工都在日收百文的状态，据程民生先生考证，日入百文，只能解决一家五口的基本口粮问题，更难以有所积蓄。<sup>④</sup>甚至很多雇工每日收入只有数十文。如蔡襄说"南方地狭穀鲜，又浮海通商，钱散不聚。丁男日佣不过四五十文"。<sup>⑤</sup>黄州茶肆仆崔三，"月得雇直不过千钱，常不足给用"。<sup>⑥</sup>京师妇女夏二娘，"日与之负麦，然一往返，才直三十八钱许"。<sup>⑦</sup>鄱阳瀱港的小民"唯与人佣力，受直，族祖家日以三十钱雇之春谷，凡岁余得钱十四千"。<sup>⑧</sup>可见其雇值低廉，不仅难以储蓄，甚至解决当日温饱都困难。吕南公载"淮西达佣，传者逸其名氏。佣不习书，未尝知仁义礼乐之说，翳茨为居，与物无竞，力能以所工，日致百钱，以给炊烹。或时得羡于常，则尽推赢易酒肉以归，夜同妇子宴"。<sup>⑨</sup>可见亦有城市雇工自身亦缺乏积储的意识，遇到所获多于平常的情况，就将多出的钱物用于买酒肉与妻儿宴饮，这应该不是个例，而是部分城市下层的共性。很多城市雇工都是临时性的或是短期的，难以确保每日都有雇主聘请，因此有"一日失业，则一日不食"之说。<sup>⑩</sup>进入

---

① [宋]李焘：《续资治通鉴长编》卷 262，熙宁八年四月己丑条，中华书局，1993 年点校本，第6411 页。

② 吴自牧《梦粱录》中说，"如官司和雇支给钱米，反胜于民间雇请工钱，而工役之辈则欢乐而往也"；包恢《敝帚稿略》中载，真州修官库，"执役者二百人，人人公雇之厚过于私家"。可见官方雇工的雇直普遍高于私人雇工，虽是南宋材料，亦可说明北宋的情况。

③ [宋]苏辙：《栾城集》卷 46《论雇河夫不便札子》，上海古籍出版社，2009 年点校本，第 1016 页。

④ 参见程民生：《宋人生活水平及币值考察》，《史学月刊》2008 年第 3 期。

⑤ [宋]蔡襄：《蔡襄集》卷 27《上庞端公书》，上海古籍出版社，1996 年点校本，第 469 页。

⑥ [宋]洪迈：《夷坚支乙》卷 2《茶仆崔三》，中华书局，1981 年，第 805 页。

⑦ [宋]洪迈：《夷坚丁志》卷 7《夏二娘》，中华书局，1981 年点校本，第 596 页。

⑧ [宋]洪迈：《夷坚丙志》卷 11《钱为鼠鸣》，中华书局，1981 年点校本，第 462 页。

⑨ [宋]吕南公：《达佣述》，收录于曾枣庄、刘琳主编：《全宋文》卷 2372，上海辞书出版社、安徽教育出版社，2006 年点校本，第 109 册，第 312 页。

⑩ [清]徐松辑：《宋会要辑稿》食货 69 之 80，上海古籍出版社，2014 年点校本，第 8096 页。

城市务工的农民，大多无屋可居，境况艰难。如《夷坚志》中所说，"一日所赢自足以糊口，但至夜则不堪说，既无屋可居，多伏于屠肆肉案下，往往为犬所惊逐，良以为苦，而无可奈何"。①

除了小工商业者和雇工之外，还有部分农民进入城市从事表演、伎艺等行业，还有的成为在城市中流浪游荡的游民乞丐，所居之处，"委巷穷阎，败席障门，"②"惟破席而已，粪秽堆积生"，③只能等待富人施舍或政府救济。

## 二、赋役制度与贫困

赋役制度包括赋税制度和徭役制度。赋税是国家财政收入的主要来源，"窃以天下财用，必本于赋税"。④赋税制度亦是国家进行社会财富再分配的重要方式。徭役和赋税是相关联的，通常情况下亦可以用赋税予以替换的。唐代"两税法"颁行之前，租庸调制是建立在均田制基础上的赋税制度。国家对农民授田，给予农民基本的保障，而农民向国家承担赋税，按丁、口交纳赋税，是合情理的。自唐德宗建中元年（780年）颁行"两税法"开始，中国古代土地制度和赋役制度发生了极大的变革。传统的授田制结束，国家不再向农民授予土地，也不再限制土地的买卖兼并；同时不再以租、庸、调的形式征收人头税，而是改征户税和地税，以地税为主。对于赋税制度的变革，马端临有一段话进行了概括："赋税沿革微有不同，史文简略，不能详知，然大概计亩而税之令少，计户而税之令多。然其时户户授田，则虽不必履亩论税，只逐户赋之，则田税在其中矣。至唐始分为租、庸、调，田则出粟稻为租，身与户则出绢布绫锦诸物为庸、调。然口分、世业，每人为田一顷，则亦不殊元魏以来之法，而所谓租、庸、调者，皆此受田一顷之人所出也。（唐）中叶以后，法制隳弛。田亩之在人者，不能禁其卖易，官授田之法尽废，则向之所谓输庸、调者，多无田之人矣。乃欲按籍而征之，令其与豪富兼并者一例出赋可乎？又况遭安、史之乱，丁口流离转徙，版籍徒有空文，岂堪按以为额？盖当大乱之后，人口死徙虚耗，岂复承平

---

① [宋]洪迈：《夷坚丁志》卷4《王立耀鸭》，中华书局，1981年点校本，第571页。

② [宋]洪迈：《夷坚甲志》卷18《天津丐者》，中华书局，1981年点校本，第163页。

③ [宋]上官融：《友会谈丛》卷下，中华书局，1991年丛书集成本。

④ [宋]孔武仲：《代上执政书》，收录于曾枣庄、刘琳主编：《全宋文》卷2190，上海辞书出版社、安徽教育出版社，2006年点校本，第100册，第251页。

之旧？其不可转移失陷者，独田亩耳。然则视大历十四年垦田之数以定两税之法，虽非经国之远图，乃救弊之良法也。但立法之初，不任土所宜，输其所有，乃计绫帛而输钱。既而物价愈下，所纳愈多，遂至输一者过二，重为民困。此乃掊刻之吏所为，非法之不善也。陆宣公与齐抗所言固为切当，然必欲复租、庸、调之法，必先复口分、世业之法，均天下之田，使贫富等而后可，若不能均田，则两税乃不可易之法矣。又历代口赋、皆视丁、中以为厚薄。然人之贫富不齐，由来久矣。今有幼未成丁，而承袭世资，家累千金者，乃薄赋之；又有年齿已壮，而身居穷约，家无置锥者，乃厚赋之，岂不背缪？今两税之法，人无丁、中，以贫富为差，尤为的当。宣公所谓：'计估算缗，失平长伪，挟轻费转徙者脱徭税，敦本业不迁者困敛求，乃诱之为奸，殴之避役。'此亦是有司奉行者不明不公之过，非法之弊。盖力田务本与商量逐末，皆足以致富。虽曰逐末者易于脱免，务本者困于徵求，然所困犹富人也，不犹愈于庸调之法不变，不问贫富，而一概按元籍徵之乎？盖赋税必视田亩，乃古今不可易之法，三代之贡、助、彻，亦只视田而赋之，未尝别有户口之赋。盖虽授人以田，而未尝别有户赋者，三代也；不授人以田，而轻其户赋者，两汉也。因授田之名，而重其户赋，田之授否不常，而赋之重者已不可复轻，遂至重为民病，则自魏至唐之中叶是也。自两税之法行，而此弊革矣，岂可以其出于杨炎而少之乎？"①

可见，北宋建立，确立了"不立田制""不抑兼并"的土地制度，并在唐代两税法的基础上进一步改革确定了新的赋税制度，即不再按户收税，而是按田亩征税，称为二税。与此同时，北宋对城市居民征收"坊郭之赋"，主要包括屋税、地税等资产税。

要讨论北宋的赋税制度，首先要清楚北宋的户籍制度设置。以身份地位为划分依据，政府将人户划分为官户、形势户和无政治权势的民户；以居住地点来划分，政府将人户划分为乡村户和坊郭户；以财产所有权来划分，将人户划分为主户和客户。主户即税户，是"有常产之人也"，客户则是"无产而侨寓者"。②其中普通民户中的主户是承担国家赋役的主要对象，乡村户主要负担二税，坊郭户主要负担"坊郭之赋"、商税等，此外还有其他正税之外的附加税。主户中又根据其所拥有土地和资产数量被划分为不同的等户，乡村主户分为五等，

① ［元］马端临：《文献通考》卷3《田赋考三》，中华书局，1986年影印本，考48—49。

② ［清］徐松辑：《宋会要辑稿》食货12之20，上海古籍出版社，2014年点校本，第6240页。

坊郭主户被分为十等，并根据其户等高低承担不同等级的赋役。以下分别从乡村和城市两个角度讨论赋税制度与贫困的关系。

（一）乡村赋役与贫困

乡村中承担赋役的主要是主户，即土地产权所有者，包括地主、自耕农和半自耕农。政府将其划分为五等，以此作为征收赋税和差派徭役的标准。划分五等户的标准，主要有家业钱和税钱两种。如吕陶说："天下郡县所定版籍，随其风俗，或以税钱贯百，或以地之顷亩，或以家之积钱，或以田之受种，立为五等。"① 其中，北方多以家业钱为标准，南方多以税钱为标准。② 因为贫富变动较快，故一般隔几年就会重新推排物力登籍造簿，早期"每五年一造"，③后改为"依法三年一造，坊郭十等，乡村五等，以农隙时当官供通，自相推排，对旧簿批注升降"。④

其一，赋税方面，北宋在乡村的赋税是以土地产权所有者为征收对象，以土地产品的收益为基本标准。如王棣先生所说："宋代的赋税是建立在地租基础上的再分配，是集中化的地租。"⑤ 北宋田赋分夏、秋二季征收，称"二税"。夏税以征收丝、绵、钱等为主，秋税以征收粮食为主。二税的税额一般是十一而税，看起来税额并不高，但实际征收过程中往往不止其数。"蠹民之财，莫甚于输纳二税之弊。大率较之，逐年秋租加耗之人，或过于正数，官收一岁之租，而人输两倍之赋。中下之家，卒岁之计，仅足以给，而输官之物，半已靡费，所以催科常不及分，民间欠负无时可了，虽无水旱之变，而逃租弃产、漂寓他乡者，往往而是也"。⑥

二税之外，北宋的附加税名目众多，成为农民的沉重负担。附加税主要有和买、折变、支移、头子钱等。所谓和买，即春季贷钱与民，夏税输绢于官，后来演变为一种硬性摊派的田赋负担。所谓折变，"其入有常物，而一时所须，

---

① [清]徐松辑：《宋会要辑稿》食货13之24，上海古籍出版社，2014年点校本，第6256页。
② 参见王曾瑜：《宋朝阶级结构》，中国人民大学出版社，2010年版，第19页。
③ [清]范能浚编：《范仲淹全集·范文正公年谱补遗》，凤凰出版社，2004年点校本，第778页。
④ [清]徐松辑：《宋会要辑稿》食货69之23，上海古籍出版社，2014年点校本，第8059页。
⑤ 王棣：《宋代赋税的制度变迁》，《华南师范大学学报》2011年第3期。
⑥ [清]徐松辑：《宋会要辑稿》食货9之7，上海古籍出版社，2014年点校本，第6178页。

则变而取之，使其直轻重相当，谓之折变"。① 仁宗朝时，包拯已指出，"盖祖宗之世，所输之税只纳本色；自后以用度日广，所纳并从折变，重率暴敛，日甚一日，何穷之有"。② 徽宗朝也有官员上奏言："访闻夏秋税赋巧立名目，非法折变。如绢一匹折纳钱若干，钱又折麦若干。以绢较钱，钱倍于绢。以钱较麦，麦又倍于钱，殆与白着无异。"③ 所谓支移，"其输有常处，而以有余补不足，则移此输彼，移近输远，谓之支移"。④ 按照户等高低规定民户运输距离，"以税赋户籍在第一等、二等者，支移三百里，第三等、第四等二百里，第五等一百里。不愿支移而愿输道里脚钱者，亦酌度分为三，各从其便焉"，⑤ 但实际上有时支移可远达数百上千里，成为民众的沉重负担。所谓头子钱，即输纳俩税时缴纳的额外钱物，如包拯说，陈州小麦每斗五十文，官府却"会将大、小麦折见钱一百文，脚钱二十文，诸般头子、仓耗又纳二十文，是每斗麦纳钱一百四十文"。⑥ 总的来说，北宋乡村赋税是呈现加重趋势的，一是旧有税额的加重或巧立名目增加花样，二是增设役钱、和买、折帛钱等新税。⑦ 如宋庠所说，"当今正税之外，杂赋至繁，诡制异科，丑名暴敛。原其所自，由来甚迩"。⑧ 可见，北宋农民承担了较重的赋税负担，对此宋人议论颇多，如韩琦所说，"今天下田税已重，固非《周礼》什一之法，则又随亩更有农具、牛皮、盐钱、曲钱、鞋钱之类，凡十余名件，谓之杂钱，每遇夏秋起纳官中，更以盐绢斛斗低估价例，令民将此杂钱折纳"。⑨

其二，役方面，主要包括夫役和职役。

首先，夫役。"夫役谓科差丁夫役使"，⑩ 夫役即劳役，官府强行差雇丁

---

① [元]马端临：《文献通考》卷4《田赋考四》，中华书局，1986年影印本，考57。

② [宋]包拯：《包拯集》卷1《论冗官财用等》，中华书局，1963点校本，第15页。

③ [清]徐松辑：《宋会辑稿》食货70之28，上海古籍出版社，2014年点校本，第6184页。

④ [元]马端临：《文献通考》卷4《田赋考四》，中华书局，1986年影印本，考57。

⑤ [元]马端临：《文献通考》卷5《田赋考五》，中华书局，1986年影印本，考61。

⑥ [宋]包拯：《包拯集》卷7《请免陈州添折见钱》，中华书局，1963点校本，第89页。

⑦ 参见王曾瑜：《宋朝阶级结构》，中国人民大学出版社，2010年版，第174页。

⑧ [宋]宋庠：《论蠲除杂税劄子》，收录于曾枣庄、刘琳主编：《全宋文》卷428，上海辞书出版社、安徽教育出版社，2006年点校本，第20册，第390页。

⑨ [宋]韩琦：《安阳集编年笺注下》附录一，巴蜀社，2000年，第1683页。

⑩ [宋]谢深甫：《庆元条法事类》卷48《科敷》，中华书局，1981年影印本，第311页。

夫，雇直低廉，成为民户的巨大负担。夫役摊派大多不分主客户，"不计主户、牛客、小客，尽底通抄。差遣之时，所贵共分力役"。① 亦有"计田出丁"，② 即按田产向乡村主户摊派夫役，客户无须承担。这样的不分户等分摊夫役的规定给乡村下户带来极大负担，神宗元丰年间，刘琯指出这样"不计家产厚薄，但以丁口均差"的方式，致使"下户常艰于力役"，故主张"调夫不计丁之多少，而计户之上下"。③ 当然，即便是按照户等高下进行摊派夫役，乡村上户也往往不亲自出役，或以权势逼迫或以金钱雇请乡村下户和客户代为服役，如元丰六年（1083 年）神宗诏，"梓州路昨因泸州边事，随军般运工筑正夫之家，曲赦放免役钱外，其余雇人工役之家，放一料役钱五分"。④ 尤其是遇到临时性的征调夫役，如修筑工程、战时运输等，这种强迫性的夫役更是给乡村中产以下人户带来巨大痛苦。

其次，职役。职役又称差役、吏役等。北宋前期实行差役法。"衙前以主官物，里正、户长、乡书手以课督赋税，耆长、弓手、壮丁以逐捕盗贼，承符、人力、手力、散从官以奔走驱使。在县曹司至押录，在州曹司至孔目官，下至杂职、虞侯、拣掏等人，各以乡户等第差充"。⑤ 可见，差役大多是按照人户财产多寡和户等高低进行摊派，大多由乡村上户和中户担任。⑥ 乡村上户和中户大多承担里正、耆长、户长、衙前等役，尤其是衙前役。"州县生民之苦，无重于里正衙前"。⑦ 熙宁元年（1068 年）吴充建议改革役法时说，"今乡役之中，衙前为重。民间规避重役，土地不敢多耕，而避户等，骨肉不敢义聚，而惮人丁，故近年上户寝少，中下户寝多"。⑧ 承担差役一方面有机会勾结官府借以获利，另一方面亦要担负极高的风险，甚至不少上户因服役而倾家荡产，

---

① [清]徐松辑：《宋会要辑稿》食货 69 之 78，上海古籍出版社，2014 年点校本，第 6229 页。

② [元]脱脱等：《宋史》卷 94《河渠志四》，中华书局，1977 年点校本，第 2347 页。

③ [清]徐松辑：《宋会要辑稿》兵 2 之 26，上海古籍出版社，2014 年点校本，第 8636 页。

④ [清]徐松辑：《宋会要辑稿》食货 70 之 174，上海古籍出版社，2014 年点校本，第 8205 页。

⑤ [元]《文献通考》卷 12《职役考一》，中华书局，1986 年影印本，考 127。

⑥ 在乡村上户较少，不足以轮差的地区，亦有不少乡村下户甚至客户应役的情况，如谢景温说，"客户尚不免诸色役"（《宋会要辑稿》食货 1 之 27，上海古籍出版社，2014 年点校本，第 5957 页。）

⑦ [宋]李焘：《续资治通鉴长编》卷 179，至和二年四月辛亥条，中华书局，1993 年点校本，第 4330 页。

⑧ [元]脱脱等：《宋史》卷 177《食货志上五》，中华书局，1977 年点校本，第 4299 页。

成为农民避之不及的负担。故此，富者想方设法降低户等，而贫者也不敢积蓄财富。如司马光说："置乡户衙前已来，民益困乏，不敢营生，富者返不如贫，贫者不敢求富，日削月朘，有减无增。以此为富民之术，不亦疏乎？臣尝行于村落，见农民生具之微而问其故，皆言不敢为也。今欲多种一桑，多置一牛，蓄二年之粮，藏十匹之帛，邻里已目为富室，指使以为衙前矣，况敢益田畴、葺庐舍乎？"①而对于乡村下户来说，主要承担乡书手、壮丁、栏头等役，看起来其负担相较于中上户而言还算较轻的。但是，"富者常幸，贫者常不幸"，②在实际操作过程中，深受其害的往往是中下户。如郑獬说安州差役，"又本处酒务之类，尤为大弊，主管一次至费一千余贯。虽重难了当，又无酬奖，以至全家破坏，弃卖田业，父子离散，见今有在本处乞丐者不少。纵有稍能保全得些小家活，役满后不及年岁，或止是一两月，便却差充；不至乞丐则差役不止。盖本州土人贫薄，以条贯满二百贯者差役，则为生计者尽不敢满二百贯，虽岁丰谷多亦不敢收畜，随而破散，惟恐其生计之充，以避差役。以此民愈贫，差役愈不给，虽不满二百贯亦差作衙前。一丁既充衙前，已令主管场务，或有差押送纲运，则又不免令家人权在场务，其正身则亲押纲运。及本州或有时暂差遣，则又别令家人应副。是一家作衙前，须用三丁，方能充役，本家农务则全无人主管。兼家人在场务生疏，动是失陷官物，又界满则勒正身陪填"。③可以想见，安州如此，其他地方也大致类同。宋廷也充分认识到这一问题，"役法之害，下三等尤甚，有田之家，尽归兼并，小民不能著业，以致州县差科不行"。④

但是，北宋前期的差役制在一定的程度上也达到了抑制兼并的效果。如毕仲游《役钱议》中有一段很经典的论述："限田之法既不行于天下，而富家大姓终无廉耻厌足之心，惟有祖宗差役能裁制兼并。虽其立法本不为兼并设，而

---

① [宋] 司马光：《衙前札子》，收录于曾枣庄、刘琳主编：《全宋文》卷1195，上海辞书出版社、安徽教育出版社，2006年点校本，第55册，第113页。

② [宋] 李焘：《续资治通鉴长编》卷390，元祐元年十月癸丑条，中华书局，1993年点校本，第9495页。

③ [宋] 郑獬：《论安州差役状》，收录于曾枣庄、刘琳主编：《全宋文》卷1473，上海辞书出版社、安徽教育出版社，2006年点校本，第68册，第65页。

④ [清] 徐松辑：《宋会要辑稿》食货66之87，上海古籍出版社，2014年点校本，第7856页。

推数循理观之，乃有可以裁制兼并之道。"① 富者虽然想要兼并更多的土地，却因惧怕承担过重的差役而不敢过多兼并土地，"既有千金产而又欲兼五百金，则惮徭役之加重，欲取而中已者多矣。其心非不欲兼并，惧加重而不敢进也。甚至有隐寓田产于他人以避徭役，而朝廷亦有隐寓田产之禁。则是祖宗差法虽不为兼并设，而裁制兼并之道寄在其间"。②

神宗朝熙丰改制将差役法变为募役法，即乡村主户"计产赋钱，募民代役，以所赋钱禄之"，③ 根据户等交纳免役钱以替代差役，又称免役法。一方面，免役法一定程度上减轻了乡村上户的负担，而将一部分负担转嫁到了坊郭户、官户和乡村下户身上。尤其对于大量乡村下户而言，免役钱成为了其沉重的负担，"每见下户之输，未尝不出于艰难窘蹙之中，而州县未尝不得于鞭笞苛逼之下"，④ 因此也引来了大批官员对免役法的抨击。苏轼说，"贫下之人，无故出三五百钱，未办之间，吏率至门，非百钱不能解免，官钱未纳，此费已重"。⑤ 苏辙明确反对免役法，他说："天下郡县上户常少，下户常多。少者徭役频，多者徭役简，是以中下之户每得休间。今不问户之高低，例使出钱助役，上户则便，下户实难，颠倒失宜，未见其可。"⑥ 司马光也说，"下等人户及单丁、女户等从来无役，今尽使之出钱，是孤贫鳏寡之人，俱不免役"，⑦ 以至"驱迫贫民，剥肤椎髓"。⑧ 关于免役钱带来的危害，神宗年间，刘挚上疏言："两

---

① ［宋］毕仲游：《役钱议》，收录于曾枣庄、刘琳主编：《全宋文》卷2400，上海辞书出版社、安徽教育出版社，2006年点校本，第111册，第77页。

② ［宋］毕仲游：《役钱议》，收录于曾枣庄、刘琳主编：《全宋文》卷2400，上海辞书出版社、安徽教育出版社，2006年点校本，第111册，第77页。

③ ［宋］李焘：《续资治通鉴长编》卷227，熙宁四年十月壬子条，中华书局，1993年点校本，第5521页。

④ ［宋］李焘：《续资治通鉴长编》卷364，元祐元年正月戊戌条，中华书局，1993年点校本，第8704页。

⑤ ［宋］苏轼：《苏轼文集编年笺注》卷30《论役法差雇利害起请划一状》，巴蜀书社，2011年点校本，第154页。

⑥ ［宋］苏辙：《栾城集》卷35《制置三司条例司论事状》，上海古籍出版社，2009年点校本，第762页。

⑦ ［宋］司马光：《司马温公集编年笺注》卷42《乞免永兴军路青苗助役钱札子》，巴蜀书社，2009年点校本，第60页。

⑧ ［宋］司马光：《司马温公集编年笺注》卷49《乞罢免役钱依旧差役札子》，巴蜀书社，2009年点校本，第224页。

税及科买贷债，色目已多。使常无凶灾，犹病不能给。又起庸钱，竭其所有。恐斯人无悦而愿为农者，天下户口日当耗失。则去为商贾，为客户，为惰游，或父母兄弟不相保，抵冒法禁，折而入下户；大则聚而为盗贼。"①可见沉重的役负担致使大量小农破产，或沦为客户，甚至成为盗贼。因此宋人畏役最甚，时人说，"但闻有因役破产者，不闻因税破产也"。②另一方面，免役法的施行又进一步加剧了土地兼并，并导致下户贫困者增多和贫富差距扩大。如前述刘敞《役钱议》中即评论道："自改差为募，富家大姓不知徭役而但输缗钱，则兼并其下贫以为利。何者？募役之法，下贫不利，而大姓不以为患。今有一邑，上者输缗钱十万，中者输七万，下者输五万。既以等级输缗钱蠲其徭役，则斥广田产，兼并下贫，惟恐力之不逮。自中户斥广田产，兼并下贫数十家，至升而在上，不过加缗钱三二万尔。而富家大姓其等既已在上，则虽增半邑之田，犹不加缗钱也。故治平以前，大姓有破家之患，而天下之人不至穷困。熙宁以来，大姓无破家之患，而天下之人往往穷困不能自立。"此前的差役法对于上户来说是极大的负担，稍有不慎就有破家之危险，但被认为是"损上益下之道未有害也"，在一定程度上是缩小贫富差距的。免役法施行之后，富民"输缗钱之外无复徭役"，不再有差役的负担，只需"岁损一万、二万或三、五万缗钱"，但却可以更加肆无忌惮兼并土地，"斥广田产，兼并下贫曾无忌惮，故大姓兼中民，中民兼下户，流离散亡，转徙于四方"，造成更多社会性贫困者。富者益富，贫者益贫，进一步扩大了贫富差距。③

对于乡村赋役制度对自耕农的影响，陈舜俞说，"蚕则赋其帛，耕则征其租，才有以安居，则强之力役，仅足以相生养，则必从而调发之。乐岁丰年，盼盼然固未尝自裕，凶年亦不免于流亡也"。④即便是中产之家，在赋役压迫之下亦难以稳定度日，"中人之家输赋偿逋之余，盖亦无几"。⑤

而对本就处于贫困状态的乡村下户来说，更是难以承受。吕南公说，"百

---

① [宋]刘挚：《忠肃集》卷3《论助役十害疏》，中华书局，2002年，第52页。

② [宋]司马光：《涑水记闻》卷15《李戒建言募人充役》，中华书局，1989年点校本，第305页。

③ [宋]毕仲游：《役钱议》，收录于曾枣庄、刘琳主编：《全宋文》卷2400，上海辞书出版社、安徽教育出版社，2006年点校本，第111册，第78页。

④ [宋]陈舜俞：《敦化一》，收录于曾枣庄、刘琳主编：《全宋文》卷1538，上海辞书出版社、安徽教育出版社，2006年点校本，第71册，第1页。

⑤ [宋]蔡勘：《定斋集》卷4《论扰民四事扎子》，文渊阁四库全书本。

钱十钱之家，名为主户，而其实则不及客户"，因为"所占之地非能给其衣食，而所养常倚于营求，又有两税之徭"，下户本就资产和土地甚少，还要负担赋役，故此比客户更加困难。而按照户等来摊派赋役本是合理的，"先富后贫，自近及远"。[①]如苏轼所说："自两税之兴，因地之广狭瘠腴而制赋，因赋之多少而制役，其初盖甚均也。责之厚赋，则其财足以供；责之重役，则其力足以堪。何者？其轻重厚薄，一出于地，而不可易也。户无常赋，视地以为赋，人无常役，视赋以为役，是故贫者鬻田则赋轻，富者加地则役重，此所以度民力之所胜，亦所以破兼并之门而塞侥幸之原也。"[②]但在实际操作过程中，往往难以真正施行，赋役成为普通农民尤其是贫民下户的沉重负担。一方面，土地兼并频繁，不少农民丧失了土地，却仍然保留了赋役负担，造成"贫者产去税存，富者有田无税"的现象突出。[③]因此，赋役混乱是北宋的突出现状。如苏轼说，在土地买卖中，"夫鬻田者必穷迫之人，而所从鬻者必富厚有余之家。贫者迫于饥寒而欲其速售，是故多取其地而少入其赋。有田者方其贫困之中，苟可以缓一时之急，则不暇计其他日之利害。故富者地日以益而赋不加多，贫者地日以削而赋不加少"。[④]因此，"天下之赋，大抵淆乱。有兼并之族而赋甚轻，有贫弱之家而不免于重役，以至于破败流移而不知其所往"。[⑤]陈舜俞也说："黠姓大家质剂为奸，占田累百，赋无一二；贫者以苦瘠之亩，荷数倍之输，岁既不给，卒以贸易假名，称报逃徒。故天下逃徒之田不称其赋者多矣。吏既数易，簿领缘绝，虽有智者，不可考也"。[⑥]另一方面，不少富裕之家为逃避赋役，千方百计地析产分户，减少登记资产，降低户等，甚至通过不正当手段，如诡名挟佃等方式，将其转嫁于下户身上。诡名挟佃，即是"而应

① [清]徐松辑：《宋会要辑稿》食货10之14，上海古籍出版社，2014年点校本，第6200页。

② [宋]苏轼：《经进东坡文集事略》卷十七《较赋税第十》，四部丛刊初编本。

③ [宋]夏竦：《文庄集》卷13《均赋敛》，清文渊阁四库全书本。

④ [宋]苏轼：《苏轼文集编年笺注》卷8《策别安民四·较赋役》，巴蜀书社，2011年点校本，第602页。

⑤ [宋]苏轼：《苏轼文集编年笺注》卷8《策别安民四·较赋役》，巴蜀书社，2011年点校本，第602页。

⑥ [宋]陈舜俞：《厚生二》，收录于曾枣庄、刘琳主编：《全宋文》卷1537，上海辞书出版社、安徽教育出版社，2006年点校本，第70册，第372页。

役之户，困于繁数，伪为券售田于形势之家，假佃户之名，以避徭役"，<sup>①</sup>上户为逃避税役伪装为客户，将负担转嫁于下户身上。故重合元年（1118 年），河北路转运副使李孝昌上奏称："近岁诸路上户有力之家苟免科役，私以田产托于官户。或量立价钱，正为交易；或约分租课，券契自收。等第减于豪强，科役并于贫弱。虽有法禁，莫能杜绝。其间亦有假于官户久而不归者，起讼滋狱。"<sup>②</sup>可见诡名挟佃现象在北宋已经甚为普遍，熙宁七年（1074 年），时任两浙路察访使的沈括说，仅常州无锡就查出逃绝、诡名挟佃约五千余户。<sup>③</sup>故此，宋真宗也说："今天下税赋不均，富者地广租轻，贫者地蹙租重，由是富者益富，贫者益贫，兹大弊也。"<sup>④</sup>

在土地严重不足的情况下，还要承受如此沉重的赋役负担，农民尤其是乡村下户和客户普遍被认为是北宋社会最为贫困的群体。如司马光说："四民之中，惟农最苦。农夫寒耕热耘，霑体涂足，戴星而作，戴星而息；蚕妇育茧治茧，绩麻纺纬，缕缕而积之，寸寸而成之，其勤极矣！而又水旱、霜雹、蝗蝻间为之灾，幸而收成，则公私之债交争互夺，谷未离场，帛未下机，已非己有矣。农夫、蚕妇，所食者糠籺而不足，所衣者绨褐而不完。"<sup>⑤</sup>石介在其诗中说道："嗟乎嗟乎彼县吏，剥肤椎髓民将死。夏取麦兮秋取粟，笞匹红兮杖匹紫。酒臭瓮兮肉烂床，马余梁兮犬余气。雀腹鼠肠容几何，虎噬狼贪何无已。"<sup>⑥</sup>

### （二）城市赋役与贫困

北宋城市居民为坊郭户，坊郭户也按照财产所有权划分为坊郭主户和坊郭客户，其划分标准是有无房产。同时，坊郭主户又被依据财产多寡被划分为十等。北宋划分坊郭户等的财产标准主要是屋税，"诸州、县、寨、镇内屋税，

① ［元］脱脱等：《宋史》卷 177《食货志上五》，中华书局，1977 年点校本，第 4296 页。
② ［清］徐松辑：《宋会要辑稿》刑法 2 之 77，上海古籍出版社，2014 年点校本，第 8323 页。
③ ［宋］李焘：《续资治通鉴长编》卷 249，熙宁七年正月丙寅条，中华书局，1993 年点校本，第 6077 页。
④ ［宋］李焘：《续资治通鉴长编》卷 80，大中祥符六年六月甲子条，中华书局，1993 年点校本，第 1827—1828 页。
⑤ ［宋］李焘：《续资治通鉴长编》卷 359，元丰八年八月己丑条，中华书局，1993 年点校本，第 8589—8590 页。
⑥ ［宋］石介：《徂徕石先生文集》卷 3《彼县吏》，中华书局，1984 年，第 34 页。

据紧慢十等均定，并作见钱"①。但实际上很多地区是以家业为划分户等标准的，如梓州路"坊郭并以家业"，②成都府路"坊郭以物力出钱"等。③北宋时"诸州军县，每五年一造城郭等第簿"，④每五年推排物力造簿，后逐渐改为和乡村一样"每三年重定乡村坊郭等第"。⑤对于坊郭户的上中下户的划分，在不同的城市有着不同的标准和较大的财产差距。⑥总的来说，坊郭第六等户以下通常被视为贫乏之家，与乡村第四五等户相当。⑦城市中贫困群体占据了很大的比例，北宋缺少相关数据材料，我们可以参考南宋资料来理解北宋城市贫困状况。梁庚尧先生对南宋城市贫困人口比例进行了研究，南宋都城临安的贫民约占都城居民的50%左右，其他城市的贫民比例较之富庶的都城或许不会更低。据其考察，庆元府府城的贫民比例在53.1%至62.5%之间；汉阳军贫民比例可达城市户口的66%；漳州贫乏之家高达90%。⑧如南宋宁宗时，汉阳军"除能自食者约千家，尚有二千家，皆是贫乏籴食之人"。⑨所谓"贫乏籴食之人"很明显是指贫困人户家中没有存粮，每日仅靠微薄收入维持生计，时常还需要"籴食"之家。而即便是"能自食者"，其中亦包括大量贫困的坊郭下户。

其一，赋税方面，主要包括城郭之赋、商税和禁榷制度。首先，所谓"城

---

① [清] 徐松辑：《宋会要辑稿》食货70之116，上海古籍出版社，2014年点校本，第8167页。

② [宋] 毕仲衍撰，马玉臣辑校：《中书备对》辑佚校注，河南大学出版社，2007年，第247页。

③ [宋] 李焘：《续资治通鉴长编》卷375，元祐元年四月己亥条，中华书局，1993年点校本，第9089页。

④ [宋] 范仲淹：《范文正公集·年谱补遗》，万有文库版，商务印书馆，1937年，第457页。

⑤ [宋] 李焘：《续资治通鉴长编》卷375，元祐元年四月己亥条，中华书局，1993年点校本，第9089页。

⑥ 州、县、镇市的坊郭等户财产差距较大，如文彦博曾说，"诸州郡坊郭第四等户、县郭第三等、乡村第二等以上户，生计从容，皆须养马，以代徒步之劳"（《文潞公集》卷22《论保马》），可见将州郡坊郭第四等与县坊郭第三等为相应户等。即便同为州郡，亦因城市发展情况不同，有着不同的划分户等的标准。

⑦ 如神宗时推行免役法规定，"乡户自四等、坊郭自六等以下勿输"役钱（《续资治通鉴长编》卷227熙宁四年十月壬子朔注）；徽宗时推行均籴，规定"坊郭第六等以下、乡村第五等以下免籴"（《宋会要辑稿》食货41之23）。

⑧ 梁庚尧：《宋代社会经济史论集》，台北：允晨文化，1997年，第657—660页。

⑨ [宋] 黄榦：《申京湖制置司办汉阳军籴米事》，收录于曾枣庄、刘琳编：《全宋文》，上海辞书出版社、安徽教育出版社，2006年点校本，第287册，第391页。

郭之赋"包括宅税和地税。① 宅税又称屋税，主要包括店铺税和住宅税，地税主要指地基税，又称地基钱、地课钱、白地钱等。"城郭之民，祖宗以来无役而有科率，科率有名而无常数"。② 可见城市坊郭户起初是没有差役负担的，但其科率负担较重。科率即科配，按照户等、家业钱进行抑配或是不分户等均摊。很多时候政府还会以和买为名，实行强制的科配，③ 成为城市主户被强制摊派的附加税。其次，商税方面，北宋立国已经"首定商税则例，自后累朝守为家法"。④ 葛金芳先生指出，"宋代商税和田税截然分离，出现了完整意义上的商税制度。地方政府定期公布商税则例及其变动情况，各州、县、墟镇广置税务机构，这些情况表明商税征收到宋代首次进入了自身的制度化时期"，并认为这标志着"原来超经济强制性质的抑商政策开始向经济性强制的征商政策转化"。⑤ 商税主要包括住税和过税。住税即对城市中坐贾店铺中出售货物征税，过税即是沿途税场对商人贩运货物征税。北宋商税的税率，过税为2%，住税为3%，⑥ 看起来是偏低的，但政府增加了很多征收商税的名目，也增设了很多税务机构，以获得更高的商税收入。再次，禁榷制度，"所谓禁榷就是国家运用其政治权力，对一些重要的物品强制实行垄断性专买专卖，独占其利益或经营利润，而不许私人插手经营"。⑦ 宋朝被列入榷货的物品包括有：盐、矾、茶、醋、乳香、酒曲、金、银、铁、铜、铅、锡、铜矿、鍮石等，其中以盐、茶、酒为主。禁榷专卖给北宋政府带来持续增长的财政收入，而且在财政货币总收入中所占比重也越来越大，⑧ 如欧阳修说，"今为国之利多者，茶与盐耳"。⑨ 与此同时，

① [元]脱脱等：《宋史》卷174《食货志上二》，中华书局，1977年点校本，第4202页。
② [宋]李焘：《续资治通鉴长编》卷394，元祐二年正月辛巳条，中华书局，1993年点校本，第9613页。
③ 和买指政府向民众购买物品，一般是自愿买卖。但和买很容易演变为科配，尤其是政府购买数量增加，购买价格又低于市场价格时，甚至后来演变为另一名目的赋税形式。
④ [元]马端临：《文献通考》卷14《征榷考一》，中华书局，1986年影印本，考144。
⑤ 葛金芳：《宋辽夏金经济研析》，武汉出版社，1991年版，第425页。
⑥ 关于商税的税率，宋人说，"行者赍货，谓之过税，每千钱算二十；居者市鬻，谓之住税，每千钱算三十。大约如此，然无定制，其名物各从地宜而不一焉"（《宋史》卷186《食货志下八》）。与此同时，商税是以商品市场价格为标准进行征收的，因此商税的增减还会受到物价涨跌的影响。
⑦ 李晓：《宋代工商业经济与政府干预研究》，中国青年出版社，2000年，第231页。
⑧ 参见李晓《宋代工商业经济与政府干预研究》，2000年，第279页。
⑨ [宋]欧阳修：《欧阳修全集》卷45《通进司上书》，中华书局，2001年点校本，第642页。

禁榷专卖既影响了相关行业的工商业者，更将大量的负担转嫁到普通的消费者身上。因此，禁榷制度其实是另一种变相的税收，如李华瑞先生所说，"包含在专卖禁榷的商品售价内的榷税，实际上是向消费者征收的一种变相隐蔽税，但专卖品本身在生活中的性质并不都是同一的。因而变相隐蔽税征收的分配对象也不尽相同"。[①]

　　其二，役方面，北宋建立之初，城乡所负担的赋役是有明显差别的。"乡村以人丁出力，城郭以等第出财"，[②] 乡村以夫役为主，城市坊郭户则"祖宗以来，无役而有科率，科率有名而无常数"。[③] 总的来说，城市坊郭户在差役方面的负担远小于乡村户，故大臣孙升说，"差役之法，行于乡村而不及于城郭，非不知城郭之人优逸而乡村之民劳苦也"。[④] 后来乡村和城市的赋役逐渐混杂，科配、夫役也成为了城乡共同的负担。如政府规定，州县修城可"劝谕在城中、上等人户，各出丁夫"。[⑤] 坊郭下户也不能避免夫役，如元丰年间修黄河堤坝，河阴县"坊郭差至第十等，乡村差至第四等；有一户一日之内出百十七夫者"。[⑥] 北宋的差役原则上是由乡村主户承担，但也有坊郭户应役的记载。如宋仁宗诏："河北诸州毋得以坊郭上等户补衙前军将、承引客司。"[⑦] 可见存在地方政府向坊郭户摊派差役的现象。尤其是熙丰改革之时，规定坊郭户也要出钱助役，坊郭之民的负担更加沉重。虽然规定"坊郭自六等以下勿输"，[⑧] 但很多地方下户也不在免除的范围，如成都府路和梓州路"别定坊郭十等人户出营运钱，

① 李华瑞：《宋代酒的生产和征榷》，河北大学出版社，1995年，第395页。

② [宋]李焘：《续资治通鉴长编》卷388，元祐元年九月丁丑条，中华书局，1993年点校本，第9437页。

③ [宋]李焘：《续资治通鉴长编》卷394，元祐二年正月辛巳条，中华书局，1993年点校本，第9613页。

④ [宋]李焘：《续资治通鉴长编》卷394，元祐二年正月辛巳条，中华书局，1993年点校本，第9612页。

⑤ [清]徐松辑：《宋会要辑稿》方域8之4-5，上海古籍出版社，2014年点校本，第9427页。

⑥ [宋]李焘：《续资治通鉴长编》卷307，元丰三年八月丙辰条，中华书局，1993年点校本，第7470页。

⑦ [宋]李焘：《续资治通鉴长编》卷110，天圣九年六月丙辰条，中华书局，1993年点校本，第2563页。

⑧ [元]脱脱等：《宋史》卷177《食货志上五》，中华书局，1977年点校本，第4300页。

以助免役之费"。①

如前所述，北宋赋役制度相较于前代来说发生了较大的变化，与此同时，北宋一百多年间，其赋役制度亦是不断调整变化的。这样的调整变化是出于扩大政府财政收入的目的，主要的特征是基础税的税率偏低，但附加税却不断增加，成为乡村和城市人户的沉重负担。北宋城市发展快速，商品经济繁荣，城市成为了国家重要的税收来源地。总的来说，北宋赋税收入以农业两税为基础，商税和禁榷收入大幅度增加。据包伟民先生统计，至道末年（997年），租税收入占全国总收入比例的66.58%，征榷则占比32.66%；天禧末年（1021年），租税占比下降为49.73%，征榷收入占比50.27%；神宗熙宁十年（1077年），租税收入下降为32.24%，征榷收入上升为67.76%。② 如宋人所说，"今之田赋视古有损，而征榷之入累数十百倍于古"。③ 章如愚对宋朝财政收入结构进行总结即说，"古之赋于民者，惟桑麻所出，而桑麻之饶，关河为盛，东南无足进焉。宋朝则异然，酒、茶、盐、铁、香药、关津之利岁入不赀，虽两税所及殆不能加，国家利源莫重于此，而大半在于江、淮、闽、浙、川、广之间，西北无足进焉"。④

与乡村赋役一样，城市赋役制度的主要征收对象亦是中上等户。但在实际执行过程中，往往深受其害的多是坊郭下户。北宋的城市坊郭下户主要包括小工商业者、雇工等。一方面，坊郭下户要承担沉重的负担。首先，在固定的"城郭之赋"之外，他们还要完成和买、科配，交纳盐钱、役钱、青苗钱等，名目众多，负担沉重。其中以科配为重，甚至不少民户为逃避科配而背井离乡，"已逃者既破其家，而未逃者科配日重"。⑤ 其次，对于从事商品贸易的小商人和小手工业者来说，欲在一个行业内生存，就必须"投行"。北宋城市中行会甚多，

---

① 傅增湘原辑，吴洪泽补辑：《宋代蜀文辑存校补2》卷16《吕陶·乞别定坊郭之法以宽民力疏》，重庆大学出版社，2014年，第523页。

② 参见包伟民：《宋代地方财政史研究》，中国人民大学出版社，2010年，第200页。

③ [宋]陈傅良：《陈傅良文集》卷38《代胡少钦监酒上婺守韩无咎书》，浙江大学出版社，1999年点校本，第490页。

④ [宋]章如愚：《群书考索》续集卷51《舆地门·南北》，书目文献出版社，1992年版。

⑤ [宋]欧阳修：《欧阳修全集》卷116《乞减放逃户和籴札子》，中华书局，2001年点校本，第1761页。

"不以物之大小，皆置为团行"。① 商业行会控制了该行业的贸易，不"投行"不得从事经营。手工业者也有自己的行会组织，对该行业工匠进行登记管理，并向官府提供应役工匠。很多商贩因无力加入行会组织而不能从事该行业的经营，如王安石雇一妇人："自言有儿能作饼，缘行例重，无钱赔费，开张不得。"② 神宗朝推行市易法，要求"元不系行之人，不得在街市卖易，与纳免行钱人争利。仰各自诣官投充行人纳免行钱，方得在市卖易。不赴官投者有罪，告者有赏"。③ 但很多经营"麻鞋头发、茶坊小铺"的小商人每日"朝夕营营，以急升米束柴而不赡者"，④ 这些街头小贩本不具备入行的条件，却还是要交纳免行钱，负担加重，愈发贫困。另一方面，坊郭下户的日常生活亦要受到影响。对于城市普通民众来说，其生活资料皆来自于商品贸易。政府对于工商业者课以重税，亦是间接地将赋役负担转嫁于坊郭下户身上。对此，包伟民先生认为，宋朝税收虽然是以有产阶级为主要征收对象，但他们会以提高商品价格和诡名挟户等方式将其赋役负担转嫁给坊郭下户和客户。⑤ 同时，以禁榷制度来说，主要对盐、茶、酒等为专卖商品。榷盐是"因民所急而税之"，榷茶、酒等是"因民所好而税之"。如果说茶、酒的消费者以有钱者居多，那么盐的专卖则是以乡村和城市的贫困群体为主要承担对象。盐是人们日常生活的必需品，"夫盐，食肴之将，……非编户齐民所能家作，必仰于市，虽贵数倍，不得不买"。⑥ 官盐的收购价格极低，"盐之入官，淮南、福建、两浙之温台斤为钱四，杭、秀为钱六，广南为钱五"，⑦ 但卖出时价格却极高，"其出，视去道里远近而上下其估，利有至十倍者"，⑧ 或"九倍净利"。⑨

总的来说，在北宋土地制度和赋役制度的推动下，富者愈富，而贫困群体

① [宋]吴自牧：《梦粱录》卷13《团行》，浙江人民出版社，1980点校本，第115页。
② [宋]李焘：《续资治通鉴长编》卷251，熙宁七年三月己未条，中华书局，1993年点校本，第6128页。
③ [宋]郑侠：《西塘集》卷1《免行钱事》，文渊阁四库全书本。
④ [宋]郑侠：《西塘集》卷6《上王荆公书》，文渊阁四库全书本。
⑤ 参见包伟民：《宋代地方财政史研究》，上海古籍出版社，2001年，第171—199页。
⑥ [唐]杜佑：《通典》卷11《平准》，岳麓书社，1995年点校本，第140页。
⑦ [元]脱脱等：《宋史》卷182《食货志下四》，中华书局，1977年点校本，第4438页。
⑧ [元]脱脱等：《宋史》卷182《食货志下四》，中华书局，1977年点校本，第4438页。
⑨ [清]徐松辑：《宋会要辑稿》食货23之31，上海古籍出版社，2014年点校本，第6505页。

逐渐扩大，贫富差距严重扩大。对此，马端临曾经评论说："而豪强擅之，关市货物之聚，而商贾擅之，取之於豪强、商贾，以助国家之经费，而毋专仰给於百姓之赋税，是崇本抑末之意，乃经国之远图也。自是说立，而後之加详於征榷者，莫不以藉口，征之不已，则并其利源夺之，官自煮盐、酤酒、采茶、铸铁，以至市易之属。利源日广，利额日重，官既不能自办，而豪强商贾之徒又不可复擅，然既以立为课额，则有司者不任其亏减，於是又为均派之法。或计口而课盐钱，或望户而榷酒酤，或於民之有田者计其顷亩，令於赋税之时带纳，以求及额，而征榷遍於天下矣。盖昔之榷利，曰取之豪强、商贾之徒，以优农民，及其久也，则农民不获豪强、商贾之利，而代受豪强、商贾之榷。有识者知其苛横，而国计所需，不可止也。"[①]

# 第二节　结构性贫困

所谓结构性贫困，是指由于社会结构不合理造成的贫困。关于社会结构的概念，《牛津社会学简明词典》定义为："一个被宽泛的用来指代某些社会行为循环发生模式的词语；或者更具体地说，是指社会系统或者社会的不同元素之间的组织有序的相互关联。"[②]《中国大百科全书·社会学卷》定义为："社会体系各组成部分或诸要素之间比较持久、稳定的相互联系模式。"[③] 从广义上来说，社会结构包括社会各领域即政治、经济、文化、社会生活等领域之间相互联系的一般状态。从狭义上来说，社会结构指"由社会分化产生的各主要的社会地位群体之间相互联系的基本状态"。[④] 而本节探讨的结构性贫困，是指在国家与社会发生结构性变动的背景下由于体制分化而造成的贫困状况。

对于财富分配，一般而言，人类社会有两种分配模式，即权力分配模式和

---

① ［元］马端临：《文献通考》自序，中华书局，1986 年影印本，考 4。

② 转引自［英］杰西·洛佩兹、约翰·斯科特：《社会结构》，允春喜译，吉林人民出版社，2007 年，第 2 页。

③ 《中国大百科全书》社会学卷，中国大百科全书出版社，2002 年，第 308 页。

④ 参见《中国大百科全书》社会学卷，中国大百科全书出版社，2002 年，第 308 页。

市场分配模式。其一，权力分配模式，即由权力决定谁分得多或少，这通常发生在集权社会，而且权力分配模式会进一步推动集权的发展。其二，市场分配模式，即由市场竞价方式决定谁分配多少。两种相比较而言，市场分配模式较之权力分配模式更为合理，但也有其弊端，因为通常会导致财富向少数人集中。因此减少市场分配弊端的方法就是通过第二次、第三次分配加以校正。①

　　如前所述，唐以前，国家与社会的关系大体上是一体化的，即社会所有成员都是依托于国家体制生存的。因此，在国家体制的等级制度之下，社会结构是相对固化的，阶层之间的壁垒是较为稳固的，社会垂直流动也是较为困难的。由唐入宋，伴随着以均田制、租庸调制和府兵制为核心的旧有体制的崩溃，国家与社会的关系从一体化转变为国家与社会的分离。此前依托于国家体制生存的各阶层，在北宋被划分为了两部分。一部分是体制内人员，根据其政治等级和所掌握的政治权力获得财富，包括皇室宗亲、官员、军人等群体；另一部分是体制外人员，只能依靠自身的资源和能力从市场中获得财富，包括乡村的地主和农民，城市的工商业者和雇工等。在此情况下，社会结构较之前代相对松动，社会流动性加强了，贫富分化也更加明显，不论是体制内还是体制外，都自然会产生大批贫困者。与此同时，这样的国家与社会分离是不彻底的，即体制内外的人员可以达成一定的利益联合关系，共同谋求私利，必然也会损害部分社会下层群体的利益，造成其贫困。当然，在宋人的认知体系中，没有所谓体制内外的观念，但权贵阶层和富裕阶层的压榨和掠夺一直被认为是导致贫困的重要因素，在宋人文集中常有讨论，即和我们所说的结构性贫困是同一逻辑层面的。②

---

① 第一次分配是指通过市场进行初次分配，人们按照参与市场的程度进行分配；第二次分配是指国家通过税收方式进行一定程度的收入再分配干预，减少财富分配差距；第三次分配是指社会自发地进行的财富调节，重点是慈善活动，以降低财富分化程度。

② 关于宋朝社会结构的研究，学界成果颇丰。陈彦义《北宋统治阶层社会流动之研究》（台北嘉新水泥公司文化基金会 1977 年）、王曾瑜《宋朝阶级结构研究》（中国人民大学出版社 2010 年增订版）、龙登高《略论宋代社会各阶层的演变趋势》（《中州学刊》1998 年第 3 期）、杜文玉《唐宋时期社会阶层内部结构的变化》（《江汉论坛》2006 年第 3 期）、张锦鹏《北宋社会阶层变动与免役法制度创新》（《西南大学学报》2007 年第 3 期）等均对唐宋变革之下的社会结构变动进行了探讨研究。

## 一、权力因素与贫困

在中唐以前，国家与社会一体化关系下，社会分层是由政治身份的单一维度所决定的。唐宋变革之下，宋以来的社会结构由传统的单一维度转变为由政治身份和社会财富决定社会分层的双维度。虽然加入了财富分层标准，但北宋社会仍然是专制政权控制下的等级社会，因此权力始终是可以影响社会财富分配的最重要因素，也是导致贫困的重要因素。当然，在不同的范围内，权力对财富分配的影响方式是不同的。其一，体制内人员本就处于政治身份和权力的直接控制范围之内，权力的等级差异会导致体制内高等级人员凭借政治身份和权力获得较多的财富分配，而低等级人员则因处于被倾轧的地位而陷于贫困的状况；其二，体制外人员更多是通过自己参与市场竞争而获得财富，但繁荣的商品经济对体制内人员也有着巨大的吸引力，因此权力不可避免地要对外扩张，即官方政府和体制内人员都会参与到市场竞争中，凭借其政治身份与权力获得高额利润，这必然导致一部分体制外人员的利益受损而陷入贫困状态；其三，国家与社会的分离并不是绝对的，体制内外人员之间有着千丝万缕的联系，因此权力内外的连接会形成官商勾结的情况，这也必然会影响财富的正常分配，导致一部分人员成为贫困群体。以下分别论之。

### （一）体制内的贫困

体制内人员包括皇室宗亲、官员士大夫和军人等，他们有着不同的政治等级，掌握着不同程度的权力。虽然这些群体都是受到国家体制的庇护的，但其财富分配却是严重不均的。由权力等级决定财富分配，必然造成体制内人员的贫富分化，形成一定的贫困群体。因此，根据其政治等级高低和掌握权力大小，这些群体一方面可以在体制内获得相应的正当的财富分配，如其所获俸禄和赏赐；另一方面体制内高等级人员可以凭借其政治身份和权力压制掠夺低等级人员，获得额外的财富收入。下面从两方面讨论体制之内贫困的成因。

1. 体制内的正当财富分配

对于体制内成员来说，主要是通过俸禄形式获得与其政治身份相应的财富。我们可以从官员和军队两大群体来看体制内按照身份等级和权力地位进行的财富分配，以及由此导致的贫困状况。

首先，官员群体。官僚士大夫是体制内的主体。[1]北宋官员俸禄一般包括正俸、加俸、职田和给券、公使钱等变相俸禄，以及不时有皇帝赏赐，还享有减免赋役的特权等。正俸主要包括俸钱、衣赐和禄粟。元丰官制"以阶易官"，支俸依据由散官官品变为寄禄官官品。加俸主要有职钱、傔人衣粮、傔人餐钱、茶酒厨料、薪蒿炭盐和各种添支，少数人有爵勋供给。职田是用作外任官员在职补贴的官田，以差遣为依据，"悉免其税"。[2]宋初沿用唐后期和五代的俸禄制度，官员俸禄极低，"所支半俸，复从虚折"，[3]还包括大量实物，需要自己出售置换为钱。这一时期，官员俸禄普遍偏低，如王栐所说，"士大夫俸入甚微，簿、尉月给三贯五百七十而已，县令不满十千，而三分之二又复折支茶盐酒等所，人能几何？所幸物价甚廉，粗给妻孥，未至冻馁，然艰窘甚矣"。[4]有鉴于此，太祖、太宗都执行"益俸"政策，"自是以来，禄秩每从优厚"。[5]真宗大中祥符年间，大范围增加官员俸禄，按照官品增加20贯至1000文不等，增加后月俸自120贯（三师、三公）至4贯（奉职、借职）。[6]仁宗嘉祐二年（1057年），颁布《嘉祐禄令》，确定了以本官为主的四十一等禄制，上至400贯（节度使），下至300文（郓、唐、复州内品）。[7]神宗元丰年间，改革官制，制定《元丰寄禄格》，实行以本俸（以寄禄官为依据）为主，职钱（包括在京职事官的职钱和外任官的职田）为辅的俸禄制。元祐三年（1088年），对俸禄略有缩减。绍圣二年（1095年），又恢复元丰禄制。徽宗朝更大幅度提高文官俸禄，"视元丰制禄之法增倍矣"。[8]

总的来说，北宋官员的俸禄差距较大。一方面，中上层官员和下层官员的

① 关于宋朝官员俸禄问题，衣川强《宋代文官俸给制度》（台湾商务印书馆1977年）、龚延明《宋代官制辞典》（中华书局1997年）、朱瑞熙《中国政治制度通史》宋代卷（社会科学文献出版社2011年）、何忠礼《宋代官吏的俸禄》（《历史研究》1994年第3期）、张全明《也论宋代官员的俸禄》（《历史研究》1997年第2期）等论著进行了较为详尽的研究。

② 参见杨果：《中国俸禄制度史》，武汉大学出版社，1996年版，第249-268页。

③ [元]脱脱等：《宋史》卷171《职官志十一》，中华书局，1977年点校本，第4114页。

④ [宋]王栐：《燕翼诒谋录》卷2《增百官俸》，上海古籍出版社，2012年《历代笔记小说大观》本，第22页。

⑤ [宋]谢维新：《古今合璧事类备要》后集卷6《俸禄·古今源流》，文渊阁四库全书本。

⑥ 参见《宋大诏令集》卷178《定百官俸诏》，中华书局，1962点校本，第641页。。

⑦ [清]徐松辑：《宋会要辑稿》职官57之1-4，上海古籍出版社，2014年点校本，第4557-4559页。

⑧ [元]马端临：《文献通考》卷65《职官考十九》，中华书局，1986年影印本，考588。

俸禄差距极大。皇室宗室作为统治者的庇荫者，自然享有极为优越的待遇。熙宁中，"京师百官月俸四万余缗，诸军十一万缗，而宗室七万余缗，其生日、折洗、婚嫁、丧葬四季衣不在焉"。[1] 可见仅月俸而言，宗室耗费是百官的约两倍。而百官中的高级官员也是享有较高的俸禄，与下层官员形成鲜明的对比，如《嘉祐禄令》中仅料钱的规定最高与最低已相差 133 倍。据孙竞对真宗时期官员正俸收入的统计，"文官中最高一级的使相为最低一级县尉的 75 倍。六品以上高级文官的收入中数为 1519.24 贯，中级文官即七品、八品官员收入中数为 276.77 贯，从八品以下的低级文官为 103.05 贯。至于武官，收入悬殊更为明显，最高一级的节度使是最低一级三班奉职的 100 倍，五品以上高级武官收入中数为 2113.04 贯，六品、七品中级武官的收入中数为 280.63 贯，正八品以下，即大使臣、小使臣的武官收入中数为 127.5 贯"。[2] 另一方面，同阶官员在不同地区任职的俸禄差距较大。除宰执等高级官员外，在寄禄官阶相当的前提下，外任差遣的官员收入一般高于在京任职者。元丰改制后，在京职事官每月职钱自 60 贯至 18 贯不等，若任诸学士、诸寺监主簿等另有添支钱 30 贯至 7 贯不等，其余收入很少。而外任职事官，在本俸之外，还有可观的职田收入、添支钱和公用钱等。并且在外任职者多支现钱，在京任职者则折支。[3]

对于下层官员的收入状况，学界已有较多探讨。[4] 据《嘉祐禄令》，真宗时期从八品的秘书郎的正俸为料钱 17 贯，绢 14 匹，罗 1 匹，绵 30 两，而最低层的从九品县尉的正俸仅有料钱 7 贯。另据神宗元祐新禄令，从八品的宣教郎的正俸为料钱 15 贯，绢 12 匹，罗 1 匹，绵 20 两，而最低层的从九品承务郎亦仅有料钱 7 贯。[5] 与此同时，在官员人数增加的情况下，"员多阙少"的现象突出，"吏部一官阙，率常五、七人守之"。[6] 官员的"待阙"时间普遍

① ［宋］吴曾撰：《能改斋漫录》卷 13《熙宁月俸》，中华书局，1985 年丛书集成本，第 340 页。
② 孙竞：《北宋城市贫富差距与收入再分配研究》，西南大学博士论文，2016 年。
③ 参见苗书梅：《宋代官员选任和管理制度》，河南大学出版社，1996 年版，第 517 页。
④ 可参见何忠礼《宋代官吏的俸禄》，《历史研究》1994 年第 3 期；汪圣铎《两宋财政史》，中华书局，1995 年，第 453—490 页；张全明《也论宋代官员的俸禄》，《历史研究》1997 年第 2 期；黄纯艳《宋代财政史》，云南大学出版社，2013 年，第 620—654 页。
⑤ 参见孙竞：《北宋城市贫富差距与收入再分配研究》，西南大学博士论文，2016 年。
⑥ ［宋］苏轼著：《苏轼文集编年笺注》卷 29《转对条上三事状》，巴蜀书社，2011 年点校本，第 63 页。

较长，甚至"士大夫守一阙，有至七、八年者"，[①] 致使官员实际收入减少甚多，故此王安石说，"六七年而后得三年之禄，计一月所得乃实不能四五千，少者乃实不能及三四千而已。虽厮养之给，亦窘于此矣，而其养生、丧死、婚姻、葬送之事，皆当于此"。[②] 因此，范仲淹曾经指出，"咸平已后，民庶渐繁，时物遂贵，入仕多门，得官者众，至有得替守选一二年，又授官待阙一二年者。在天下物贵之后，而俸禄不继，士人家鲜不穷窘，男不得婚、女不得嫁、丧不得葬者，比比有之。复于守选、待阙之日，衣食不足，求人贷债，以苟朝夕，到官之后，必来见逼。至有冒法受赃，赊贷度日，或不耻贾贩，与民争利"。[③] 可见从真宗朝开始，大量低层官员的俸禄已经难以为继，很是捉襟见肘。

这样俸禄极低的下层官员在北宋官员总数中占据了极大比例。以真宗朝为例，据孙竞统计，下层文官（从八品以下）占据官员总数的 39.7%，正俸收入占据官员正俸收入的 21.45%；下层武官（八品以下）占据官员总数的 43.5%，其正俸收入占据官员正俸收入的 28.4%。[④] 哲宗元祐元年（1086 年），京朝官约三千人，选人则有一万余人。[⑤] 可以说，正是因为上层官员占据了体制内财富分配的绝对比例，致使低层官员的分配比例较小。如汪圣铎先生所说，"由于这些高级官员耗用了国家过多的资财，就使得普通中下级官员的处境更加恶劣"。[⑥] 同时，下层官员不少出身贫寒，缺乏家庭财富储备。据统计，《宋史》列传的进士 1953 人中，平民或低官出身而入仕者占了 55.12%，[⑦] 可见宋朝官员士大夫中，中小地主和平民出身的中下层士大夫比重之高。[⑧] 贫寒之士通过科举入仕，没有田产家业，只能依靠俸禄为生，如杨亿所说，"且无负郭之田

① [清] 徐松辑：《宋会要辑稿》职官 60 之 30《久任官》，上海古籍出版社，2014 年点校本，第 4681 页。
② [宋] 王安石：《临川先生文集》卷 39《上仁宗皇帝言事书》，中华书局，1959 年点校本，第 410 页。
③ [宋] 李焘：《续资治通鉴长编》卷 143，庆历三年九月丁卯条，中华书局，1993 年点校本，第 3438 页。
④ 参见孙竞：《北宋城市贫富差距与收入再分配研究》，西南大学博士论文，2016 年。
⑤ [宋] 李焘：《续资治通鉴长编》卷 397，元祐元年八月辛亥条，中华书局，1993 年点校本，第 9679 页。
⑥ 汪圣铎：《宋代官员俸禄和其他颁给项考》，载《中华同人学术文集》，中华书局，2002 年版，第 152 页。
⑦ 陈义彦：《从布衣入仕论北宋布衣阶层的社会流动》，载《思与言》第 9 卷，1971 年 11 月，第 4 期。
⑧ 参见郭学信：《宋代士大夫货殖经营之风探源》，天津社会科学，2008 年第 3 期。

园，固乏满堂之金玉，凡百经费，只仰俸缗"。① 往往在转换身份成为官员之后，由于其官品尚低，俸禄极为有限。但伴随其身份的改变，经济负担亦会随之增加。因此，北宋官僚士大夫中出现了较多的贫宦。②

其次，军人群体。③ 军人是体制内人数最多的群体，也是耗费国家财政最多的群体。④ 不同于此前的府兵制，北宋延续了唐代后期的募兵制，养兵的耗费巨大，冗兵冗费问题突出，占据了中央政府财政支出的七成甚至八成以上。北宋前期，军队数量已大幅度增长。其中，禁军与厢军是军队主力，亦是国家需要负担费用的主要兵种。太祖建国之初"国家之兵十有二万"，⑤ 开宝九年（976年）增至37.8万，太宗至道三年（997年）增至66.6万，真宗天禧五年（1021年）增至91.2万，仁宗庆历年间达到顶峰125.9万。⑥ 政府不仅要负担士兵个人的生活费用，还要负责其家属的生活，其军费开支必然随着士兵数量增多而不断增加。宝元二年（1039年）富弼说，"自来天下财货所入，十中八九赡军"。⑦

---

① ［宋］杨亿：《武夷新集》卷14《再乞解职表》，福建人民出版社，2007年点校本，第219页。

② 关于贫宦的生活状态，业师张文在《宋朝的贫宦与对贫宦的救济》（《钦州师范高等专科学校学报》2002年第4期）一文中有所讨论，杨宇勋在《宋人传记所载士大夫家贫的思考》（《学术研究》2014年第1期）中也对于北宋士大夫的贫困状态及其群体心态进行了探讨。

③ 关于北宋军制问题，林瑞翰《宋代军制初探》（《宋史研究集》第十二辑，台湾国立编译馆1976年）、孙继民《唐宋兵制与唐宋社会变化》（《汉江论坛》2006年第3期）、程民生《宋代军队数量考》（《社会科学战线》2009年第5期）、王曾瑜《宋代兵制初探》（中华书局2010年）、钱俊岭《宋代军队赏罚制度研究》（河北大学博士论文2011年）等对于宋代军制、军俸、军法等问题进行了探讨。此外，李洪《宋代军队回易述论》（《云南社会科学》2001年第4期）、王云裳《宋代军队经营问题研究》（中华书局，2013年）等对宋朝军队经营问题进行了专门的研究。

④ 对于北宋在养兵上的耗费，宋人多有议论，如宝元二年（1039年）富弼说"自来天下财货所入，十中八九赡军"（李焘：《续资治通鉴长编》卷124，宝元二年九月丁巳条，中华书局，1993年点校本，第2928页）。王铚说每年宋廷财政收入"耗于兵者常什八"（《挥麈录》余话卷1）。陈襄说治平二年，"天下所入财用大数都约缗钱六千余万，养兵之费约五千万，乃是六分之财，兵占其五"（《古灵集》卷8《论冗兵札子》）。蔡襄也说，"是天下六分之物，五分养兵"（《蔡忠惠公文集》卷18）。张载也说，"养兵之费，在天下十居七八"（《张子全书》卷13《边议》第六）。

⑤ ［宋］吕陶：《论减出戍去冗兵疏》，收录于曾枣庄、刘琳主编：《全宋文》卷1599，上海辞书出版社、安徽教育出版社，2006年点校本，第73册，第247页。

⑥ 参见［清］徐松辑：《宋会要辑稿》食货11之26，上海古籍出版社，2014年点校本，第5005页。

⑦ ［宋］李焘：《续资治通鉴长编》卷124，宝元二年九月丁巳条，中华书局，1993年点校本，第2928页。

张方平对于禁军的耗费做过计算，"略计中等禁军一卒岁给约五十千，十万人岁费五百万缗。臣前在三司勘会庆历五年禁军之数，比景祐以前增置八百六十余指挥、四十余万人，是增岁费二千万缗也"。[①] 自仁宗庆历之后，为缩减财政开支，军队数量呈减少趋势，英宗治平元年（1064 年）禁军厢军总数约为118.1 万，[②] 比庆历年间减少了近 10 万。神宗朝继续裁减军队，熙宁年间禁军56.8 万，元丰年间 61.2 万。[③] 元丰末厢军"马步指挥凡八百四十人，其为兵凡二十二万七千六百二十七，而府界诸司或因事招募之类不与焉"。[④] 哲宗元祐年间禁军约五十五万余人，厢军二十余万人，共计约 80 万人，[⑤] 至徽宗朝禁军数量不到 50 万人。[⑥]

俸禄是军人最基本的经济来源，是维持其与家庭生活的最重要收入。北宋军人俸禄包括月粮、料钱、衣赐等，还有额外的加俸即特支和郊赏。俸禄根据兵将等级不同而有高低之分。《宋史·兵制》称："凡上军都校，自捧日、天武暨龙卫、神卫左右厢都指挥使遥领团练使者，月俸钱百千，粟五十斛；诸班直都虞候、诸军都指挥使遥领刺史者半之。自余诸班直将校，自三十千至二千，凡十二等；诸军将校，自三十千至三百，凡二十三等，上者有傔；厢军将校，自十五千至三百五十，凡十七等，有食盐。"[⑦] 高至三十贯，低至三百钱，可见军官按照不同级别有着较大差别。普通士兵与高级军官的俸禄差距更大，"诸班直自五千至七百，诸军自一千至三百，凡五等；厢兵阅教者，有月俸钱五百至三百，凡三等，下者给酱菜钱或食盐而已"。[⑧] 禁军士兵的俸禄大约在三百钱到一贯之间，厢兵的俸禄大约在三百到五百钱之间。以驻京禁军为例，根据孙竞计算，神宗熙宁年间，"低级军官平均岁费为 345.5 贯，为普通士兵

① ［宋］张方平：《乐全集》卷 24《论国计事》。
② ［宋］蔡襄：《蔡襄集》卷 22《论兵十事》，上海古籍出版社，1996 年点校本，第 389 页。
③ ［宋］李焘：《续资治通鉴长编》卷 350，元丰七年十二月癸巳条，中华书局，1993 年点校本，第 8397 页。
④ ［宋］李焘：《续资治通鉴长编》卷 350，元丰七年十二月癸巳条，中华书局，1993 年点校本，第 8397 页。
⑤ ［宋］李焘：《续资治通鉴长编》卷 472，元祐七年四月己卯条，中华书局，1993 年点校本，第 11274 页。
⑥ 参见黄纯艳：《宋代财政史》，云南大学出版社，2013 年，第 570 页。
⑦ ［元］脱脱：《宋史》卷 194《兵志八》，中华书局，1977 年点校本，第 4841 页。
⑧ ［元］脱脱：《宋史》卷 194《兵志八》，中华书局，1977 年点校本，第 4841 页。

的 7 倍左右"，而高级军官的收入则约为普通士兵的 15 倍左右。[①]在北宋中期，驻京禁军的中等士兵，每年俸禄约为 50 贯，[②]平均每日 130 余文，按照北宋开封的物价水平，也不过能解决温饱。而禁军中的更低等级和地方厢军士兵，其收入更加微薄，甚至大多处于贫困状态。厢军军饷极低，甚至"数口之家，不能自庇"。[③]即便是禁军，也是"大率贫窘，妻、子露饥寒十有六七"。[④]大量底层士兵处于"食无肉，衣无帛"的生活状况之下，[⑤]甚至依靠典卖军装衣绢换钱以养活家人。熙宁四年（1071 年），神宗诏曰，"闻鄜延路诸军数出，至鬻衣装以自给"。王安石说，"今士卒极窘，至有衣纸而擐甲者"。[⑥]更有甚者，贫困士兵不堪贫困和压迫，"质妻鬻子，聚为乞丐，散为盗贼"。[⑦]

2. 体制内的压制与掠夺

对于北宋体制内人员来说，除了可以获得与其身份等级相对应的以俸禄为主的财富收入，还可以凭借其政治地位和权力获得很多额外的甚至是非法的财富收入。其中，上级对下级的役使、压榨和刻剥是极为常见的现象。这一现象在文官体系中并不突出，一方面是出于文人士大夫的"面子"和"名声"的考虑，另一方面则文官大多是通过贪污受贿或盘剥百姓的方式来获得额外的非法收入。因此，我们以军人群体为例，来探讨体制内上级通过压榨和刻剥下级获得财富收入并因此导致的体制内低层群体的贫困状况。

军队中以上压下的情况，最为常见的是将领克扣士兵的军俸钱粮。如仁宗

---

① 参见孙竞：《北宋城市贫富差距与收入再分配研究》，西南大学博士论文，2016 年，第 102—103 页。

② 仁宗庆历二年，张方平说，"中等禁军一卒岁给约五十千"（《张方平集》卷 24《论国事计》，中州古籍出版社，2000 年，第 353 页）。英宗治平年间，蔡襄也说，"禁军一兵之费，以衣粮、特支、郊赉计，一岁约费五十千"，并说此时的 50 贯在宋初可养三名士兵（《蔡襄集》卷 9《别疏·兵连虑危》，上海古籍出版社，1996 年，第 169 页）。

③ ［宋］宋祁：《上三冗三费疏》，收录于曾枣庄、刘琳主编：《全宋文》卷 489，上海辞书出版社、安徽教育出版社，2006 年点校本，第 23 册，第 225 页。

④ ［宋］苏轼：《苏轼文集编年笺注》卷 36《乞增修弓箭社条约状》，巴蜀书社，，2011 年点校本，第 463 页。

⑤ ［宋］李焘：《续资治通鉴长编》卷 138，庆历二年十月戊辰条，中华书局，1993 年点校本，第 3318 页。

⑥ ［元］脱脱等：《宋史》卷 194《兵志八》，中华书局，1977 年点校本，第 4843 页。

⑦ ［元］马端临：《文献通考》卷 25《国用考三》，中华书局，1986 年影印本，考 246。

朝有朝臣反映，"在京诸仓，多是大量纲运斛斗，及支散时，减克军粮"。[①]
很多时候，中下层禁军军士所得到的实际粮饷都是不足数的，"军士所得，斛
才八九斗"。[②] 即便是驻京禁军，其"所请月粮，例皆斗数不足"，因为"诸
仓吏卒给军食，欺盗劫取十常三四"的现象非常普遍，[③] 而边关军士的军粮被
克扣的现象就更为常见了，如将领克扣士兵军俸用以回易等其他用途，造成士
兵粮饷不济，长期被拖欠军粮的情况。此外，士兵要受到各种剥削，如神宗元
丰三年（1080 年），"都水监丞及巡河使臣按行河上，纵吏受贿。而逐埽军司、
壕寨人员兵级等第出钱，号为常例。稍不如数，则推摘过失，追扰决罚。苦于
诛求，至借官钱应办"。[④]

　　除克扣军粮外，将领们还有各种方法压迫盘剥低层军士，最突出的两方面
就是任意役使士兵压榨其劳动力和对士兵放高利贷。

　　一方面，将领私自役使兵卒，将其当作免费或低廉劳动力，甚至任意欺凌，
造成其贫困。宋朝将领私自役使规定之外士兵的现象极为常见。将领役使一定
数量的兵卒为其服务是被允许的，但大多数情况下都存在超额占用士兵的现象。
宋初，太祖即下令"禁约私役，至为严切"，[⑤] 但"主兵之官率多冗占杂使"
的现象长期普遍存在。如将领役使士兵为其耕私田，"不问其逢年之丰凶"，
甚至如果不能达到将领的要求，"则逐月克钱粮，春秋拘衣赐。遇有教射或调
发，则尽没其犒赏，不足则监系囚禁，籍其家而不恤"。[⑥] 如韩琦说，"在京
故将相、两地、戚里、近臣之家，例合占留六军兵士，枉破衣粮，永为私家仆隶，
但资冗食，久妨军役"，[⑦] 可见官宦之家将士兵占为私用的现象极为普遍。还

---

① [清]徐松辑：《宋会要辑稿》食货 62 之 5—8，上海古籍出版社，2014 年点校本，第 7553 页。

② [宋]李焘：《续资治通鉴长编》卷 67，景德四年十一月甲戌条，中华书局，1993 年点校本，
　　第 1504 页。

③ [宋]李焘：《续资治通鉴长编》卷 214，熙宁三年八月癸未条，中华书局，1993 年点校本，第
　　5222 页。

④ [宋]李焘：《续资治通鉴长编》卷 303，元丰三年四月壬子条，中华书局，1993 年点校本，第
　　7386 页。

⑤ [宋]李心传：《建炎以来系年要录》卷 200，绍兴三十二年六月戊寅，中华书局，1985 年丛书
　　集成本，第 3387 页。

⑥ [宋]虞允文：《论失军心有二疏》，收录于曾枣庄、刘琳主编：《全宋文》卷 4586，上海辞书
　　出版社、安徽教育出版社，2006 年点校本，第 207 册，第 57 页。

⑦ [清]徐松辑：《宋会要辑稿》刑法 2 之 22，上海古籍出版社，2014 年点校本，第 8295 页。

有，将领经营手工业，无偿役使士兵为其劳作，即是对士兵的直接剥削。如包
拯上奏说任弁知汾州时，"额外占使兵士一百一十六人，令织造鸵毛段子，及
打三黄镂。诸般私下杂作，并是名目破剩人数，计二万三千六百余工，计庸纽
赃绢一千六百余匹有零"。[①]赵抃也说，陕西禁军"其间至有匠氏、乐工、组绣、
书画、机巧，百端名目，多是主帅并以次官员占留手下，或五七百人，或千余
人"，[②]而且这样的情况肯定不止发生在陕西一路。天圣十年（1032 年），臣
僚上言："诸州知州、总管、钤辖、都监，多遣军卒入山伐薪烧炭，以故贫不
胜役，亡命为盗。"[③]可见役使士兵极为普遍，造成大量士兵贫困，甚至不堪
其役而逃亡为盗。宋朝将领役使士兵进行回易经营以获得收益的现象非常普遍。
回易即商品贸易，是官府和军队用朝廷所拨公使钱等官钱进行经营活动。兴起
于隋唐时期，至宋甚为普遍。以回易为主的营利性经营方式在北宋军队中极为
盛行。回易有助于弥补军费之不足，提升军士待遇，有赡军作用。不同于唐代
府兵制之下极少役使军兵从事经营活动，"宋代正规军、地方军都是各级兵官
将校自己长吏守臣主持经营活动可资役使的人力资源。"[④]"今有伐山为薪炭，
聚木为簰筏，行商坐贾，开酒坊，解质库，名为赡军回易，而实役人以自利"，[⑤]
除了极少数清廉的将领之外，大多会将赡军之外的财富尽入囊中。将领还役使
士兵为其从事私人经营事务。吕溱守真定时，利用职务之便谋取私利，"尝令
指使回易公用挟私物，擅取官米麹造酒，并违法巡收馈赆"。[⑥]孙沔知并州，
"私役使吏卒，往来青州、麟州，市卖纱、绢、纸、药物"。[⑦]萧固知桂州，"令
部吏市女口及差指挥入两浙，商贩私物"，不仅役使下属私贩货物，还贩卖女

① [宋]包拯：《请追任弁官奏》，收录于曾枣庄、刘琳主编：《全宋文》卷 543，上海辞书出版社、安徽教育出版社，2006 年点校本，第 25 册，第 391 页。

② [宋]赵抃：《论陕西官员占留禁军有妨教阅》，收录于曾枣庄、刘琳主编：《全宋文》卷 886，上海辞书出版社、安徽教育出版社，2006 年点校本，第 41 册，第 230 页。

③ [清]徐松辑：《宋会要辑稿》刑法 2 之 17，上海古籍出版社，2014 年点校本，第 8292 页。

④ 王云裳：《宋代军队经营问题研究》，中华书局，2013 年，第 9 页。

⑤ [宋]李心传：《建炎以来系年要录》卷 163，绍兴二十二年九月癸卯条，中华书局，1985 年影印本，第 2667 页。

⑥ [宋]李焘：《续资治通鉴长编》卷 189，嘉祐四年三月戊午条，中华书局，1993 年点校本，第 4554 页。

⑦ [宋]李焘：《续资治通鉴长编》卷 190，嘉祐四年七月甲辰条，中华书局，1993 年点校本，第 4578 页。

子。边肃知镇州，"曾以公钱贸易规利，又遣部吏市民羊及买妾"。① 宋廷也充分意识到了这点，宣和末年朝廷下诏说："近岁以来，官不守法，侵夺兵食。或军司上下，公然乞觅；或因事为名，率敛钱物；或逐月请受，刻剥钱数，致令诸军衣食不足。又官员冗占，人数猥多，或修造之处，差借役使；或掌兵之官，违法差借。既令饥寒，又加劳苦，所习事艺，亦不工夫阅习。般担杂役之兵，食浮于劲旅，借债备战之卒，役重于厢军。"②

另一方面，将领在军中放债，通过高利贷方式剥削士兵，造成大量士兵愈加贫困。宋朝军队中高利贷现象极为普遍，成为导致士兵贫困的重要原因。而且，所谓的"债帅"极为常见。债帅出现于唐后期，在高利贷兴盛的背景下，官员和将领向富室贷款以谋取更高的官职，升迁之后在其任上大肆敛财，"掊克士卒"，以偿还所负债务。如司马光所说，唐后期以来，"其禁军大将资高者皆以倍称之息贷钱于富室，以赂中尉，动逾亿万，然后得之……至镇，则重敛以偿所负"。③ 北宋军队中可谓债帅横流，极为普遍，甚至明码标价作为买官的条件。这些用借贷方式投入大量金钱贿赂买通上层而取得军职或升迁机会的将领，在上任后第一时间就会将其债务转嫁于普通士兵或地方百姓身上。其中普通士兵自然是"债帅"们克扣军俸和放债的首要人选，致使士兵负债甚多，"例以月廪取偿"。④ 以月廪还贷，士兵没有了生活来源，自然还需要举债，于是陷入了高利贷的恶性循环中。这虽是南宋的事例，但可以想见，在北宋军队中将领向士兵放贷，并以士兵月廪偿还也是常见现象。在这样的债务循环中，将领自然积累了大量财富，而士兵则背上沉重债务，"致使军士不能赡家"，⑤越发贫困。苏轼曾说，定州禁军"大率贫窘，妻子赤露饥寒，十有六七，盖是将校不肃，敛掠乞取，坐放债负，习以成风"。⑥

---

① [元] 脱脱等著：《宋史》卷301《边肃传》，中华书局，1977年点校本，第8085页。

② 《宋大诏令集》卷181《抚恤军人诏》，中华书局，1962点校本，第654页。

③ [宋] 司马光：《资治通鉴》卷243《唐纪59·文宗元圣昭献孝皇帝上之上》，中华书局，1956年点校本，第7854页。

④ [宋] 李心传：《建炎以来系年要录》卷192，绍兴三十一年八月丙寅条，中华书局，1985年影印本，第3215页。

⑤ [清] 徐松辑：《宋会要辑稿》刑法2之123，上海古籍出版社，2014年点校本，第8351页。

⑥ [宋] 苏轼：《苏轼文集编年笺注》卷36《乞增修弓箭社条约状》，巴蜀书社，2011年点校本，第463页。

### （二）体制外的贫困

如前所述，体制外人员没有国家体制可以依赖，更多是通过自己参与市场竞争，凭借所掌握的资源和能力而获得财富。但体制外繁荣的商品经济对体制内人员也有着巨大的吸引力，因此权力不可避免地要对外扩张，即官方政府和体制内人员都会参与到市场竞争中，凭借其政治身份与政治权力在不完全市场竞争中获得高额利润，掠夺体制外的财富，这必然导致一部分体制外人员的利益受损。所谓不完全市场竞争，是指带有垄断因素的市场竞争。市场竞争中一旦有了政治权力的参与，自然不可能实现公平公正，而必然会掺杂非常态的垄断竞争和经济掠夺，这必然导致一部分体制外人员的利益受损而陷入贫困状态。下面从官方政府和官员自身两个角度进行讨论。

#### 1. 政府行为

在面临商品市场繁荣的巨大诱惑之下，北宋政府为了获得更多的财政收入，以权力介入市场，获得利益。在这一过程中，没有法律能够对政府权力进行约束。因此，政府凭借其掌握的绝对权力，制定经济规则，更改经济政策，在不公平的市场交易中掠夺大量财富，往往造成其他市场主体的贫困。如汪圣铎先生说，"封建国家和百姓之间进行交易，表面上似乎是平等贸易，是一种商业行为……但交易双方的情况是不平等的：一方握有政治强力，另一方完全处于被动地位。在宋朝财政支出存在膨胀刚性的情况下，不管这种交易最初立意如何，最终都会变成官方敛财的手段"。[1]

一方面，政策性行为。即政府通过制定和更改经济政策影响市场竞争，其中对市场和商人影响最大的是货币政策和专卖政策。

一是货币政策。[2] 众所周知，宋朝尤其是北宋是中国历史上发行铜钱数量最多的朝代，也是最早使用纸币的朝代。北宋商品经济繁荣，货币的需求量自然远高于前代。北宋境内有不同的货币流通区域，大多数地区通用铜钱，四川以铁钱为主，陕西、河东等地铜钱、铁钱混用。

货币历来被视为服务于统治的财政手段之一，如张方平说，"夫钱者，人君之所操，不与民共之者也。人君以之权轻重而御人事，制开塞以通政术，称

---

[1] 汪圣铎：《两宋货币史》，社会科学文献出版社，2003年，第14页。

[2] 关于北宋货币政策及其对北宋社会的影响，汪圣铎的《两宋货币史》（社会科学文献出版社2003年）与《两宋货币史料汇编》（中华书局2004年）进行了系统全面的研究。

物均施，以平准万货。故有国家者必亲操其柄，官自冶铸，民盗铸者，抵罪至死，示不得共其利也"。[1] 财政困难时期，政府往往以铸造货币为重要的缓解策略，如范纯粹说，陕西"自来以本路经费浩大，惟患鼓铸不广"。[2] 杨时说，"财用匮乏之时，欲兴鼓铸取利以纾目前之急"。[3] 货币政策的变化，其实是政府变相敛财和掠夺百姓的一种重要方式。

北宋最为典型的是徽宗朝推行当十钱。关于实行当十钱，沈畸认为招致盗铸泛滥，"往往鼓铸不独闾巷细民，而多出于富民、士大夫之家"，而利益受损的必然是普通民众，"钱轻故物重，物重则拼下之民愈困，此盗贼之所由起也"。[4] 当十钱数次被罢立。而当十钱的贬值对市场和商人民众的冲击都极大。如扬州，"时朝廷铸大钱当十，已而改当五，旋复为三。令下之日，市门昼闭，人持钱求束薪斗米，至日昳莫肯售者。公饰市易务出小钱纳百贾之货，又檄庚官桑仓粟以大钱售之，尽十日止"。[5] 商人闭市十日，民众拿着钱买不到商品，可见当十钱贬值造成的社会混乱。政和元年（1111 年）五月，当十钱再次贬值，"应公私当十钱并改作当三行使"，[6] 引起较大混乱。《萍州可谈》中记载："崇宁初，行当十大钱，秤重三小钱。后以币轻物重，令东南改为当五钱，轻于东北，私铸盗贩不可禁，乃一切改为当三，轻重适平然后定。是时内帑藏钱无算，折阅亿万计。京师一旦自凌晨数骑走东华门，传呼里巷，当十改为当三，顷刻遍知。故凡富人无所。开封府得旨，民间质库，限五日作当十赎质。细民奔走趋利，质者不堪命，稍或拥遏，有司即以重刑加之。有巨豪善计者，至官限满，自展五日，依旧作当十赎质，大榜其门。朝廷闻而录赏之。"[7] 可见政府变更货币政策，首当其中受到影响的是普通百姓和中小商人。又《宋史·章綖传》中记录章綖知扬州，"时方铸崇宁大钱，令下，市区昼闭，人持钱买物，至日

① [宋] 张方平：《张方平集》卷 25《论免役钱札子》，中州古籍出版社，2000 年点校本，第 393 页。

② [宋] 李焘：《续资治通鉴长编》卷 344，元丰七年三月癸丑条，中华书局，1993 年点校本，第 8258 页。

③ [宋] 杨时《龟山集》卷 4《论时事》，文渊阁四库全书本。

④ [宋] 章如愚：《山堂考索》后集卷 60《财用门》，文渊阁四库全书本。

⑤ [宋] 孙觌：《鸿庆居士集》卷 33《宋故左朝奉大夫提点杭州洞霄宫章公墓志铭》，文渊阁四库全书本。

⑥ 《宋大诏令集》卷 184《公私当十钱改当三诏》，中华书局，1962 点校本，第 669 页。

⑦ [宋] 朱彧：《萍州可谈》卷 2，中华书局，1985 年影印本，第 27 页。

旰，皇皇无肯售。绛饰市易务致百货，以小钱收之；且檄仓吏粜米，以大钱予之，尽十日止，民心遂安。未几，新钞法行，旧钞尽废，一时商贾束手，或自杀。绛得诉者所持旧钞，为钱以千计者三十万，上疏言钞法误民，请如约以示大信。上怒，罢绛，降两官"。① 改行崇宁大钱，扬州白日闭市，商人"皇皇无肯售"。章绛通过官府的努力为民众建立了对大钱的一定信心，很快宋廷又再次变更新钞法，"旧钞尽废"，这对于商贾民众来说是巨大的冲击，"一时商贾束手，或自杀"，可见政府变更货币对于商人和小民的影响。

二是专卖政策。② 关于禁榷专卖，在前文中已有谈及。此处以榷茶为例来探讨政府的专卖政策对财富分配的影响。

北宋榷茶分为两种主要的形式，第一种是官府直接从生产者即园户手中购买茶叶，由官府自行销售。第二种是官府从生产者手中购买茶叶，交由商人运输并销售，通过低价收购和高价倒卖获得高额利润，如"交引法"。第三种是官府不直接参与茶叶的收购和销售，而是通过对茶商的管理来获取大量利润，如"长短引法"和"贴射法"。

在收购茶叶的过程中，园户遭受官府的各种盘剥，如在规定的课额之外，官吏会加大茶的征购量以此作为自身政绩，迫使园户"多采粗黄晚叶，仍杂木叶蒸造，用填额数"，这些茶叶又往往达不到官府规定的质量标准，成为白夺之物，连宋真宗都说："园户采撷，须资人力，所造人等，则给价直，不入等者既不许私卖，亦皆纳官钱。若令一切精细，岂不伤园户耶？"③ 而这些达不到质量标准的茶叶卖不出去则硬性摊派到茶商头上，"抑配陈茶，亏损客商"。④ 收茶时，官府还压低斤两，高秤低估，如苏辙说，四川"自榷茶以来，重法胁制，

① ［元］脱脱等：《宋史》卷328《章绛传》，中华书局，1977年点校本，第10591页。
② 关于北宋禁榷专卖问题，杨师群：《宋代榷酒中的买扑经营》（《学术月刊》1988年第11期）、李华瑞《宋代酒的生产和征榷》（河北大学出版社1995年）、林文勋、黄纯艳等《中国古代专卖制度与商品经济》（云南大学出版社2003年）、黄纯艳《宋代专卖制度变革与地方政府管理职能演变》（《郑州大学学报》2005年第3期）、魏天安《北宋前期东南茶法沿革》（《中国社会经济史研究》2008年第2期）与《宋代的官监酒务与官酤法》（《中州学刊》2008年第4期）、高飞《北宋茶叶专卖政策探析》（郑州大学硕士论文2009年）、邢涓《北宋食盐专卖制度研究》（郑州大学硕士论文2010年）等进行了相关的研究。
③ ［清］徐松辑：《宋会要辑稿》食货30之3，上海古籍出版社，2014年点校本，第6651页。
④ ［清］徐松辑：《宋会要辑稿》食货36之3，上海古籍出版社，2014年点校本，第6786页。

不许私卖，抑勒等第，高秤低估，递年减价，见今只得旧价之半。茶官又于每岁秋成籴米，高估米价强俵茶户，谓之茶本。……春茶既发，茶户纳茶又例抑半价，兼压以大秤，所损又半，谓之青苗茶"。① 并且政府以重法严禁私卖茶叶，"民茶折税外悉官买，民敢藏匿而不送官及私贩鬻者，没入之。计其直百钱以上者，杖七十，八贯加役流"。② 沉重的盘剥致使"困于征取，官司并缘侵扰，因陷罪戾至破产逃匿者，岁比有之"。③ 因此，"园户有逃以免者，有投死以免者，已而其害犹及邻伍。欲伐茶则有禁，欲增植则加市，故其俗谓地非生茶也，地实生祸也"。④

仁宗嘉祐四年（1059 年），政府开始在淮南、两浙、江东、江西、荆湖北、荆湖南六路实行"通商法"，即"园户之种茶者，官收租钱；商贾之贩茶者，官收征算，而尽罢禁榷，谓之通商"。⑤ 茶叶由专卖品转变为普通商品，虽然园户在二税之外还要承担租钱，但却摆脱了禁榷专卖制度的束缚和盘剥。北宋末年，东南茶叶再次被列为禁榷专卖品，并于政和二年（1112 年）确立了"长短引法"，政府通过销售"长短引"即茶叶专卖许可证以获得榷茶利润。"交引法"是对茶商的管理办法。茶商要到京城榷货务换交引，凭交引取茶并贩运各地销售。如果没有交引的私贩要受到严厉的惩罚，"计其直百钱以上者杖七十，八贯加役流""一贯五百及持杖贩易私茶为官司擒捕者，皆死"。⑥ "贴射法"即茶商需要贴纳官府原先卖茶所获的净利，以获取茶叶的专卖权，官府"给券为验，以防私售"。⑦

可以说，北宋的专卖禁榷制度即是有利于大商人的，"引钱太重，贫不能输"，⑧ 不论是资金还是社会关系上面，小商人都无力与大商人竞争。而且豪强巨贾与官府勾结掌控着茶叶的销售，小商人则深受压制。茶叶的专卖禁榷，

---

① [宋] 苏辙：《栾城集》卷 36《论蜀茶五害状》，上海古籍出版社，2009 年点校本，第 785 页。
② [宋] 李焘：《续资治通鉴长编》卷 5，乾德二年八月辛酉条，中华书局，1993 年点校本，第 131 页。
③ [元] 脱脱等：《宋史》卷 184《食货志下六》，中华书局，1977 年点校本，第 4494 页。
④ [宋] 刘挚：《论川蜀茶法疏》，收录于曾枣庄、刘琳主编：《全宋文》卷 1667，上海辞书出版社、安徽教育出版社，2006 年点校本，第 76 册，第 249 页。
⑤ [元] 马端临：《文献通考》卷 18《征榷考五》，中华书局，1986 年影印本，考 175。
⑥ [宋] 李焘：《续资治通鉴长编》卷 5，乾德二年八月辛酉条，中华书局，1993 年点校本，第 131 页。
⑦ [元] 脱脱等：《宋史》卷 183《食货志下五》，中华书局，1977 年点校本，第 4484 页。
⑧ [宋] 汪应辰：《文定集》卷 23《显谟阁学士王公墓志铭》，学林出版社，2009 年版，第 248 页。

"建国以来,法弊辄改,载详改法之由,非有为国之实,皆商人协计,倒持利权,幸在更张,倍求奇羡。富人豪族,坐以贾赢,薄贩下估,日皆腋削"。① 如宋真宗时改变茶法,"商人旧执交引至场务,即付物。时或特给程限,或数月,或百日,踰限未至者,每十分复令别输二分见缗,谓之贴纳"。大商人"率能及限",小商人往往"或不即知,或无以贴纳,反贱鬻于豪商"。② 小商人还会受到大商人和中等商人的压迫盘剥。

有宋人认为,禁榷专卖制度打击了商人,在另一意义上来说是减轻了农民负担。如范仲淹说,"茶盐、商税之入,但分减商贾之利尔,于商贾未甚有害也。今国用未省,岁入不可阙,既不取之于山泽及商贾,必取之于农。与其害农,孰若取之商贾"。③ 但实际上,禁榷专卖从根本上来说亦是取自农民,如官府为帮助商人销售茶叶,往往在"配之铺户"之余,亦会"均及税农,民实受害"。④ 杨万里曾说:"今之财赋,有地基茗课之征,有商贾关市之征,有鼓铸榷酤之入,有鬻爵度僧之入,犹曰'非取于农民也'。而取于农民者,其目亦不少矣!……不知几倍于祖宗之旧,又几倍于汉唐之制乎!"⑤ 政府不过是通过商人将负担转嫁到消费者尤其是广大农民头上。对此,马端临在《文献通考》序言中有一段论述:"征榷之途有二:一曰山泽茶盐坑冶是也;二曰关市酒酤征商是也。羞言利者则曰:县官当食租衣税而已,而欲与民庶争货殖之利,非王者之事也。善言利者则曰:山海天地之藏而豪强擅之,关市货物之聚而商贾擅之,取之于豪强商贾以助国家之经费,而毋专仰给于百姓之赋税,是崇本抑末之意,乃经国之远图也。自是说立,而后之加详于征榷者,莫不以籍口,征之不已,则并其利源夺之。官自煮盐、酤酒、采茶、铸铁,以至市易之属,利源日广,利额日重。官既不能自办,而豪强商贾之徒又不可复擅。然既以立为课额,则有司者不任其亏减,于是又为均派之法,或计口而课盐钱,或望户而榷酒酤,或于民之有田者计其顷亩令于赋税之时带纳,以求及额,而征榷遍于天下矣。盖昔

① [宋]李焘:《续资治通鉴长编》卷118,景祐三年三月丙午条,中华书局,1993年点校本,第2780页。

② [元]脱脱等:《宋史》卷183《食货志下五》,中华书局,1977年点校本,第4482页。

③ [宋]李焘:《续资治通鉴长编》卷141,庆历三年六月甲辰条,中华书局,1993年点校本,第3387页。

④ [元]脱脱等:《宋史》卷184《食货志下六》,中华书局,1977年点校本,第4504页。

⑤ [宋]杨万里:《杨万里诗文集》卷69《转对札子》,江西人民出版社,2006年版,第1121页。

之権利，曰取之豪强商贾之徒以优农民，及其久也，则农民不获豪强商贾之利而代受豪强商贾之権，有识者知其苛横而国计所需不可止也。"①

货币政策和专卖政策可以说是政府运用权力干预市场的两个最突出的表现，其发生任何变化都会对市场、商人与作为消费者的普通市民和农民产生极大的影响。此外还如青苗法这样的政策，其本意是为了帮助农民缓解困乏，减轻高利贷盘剥，"贷谷于民，立息以偿"②"凡此皆以为民，而公家无所利其入，亦先王散惠兴利，以为耕敛补助，裒多补寡而抑民豪夺之意也。"③ 这是青苗法设立的立意初衷，即政府不谋利，为农民提供帮助，同时摧抑兼并。但实际操作过程中，一方面，青苗钱成为政府加诸于农民身上的另一赋役负担。如地方官员为增加青苗钱，采用"抑配"的方式，即强行借贷，哪怕是不需要借贷的上户也会被强行摊派；另一方面官营借贷的强行介入市场会打压私营借贷资本，但与此同时并不能帮助农民减轻高利贷负担。农民为偿还青苗钱而不得不借贷，"收成之际又不稍缓其期，谷米未及干，促之已急，而贱粜于市，而向之利十，今不售其五六，质钱于坊郭，则不典而解，其甚者至于无衣褐而典解。是法所以苏贫乏而反困之，抑兼并而反助之矣。"④ 可以说实际上却在一定程度上助长了高利贷对农民的盘剥，加剧了农民的贫困程度。

另一方面，市场性行为。即政府直接介入市场竞争，凭借其绝对的政治权力形成压倒性的优势。⑤ 其主要表现有两方面：一是强制交易。即不顾市场另一主体意愿，强买强卖，最典型的就是"和买"。

"和买"一般指政府向民众购买物品。购买粮食称为"和籴"，购买绢帛

---

① [元] 马端临：《文献通考》自序，中华书局，1986 年影印本，1986 年，考 4。

② [宋] 王安石撰，李之亮笺注：《王荆公文集笺注》，巴蜀书社，2005 年版版，第 2254 页。

③ [清] 徐松辑：《宋会要辑稿》食货 4 之 16，上海古籍出版社，2014 年点校本，第 6041 页。

④ [宋] 郑侠：《上王荆公书》，收录于曾枣庄、刘琳主编：《全宋文》卷 2171，上海辞书出版社、安徽教育出版社，2006 年点校本，第 99 册，第 280 页。

⑤ 关于宋政府参与市场竞争的问题，汪圣铎《宋代官府的回易》（《中国史研究》1981 年第 4 期）、魏天安《宋代行会制度史》（东方出版社 1997 年）与《宋代官营经济史》（人民出版社，2011 年）、李晓《宋代工商业经济与政府干预研究》（中国青年出版社 2000 年）与《宋朝政府购买制度研究》（上海人民出版社 2007 年）、谭阿勇《宋代市场立法及信用问题研究》（郑州大学博士论文 2012 年）、张亦冰《唐宋时估制度的相关令文与制度实践——兼论〈天圣令·关市令〉宋 10 条的复原》（《中国经济史研究》2017 年第 1 期）等论著进行了相关研究。

布匹时因通常先预付货款而被称为"和预买绢"。"和买"一般指自愿买卖，如明人丘浚说宋朝和买制度是"必两无亏损，上下同欲，而无抑配之谓也"。[①]和买制度的建立本是为了在保障政府所需物资供应的同时，亦帮助生产者解决资金匮乏问题，减少其受到高利贷盘剥的机会。大中祥符三年（1010年），"河北转运使李士衡言：本路岁给诸军帛七十万。民间罕有缗钱，常预假于豪民，出处倍称之息，及期，则输赋之外，先偿逋负，以是工机之利愈薄。请令官司预给帛钱，避及时输送，则民获利，而官亦足用。从之，仍令优与其直"。[②]此外，和籴还可以增加政府的货币投放量，缓解民间"钱荒"。苏辙说，"旧日官岁籴米，钱散于民，故农不大伤，无钱荒之弊"。[③]司马光说，"臣闻江淮之南，民间乏钱，谓之钱荒。而土宜粳稻，彼人食之不尽。若官不籴取以供京师，则无所发泄，必甚贱伤农矣"。[④]

可以说，和买一开始本是基于双赢的目的，但在发展过程中却发生了变化。神宗时期，和买预付货款开始收取利息，成为了加诸民众身上的另一负担。如京东和买绸绢，"多拖数目于人户上配散，每钱一千，买绢一匹。后来却令买绢并税绢每匹令输钱一千五百文"。[⑤]两浙亦是如此，郑獬说，在杭州，"去岁本州岛蚕不登，今年亦薄，蚕出既少，新绢必贵。若将来定价，每匹不减一贯数十文足。始以民间乏钱，遂散和买，以济其用。及其敛也，俾纳绢价，取其赢钱。是以惠民为名，其实窥小利而已。今民输绢一匹，费钱一贯二、三百文足，既不可使输，又变而为钱亦宜，然定价过于本钱，不免有诛剥之议"。[⑥]马端临说，"熙宁初，王介甫秉政，专以取息为富国之务。然青苗则春散秋敛，是以有赊贷之息；市易则买贱卖贵，是以有贸易之息。至于和买，则官以钱买民之绸绢商已，息钱恶从出？"[⑦]徽宗时，陈瓘说，"预买之息，重于常平数倍，

① ［明］邱浚著：《大学衍义补》卷25《制国用·市籴之令》，京华出版社，1999年点校本，第237页。

② ［清］徐松辑：《宋会要辑稿》食货37之5，上海古籍出版社，2014年，第6807页。

③ ［宋］苏辙：《栾城集》卷37《论发运司以籴籴米代诸路上供状》，上海古籍出版社，2009年点校本，第822页。

④ ［元］脱脱等：《宋史》卷175《食货志下六》，中华书局，1977年点校本，第4244页。

⑤ ［清］徐松辑：《宋会要辑稿》食货38之1，上海古籍出版社，2014年，第6827页。

⑥ ［宋］郑獬：《郧溪集》卷12《乞罢两浙路增和买状》，清文渊阁四库全书。

⑦ ［元］马端临：《文献通考》卷20《市籴一》，中华书局，1986年影印本，考196。

人皆以为苦"。[①]

　　而且，和买很容易就会演变为科配。关于"科配"，前文已述，带有强制摊派的特点，按照户等、家业钱进行抑配或是不分户等均摊，成为主户必须承担的任务。在和买过程中，尤其是政府购买数量增加，购买价格又低于市场价格时，就会演变为另一名目的赋税形式。如仁宗天圣二年（1024年），官员言，"州县春初豫支钱和买绸绢，民或不欲者，强之则为扰"。[②]仁宗也说，"江淮建年荒歉，如闻发运、转运司惟务诛剥，以敷额为能，虽名和籴，实抑配尔"。[③]关于强制压价买卖，郑獬在《乞罢两浙路增加和买状》中说道："臣检会本州和买绢，自嘉祐已前，岁不过二十万，其后岁有所增，今所市乃二十八万，每疋给钱一贯文省，及收敛之际，下户输约不迫，催科人吏，颇有倍费，已为烦挠。去冬发运司以为两浙罢籴，民间乏钱，将以通民用，遂又增市十万，每疋给钱一贯一百文省。凡两浙一路共增五十万。又于本州富阳县置场收买五万，新城、余杭、窆头、曹桥各数千。臣一州之地，不知所出绢几何，今官所取，乃四十四万疋；又有正税绢二十余万疋。如此，是杭州之民，尽不得衣帛。"[④]更有甚者，"不酬其直，谓之白著"，[⑤]名为和买，实为白夺。和买与科配成为民户的沉重负担，往往导致民不聊生，甚至难以自活。如仁宗朝"河北配籴民粟至二百万石，民蓄谷尽籍，加督责，户不聊生"。[⑥]开封城经营米行的曹赟，"以须索糯米五百石不能供，至雉经以死"。[⑦]范仲淹也说，"江、淮诸路，岁以馈粮，于租赋之外，复又入籴，两浙一路七十万石，以东南数路计之，不下三二百万石，故虽丰年，谷价亦高，官已伤财，民且乏食"。[⑧]不少民户为逃避科配而背井离乡，"已逃者既破其家，而未逃者科配日重"，欧阳修说代

① [元]脱脱等：《宋史》卷175《食货志上三》，中华书局，1977年点校本，第4235页。

② [宋]李焘：《续资治通鉴长编》卷102，天圣二年四月辛酉条，中华书局，1993年点校本，第2354页。

③ [清]徐松辑：《宋会要辑稿》食货23之40，上海古籍出版社，2014年，第6510页。

④ [宋]郑獬：《郧溪集》卷12《乞罢两浙路增加和买状》，文渊阁四库全书本。

⑤ [清]徐松辑：《宋会要辑稿》食货70之30，上海古籍出版社，2014年，第6185页。

⑥ [宋]晁补之：《鸡肋集》卷68《殿中侍御史赵君墓志铭》，四部丛刊本。

⑦ [宋]李焘：《续资治通鉴长编》卷251，熙宁七年三月辛酉条，中华书局，1993年点校本，第6131页。

⑧ [宋]李焘：《续资治通鉴长编》卷112，明道二年七月癸未条，中华书局，1993年点校本，第2624页。

州崞县百姓陈状，"其一村有逃及一半人户者，尚纳全村和籴旧额，均配于见在人"。① 其实不仅是粮草和绸绢等物品，"凡山林川泽所出，毛羽筋革、舟楫羽箭之材，皆资于荆部，发取于民者，岁以不赀，吏相囊橐为奸，户率计亩以取盈，费或倍蓰，而州县或莫之省"。②

二是定价权垄断。即在官府与商人的市场交易过程中，官府对产品价格拥有绝对的主导权。《周礼》曰："贾师各掌其次之货贿之治，辨其物而均平之，展其成而奠其贾，然后令市。凡天患，禁贵卖者，使有恒价，四时之珍异亦如此。"③ 可见官府对市场的干预和管理古已有之，并且极为严格。汉唐时期政府也有相应的市场物价管理规定，如唐代规定，"京、都诸市令掌百族交易之事；丞为之贰。凡建标立候，陈肆辨物，以二物平市，以三贾均市。凡与官交易及悬平赃物，并用中贾"。④ 北宋政府放松了对市场的管理，坊市制度和市籍制度瓦解，政府不再以政治权力直接干预市场，但也通过其他方式实现其对市场的控制。其中对市场价格的垄断就是极为重要的方式之一。

"市肆谓之行者，因官府科索而得此名，不以物之小大，但充合用者，皆置为行，虽医卜亦有职医克择之差占，则与市肆当行同也。"⑤ 行会一方面是在政府批准之下设立，得到政府授权控制城市工商业的组织，另一方面也是代表城市工商业者与政府进行博弈的群体性组织。政府参与市场的主要方式就是前述的和买与科配。北宋建国之初，科配价格由官府确定。开宝七年（974年），开封市民罢市，"廛市之间，列肆尽闭"，⑥ 声势极为浩大。太祖下令"禁其二价，宣示以明文。自今市易官物有妄增损价值、欺惘官钱者，案鞫得实，并以枉法论。其犯在诏前者，一切不问"。⑦ 这一诏令，周宝珠先生认为这很可能是后来科

① [宋] 欧阳修：《欧阳修全集》卷116《乞减放逃户和籴札子》，中华书局，2001年点校本，第1761页。
② [宋] 沈括：《长兴集》卷18《沈兴宗墓志铭》，四部丛刊本。
③ [汉] 郑玄注，（唐）贾公彦疏：《周礼注疏》卷15《地官司徒》，北京大学出版社，2000年点校本，第447页。
④ [唐] 李林甫：《唐六典》卷20，中华书局，1992年点校本，第543页。
⑤ [宋] 耐得翁：《都城纪胜》，中国商业出版社，1982年版，第4页。
⑥ [清] 徐松辑：《宋会要辑稿》食货37之2，上海古籍出版社，2014年，第6805页。
⑦ [宋] 李焘：《续资治通鉴长编》卷15，开宝七年五月甲寅条，中华书局，1993年点校本，第319页。

配时估制度的先声，① 也被认为"这标志着北宋市民至少在原则层面获得了商品的定价权"。② 太平兴国四年（979 年），宋廷设立杂买务，"掌内中卖买物色，平其价直"，③ 可以说是时估科配制度的正式开始。④ 科配时估较之于唐代的市令掌握交易价格，可以说给予了商人极大的定价权力。天禧二年（1018 年）十二月，宋政府下诏："是月，三司、开封府指挥府司，自今令诸行铺人户，依先降条约，于旬假日齐集，定夺次旬诸般物色见卖价，状赴府司，候一旬一日，牒送杂买务，仍别写一本，具言诸行户某年月日分时估已于某年月日赴杂买务通下，取本务官吏于状前批凿收领月日，送提举诸司库务司置薄抄上点检。府司如有违慢，许提举司勾干系人吏勘断。"⑤ 采用旬价的方式，行会根据商品市价估计下一旬价格报予官府，再由行会与官府共同评定。地方州县也是"行户立价，定时旬价直，令在任官下行买物"。⑥

时估较之政府直接控制价格确实有了较大的进步意义，但也并不意味着作为市场主体的商人真正掌控了商品定价权。时估是根据当前价格估计下一旬的市场价格，一旬之内的时估价格是保持固定的，不会根据市场价格变化而变动。如郑侠所说，一旦政府购买的商品"或非民间用物，或虽民间用物，间或少缺"，必然会造成商品价格上涨，行户就必须"率皆数倍其价收买供官"。⑦

熙丰变法之时，王安石推动市易法，废除了强制性的科买方式，采用更加市场化的方式参与市场交易。时估科配之下，时估价格由行会确定，其实也就是由把持行会的极少数大商人决定。市易法夺大商人之权利，改变"外之商旅无所牟利，而不愿行于途；内之小民日愈朘削，而不聊生"的局面，由政府控制"出纳敛散之权"。⑧ 其本着抑制大商人和平抑物价的初衷，本是有利于民的，但后来却演变为与民争利的工具，以致"京师如此破坏大姓十数家，中下户不

---

① 参见周宝珠：《宋代东京研究》，河南大学出版社，1998 年，第 303 页。

② 参见孙竞、张文：《唐宋时期市民运动的演进路径》，《思想战线》2015 年第 2 期。

③ [清] 徐松辑：《宋会要辑稿》食货 55，上海古籍出版社，2014 年点校本，第 7259 页。

④ 参见魏天安：《宋代行会制度史》，东方出版社，1997 年，第 164 页。

⑤ [清] 徐松辑：《宋会要辑稿》食货 55 之 17，上海古籍出版社，2014 年点校本，第 7260 页。

⑥ [清] 徐松辑：《宋会要辑稿》职官 27 之 24，上海古籍出版社，2014 年点校本，第 7767 页。

⑦ [宋] 郑侠：《西塘集》卷 1《免行钱事》，文渊阁四库全书本。

⑧ [宋] 李焘：《续资治通鉴长编》卷 231，熙宁五年三月丙午条，中华书局，1993 年点校本，第 5622 页。

可胜数"。①

2. 官员行为

北宋是一个专制权力控制下的社会。在商品经济繁荣的背景下，政治权力依然是影响财富分配和社会分层的最重要因素。塞缪尔·亨廷顿曾说，"腐化的基本形式是政治权力与财富的交换"，在通过个人经营活动致富机会有限的社会中，"政治是获取财富的唯一途径"，而且"腐化的规模（即腐化交易中私人财物与公共益处的平均值）都是随着一个人在科层等级或政治阶梯上地位的升高而增加的"。②北宋即是这样的社会。不同于此前的耻于言利风气，宋朝部分士大夫积极营利，甚至"嗜利如命"。③可以说，北宋官员参与市场活动的现象极为普遍。④在社会风气转变和社会结构变动的情况下，各级官员在面临商品经济繁荣的巨大诱惑时，大多会参与市场竞争，或为弥补官府公费亏空，或为牟取个人私利。"公钱不足，则取于百姓；百姓不足，则贾以求赢"。⑤如王安石说："今官大者，往往交赂遗，营赀产，以负贪污之毁；官小者，贩鬻乞丐，无所不为。"⑥宋仁宗也说，"今公卿之家，专殖产业，未闻有立庙者，岂朝廷劝诫有所未至耶？"⑦英宗时，韩维也说，"近年以来，风俗颓弊，士大夫类皆贪固宠利，护惜人情，姑息苟且"。⑧北宋末年更是吏治腐败，与民争利之官员更多，汪藻说，"自崇宁以来，功利之说兴，士大夫不复知有廉耻，赃污之人，横行州县，非特不忧绳治，而挟赀谐结者得美官。故小人相效，

---

① ［宋］李焘：《续资治通鉴长编》卷396，元祐二年三月丙子条，中华书局，1993年点校本，第9664页。

② 参见［美］塞缪尔·亨廷顿：《变革社会中的政治秩序》，李盛平、杨玉生等译，华夏出版社，1988年，第66-67页。

③ ［宋］秦观：《淮海集》卷15之《财用》，四部丛刊本，第61-64页。

④ 关于北宋关于参与市场活动的问题，姜锡东《宋代官私商业的经营方式》（《河北大学学报》1992年第3期）、程民生、白连仲《论宋代官员、士人经商：兼谈宋代商业观念的变化》（《中州学刊》1993年第2期）、王朝阳《宋代士人经商研究》（陕西师范大学博士学位论文2011年）

⑤ ［宋］张方平：《张方平集》卷23《请减省河北徭役事》，中州古籍出版社，2000年点校本，第343页。

⑥ ［宋］王安石：《临川先生文集》卷39《上仁宗皇帝言事书》，中华书局，1959年点校本，第416页。

⑦ 朱易安，傅璇琮主编：《全宋笔记》第二编九《遵尧录四》，大象出版社，2006年，第155页。

⑧ ［宋］司马光：《上英宗乞留吕诲等》，收录于赵汝愚编：《宋朝诸臣奏议》卷90，上海古籍出版社，1999年点校本，第973页。

于入仕之初，即汲汲乾没，以不能俸外经营为耻"。① 故时人议论宋朝官员说，"起而牟利，贾贩江湖……进则王官，退则为市人"。② 此处所说之官员，并不局限于官员个人，还包括挟官员之权力进行市场竞争的亲属及其他相关人员。

　　在这样"以权营私"极为常见的社会，官员利用权力获取财富，并运用财富进而谋取更大的权力，再攫取更高的利益。这是一个常见的循环。在这样的循环中，必然会有部分人的利益是受到损害的，首当其冲就是与这些官商有着竞争关系的商人，以及参与其商品市场作为原料提供者和商品消费者的普通民众。刘子健先生说，"宋代中国有着专制的头脑、官僚的躯干和平民的四肢。总体而言，官僚统治阶级为经济发展制定规则并从中受益。它不允许商人或商人利益在决策中发出强音"。③ 可以说，这些官商和普通商人本来就处于不同的起跑线上。而官员因其政治身份，进入市场往往不可能作为普通的市场主体参与竞争，而是会将权力带入市场，为自身谋取更有利的交易权利。这必然会导致市场天平倾斜，致使部分市场主体利益受损甚至陷入贫困状况。

　　一方面，官商规避自身责任，转嫁商税负担。官员经商，大多会利用职务和权力之便，利用官府的资源降低经营成本，提高产品价格。如官员通过官方漕运船只运送私货的情况极为普遍，"太平兴国初，两浙既献地，岁运米四百万石。所在雇民挽舟。吏并缘为奸，运舟或附载钱、帛、杂物输京师"。④ 与此同时，官船运输还可以帮助从事贸易的官员逃避沿途商税。北宋在征收商税上面，本来就对经商的官员有优待。例如漕运输送过程中，将领和兵卒都会"冒带物货私盐，及影庇贩鬻，所过不输税算"，⑤ 这是被允许的，"但不妨公，一切不问"。⑥ 在此前提下，经商的官员还会想方设法逃避应承担的商税。"近臣、戚里"遣人于西北收购竹木运至京师，"所过官渡，矫称制免算"，逃避课税，

① [宋]汪藻：《乞重罚脏吏札子》，收录于曾枣庄、刘琳主编：《全宋文》卷3379，上海辞书出版社、安徽教育出版社，2006年，第157册，第150页。
② [宋]吕祖谦：《宋文鉴》卷106《议官李清臣》，中华书局，1992年点校本，第1479页。
③ [美]刘子健著，赵冬梅译：《中国转向内在：两宋之际的文化转向》，江苏人民出版社，2012年，序言第2页。
④ [元]脱脱等：《宋史》卷175《食货志上三》，中华书局，1977年点校本，第4250页。
⑤ [清]徐松辑：《宋会要辑稿》食货42之1，上海古籍出版社，2014年点校本，第6937页。
⑥ [宋]李焘：《续资治通鉴长编》卷35，淳化五年二月己酉条，中华书局，1993年点校本，第774页。

运至京师还"厚结有司,悉官市之,倍收其直",[①] 勾结相关机构官吏以高价卖出。这样的方式降低了其运输成本,又提高了售价,自然可以获得更高的利润。

官员利用其身份和权力逃避商税的现象在北宋极为普遍。如柴宗庆,"尚太宗女鲁国长公主",派家僮"自外州市炭,所过免算",又从陕西"市材木至京师,求蠲所过税",还"使人市马不输税"。[②] 太宗朝,和岘"性苛刻鄙吝,好殖财,复轻侮人,尝以官船载私货贩易规利"。[③] 真宗朝,两浙转运使姚铉"在任鬻银多取直,论湖、婺、睦三州长吏市缣帛,不输征算",因此被贬。[④] 大理寺丞杨忱,"性轻易,喜傲忽人,好色嗜利,不修操检。商贩江、淮间,以口舌动摇监司及州县,得其权力,以侵刻细民,江淮间甚苦之。……会有告其贩纱漏税者"。[⑤] 哲宗朝,王安礼知青州,"偷谩一路商税,上京货卖,赢掠厚利,不止一次"。[⑥] 故此徽宗曾下诏严查官员经商逃税,"宣和二年,宫观、寺院、臣僚之家商贩,令关津搜阅,如元丰法输税。岁终以次数报转运司取旨。初,元符令,品官供家服用物免税。至建中靖国初,马、牛、驼、驴、骡已不入服用例。而比年臣僚营私牟利者众。宫观寺院多有专降免税之旨,皆以船艘贾贩。故有是诏"。[⑦] 官员赚取高额利润却不缴纳商税,必然会影响地方政府的商税收入,而地方政府自然会将这部分负担转嫁到普通商人的身上,成为其沉重的负担。如汉阳、武昌士人制作"淡鱼"运往江西出售,"一斤近百钱",这样的一船淡鱼,"其直数百千,税额亦极重,黄州税物每有三淡鱼船,则一日课利不忧",[⑧] 可见其税额征收极重。

另一方面,官商破坏市场法则,侵占他人利益。

其一,官员在市场竞争中利用自身权力,占据最有利的资源,侵占民间的市场空间,攫取高额利润。例如京城高官经营邸店者颇多,宋初宰相赵普就在

---

① [元]脱脱等:《宋史》卷257《王仁瞻传》,中华书局,1977年点校本,第8957页。

② [元]脱脱等:《宋史》卷463《柴宗庆传》,中华书局,1977年点校本,第13556页。

③ [元]脱脱等:《宋史》卷439《和岘传》,中华书局,1977年点校本,第13014页。

④ [清]徐松辑:《宋会要辑稿》职官64之20—21,上海古籍出版社,2014年点校本,第4776页。

⑤ [宋]司马光:《涑水记闻》卷10,中华书局,1989年点校本,第199页。

⑥ [宋]李焘:《续资治通鉴长编》卷449,元祐五年十月戊戌条,中华书局,1993年点校本,第10788页。

⑦ [元]脱脱等:《宋史》卷186《食货志下八》,中华书局,1977年点校本,第4545页。

⑧ [宋]张耒:《明道杂志》,中华书局,1985年丛书集成本,第8页。

京师"广第宅，营邸店，夺民利"。① 北宋末年，"何执中为首台，广殖赀产。邸店之多，甲于京师"。② 还有官员及其家人放贷的情况也极为常见。宋初武将石守信"外营田园，内造邸舍，日入月算，何啻千缗"，③ 其子石保吉放高利贷，"染家贷钱，息不尽入，质其女"。④ 真宗朝大臣曹利用的舅舅韩君素，"颇恃势，放息钱侵民，又私酿酒其家"。⑤ 吕惠卿之弟吕温卿，"以田契属若济质华亭库户钱五百千，贷旧任嘉兴弓手钱四百千，申转运司，不候年满，勒民赎田"。⑥ 借贷来放贷，并且不等期满就"勒民赎田"。秦州长道县酒场官李益，"家饶于财，童仆常数百"，而且与朝中权贵关联甚密，"郡守以下皆畏之"，其大量借贷于民，"民负益息钱者数百家，官为征督，急于租调"。⑦ 真宗大中祥符九年（1016 年），寇准上奏说，"所部豪民，多贷钱贫民，重取其息，岁偿不逮，即平入田产"。⑧ 开封府豪民孙氏，"辜榷财利，负其息者，至评取物产及妇女"。⑨ 又如禁榷专卖制度之下，主管榷务的官员私贩盐、酒、茶等。主管盐务的官员私自贩盐的情况极为普遍，"其诸处池监，监临主者盗官盐贩鬻以规利，亦如盗煮盐之法。其通商禁法等处及西路青白盐各相伺察，不得令私盐侵夺公利，犯者自一两至二百斤论罪有差。于是比乾德之禁，增阑入至二百斤以上，煮碱及主吏盗贩至百斤以上，蚕盐入城市五百斤以上，并杖背黥面送阙下"。⑩ 还有贩酒，贾青"权杭州日，将所得供给寄公库，造酒出卖，

---

① [宋]李焘：《续资治通鉴长编》卷 14，开宝六年六月丁未条，中华书局，1993 年点校本，第 304 页。

② [宋]董弅：《闲燕常谈》，中华书局，1985 年丛书集成本，第 1 页。

③ [宋]上官融：《友会谈丛》卷上，中华书局，1991 年丛书集成本，第 4 页。

④ [元]脱脱等：《宋史》卷 250《石守信传》，中华书局，1977 年点校本，第 8813 页。

⑤ [宋]李焘：《续资治通鉴长编》卷 107，天圣七年二月戊辰条，中华书局，1993 年点校本，第 2496—2497 页。

⑥ [宋]李焘：《续资治通鉴长编》卷 280，熙宁十年正月戊寅条，中华书局，1993 年点校本，第 6855 页。

⑦ [宋]李焘：《续资治通鉴长编》卷 28，雍熙四年五月乙丑条，中华书局，1993 年点校本，第 637—638 页。

⑧ [宋]寇准：《乞科责豪民放高利贷奏》，收录于曾枣庄、刘琳主编：《全宋文》卷 182，上海辞书出版社、安徽教育出版社，2006 年点校本，第 9 册，第 136 页。

⑨ [元]脱脱等：《宋史》卷 316《吴奎传》，中华书局，1977 年点校本，第 10320 页。

⑩ [宋]李焘：《续资治通鉴长编》卷 18，太平兴国二年二月丁未条，中华书局，1993 年点校本，第 398-399 页。

以收倍息"，<sup>①</sup>王沿和胡则私贩盐和酒，"初则为河北都转运使，沿尝就则假官船贩盐，又以其子为名，求买酒场"。<sup>②</sup>而茶叶的贩卖，苏辙曾说，"川茶本法止于官自贩，茶其法已陋，今官吏缘法为奸，遂又贩布、贩大宁盐、贩瓷器等，并因贩茶还脚贩解盐入蜀，所贩解盐仍分配州县多方变卖，及折博杂物货，为害不一，及近岁立都茶场，缘折博之法，构栏百货，出卖收息。其间纱罗皆贩入陕西，夺商贾之利。至于买卖之余，则又加以质当"。<sup>③</sup>不仅与商人争利，官员为私利收买浮盐，还加重灶户负担，"是以贪墨无耻之士大夫，知朝廷住买浮盐，龙断而笼其利，累累灶户，列处沙洲，日籍铢两之盐，以延旦夕之命"。<sup>④</sup>

其二，官员在市场竞争中违背市场公平自愿规则，以权压人，贱买贵卖，用低劣产品以次充好，破坏市场法则。官员在市场交易中往往占据绝对的优势，仁宗庆历三年（1043 年），滕宗谅"于泾州贱买人户牛驴，犒设军士"，<sup>⑤</sup>明显是带有以权压人的强迫性质。嘉祐三年（1058 年）十月，包拯上《请罢天下公用回易等奏》，称回易之下，诸路军"不以远近，广令兴贩，并将物货抑配人户，不惟诛剥细民，兼又阻绝商旅，以致卖贩盐酒违禁之物，无所不为"。<sup>⑥</sup>以次充好的情况对于商品市场的破坏较大，如仁宗明道年间，"淮南盐初甚善。自通、泰、楚运至真州，自真州运至江、浙、荆湖，纲吏舟卒，侵盗贩鬻，从而杂以沙土。涉道愈远，杂恶殆不可食，吏卒坐鞭笞，徒配相继而莫能止"。<sup>⑦</sup>至于贱买贵卖之事更是多有记载。神宗熙宁年间，京东转运判官王子渊利用权势贱价收购私贩乳香，"知密州海舶多私贩乳香，即明召舶客入官中，以贱价

① ［宋］李焘：《续资治通鉴长编》卷 504，元符元年十二月壬辰条，中华书局，1993 年点校本，第 12016 页。

② ［宋］李焘：《续资治通鉴长编》卷 110，天圣九年七月丁卯条，中华书局，1993 年点校本，第 2564 页。

③ ［宋］苏辙：《栾城集》卷 36《论蜀茶五害状》，上海古籍出版社，2009 年点校本，第 785 页。

④ ［元］脱脱等：《宋史》卷 182《食货志下四》，中华书局，1977 年点校本，第 4457 页。

⑤ ［宋］李焘：《续资治通鉴长编》卷 143，庆历三年九月戊子条，中华书局，1993 年点校本，第 3456 页。

⑥ ［宋］包拯：《请罢天下公用回易等奏》，收录于曾枣庄、刘琳主编：《全宋文》卷 542，上海辞书出版社、安徽教育出版社，2006 年点校本，第 25 册，第 369 页。

⑦ ［元］脱脱等：《宋史》卷 182《食货志下四》，中华书局，1977 年点校本，第 4439 页。

收之，自以为奇，言于朝廷"。① 朱初平说广西海外四州军，官吏贱价强买香，"每年省司下出香四州军买香，而四州军在海外，官吏并不据时估实直，沉香每两只支钱一百三十文。既不可买，即以等科配香户，下至僧道、乐人、画匠之类无不及者。官中催买既急，香价遂致踊贵。每两多者一贯，下者七八百。受纳者既多取斤重，又加以息耗，及发纲入桂州交纳，赔费率常用倍，而官吏因缘私买者，不在此数，以故民多破产"。② 苏辙检举陆师闵贱买贵卖民间物货，其"奏乞于成都府置场，客旅无见钱买茶，许以金银诸货折博，遂以折博为名，多遣公人牙人公行拘拦民间物货，入场贱买贵卖，其害过于市易"。③ 到广州任职的官员会贱价强买当地土特产转卖，"南方地广民稀，民无盖藏，所藉土产以为卒岁之备。今为官吏强买，商旅为之惮行，若不禁戢，虑伤民力"，建议两广监司、帅臣严格约束。哲宗元祐年间，赵仁恕"贱买红罗数十匹，却将贵价出卖，强勒等第人户出钱二百余贯，买书箱收在后厅"。④ 正如两宋之际的廖刚所说，"见任官听补私下买物，意欲宽恤市行，抑贪吏耳。然吏或奸贪，何所忌惮！况官无实直明文，尤得以贱价取于百胜，诚难检查"。⑤

其三，官员甚至利用自身权力直接强取豪夺，完全忽视市场法则。最突出的就是官员豪强在乡村侵占民众田地，如王蒙正是太后姻亲，"侵民田几至百家"，"有诉者，更数狱，无敢直其事"。⑥ 神宗朝，吕惠卿之舅父郑膺居于秀州华亭县，地方官员都不敢轻易得罪他，其"招弄权势，不复可数，至夺盐亭户百姓之地以为田"。⑦ 还有官员、兵将在执法过程中对民众进行敲诈勒索，

① [宋]苏辙：《龙川略志》卷5《王子渊为转运以贱价收购私贩乳香》，中华书局，1985年点校本，第19页。
② [宋]李焘：《续资治通鉴长编》卷310，元丰三年十二月己未条，中华书局，1993年点校本，第7521-7522页。
③ [宋]李焘：《续资治通鉴长编》卷366，元祐元年二月癸未条，中华书局，1993年点校本，第8803页。
④ [宋]李焘：《续资治通鉴长编》卷460，元祐六年六月丙辰条，中华书局，1993年点校本，第11009页。
⑤ [宋]廖刚：《高峰文集四》卷5《漳州到任条具民间利病五事奏状》，文渊阁四库全书本，第24页。
⑥ [宋]王安石：《临川先生文集》卷95《尚书度支员外郎郭公墓志铭》，中华书局，1959年点校本，第982页。
⑦ [宋]李焘：《续资治通鉴长编》卷269，熙宁八年十月庚寅条，中华书局，1993年点校本，第6586页。

如官吏以违禁为名没收商人商品和赀产，收入自己腰包，"潼关关出入商旅，吏缘为奸。商人以神事藏乳香一两者，吏论以为犯禁，没其资财且百万，贱价斥卖之，买以自入"。[①] 又如高宗绍兴年间，"临安府已曾差将官、军兵守把诸门，捕获私盐。其军兵每遇官员、客旅行李舟船到门，或在城外，并不肯依理搜检，必须过当乞觅钱物，骚扰百端。稍致抗拒，即斗殴作闹，称必有私盐，或故意破坏行李，夺取衣物，赶逐随行家属下船，或自以纸或帕复包裹盐置人行李舟船中，以诬执之，然后须索钱物，必如所欲乃已。后来遂去城三五里间以搜检为名，骚扰民户，人不能堪"。[②] 虽是南宋材料，却也可以说明北宋情况。

对于官员争利于民的风气，历来受到宋人的批评。赵抃说，"余尝来往江淮间，见时所谓士大夫，麻冠布带，驱犬马，逐群众，嬉然日游人之门，笑媚丐请，阴窃与商盗争上下，所过州无不有之，州莫能法者，人益幸其丧以自市"。[③] 但在巨大的经济利益的诱惑之下，依然有越来越多的官员投入市场竞争中，以自己所掌控的政治权力牟取更多财富收入，也造成体制外商人和普通民众的利益受损乃至陷于贫困状态。

### （三）体制内外连接与贫困

体制内外连接，是指体制内的权力主体和体制外的资本主体达成利益联合体，共同在不完全市场竞争中攫取高额利润，压榨和掠夺其他市场主体导致其陷入贫困状态。在北宋社会，最典型的就是官商勾结现象极为普遍，官员和大商人借此牟利，而中小商人则因此陷入困境，甚至沦为贫困者。

一方面，体制外人员会千方百计与体制内人员相连接。或以联姻方式，"富室多赂宗室求婚，苟求一官，以庇门户，后相引为亲。京师富人大桶张家，至有三十余县主"。[④] 富室"榜下捉婿"也颇为常见，"一婿至千余缗"。[⑤] 或以买官方式，如陈留县大豪卢澄，"尝入粟得曹州助教"，此后"殖货射利，侵

---

① [宋]刘放：《故朝奉大夫权知陕州军府事陈君墓志铭》，收录于曾枣庄、刘琳主编：《全宋文》卷1509，上海辞书出版社、安徽教育出版社，2006年点校本，第69册，第264页。

② [清]徐松辑：《宋会要辑稿》食货26之24，上海古籍出版社，2014年点校本，第6569页。

③ [宋]赵抃：《赵清献公集》附录，国家图书馆藏明成化七年阎铎刻本配清抄附录。

④ [宋]朱彧：《萍州可谈》卷1《富家贿宗室求婚》，上海古籍出版社，2012年点校本，第12页。

⑤ [宋]朱彧：《萍州可谈》卷1《买妾价贵捉婿费贵》，上海古籍出版社，2012年点校本，第27页。

牟细民，颇结贵要，以是益横"。① 或采用贿赂勾结的方式。如真宗朝，赵谏"豪于财，结士大夫，根蒂特固"，与之相关联的官员多达七十余人，"皆昔委谏营产买妾者"。②

一旦与体制内人员勾结起来，这些富室、商人就可以得到其政治权力的庇护，进而获得更大的利益。如湘潭富商李迁说，其"徒幸物之废兴而上下其价，权时轻重而操其奇赢，游嬉以浮于江湖，用力至逸以安，而得则过之……是皆在上而为政者有以庇我也"。③ 与体制内人员的勾结，对于体制外人员而言主要有以下三个方面的益处。

一是逃税免役。在赋役征收和差役征调的过程中，大户大多与官府勾结，真正深受其害的是中下户。地方官府征收赋税，"豪强形势置而不问，中下人户独在所先，舍多急寡，受赇可知"。④ 摊派差役也是如此，"富豪之家贿赂公行，以计规免；中、下之户频年被扰，不得休息"。⑤ 可见地方官员在此过程中必然受贿不少。范仲淹曾说，"部中每岁造舟六百艘，供大河馈运，必借民操篙，沿渭而下，以达于河。凡有覆溺，破产而偿，吏私诸豪，专扰下户"。⑥ 如富民刘守谦得到外戚马季良的庇护，"冒立券"使其"免户役"。⑦ 又如沿海船户，时常被官府抽调应差，但受害的只是中小船户，大户则与权势勾结，能够免于应差，"其家地富厚，真有巨艘者，非以赂嘱胥史隐免，则假借形势之家拘占。惟贫而无力者则被科调，其二十年前已籍之船，或以遭风而损失，或以被盗而陷没，或以无力修葺而低沉，或以全身老朽而弊坏，往往不与销籍，岁岁追呼，以致典田卖产，货妻鬻子，以应官司之命，甚则弃捐乡井而逃，自经沟渎而死，

① ［宋］李焘：《续资治通鉴长编》卷86，大中祥符九年三月壬子条，中华书局，1993年点校本，第1977页。
② ［宋］文莹：《玉壶清话》卷5，中华书局，1984年点校本，第45页。
③ ［宋］欧阳修：《欧阳修全集》卷64《湘潭县修药师院佛殿记》，中华书局，2001年点校本，第937—938页。
④ ［宋］刘才邵：《檆溪居士集》卷8《论催民户积欠》，清文渊阁四库全书本，第118页。
⑤ ［清］徐松辑：《宋会要辑稿》食货66之22，上海古籍出版社，2014年点校本，第7871页。
⑥ ［宋］范仲淹：《范文正公集》卷11《宋故卫尉少卿分司西京胡公神道碑铭》，商务印书馆，1937年《国学基本丛刊》，第155页。
⑦ ［宋］李焘：《续资治通鉴长编》卷113，明道二年九月甲申条，中华书局，1993年点校本，第2636页。

其无赖者则流为海寇"。① 二是贱买贵卖。如富室与榷盐官员勾结，贱买贵卖，获取大量利润，导致灶户和消费者利益受损。太平兴国二年（977年），郭泌说，"剑南诸州盐每斤钱七十，豪民黠吏相与交通，贱市于官，贵粜于民，至每斤钱数百。望稍增旧价，为百五十，则豪猾无以规利，而民食贱盐"。② 三是强取豪夺为祸乡里。徽宗时，朱勔为防御使，"徐铸、应安道、王仲闳等济其恶，竭县官经常以为奉。所贡物，豪夺渔取于民，毛发不少偿。"③ "青龙之大姓陈晖，故司农卿倩之子，有官不出仕，凭所恃持，畜凶悍辈为厮仆，结连上下，广放私钱，以取厚息。苟失期会，则追呼执系，峻于官府。至虚立券契，没其赀产，甚则并取其妻女"。④ 富姓陈晖本是官宦子弟，虽不出仕，却与官府关联甚密，放高利贷获取高额利润，还通过"虚立券契"的方式夺取他人财产，甚至"取其妻女"。因此，豪民"财力足以搬使鬼神，毁谤足以欺惑王公，是以世之贤士大夫，亦有畏之者"⑤。政府的政策对他们不具备多少意义，即便是行违法之事，也不能伤其毫毛，"无他，豪断取财，不义致富，不吝钱、会，以结有求之吏，不惮殷勤，以结无识之士，不惜宝货，以结无耻之官"。⑥

另一方面，体制内人员也会借由体制外人员获得额外利益，即所谓"权力寻租"。⑦ 对于这些掌握政治权力的体制内人员来说，和体制外富室、大商人的联合可以帮助他们获得职位俸禄之外的高额收益。

其一，帮助富室、大商人达成其目的，自然可以获得高额经济回报，并成为他们进一步获得更高权力的资本。如军队将领与商人勾结之事更是常见。军队中高利贷盛行，将领不仅自己放债，还接受其他官员和富室的委托，向士兵放贷，"官员、豪富之家计嘱诸军部辖人放债与军人，厚取利息，于（军人）

---

① ［清］梅应发，刘锡同：《开庆四明续志》卷六《省力》，中华书局，1990年《宋元方志丛刊》本，第5991页。

② ［清］徐松辑：《宋会要辑稿》食货23之21，上海古籍出版社，2014年点校本，第6499页。

③ ［元］脱脱等：《宋史》卷470《朱勔传》，中华书局，1977年点校本，第13684页。

④ ［宋］李之仪：《姑溪居士集》后集卷19《故朝清郎直秘阁淮南江浙荆湖制置发运副使赠微猷阁待制胡公行状》，文渊阁四库全书本。

⑤ ［明］张四维辑：《名公书判清明集》卷12《豪横》，中华书局，1987年点校本，第452—455页。

⑥ ［明］张四维辑：《名公书判清明集》卷12《豪横》，中华书局，1987年点校本，第452—455页。

⑦ 权力寻租，是指权力所有者运用权力从市场竞争和商品交换中获得利益。

请受内克还"。① 还有，官员不仅自己经商逃税，还帮助商人逃税，必然可以获得高额回报。

其二，富室、大商人可以成为体制内人员参与市场竞争的经营代表，帮助他们获得高额的利润。如安癸仲与商人冯异孙勾结，"掩官并于私家，而一月数万，自操其赢"。② 熙宁八年十二月御史蔡承禧奏言："大理寺丞方泽当吕惠卿与郑膺连结张若济，于秀州华亭县姓朱、姓汤人借钱买田之时，泽亦挟惠卿势，借钱数百缗。惠卿又以钱七百缗，令姓王人贩纱罗，已纳千余缗，而惠卿责索无厌，致自经死，孤遗二子，养于泽家。"③

欧阳修说，"诸豪大商交结权贵，号为难治"。④ 这些与体制内人员相勾结的富室、商人，大多都付出了极大的经济代价，自然会在权力的帮助下获取更多的回报。而他们获取更多经济利益的方式，自然是通过剥削那些不能得到权力庇护的体制外人员。正如仁宗景祐年间，叶清臣上疏说，"建国以来，法敝辄改，载详改法之由，非有为国之实，皆商吏协计，倒持利权，幸在更张，倍求奇羡。富人豪族，坐以贾赢，薄贩下估，日皆朘削"。⑤

## 二、市场因素与贫困

在商品经济发展的过程中，市场本身是有其固有缺陷的。如法国经济学家托马斯·皮凯蒂说，"其实私人资本的积累和分配过程本身就具有使财富集中且往往过度集中的强大推动力"。⑥ 如众所知，北宋商品经济发展到了新的高度，乡村的土地买卖和城市的工商业都极为兴盛。因此市场在运作的过程中，就必然会导致财富集中到一部分人手中，而自然有一部分人会因此

---

① ［宋］李心传：《建炎以来系年要录》卷182，绍兴二十九年五月辛酉条，中华书局，1956年点校本，第3020页。

② ［宋］黄淮、杨士奇编：《历代名臣奏议》卷185《去邪》，台湾学生书局，1964年影印本，第2439页。

③ ［宋］李焘：《续资治通鉴长编》卷271，熙宁八年十二月壬寅条，中华书局，1993年点校本，第6644页。

④ ［宋］欧阳修：《欧阳修全集》卷20《尚书户部郎中赠右谏议大夫曾公神道碑》，中华书局，2001年点校本，第328页。

⑤ ［元］脱脱等：《宋史》卷184《食货志下六》中华书局，1977年点校本，第4494页。

⑥ ［法］托马斯·皮凯蒂：《21世纪资本论》，中文版自序，中信出版社，2014年版。

陷入贫困状态。与此同时，北宋是一个专制权力控制下的等级社会，其商品经济是非常态的，其市场竞争也是不完全的。在这样不完全的市场竞争中，大资本所有者会对小资本所有者进行倾轧和掠夺，资本所有者也会对被雇佣的劳动者进行压榨和欺压。[①]

### （一）资本关系与贫困

作为体制外的资本所有者，不论是乡村的地主和自耕农还是城市的工商业者，都由于其掌握资本的规模而有不同的层级划分。乡村中，"富民之家，地大业广，阡陌连接，募招浮客，分耕其中"，[②]大地主田连阡陌，雇佣大批佃农，生活富足；普通自耕农则"占田常狭"，[③]"下户才有田三五十亩，或五七亩而赡一家十数口，一不熟，即转死沟壑"，[④]守着自己有限的土地小心经营，甚至土地数量不足以维持一家生计，还需要租佃他人土地才能自给。城市中，大商人大多资本雄厚，生活奢靡，"大农富工豪贾之家，往往能广其宫室，高其楼观，以与通邑大都之有力者争无穷之侈"；[⑤]小工商业者则每日"朝夕营营，以急升米束柴而不赡者"，[⑥]甚至难以保证家人温饱。不论是乡村还是城市，不同层级的资本所有者之间都存在着上压下、大欺小的情况，主要有以下三种形式。

一是资本侵夺。是指在市场竞争中大资本所有者直接侵占掠夺小资本所有者的资本、财富，造成其利益严重受损甚至陷入贫困。这个现象在乡村格外突出，主要表现为对于他人田产的侵夺。如前所述，在商品经济发展和不抑兼并土地政策的推动下，乡村的土地买卖极为频繁，"贫富无定势，田宅无定主，有钱则买，无钱则卖"。[⑦]但在正常的你情我愿的土地买卖之外，往往还有大地主为扩充田产而诱骗作伪，甚至强取豪夺、强制买卖的情况存在。如永兴军"所

---

① 资本所有者主要指体制外通过自己所拥有的资产和能力获取经济利益的群体，包括乡村的地主和城市的工商业者。

② [宋]苏洵：《嘉祐集》卷5《论衡下·田制》，四部丛刊本，第64页。

③ [清]徐松辑：《宋会要辑稿》食货62之19，上海古籍出版社，2014年点校本，第7559页。

④ [宋]李焘：《续资治通鉴长编》卷168，皇祐二年六月乙酉条，中华书局，1993年点校本，第4048页

⑤ [宋]王安石：《王文公文集》卷34《抚州通判厅见山阁记》，上海人民出版社，1974年，第410页。

⑥ [宋]郑侠：《西塘集》卷6《上王荆公书》，清文渊阁四库全书本。

⑦ [宋]袁采：《袁氏世范》卷3《富室置产当存仁心》，中华书局，1985年丛书集成本，第62页。

部豪民，多贷钱贫民，重取其息，岁偿不逮，即平入田产"。[1] 永新豪民龙聿"尝诱同里少年周整饮博，以奸胜整千缗，准其上腴田以偿直。初犹代耕输谷，岁久遂割占其田"。[2] 衡州大姓尹氏，"欺邻翁老子幼，欲窃取其田，乃伪作卖券，及邻翁死，遂夺而有之，其子诉于州县，二十年不得直"。[3] 程颢也说，耀州华原县有富人"不占地籍，唯以利诱贫民而质其田券，多至万亩，岁责其入"。[4] 民间故事中也有这样的记载，如建康城外乡豪民操执中，"赀业本不丰，而善谐结府县胥徒，以为嚣讼地，里人望而畏之"，通过不义手段侵夺他人田产，"所居近处有田百亩，皆已为己有"；[5] 泸州合江村民毛烈，"以不义起富。他人有善田宅，辄百计谋之，必得乃已"。[6] 而在城市，工商业发展繁荣，在公平交易的市场竞争之外，也存在着强制买卖甚至侵夺他人资产的情况。

二是资本欺压。是指在市场竞争中大资本所有者利用自身资本优势垄断商品市场，压榨小资本所有者的市场空间，造成其利益受损甚至陷入贫困。最突出的就是城市工商业行会垄断现象。正如诺贝尔经济学奖获得者罗纳德·H.科斯所说，"在市场上进行交易的东西并不像经济学家们所通常设想的那样是物质实体，而是进行某些行动的权利"。[7]

工商业的行会组织起源于隋唐，宋敏求《长安志》载唐有一百二十行。至宋，行会组织快速发展，《繁胜录》中载南宋已有四百十四行。商业行会控制和垄断了该行业的贸易，"不以物之大小，皆置为团行"，[8] 不经"投行"不得从事经营。手工业者也有自己的行会组织，对该行业工匠进行登记管理，并向官府提供应役工匠。行会中的大商人，即宋人文集中常说的"兼并之家"，往往把持行会，掌握产业链，操控定价权，故此王安石说，"富商大室得以乘

---

① [宋] 李焘：《续资治通鉴长编》卷86，大中祥符九年四月辛丑条，中华书局，1993 年点校本，第 1983 页。

② [宋] 苏颂：《苏魏公文集》卷52《太子少保元章简公神道碑》，中华书局，2004 年，第 876 页。

③ [元] 脱脱等：《宋史》卷285《刘沆传》，中华书局，1977 年点校本，第 9605 页。

④ [宋] 程颢、程颐：《二程集》卷4《华阴侯先生墓志铭》，中华书局，1981 年点校本，第 504 页。

⑤ [宋]《夷坚三志辛》卷6《操执中》，中华书局，1981 年点校本，第 1432 页。

⑥ [宋]《夷坚甲志》卷19《毛烈阴狱》，中华书局，1981 年点校本，第 168 页。

⑦ [美] 罗纳德·H.科斯：《生产的体制结构》，载罗汉主译：《诺贝尔奖获奖者演说文集·经济学奖》（下），上海人民出版社，1999 年，第 884—896 页。

⑧ [宋] 吴自牧：《梦粱录》卷13《团行》，中华书局，1985 年丛书集成本，第 112 页。

时射利，出纳敛散之权一切不归公上"。<sup>①</sup>

神宗熙宁五年（1072 年）诏令说，"天下商旅物货到京，多为兼并之家所困，往往消折。至于行铺禅贩，亦为较固取利，致多穷窘失业"。<sup>②</sup> 从诏令中很明显可以看出，京师开封的行会头目们垄断了商品市场，对外抵制外来客商，对内打压同行小商人。

一方面，大商人控制了城市的商品市场，外地客商难以进入。徽宗宣和四年（1122 年）讲议司奏请，"其四方商旅、村户时暂将物色入市货卖，许与买人从便交易，行户不得障固；如违，依彊市法科罪"。<sup>③</sup> 可见外来客商必须要得到"行"的许可才能够"入市货卖"的。王安石说，茶行中，大商人"自来有十余户，若客人将茶到京，即先馈献设燕，乞为定价，比十余户所买茶更不敢取利，但得为定高价，即于下户倍取利以偿其费"。<sup>④</sup> 外来客商必须要向茶行大商人"馈献设宴"，乞求为商品定价，才能得以出售商品，如若不然则难以销出。如熙宁五年（1072 年），"卖梳朴者，为兼并所抑，久留京师"，后来是官府出面帮助卖出的。<sup>⑤</sup>《夷坚志》中记载"有陈翁者，专为货鳅主人。凡自余杭门入者悉经其手乃敢售"，<sup>⑥</sup> 可见是鱼行头目。正如张方平所说，"大商富贾，坐列贩卖，积贮倍息，乘上之令，操其奇利"。<sup>⑦</sup>

另一方面，在大商人把持的行会控制之下，同行的中小商人根本无力竞争。行会对于该行业商品有统一的货源控制和价格规定，即控制行会的大商人对商品货源和定价权的垄断。苏轼曾说："譬如千金之家，日出其财，以罔市利，而贩夫小民终莫能与之竞者，非智不若，其财少也。是故贩夫小民，虽有桀黠之才，过人之智，而其势不得不折而入于千金之家。何则？其所长者不可以与

---

① [宋]李焘：《续资治通鉴长编》卷231，熙宁五年三月丙午条，中华书局，1993 年点校本，第5623 页。

② [清]徐松辑：《宋会要辑稿》食货55 之31，上海古籍出版社，2014 年点校本，第7269 页。

③ [清]徐松辑：《宋会要辑稿》职官27 之24，上海古籍出版社，2014 年点校本，第3723 页。

④ [宋]李焘：《续资治通鉴长编》卷236，熙宁五年闰七月丙辰条，中华书局，1993 年点校本，第5738 页。

⑤ [宋]李焘：《续资治通鉴长编》卷236，熙宁五年闰七月丙辰条，中华书局，1993 年点校本，第5737 页。

⑥ [宋]洪迈：《夷坚支甲》卷4《九里松鳅鱼》，中华书局，1981 年点校本，第743 页。

⑦ [宋]张方平：《张方平集》卷14《食货论》，中州古籍出版社，2000 年点校本，第179 页。

较也。"① 而且在前述政府科配过程中，时估价格也是由行会的大商人所定，代表的是大商人的利益，中小商人在这一过程中受到的影响和剥削更加严重。此外，还有很多小商人都是"零细小铺、贫下经济不系合该行户之人"，② 即不具备入行资格。很多商贩因无力加入行会组织而不能从事该行业的经营，如王安石雇一妇人，"自言有儿能作饼，缘行例重，无钱赔费，开张不得"。③ 神宗朝推行市易法，要求"元不系行之人不得在街市卖易，与纳免行钱人争利。仰各自诣官投充行人，纳免行钱，方得在市卖易。不赴官投行者有罪，告者有赏"。④ 但很多经营"麻鞋头发、茶坊小铺"的小商人每日"朝夕营营，以急升米束柴而不赡者"，⑤ 这些街头小贩本不具备入行的条件，却还是要交纳免行钱，负担加重，愈发贫困。

大商人对行会和商品市场的掌控不仅影响同行业外来客商和中小商人的利益，也是对消费者利益的损害。如仁宗朝，杜衍说，"今豪商大贾，乘时贱收，水旱，则稽伏而不出，冀其翔踊，以图厚利，而困吾民也"。⑥ 神宗时期，魏继宗曾上书道："京师百货所居，市无常价，贵贱相倾，或倍本数，富人大姓皆得乘伺缓急，擅开阖敛散之权。"魏继宗明确说，大商人对商品市场价格的垄断，一方面严重影响外来客商的利益，"明抑其价使极贱，而后争出私蓄以收之"，致使外来商旅"无所牟利而不愿行于途"；另一方面又严重影响城市消费者的利益，"往往闭塞蓄藏，待其价昂贵而后售，至取数倍之息"，致使城市小民"日愈朘削，而不聊生"。⑦ 因此，熙宁五年（1072年）市易法颁行，政府欲将"开阖敛散之权"从大商人手中收于政府自己手中，也引起了大商人的强烈反抗。

---

① [宋] 苏轼：《苏轼文集》卷9《策断二》，中华书局，1986年点校本，第285页。
② [清] 徐松辑：《宋会要辑稿》食货64之66，上海古籍出版社，2014年点校本，第7767页。
③ [宋] 李焘：《续资治通鉴长编》卷251，熙宁七年三月己未条，中华书局，1993年点校本，第6128页。
④ [宋] 郑侠：《西塘集》卷1《免行钱事》，清文渊阁四库全书本。
⑤ [宋] 郑侠：《西塘集》卷6《上王荆公书》，清文渊阁四库全书本。
⑥ [元] 脱脱等：《宋史》卷310《杜衍传》，中华书局，1977年点校本，第10190页。
⑦ [宋] 李焘：《续资治通鉴长编》卷231，熙宁五年三月丙午条，中华书局，1993年点校本，第5622页。

三是高利贷。借贷古已有之,"今人出钱以规利入,俗谓之放债,又名生放"。①北宋不论官方还是民间,都有从事放贷的机构和人员。"江北人谓以物质钱为解库,江南谓为质库,然自南朝已如此。"②此处主要讨论民间高利贷情况。

北宋高利贷广泛存在于城乡。一方面是乡村。乡村中富民向贫民放贷,地主向佃户放贷的现象极为普遍,在一定程度上也是贫民生活和生产中必不可少的周转方式。陈舜俞说,"千人之乡,耕人之田者九百夫,犁牛稼器无所不赁于人,匹夫匹妇,男女耦耕,力不百亩,以乐岁之收五之,田者取其二,牛者取其一,稼器者取其一,而仅食其一;不幸中岁,则偿且不赡矣;明年,耕则称息加焉,后虽有丰获,取之无所赢而食矣。率五年之耕,必有一年之凶,彼乐岁丰年犹不免盼盼之,若衣食之不足,凶年求免于寒饥,难矣"。③韩琦也说四川乡村,"民多大姓,一姓所有客户,动是三五百家,自来衣食贷借,仰以为生"。④可见在乡村中借贷是贫困群体甚至是中产之家在生产生活中度过困境难以避免的方式。甚至在部分地区,地主为了招佃,主动借贷给佃户以获取稳定的劳动力,这种情况之下借贷的利息应当是较为合理的。

与此同时,乡村中还存在着大量高利贷的现象,主要是借贷粮食、抵押土地形成的循环。中下户借高利贷的原因主要有:荒歉乏食、赋役所逼、婚丧嫁娶疾病等所需。欧阳修对此曾说,"今大率一户之田及百顷者,养客数十家。其间用主牛而出己力者、用己牛而事主田以分利者,不过十余户。其余皆出产租而侨居者曰浮客,而有畲田。夫此数十家者,素非富而畜积之家也,其春秋神社、婚姻死葬之具,又不幸遇凶荒与公家之事,当其乏时,尝举债于主人,而后偿之,息不两倍则三倍。及其成也,出种与税而后分之,偿三倍之息,尽其所得或不能足。其场功朝毕而暮乏食,则又举之。故冬春举食则指麦于夏而偿,麦偿尽矣,夏秋则指禾于冬而偿也。似此数十家者,常食三倍之物,而一户常尽取百顷之利也"。⑤如此高昂的利息,往往将借债者逼至破产甚至走向绝境。如"海南多贫阙,举贷于豪富之家,其息每岁加倍,展转增益,遂致抑雇儿女,

① [宋]洪迈:《容斋随笔·五笔》卷6《俗语放钱》,中华书局,2005年点校本,第900页。
② [宋]吴曾:《能改斋漫录》卷2《以物质钱为解库》,中华书局,1985年丛书集成本,第25页。
③ [宋]陈舜俞:《都官集》卷二《策·厚生一》,文渊阁四库全书本。
④ [清]徐松辑:《宋会要辑稿》食货4之28,上海古籍出版社,2014年点校本,第6054页。
⑤ [宋]欧阳修:《欧阳修全集》卷60《原弊》,中华书局,2001年点校本,第871页。

脱身无期"。① 宋人对乡村的高利贷议论颇多，如司马光充分认识到富人通过借贷对贫人的掠夺，"今闾里富民乘贫者乏无之际，出息钱以贷之，俟其收获，责以谷麦。贫者寒耕熟耘，仅得斗斛之收，未离场圃，已尽为富室夺去"。② 范浚说："世俗嗜利子，沓贪无艺，以子贷豪取，牟息倍称。"③ 苏辙认为贫者借贷之时，富者"坐收倍称之息"，所以"富者日富，贫者日贫"。④

另一方面是城市。城市中大量商人将商业资本投入借贷业以获得更高利润。宋太宗就曾说："今州县城郭之内，则兼并之家侵削贫民。"⑤ 借贷的有城市贫民，也有小工商业者。很多小手工业者也依靠借贷进行生产，如苏轼说："卖灯之民，例非豪民，举债出息，畜之弥年。衣食之计，望此旬日。陛下为民父母，唯可添价贵买，岂可减价贱酬。"⑥ 盐业生产中政府预付的粜本不能按时发放时，亭户就需要借贷以进行生产。"淮南亭户贫瘠，官赋本钱六十四万缗，皆倚办诸路，以故不时至，民无所得钱，必举倍称之息。"⑦ 从事高利贷的大商人可谓是城市中最财雄势大的群体，"今富者兼并百姓，乃至过于王公，贫者或不免转死沟壑"。⑧ 王安石说，"今一州一县便须有兼并之家，一岁坐收息至数万贯者……然人情未尝不以为此辈不当享此厚奉者，习所见故也"。⑨ 甚至很多富有之家，也因高利贷而破产沦为贫困。"兼并之家，见有产之家，子弟皆愚不肖，及有缓急，多是将钱强以借与……历数年不索取……别更生息，又诱勒其将田产折还。"⑩ 面对猖獗的高利贷，政府也曾下令控制利息，如太宗下诏

---

① [宋]李焘：《续资治通鉴长编》卷310，元丰三年十二月庚申条，中华书局，1993年点校本，第7522页。

② [清]徐松辑：《宋会要辑稿》食货4之18，上海古籍出版社，2014年点校本，第6043页。

③ [宋]范浚：《范香溪先生文集》卷22《吴子琳墓志铭》，浙江古籍出版社，2015年点校本，第210页。

④ [宋]苏辙：《栾城集》卷35《自齐州回论时事书》，上海古籍出版社，2009年点校本，第773页。

⑤ [宋]李焘：《续资治通鉴长编》卷34，淳化四年二月戊子条，中华书局，1993年点校本，第746页。

⑥ [宋]苏轼：《苏轼文集》卷25《谏买浙灯状》，中华书局，1986年点校本，第727页。

⑦ [元]脱脱等：《宋史》卷182《食货志下四》，中华书局，1977年点校本，第4444页。

⑧ [宋]李焘：《续资治通鉴长编》卷240，熙宁五年十一月戊午条，中华书局，1993年点校本，第5830页。

⑨ [宋]李焘：《续资治通鉴长编》卷240，熙宁五年十一月戊午条，中华书局，1993年点校本，第5829页。

⑩ [宋]袁采：《袁氏世范》卷3《兼并诱术非悠久记》，中华书局，1985年丛书集成本，第63页。

"令富民出息钱不得过倍称，违者没入之"，[1] 后又下诏"贷息不能输倍"。[2] 政府还下令规范借贷，如真宗下诏，"举放息钱，以利为本，伪立借贷文约者，从不应为重科罪"，[3] 又诏"民无息钱者，无得逼取其庄土、牛畜以偿"。[4] 当然，这也不过是形式的诏令，并没有任何约束效果，大量的城市居民因高利贷而陷入利滚利的漩涡之中难以脱身，越发贫困。

### （二）雇佣关系与贫困

在不完全的商品经济中，不仅掌握着资本的群体之间存在着权利不对等的情况，资本所有者和被雇佣的劳动力之间更是存在着不对等的情况。在这样不对等的市场关系之下，收益分配由资本所有者单方面决定，劳动者缺乏议价权，这必然导致初次分配不公平。[5] 初次分配中的不公平主要体现在乡村地租所占份额过高与城市雇工薪资过低。

首先，乡村地租所占份额过高。北宋开国确立"不立田制""不抑兼并"的土地制度，土地兼并愈发激烈，大量农民失去土地，乡村下户和客户占有土地面积狭小或无地，为维持家庭生计，需要部分甚至全部租佃地主土地。其中，"对分制在宋代地租诸形态中占有支配地位"。[6] 如苏洵说，地主出租土地给佃农，"而田之所入，已得其半，耕者得其半"，以致佃农"穷饿而无告"。[7] 田主"端坐以收其半"的分成地租在宋朝是常见现象。[8] 不仅租佃地主土地，佃户租佃官方土地也多是五五分成的地租，职田"募民耕之，敛其租之半而归诸吏"，[9]

---

① [宋]李焘：《续资治通鉴长编》卷23，太平兴国七年六月丙子条，中华书局，1993年点校本，第522页。

② 《宋大诏令集》卷18《禁约民取富人谷麦赍息不得输倍诏》，中华书局，1962年点校本，第732页。

③ [宋]李焘：《续资治通鉴长编》卷61，景德二年九月甲寅条，中华书局，1993年点校本，第1365页

④ [清]徐松辑：《宋会要辑稿》刑法2之13，上海古籍出版社，2014年点校本，第8289页。

⑤ 初次分配，系依照市场机制，直接与生产要素相联系的基础性分配方式。本书此处重点探讨社会结构层面的贫困致因，故仅指民间社会中与社会下层民众的劳动力相关联的分配关系。

⑥ 漆侠：《宋代经济史》，中华书局，2009年，第355页。

⑦ [宋]苏洵：《嘉祐集》卷5《论衡下田制》，四部丛刊本，第64页。

⑧ [宋]吕午：《左史谏草》，戊戌三月二十五日奏为财赋八事，文渊阁四库全书本。

⑨ [宋]苏洵：《嘉祐集》卷5《论衡下兵制》，四部丛刊本，第62页。

营田出租也是如此，"且令官收四分，客户收六分；次年以后即中停均分"。[1]
在对半分成地租的基础上，还有六四分成甚至三七分成的情况。如洪迈说饶州
佃户只能"十取其五"，如用地主耕牛则只能取四分。[2] 即如果佃农使用了地
主提供的生产资料，如耕牛、农具、种子等，就会在土地收益分成中付出更高
的地租。对于北宋佃农的生活状态，本章第一节已有叙述，此处不再赘述。

其次，城市雇工薪资过低。商品经济发展与城市经济的繁荣推动北宋城市
较之前代更加开放，更加能够包容外来人口，亦需要更多的外来人口充当底层
劳动力。与此同时，乡村中大量农民失去土地，也被吸引进入城市谋求更多生
存机会，正好填补了这一空缺，其中大部分成为雇工。如漆侠先生所说，"即
使说雇工在宋代已经形成为社会的一个阶层，也无任何夸张之处"。[3] 乡村中
雇工现象已非常普遍，而城市中的雇工较之乡村更多。不论是官府还是民间都
需要大量雇工，可以说，雇工成为城市发展的重要基础。马克思说，"就在城
市本身中，在那不被行会所包括的短工的形式下，在粗工等等的形式下，也存
在着形成真正雇佣劳动的要素"。[4] 在一定程度上，宋朝的雇工已经呈现出自
由劳动力的性质，亦引起部分学者对其雇佣关系的兴趣和讨论。

城市雇工受雇于他人，每日赚取的酬劳微薄，甚至难以自给，更遑论有所
积蓄了，大多处于贫困状态。如开封府"凡雇觅人力、幹当人、酒食作匠之类，
各有行老供雇；觅女使，即有引至牙人"。[5] 京城中有大量雇工，"傥欲修整
屋宇，泥补墙壁，……即早晨桥市街巷口皆有木竹匠人，谓之杂货工匠，以至
杂作人夫，……罗立会聚，候人请唤，谓之罗斋，竹木作料亦有铺席，砖瓦泥
匠随手即就"。[6] 可见各个行当中都有雇工的存在。《东京梦华录》中记载，
开封"食店"中有雇佣者称"行菜者""不容差错，一有差错，坐客白之主人，
必加叱骂，或罚工价，甚者逐之"。[7] 其他城市也有大量雇工存在，如成都府，

---

[1] [清]徐松辑：《宋会要辑稿》食货2之18，上海古籍出版社，2014年点校本，第6001页。

[2] [宋]洪迈：《容斋随笔》卷4《牛米》，中华书局，2005年点校本，第51页。

[3] 漆侠：《漆侠全集》第八卷，河北大学出版社，2009年，第161页。

[4] [德]马克思：《资本主义生产以前各形态》（1957—1958），人民出版社，1956年版，第56页。

[5] [宋]孟元老著，邓之诚注：《东京梦华录注》卷3《雇觅人力》，中华书局，1982年，第115页。

[6] [宋]孟元老著，邓之诚注：《东京梦华录注》卷4《修整杂货及斋僧请道》，中华书局，1982年，第125页。

[7] [宋]孟元老著，邓之诚注：《东京梦华录注》卷4《食店》，中华书局，1982年，第127页。

"村民日趋成都府小东郭桥上卖工，凡有钱者皆可雇其充使令担负也"。① 又如《能改斋漫录》中载，"江西俚俗骂人，有曰客作儿……客作儿，佣夫也"。② 可见雇工在城市中相当普遍，同时其社会地位较低。而家庭内部的雇工通常被称为仆、婢。《夷坚志》中亦有大量城市雇工的记载，如"鄱阳市人江友，以庸力自给，一生不娶妻，老而强健，负担不衰"；③"浮梁民程发，为人庸力，屡往江浙间"；④"董小七，临川人，因避荒流落淮右，为海陵陈氏操舟"。⑤ 很多城市雇工是农村的失地农民，在城市中无屋可居，"一日所赢自足以糊口，但至夜则不堪说，既无屋可居，多伏于屠肆肉案下，往往为犬所惊逐，良以为苦，而无可奈何"，⑥ 可以想见城市雇工的生活境况。

对于城市雇工的报酬，不同城市的标准不同。王安石说，"京师雇直太重"，而很多地方则"雇直至贱"。⑦ 受雇于官府和受雇于他人的"雇直"也有所不同，一般来说，官府雇工的报酬高于民间。⑧ 平均来说，城市雇工每日的收入约在百文上下。元祐元年（1086 年），苏辙说"民间每夫日雇二百钱"，这是颇高的收入。⑨ 大多数情况下都在日收百文左右，据程民生先生考证，日入百文，只能解决一家五口的基本口粮问题，更难以有所积蓄。⑩ 对于大量受雇于城市工商业者的下层民众来说，每日的收入尚不足百文。如蔡襄说"南方地狭谷鲜，又浮海通商，钱散不聚。丁男日佣不过四五十文"。⑪ 黄州茶肆仆崔

---

① ［金］元好问：《续夷坚志》前集卷 2《幻术为盗》，中华书局，2006 年点校本，第 88 页。

② ［宋］吴曾：《能改斋漫录》卷 2《俗骂客作》，中华书局，1985 年丛书集成本，第 31 页。

③ ［宋］洪迈：《夷坚支丁志》卷 10《江友扫庙》，中华书局，1981 年点校本，第 1045 页。

④ ［宋］洪迈：《夷坚支丁志》卷 5《黟县道上妇人》，中华书局，1981 年点校本，第 1008 页。

⑤ ［宋］洪迈：《夷坚支甲志》卷 9《董小七》，中华书局，1981 年点校本，第 786 页。

⑥ ［宋］洪迈：《夷坚丁志》卷 4《王立耀鸭》，中华书局，1981 年点校本，第 571 页。

⑦ ［宋］李焘：《续资治通鉴长编》卷 262，熙宁八年四月己丑条，中华书局，1993 年点校本，第 6411 页。

⑧ 吴自牧《梦梁录》中说，"如官司和雇支给钱米，反胜于民间雇请工钱，而工役之辈则欢乐而往也"；包恢《敝帚稿略》中载，真州修官库，"执役者二百人，人人公雇之厚过于私家"。可见官方雇工的雇直普遍高于私人雇工，虽是南宋材料，亦可说明北宋的情况。

⑨ ［宋］苏辙：《栾城集》卷 46《论雇河夫不便札子》，上海古籍出版社，2009 年点校本，第 1016 页。

⑩ 参见程民生：《宋人生活水平及币值考察》，《史学月刊》，2008 年第 3 期。

⑪ ［宋］蔡襄：《蔡襄集》卷 27《上庞端公书》，上海古籍出版社，1996 年点校本，第 469 页。

三，"月得顾直不过千钱，当不足给用"。① 京师妇女夏二娘，"日与之负麦，然一往返才直三十八钱许"。② 鄱阳瀹港的小民"唯与人佣力受直，族祖家日以三十钱雇之舂谷，凡岁余得钱十四千"。③ 可见其雇直低廉，不仅难以储蓄，甚至解决当日温饱都困难。正如司马光诗云："妻儿日憔悴，囊钱与盎米，薪木同时匮，败衣不足准，搏手坐相视。"④ 吕南公载"淮西达佣，传者逸其名氏。佣不习书，未尝知仁义礼乐之说，翳茨为居，与物无竞，力能以所工，日致百钱，以给炊烹。或时得羡于常，则尽推赢易酒肉以归，夜同妇子宴"。⑤ 可见亦有城市雇工自身亦缺乏积储的意识，遇到所获多于平常的情况，就将多出的钱物用于买酒肉与妻儿宴饮，这应该不是个例，而是部分城市下层的共性。很多城市雇工都是临时性的或是短期的，难以确保每日都有雇主聘请，因此有"一日失业，则一日不食"之说。⑥

由此可见，在初次分配中，无论乡村佃农还是城市雇工，收入分配明显过低，这也是造成其贫困的重要因素。而在租佃关系和雇佣关系中，农民、雇工在利益分配上本来就处于不利的地位，还要受到其他正常交易之外的因素压迫，更加剧了其贫困程度。

# 第三节　社会性贫困认知与应对

众所周知，自商周以迄隋唐，社会身份对于贫富的结果有重要的甚至是决定性影响。春秋以前的宗法制之下，社会等级固化，宗法之外的野人群体的贫困是身份性的，是由结构性阶级压迫造成的，被视为理所应当的。而宗法之内的国人群体，有宗族可依赖，其贫困被视为是不应出现的，也不被国家和社会

---

① ［宋］洪迈：《夷坚支乙志》卷2《茶仆崔三》，中华书局，1981年点校本，第805页。

② ［宋］洪迈：《夷坚丁志》卷7《夏二娘》，中华书局，1981年点校本，第596页。

③ ［宋］洪迈：《夷坚丙志》卷11《钱为鼠鸣》，中华书局，1981年点校本，第462页。

④ ［宋］司马光：《司马文正公传家集》卷3《八月十七日夜省直纪事呈同舍》，商务印书馆，1937年《万有文库》本，第29页。

⑤ ［宋］吕南公：《灌园集》卷18《达佣述》，文渊阁四库全书本，第93页。

⑥ ［清］徐松辑：《宋会要辑稿》食货69之80，上海古籍出版社，2014年点校本，第8096页。

所重视。只有那些"人伦缺失者",即所谓"穷民",因其没有宗族可以依靠,故成为国家不可忽视的救济对象。春秋战国时期是社会大变革时期,礼废乐坏,固有的社会阶层松动,新兴阶层出现,贫富分化加剧,贫困开始成为被关注的社会问题。秦汉以降,新的等级制度得以建立,社会再次呈现相对固化的状态,尤其是庞大的自耕农群体通过授田制度得到生活保障,成为了这段时期中国社会的坚实基础。这一时期虽然社会财富分化明显,但社会矛盾并非集中于财富方面,而是主要表现在政治性的身份等级上。政府仍以赈济穷民为主,其方式主要通过授予田地,使穷民可以解决自己的生计问题。发生集中性的短期贫困问题,如饥荒时期,国家才会予以大规模的干预赈济。因此,可以说,在国家社会一体化的社会结构和身份等级相对固定的社会形态下,社会下层的贫困在某种程度上被视为合理的,至少不构成一个必须特别加以解释和解决的社会问题。除非这一现象扩大到足以危及政治统治的地步,才会引起一定程度的关注和干预。中唐以后,土地制度和赋役制度改变,商品经济快速发展,世家大族日趋衰落,固有的身份性等级秩序松动,贫困问题日趋凸显。

至宋,由于均田制的废除和土地自由交易的确立推动国家与社会分离。同时,伴随着城市发展和商品经济繁荣,在旧有社会分类方式不足以涵盖新的财富带来的复杂性时,新的类别必然应运而生。[①] 在社会变迁之中,"财富比前代充裕而且不再是控制在少数大族手中,人身关系有革命性的解放",[②] 社会流动频繁,社会阶层发生了新的分化。非身份性的经济因素对社会分层起到了重要的推动作用,即贫困不再是一个社会地位问题,也是一个社会经济问题,"贫"与"穷"这两个概念亦有了合流的趋势,贫民与穷民的界线逐渐消失。因此,对社会性贫困加以解释并试图进行一定程度的干预和应对,就成为历史必然。其中,北宋普通民众、社会精英和宋政府从不同的立场出发,形成了对社会性贫困的不同层面的认知,并在此基础上进行一定的应对。

---

① 梁其姿:《施善与教化:明清时期的慈善组织》,河北教育出版社,2001年,第23页。
② 梁其姿:《施善与教化:明清时期的慈善组织》,河北教育出版社,2001年,第23页。

## 一、民众认知与应对

民众，主要指不具有政治地位和社会地位的中下层群体，主要包括农村小自耕农、佃农和城市小工商业者、雇工等，其中贫困者居多。探讨宋朝民众对于社会性贫困的认知，首先需要认识到，在唐宋变革的大背景下，民众的主体构成较之前代发生了显著变化。

一方面，在汉唐政府授田制的背景下，拥有相对均等的国有土地的小自耕农是民众的主体，乡村中由于土地兼并造成的贫困人口显然远少于宋朝。至宋，由于不抑兼并政策的实施，乡村中产生了大量拥有小块私有土地的小自耕农和无地客户。另一方面，汉唐时代的城市对工商业发展和外来人口流入的限制，也造成城市人口的单一化，以失地农民为主体的贫困流动人口问题并不突出。至宋，城市工商业繁荣发展，对流动人口的限制也被取消，大量失地农民流入城市，成为城市社会下层。因此，宋朝的民众构成日益复杂化，其中，乡村的少地下户、无地客户与城市的小工商业者、雇工、流民构成了不同于前代的新兴贫困群体。贫困对于他们来说不是虚无空泛的概念，而是感同身受的生存困境。他们是贫困的深切体验者，或者可以说，他们是宋朝贫困问题的主体。他们基于对社会现实的即时反应而形成的贫困认知显然更具有典型性，并以此为伦理基础进行了一定的贫困应对。

民众对贫困的认知，一方面基于民众自身的社会地位与财富状况，另一方面亦受到国家意识、社会主流意识、民间原生性传统意识与宗教信仰思想的影响。但是，不同于士大夫等主流精英能够通过撰文著书等方式表达其认知观念并留存至今，宋朝民间社会中大多数普通民众的认知意识当前都无直接文献可寻。如福柯所说："不相应地建构一种知识领域就不可能有权力关系，不同时预设和建构权力关系就不会有任何知识。"[①] 作为贫困群体本身，社会下层民众往往不具备相应的话语权，无力为自己的利益发声，其观点也多不见于史籍记载，只能在笔记小说中的民间故事和精英群体的文集中窥见一二。

在北宋普通民众的认知观念中，贫困一般指两个层次的生活状况：一是衣

---

① ［法］米歇尔·福柯著，刘北城、杨远婴译：《规训与惩罚：监狱的诞生》，生活·读书·新知三联书店 1999 年版，第 29-30 页。

食不周，即不具备基本的生存条件。宋朝笔记小说中不乏相关故事记载，[①] 如汴人张拱家贫至"饘粥不继"，[②] 鄱阳人杨九巡贫至"无衣可出"，[③] 樵夫蔡五"衣食不能自给"。[④] 二是婚丧难举，即常态下能够衣食自给，但无财力完成婚娶丧葬等必须的人生礼仪。如淮阴小民丧女，"欲作佛事荐严而无以为资"；[⑤] 汉州段家女因家贫遭遇毁弃婚约，卖身为妾。[⑥] 贫困无疑对普通民众的生活生产和家庭发展有着极为负面的影响，有人或因贫困至饿死，[⑦] 或因贫困沦为乞丐，[⑧] 或因家境沦败"妻女至为娼"，[⑨] 或因家贫而卖女，[⑩] 或因"贫不能自存"而卖妻为他人妾，[⑪] 甚至还有遭遇灾害饥荒时因为贫困而易子而食或自食其子。[⑫] 因此，是何原因导致了贫困与如何应对贫困是民众极为关注的两个问题。

对于社会性贫困，民众的认知和应对主要从文化层面和现实层面两个角度出发。

### （一）文化层面

民众会从道德文化的角度来分析个体性贫困的成因。其中，宿命论是一个重要的解释。"兴衰、穷达、贵贱、贫富、死生、寿夭，与夫一动一静、一语一默、一饮一啄，分已定于前"，[⑬] 人的命运由上天所定，贫富贵贱皆早有定数，这可谓是民间社会的普遍共识。如福州老儒林君一生贫困，后为王瞻叔以

---

① 不同于士人官员能够通过撰文著书等方式表达其认知观念并留存至今，宋朝民间社会中大多数普通民众的认知观念当前都无直接文献可寻，只能通过宋朝笔记小说中的民间故事得以部分地了解和呈现。

② [宋]洪迈：《夷坚丙志》卷18《张拱遇仙》，中华书局，1981年点校本，第520页。

③ [宋]洪迈：《夷坚支丁志》卷4《杨九巡》，中华书局，1981年点校本，第993页。

④ [宋]洪迈：《夷坚支丁志》卷9《陈靖宝》，中华书局，1981年点校本，第1036页。

⑤ [宋]洪迈：《夷坚丁志》卷12《淮阴民女》，中华书局，1981年点校本，第642页。

⑥ [宋]洪迈：《夷坚乙志》卷20《蜀州女子》，中华书局，1981年点校本，第360—361页。

⑦ [宋]洪迈：《夷坚支乙志》卷1《翟八姐》，中华书局，1981年点校本，第802页。

⑧ [宋]洪迈：《夷坚三志辛》卷8《申师孟银》，中华书局，1981年点校本，第1446—1447页。

⑨ [宋]洪迈：《夷坚支乙志》卷1《董成二郎》，中华书局，1981年点校本，第800—801页。

⑩ [宋]洪迈：《夷坚三志己》卷1《长安李妹》，中华书局，1981年点校本，第1309页。

⑪ [宋]洪迈：《夷坚丙志》卷18《国香诗》，中华书局，1981年点校本，第518页。

⑫ [宋]洪迈：《夷坚志补》卷9《饥民食子》，中华书局，1981年点校本，第1629页。

⑬ [宋]委心子：《新编分门古今类事》之《蜀本分门古今类事序》，中华书局，1987年，序言第1页。

重金聘为学正，出发前却"无疾而卒"，乡里皆谓其命当贫，"固有定数"；<sup>①</sup>盐城周氏女，因贫无所依"行丐于市"，善相老翁却说"此女骨头里贵"，后果然旺夫致富。<sup>②</sup>宋人认为，天命在通常情况下是不可窥见的，有时会在机缘之下通过梦兆的方式呈现出来，"形于梦，兆于卜，见于相，见应于谶验者"。<sup>③</sup>如温州瑞安县木匠王俊得梦兆曰："田不过六十亩，寿不过八十岁"，后来虽致力积财，"其产竟不复进"，年至七十九卒，如梦兆所预；<sup>④</sup>贾魏公尚在其母腹中已有梦兆预示其命当富贵，因此《括异志》中谓"贵贱之分、淹速之数，固由默定"。<sup>⑤</sup>命虽有前定，运却可易转，运势没有特定规律，也不由人所操控。如京城某人本为豪民，后落魄至行乞，欲捕鼠鬻之，追捕白鼠时觅得装金大甕，得以发财致富；<sup>⑥</sup>南城童梦弼拾得金鸭，"家赀赖以衍盛，至钱流地上，传之累代"，后为得孙，"煮金鸭，挹其汤"，自此"其家亦浸以衰削"，至"贫无置锥"。<sup>⑦</sup>又有所谓天理循环、报应不爽的俗语，在因果报应之说盛行的宋朝民间社会，人们认为孝顺、行善、济贫、放生等良善之举可积德以得福报，<sup>⑧</sup>而不孝、<sup>⑨</sup>奢侈、<sup>⑩</sup>贪财、<sup>⑪</sup>杀生<sup>⑫</sup>等不当之举则会遭恶报而沦为贫困，甚至身残身死和家破人亡。此外，还有祖先庇佑与神鬼佑护等也可以帮助贫者致富，如平江城王三秀才挖得一瓦缶装满白金器皿，器底镌字为其祖押存，其家自此由寒窭转为丰腴；<sup>⑬</sup>京师张家茶肆得到小鬼送财，得以益富。<sup>⑭</sup>而如果冒犯神鬼精怪则会遭受惩罚而致贫，如麦陂村富

① [宋]洪迈：《夷坚支甲志》卷6《林学正》，中华书局，1981年点校本，第757页。

② [宋]洪迈：《夷坚支丁志》卷9《盐城周氏女》，中华书局，1981年点校本，第1036页。

③ [宋]委心子：《新编分门古今类事》之《蜀本分门古今类事序》，中华书局，1987年，序言第1页。

④ [宋]洪迈：《夷坚志补》卷10《田亩定限》，中华书局，1981年点校本，第1639页。

⑤ [宋]张师正：《括异志》卷1《贾魏公》，中华书局，1996年点校本，第13页。

⑥ [宋]洪迈：《夷坚乙志》卷11《湧金门白鼠》，中华书局，1981年点校本，第276页。

⑦ [宋]洪迈：《夷坚三志》壬卷3《董氏金鸭》，中华书局，1981年点校本，第1488页。

⑧ 参见[宋]陈耆卿：《嘉定赤城志》卷37《修阴德》，文渊阁四库全书本。

⑨ [宋]洪迈：《夷坚丁志》卷11《丰城孝妇》，中华书局，1981年点校本，第627—628页。

⑩ [宋]洪迈：《夷坚丁志》卷6《奢侈报》，中华书局，1981年点校本，第583—584页。

⑪ [宋]洪迈：《夷坚支乙志》卷1《翟八姐》，中华书局，1981年点校本，第802页。

⑫ [宋]洪迈：《夷坚支甲志》卷3《汪乙鳖》，中华书局，1981年点校本，第734页。

⑬ [宋]洪迈：《夷坚支庚志》卷4《王氏白金器》，中华书局，1981年点校本，第1168页。

⑭ [宋]洪迈：《夷坚乙志》卷11《米张家》，中华书局，1981年点校本，第275页。

室驱走家中的巨黑蛇而渐败；①富室王员外"出过神祠，未尝加敬，或指而詈侮"，后天降飞火，焚尽其屋邸财富。②可以看出，在宋朝民众认知中，以宿命论为核心的不可控力因素对贫富发展有着重要的影响作用。

基于文化认知，民众对于社会性贫困也有一定的文化应对方式。一方面，民众往往积极因其贫困而求助于所谓的神明，如湖州张承事在贫困之时向庙神祈祷，并许诺以女儿为庙神之妻。③甚至还有信奉邪神者，如河中市民刘痒，"不能治生，贫悴落魄，惟日从其侣饮酒"，后为贪财以妻事五通神。④新安吴十郎为避荒携家迁至舒州宿松县，以织草履自给，后转为卖油，"才数岁，资业顿起，殆且巨万"，因其全家祀五通邪神，"创神祠于家，值时节及月朔日，必盛具奠祭，杀双羊、双猪、双犬，并毛血粪秽，悉陈列于前。以三更行礼，不设灯烛。率家人拜祷讫，不论男女长幼，皆裸身暗坐，错陈。无别，逾时而退。常夕不闭门，恐神人往来妨碍。妇女率有感接，或产鬼胎。"⑤另一方面，民众也通过宣扬仁善思想和报应思想，制造舆论力量，推动富人诚信经营、低息贷款以及救济贫乏。如不诚信经营者会得恶报，饶城客商"贪恶无状，皆以水拌湿，仍杂糠谷夹和，将载往下江取厚息"，遭雷震击船，"米沉江中，颗粒不存"；⑥平江常熟富民张三八翁及其子，"稔恶黩货，见利辄取""常所用斗，大小各不同，凡十有三等"，后遭受惩罚，"仓廪帑库，所贮钱米万计，扫荡无一存。所居大屋，揭去数里外，合抱之木尽拔。典质金帛在匮，随风宛转于半空，不知所届"，钱财尽失。邻近富者均失其财。⑦如仗势欺人者会得恶报，富裕宗室子在岳州扑买湖泊大半，"而擅其利，鱼鲔之入不赀"，与渔人争利，遭到恶报，其子坠水中死。⑧如侵夺他人财产者会得恶报，建康城外乡豪民操执中，"赀业本不丰，而善谐结府县胥徒，以为嚣讼地，里人望而畏之"，后

---

① [宋]洪迈：《夷坚甲志》卷15《蛇王三》，中华书局，1981年点校本，第130页。
② [宋]洪迈：《夷坚支甲志》卷1《宋中正》，中华书局，1981年点校本，第718页。
③ [宋]洪迈：《夷坚支丁志》卷2《张承事女》，中华书局，1981年点校本，第982页。
④ [宋]洪迈：《夷坚支甲志》卷1《五郎君》，中华书局，1981年点校本，第717页。
⑤ [宋]洪迈：《夷坚支癸志》卷3《独脚五通》，中华书局，1981年点校本，第1238页。
⑥ [宋]洪迈：《夷坚志补》卷25《鄱阳雷震》，中华书局，1981年点校本，第1778页。
⑦ [宋]洪迈：《夷坚志补》卷7《直塘风雹》，中华书局，1981年点校本，第1609页。
⑧ [宋]洪迈：《夷坚三志辛》卷8《岳州湖泊》，中华书局，1981年点校本，第1449页。

因侵夺他人田产，雷劈致死；[1] 泸州合江村民毛烈，"以不义起富。他人有善田宅，辄百计谋之，必得乃已"，后受到神明惩罚而死，并在阴狱受苦。[2] 德兴齐村官宦之子，"以豪彊擅乡曲，凡他人田畴或与接畛者，必以计倾夺，资产益饶"，其亡父因此在阴狱受无量劫苦。[3] 如以高利贷盘剥乡民者会得恶报，陈州焦务本，在乡里间放贷取利，积累大量钱财，甚至"渔夺人子女，或遭苦胁至死，皆怨之刻骨"。后被诉之阴府，称其"在乡里赊贷，以米粟麻麦，重纽价钱"，以强势逼死乡里，故而遭到报应，不仅尽失财物，而且早卒。[4] 又拒不救济贫乏者会得恶报，宿州钱君偶得仙方，得以"买田数万亩"，成为了富人，却因"不以赈恤贫乏，而贪冒无厌，禄过其分，天命折君算"，后早卒。[5] 旱饥之时，"曹掾柳约、王迪，俱掌赈给事"，后因二人"设心不广，赈济不多"，在梦中遭臀杖。[6] 与之相对应，救济贫乏者能得好报，如楚州张禹，"家巨富，好施与，务济民贫，不责人之报"，虽遭遇乱世，为贼所掠，仍逢凶化吉回到故里，"故业赀产尚赢百万"；[7] 德兴县村民程氏，得天赐之金，由此富赡，赈施贫乏，惠及乡里，后得以高寿，子孙亦能延续其福气；[8] 蓟州费翁救济贫人及其妻，来世亦得到报恩。[9]

### （二）现实层面

在现实层面，民众多将社会性贫困的致因指向富人和政府。

一方面，民众认为富人是导致自身贫困的重要原因，即富人有财力却坐视贫者生境艰难，甚至趁机哄抬粮价、高利贷剥削，因而置贫者于绝境。如前述宋朝诸多民间故事，既是民众推动社会舆论以应对社会性贫困的文化方式，同时其事例亦可以用作探究民众对于社会性贫困的现实认知。从这些民间故事中

---

[1] [宋]洪迈：《夷坚三志辛》卷6《操执中》，中华书局，1981年点校本，第1432页。

[2] [宋]洪迈：《夷坚甲志》卷19《毛烈阴狱》，中华书局，1981年点校本，第168页。

[3] [宋]洪迈：《夷坚志补》卷7《齐生冒占田》，中华书局，1981年点校本，第1612页。

[4] [宋]洪迈：《夷坚三志己》卷3《颖昌赵参政店》中华书局，1981年点校本，第1326页。

[5] [宋]洪迈：《夷坚甲志》卷2《玉津三道士》，中华书局，1981年点校本，第15页。

[6] [宋]洪迈：《夷坚志补》卷9《建昌赈济碑》，中华书局，1981年点校本，第1630页。

[7] [宋]洪迈：《夷坚支甲志》卷9《张禹义仆》，中华书局，1981年点校本，第784页。

[8] [宋]洪迈：《夷坚丙志》卷11《程佛子》，中华书局，1981年点校本，第460页。

[9] [宋]洪迈：《夷坚三志辛》卷9《费氏父子》，中华书局，1981年点校本，第1454—1455页。

可以看出民众往往通过传播为富不仁遭恶报的故事以控诉富人是造成其贫困的罪魁祸首。或富人侵夺田产，如建康城外乡豪民操执中，"赀业本不丰，而善谐结府县胥徒，以为嚚讼地，里人望而畏之"，通过不义手段侵夺他人田产，"所居近处有田百亩，皆已为己有"；① 德兴齐村武义君之子，"以豪疆擅乡曲，凡他人田畴或与接畛者，必以计倾夺，资产益饶"，乡民深受其害；② 泸州合江村民毛烈，"以不义起富。他人有善田宅，辄百计谋之，必得乃已"。③ 或富人放高利贷，如湖州市民许六郎，放钱取利太多，"致贫民不能偿，或鬻妻卖子"；④ 陈州人焦务本，"在乡里赊贷，以米粟麻麦，重纽价钱"，并且"用势凌逼"，致使欠债者"挤陷死地"。⑤ 或富人不诚信经营，如衢州江山县祝大郎"富而不仁，其用斛斗权衡，巨细不一"；⑥ 饶城客商"贪恶无状，皆以水拌湿，仍杂糠谷夹和，将载往下江取厚息"；⑦ 平江常熟富民张三八翁及其子，"稔恶黩货，见利辄取"，"常所用斗，大小各不同，凡十有三等"。⑧ 或富民灾荒时期闭籴腾价，如黄冈"村氓"闾丘十五，"多积谷，每幸凶岁即腾价，细民苦之"；⑨ 饶州余干县段二十六，储谷二仓，"岁饥，闭不肯出"。⑩ 或豪强之家仗势欺人，如富裕宗室子在岳州扑买湖泊大半，"而擅其利，鱼鲔之入不赀"，与渔人争利。⑪ 富人的这些不仁不义之行为，都被民众认为是导致自身贫困的重要因素。

另一方面，民众认为导致自身贫困的原因也在于政府失职，即政府摊派赋役过重，官吏的仗势欺压，无视民众疾苦，救济不力，造成民众的贫困。在宋朝的民间故事和诗文中可见民众对政府失职和官吏压榨的控诉。如《容斋随笔》

① [宋]洪迈：《夷坚三志辛》卷6《操执中》，中华书局，1981年点校本，第1432页。
② [宋]洪迈：《夷坚志补》卷7《齐生冒占田》，中华书局，1981年点校本，第1612页。
③ [宋]洪迈：《夷坚甲志》卷19《毛烈阴狱》，中华书局，1981年点校本，第168页。
④ [宋]洪迈：《夷坚支景志》卷5《许六郎》，中华书局，1981年点校本，第916页。
⑤ [宋]洪迈：《夷坚三志己》卷3《颍昌赵参政店》，中华书局，1981年点校本，第1326—1327页。
⑥ [宋]洪迈：《夷坚志补》卷7《祝家潭》，中华书局，1981年点校本，第1610页。
⑦ [宋]洪迈：《夷坚志补》卷25《鄱阳雷震》，中华书局，1981年点校本，第1778页。
⑧ [宋]洪迈：《夷坚志补》卷7《直塘风雹》，中华书局，1981年点校本，第1609页。
⑨ [宋]朱彧：《萍洲可谈》卷2《善恶之报》，中华书局，1985年丛书集成本，第25页。
⑩ [宋]洪迈：《夷坚甲志》卷8《闭籴震死》，中华书局，1981年点校本，第70—71页。
⑪ [宋]洪迈：《夷坚三志辛》卷8《岳州湖泊》，中华书局，1981年点校本，第1449页。

之《盗贼怨官吏》中写道，"贪残者为吏，倚势虐民，比屋抱恨，思一有所出久矣"。① 《夷坚志》之《人死为牛》讲到永康军导江县王某，于四川管理盐务，"躬诣井所，召民强与约，率令倍差认课。当得五千斤者，辄取万斤。来岁所输不满额者，籍其赀"，甚至没收民众盐井，"使官自监煎"，后因盐额倍增而得以升迁，但"未几死"。② 《夷坚志》之《朱承议》讲到南丰朱轼，"见一农夫自缢而气未绝"，解救后询问其故，农夫称，"负租坐系，贫不能输"。③ 叶茵《田父吟五首》其三言，"老天应是念农夫，万顷黄云着地铺。有谷未为儿女计，半偿私债半官租"，④ 指出官府赋税和地主田租是造成贫困的重要原因。而利登的《野农谣》更是极其生动反映了农民对政府和官吏的不满和控诉："去年阳春二月中，守令出郊亲劝农。红云一道拥归骑，村村镂榜粘春风。行行蛇蚓字相续，野农不识何由读？唯闻是年秋，粒颗民不收：上堂对妻子，炊多粂少饥号啾；下堂见官吏，税多输少喧征求。呼官视田吏视釜，官去掉头吏不顾。内煎外迫两无计，更以饥躯受笞箠。古来坵垅几多人，此日孱躯岂难弃。今年二月春，重见劝农文；我勤自钟惰自釜，何用官司劝我氓！农亦不必劝，文亦不必述；但愿官民通有无，莫令租吏打门叫呼疾。或言州家一年三百六十日，念及我农惟此日。"⑤ 政府只知劝农耕作，向农民征收赋税，却无视农民的贫困境况。

## 二、精英认知与应对

精英，主要指拥有政治地位和社会地位的中上层群体，其中以官员士大夫为主体。这些在政治管理、经济活动和文化生活中掌握着各种社会资源和拥有社会话语权的社会成员，他们的观念和话语通过撰文的形式得以更好保存和传播，他们对贫困的解释也能够充分反映北宋主流社会意识的贫困观念。关于精英对贫困问题认知的重要性，王小章认为，"由于置身于在相当程度上能够掌控政治的（行政的）、经济的、社会的、文化的等各种资源的位置上，精英阶

① ［宋］洪迈：《容斋随笔·续笔》卷5《盗贼怨官吏》，上海古籍出版社，2015年，第280页。
② ［宋］洪迈：《夷坚甲志》卷17《人死为牛》，中华书局，1981年点校本，第147页。
③ ［宋］洪迈：《夷坚丁志》卷20《朱承议》，中华书局，1981年点校本，第705页。
④ 《全宋诗》卷3184《田父吟五首》，北京大学出版社，1999年，第38206页。
⑤ ［宋］利登：《野农谣》，黄益庸编著《历代民生诗》下，大众文艺出版社，2009年，第370—371页。

层通常在制定、形成公共政策和公共行动的过程中居于支配地位,因此,对于应对贫困问题的公共政策的形成与贯彻、公共行动的取向与实施而言,他们对于贫困问题的认知实际上比穷人本身的认知有着更直接、更深刻的影响"。[①]可以说,不同于民众对于社会现实和贫困问题的感同身受和直观反应,精英是站在一定的社会等级之上来看待贫困问题的,并从理论角度形成对贫困的系统性和结构性认知,在此基础上予以相应的应对。探讨宋朝精英对于社会性贫困的认知,首先需要认识到,在唐宋变革的大背景下,精英的主体构成较之前代也发生了显著变化。

秦汉至隋唐,掌握社会话语权的精英主要由"贵族"[②]构成,他们是地位稳固的政治权力主体。他们出于维护统治的需要,基于儒家学说,更多重视对自耕农的保护,主张维持授田制度,并通过限制兼并和减轻租税的方式来保障民众的基本生活,但对于社会常态下的贫困关注较少。由唐入宋,精英群体的构成发生了转变,其主要包括士大夫阶层以及新兴的工商业者和乡村富民,并且以职业官僚为主体。一方面,他们是现有体制的拥护者。因为他们大多是通过科举制获得权力、财富和社会地位的职业官僚,是现行体制的获益者。另一方面,他们也是改良体制的倡导者。不同于秦汉至隋唐的传统"贵族"带有世袭特征的权力地位,新兴的职业官僚阶层的地位并非绝对稳固。他们有着群体性的危机感,促使他们对社会体制高度关注,并有着极强的责任感和改良意愿。换言之,对于北宋的社会精英而言,既然其社会身份不能再通过传统的等级制度加以固化,就必须对社会下层的贫困问题加以关注并作出适当反应。他们关注社会性贫困问题,因其已经成为影响国家统治和社会稳定的不利因素。他们希望通过对贫困的认知与应对进一步完善体制,构建更有利于自身发展的秩序。因此,宋朝精英站在一定的社会等级之上对贫困问题形成了相较于民众来说更加全面和系统的认知,并对其进行学理性思考和结构性分析,提出贫困应对的主张。而在宋朝非身份性贫富差距扩大的趋势下,作为国家体制和社会结构的获益者,他们也认为一定的贫富差距是合理的。基于此,他们大多主张避免通过强制性办法剥夺富者财富来救济贫者,即形成了保富前提下的贫困应对逻辑。

宋朝主流精英充分认识到社会性贫困的严重性,对城乡下层贫困群体的生

---

① 王小章:《精英对贫困问题的认知和精英的社会意识》,《江苏社会科学》2009 年第 4 期。

② 本书以"贵族"代指由秦汉至隋唐时期的身份性精英群体,包括豪强大族、世家大族、门阀士族等。

活境况也颇为关注。司马光说："四民之中，惟农最苦，农夫寒耕热耘，沾体涂足，戴星而作，戴星而息，"① 而农民之中的贫者更是"蓝缕不蔽形，糟糠不充腹，秋指夏熟，夏望秋成，或为人耕种，资采拾以为生"。② 尤其在土地兼并剧烈的背景下，富者越来越富，而贫者越发贫困，又进一步推动了土地的集中，以至出现"富者有弥望之田，贫者无卓锥之地"的局面。③ 乡村的贫民"下户才有田三五十亩，或五七亩而赡一家十数口，一不熟，即转死沟壑"，④ 而城市中下层居民的生活也极为艰难，由于职业不稳定造成其生活缺乏保障，"街市小民，一日失业，则一日不食"，⑤ 难以确保稳定的衣食之资。

关于社会性贫困对国家治理与社会稳定所造成的负面影响，宋朝精英也有较多讨论，主要观点集中于两个方面。首先，认为社会性贫困会影响政府财政收入的稳定。所谓"下贫则上贫，下富则上富"，当平民的利益受损过度，百姓太过贫困，必然也会有损于国家和政府。"富民买田而不收税额，谓之有产无税；贫民卖田而不推税额，谓之产去税存"，⑥ 因此富者隐田漏税，贫者无力交税，在此情况下，政府的赋税收入自然得不到保障。其次，社会性贫困会影响社会安定和国家治理。民贫税重之下，自然会有大量户口逃散的情况，这将为社会治理带来巨大的麻烦。如若百姓中的多数人都处于贫困状态，必然有人会走上盗贼之路，影响社会安定，甚至揭竿而起集结成军，成为威胁国家统治的反抗力量。

关于社会性贫困的致因，宋朝精英也主要从文化和现实两个层面进行解释，并予以相应的应对。

## （一）文化层面

精英主要从社会道德的角度去探讨社会性贫困的致因。自汉"独尊儒术"

---

① [宋]司马光：《司马文正公传家集》卷48《乞省览农民封事札子》，商务印书馆，1937年《万有文库》本，第615页。
② [宋]李焘：《续资治通鉴长编》卷252，熙宁七年四月甲申条，中华书局，1993年点校本，第6165页
③ [宋]李焘：《续资治通鉴长编》卷27，雍熙三年七月甲午条，中华书局，1993年点校本，第621页。
④ [宋]李焘：《续资治通鉴长编》卷168，皇祐二年六月乙酉条，中华书局，1993年点校本，第4048页。
⑤ [清]徐松辑：《宋会要辑稿》食货69之80，上海古籍出版社，2014年点校本，第8096页。
⑥ [宋]方回：《续古今考》卷20《附论叶水心口分世业条》，文渊阁《四库全书》本。

以来，儒家思想一直是中国古代的社会主流意识主体。儒家强调道德为本，宋朝理学在传统儒学的基础上更强调道德的重要性。严耀中在《唐宋变革中的道德至上倾向》一文中说，道德意识的转化是与唐宋社会变革相匹配的，"经济发展的需要，尤其是城市经济力量的增大冲击着维持社会秩序的原有方式，有了所谓道德'世风日下'的现象，亟待新的道德约束机制来维系社会之稳定。因为变革作为一种社会利益的重新分配与调整，势必会产生更多的社会矛盾，并使一些原本隐性的阶级或群体矛盾充分暴露出来，于是能消解和润滑矛盾的道德共识更为社会所急需了。同时，道德在被愈来愈多地赋予克服社会矛盾，稳定政治体制的任务时，道德至上主义的思潮就会很容易萌动起来。"①

宋朝精英对社会性贫困的文化认知主要包括三个方面。

首先，认为贫富贵贱都是由上天安排的，是每个人的命数所定，即天命说。不同于民众对宿命论的强调，精英更多是从学理性出发来认知个体性贫困问题。贫困的"天定"一直是儒家思想的一个重要内容，《论语》中称"死生有命，富贵在天"，② 贫困非人力所能改变，"命禀于有生之初，非今所能移；天莫之为而为，非我所能必，但当顺受而已"。③ 西汉王充强调"命"的决定意义，"凡人遇偶及遭累害，皆由命也。有死生寿夭之命，亦有贵贱贫富之命。自王公逮庶人，圣贤及下愚，凡有首目之类，含血之属，莫不有命"④。以理学家为代表的宋朝精英在承袭儒家天命学说的基础上，将贫困问题归结于天命所定，认为认为贫富贵贱都由上天安排的，是每个人的命数。可以说，以天命说为核心的道德性贫困认知带有明显的社会等级秩序特点。在贫富差距明显的社会背景下，以理学家为代表的宋朝精英强调贫富有命，一方面为社会上层的安享富贵提供依据，另一方面劝谕安抚贫民，财富是"命"定的，"非求之可得也"，当求而不得时，"则安于义理而已矣"。⑤ 他们宣扬"君子固穷""俭以养德"，

---

① 参见严耀中：《唐宋变革中的道德至上倾向》，《江汉论坛》，2006 年第 3 期。

② [宋] 朱熹：《论语集注大全》卷 12《颜渊第十二》，武汉大学出版社，2009 年《四书大全校注》本，第 596 页。

③ [宋] 朱熹：《论语集注大全》卷 12《颜渊第十二》，武汉大学出版社，2009 年《四书大全校注》本，第 596 页。

④ [汉] 王充：《论衡》卷 1《命禄》，中华书局，1985 年丛书集成本。

⑤ [宋] 朱熹：《论语集注》卷 4《述而第七》，《朱子全书》第 6 册，上海古籍出版社、安徽教育出版社，2002 年，第 123 页。

并非真的认为贫困是好事，而是在思想上教谕民众安于天命。正如张载所说，"欲生于不足则民盗，能使无欲则民不为盗"，[1]让社会中下层能够安分守己，不要为了追求财富而动摇到传统的等级制度，以保障社会上层的权力与利益。

其次，认为社会性贫困是由于政府失德所致。以儒家士人为代表的宋朝精英对于民本思想极为推崇。民本思想源起于《尚书·五子之歌》中的"民惟邦本"，后孟子提出"民为贵，社稷次之，君为轻"的"仁政"思想，成为历代儒者以此限制统治者的权力与维护统治秩序的思想工具和政治理想。宋朝统治者素以"仁治"自称，民本思想也一直在宋朝政治文化中占据主流地位。所谓"百姓足，君孰与不足？百姓之财，乃国家外府，安可尽取？但藏之于民，缓急亦可以资国用"。[2]因此，宋人对社会性贫困的道德性认知多从仁政和民本思想出发，认为大量民众的贫困是由于为民父母的统治者和各级官员失德所致。司马光认为"为政在顺民心"。农民"苦身劳力，恶衣粝食，以殖百谷"，[3]却仍"蓝缕不蔽形，糟糠不充腹"，生境艰难，统治者应该宽政养民，藏富于民。[4]王安石说，"民轻犯法，多由于民贫；民之贫，以赋敛之重，以国用之靡"，[5]他认为，"夫闵仁百姓而无夺其时，无侵其财，无耗其力，使其无憾于衣食，而有以养生丧死"，[6]主张统治者必须"抑豪强，伸贫弱"，[7]加强对社会经济活动的控制和调节，缓解民困。

再次，认为社会性贫困是由于富人不仁所致。宋朝精英基于"仁义"思想，认为很多富人在积累财富的过程中欺压弱者、欺诈侵夺他人财物，完全抛弃了"仁义"二字。社会中下层由于其个人能力或掌握社会资源不足，在竞争中大多处于劣势，只能愈加贫困。如欧阳修在《原弊》一文中说，"当其乏时，尝

---

① [宋]张载：《张载集》，《正蒙·有司篇第十三》，中华书局，1978年点校本，第47页。

② [清]徐松辑：《宋会要辑稿》食货68之7，上海古籍出版社，2014年点校本，第7946页。

③ [宋]司马光：《温国文正司马公文集》卷20《劝农札子》，四部丛刊本，第60页。

④ [宋]李焘：《续资治通鉴长编》卷252，熙宁七年四月甲申条，中华书局，1993年点校本，第6165页。

⑤ [宋]王安石：《周官新义》卷14，商务印书馆，1937年，第205页。

⑥ [宋]王安石：《王文公文集上》卷9《诚励诸道转运使经画财利宽恤民力》，上海人民出版社，1974年版，第109页。

⑦ [宋]李焘：《续资治通鉴长编》卷232，熙宁五年四月丙子条，中华书局，1993年点校本，第5641页。

举债于主人。而后偿之，息不两倍则三倍。及其成也，出种与税而后分之，偿三倍之息，尽其所得或不能足。其场功朝举而暮乏食，则又举之"，[1] 即讲到富者贷钱利息过高，导致贫者陷入循环的借贷过程中，只会越来越贫困。

正如如司马光有诗云："道傍田家，翁妪俱垂白，败屋萧条无壮息。翁携镰索妪携箕，自向薄田收黍稷。静夜偷舂避债家，比明门外已如麻。筋疲力弊不入腹，示议县官租税促。"[2] 该诗描述了年老农民本已收入微薄，还要受到官府催租和债主的骚扰，更是加重了负担，致使其陷入极度贫困的状态。可见，政府失德和富人不仁被认为是加重民众贫困的两个最重要的因素。因此，精英在对社会性贫困进行文化认知的基础上，从道德角度出发，对政府和富人提出应对社会性贫困的要求。精英认为政府基于"民本"和"仁政"思想，应当对社会性贫困进行干预和应对。其中，以苏轼、欧阳修等为代表的民本主义者，从"民惟邦本"的思想出发，主张逐步完善制度，改善民生，以稳定社会秩序，巩固国家统治。以王安石等为代表的改革派，则认为当下兼并猖獗、民贫国弱，统治者对此负有不可推卸的责任，"官乱于上，民贫于下；风俗日以薄，才力日以困穷"，[3] 因此，王安石上书说，"今富者兼并百姓，乃至过于王公，贫者或不免转死沟壑，陛下无乃于人主职事有所阙"。[4] 改革派的针砭时弊和怜悯贫者，都是为了强调其改革的社会必要性。王安石说，"天付陛下九州四海，固将使陛下抑豪强，伸贫弱，使贫富均受其利，非当有所畏忌不敢也"，主张统治者必须进行制度上的改革，抑制兼并，掌控市场，加强对社会经济活动的控制和调节，这样才能"纾贫窭而钳并兼"，[5] 得以缓解民困，进而巩固统治秩序。可见不论是民本主义者还是改革派，都是站在国家治理的道德角度来看待社会贫困问题。

另一方面，精英主张贫富相资，认为富者和贫者之间是相互依存的，富人应当给予社会性贫困者一定的救助。"非贫民出力，则无以致富室之饶；非富

---

① [宋]欧阳修：《欧阳修全集》卷60《原弊》，中华书局，2001年点校本，第871页。

② [宋]司马光：《温国文正司马公文集》卷2《道傍田家》，四部丛刊本，第35页。

③ [宋]王安石：《王文公文集上》卷1《上时政书》，上海人民出版社，1974年，第17页。

④ [宋]李焘：《续资治通鉴长编》卷240，熙宁五年十一月戊午条，中华书局，1993年点校本，第5830页。

⑤ [宋]李觏：《李觏集》卷8《周礼致太平论五十一篇·国用第十一》，中华书局，1981年点校本，第85页。

民假贷，则无以济贫民之急"。① 精英希望富人重视贫困者的作用，减轻对贫困者的剥削。如苏轼说，"客户乃主户之本，若客户阙食流散，主户亦须荒废田土矣"，② 强调客户对于地主的重要性。袁采也说，"国家以农为重，盖以衣食之源在此。然人家耕种，出于佃人之力，可不以佃人为重！遇其有生育婚嫁，营造死亡，当厚赒之。耕耘之际，有所假贷，少收其息。水旱之年，察其所亏，早为除减。不可有非理之需；不可有非时之役；不可令子弟及干人，私有所扰；不可因其仇者告语，增其岁人之租，不可强其称贷，使厚供息；不可见其自有田园，辄起贪图之意。视之爱之，不啻如骨肉，则我衣食之源，悉藉其力，俯仰可以无愧怍矣"。③ 而最受精英推崇的就是贫富交相养，认为这是保证社会稳定发展的重要环节。如司马光认为，"富者常借贷贫民以自饶，而贫者常假贷富民以自存。虽苦乐不均，然犹彼此相资，以保其生"。④ 郑侠也说，"贫富大小之家，皆相依倚以成。贫者依富，小者依大，所以养其贫且小；富者亦依贫以成其富，而大者亦依小以成其大。富者、大者，不过有财帛仓廪之属，小民无田宅，皆客于人。其负贩耕耘，无非出息，以取本于富且大者，而后富者日以富，而以其田宅之客为力。今贫者、小者既已流迁，田无人耕，宅无人居，财帛菽粟之在廪庾，众暴群至，负之而去，谁与守者？此所以不得不随而流迁者也"。⑤ 苏辙说："惟州县之间，随其大小，皆有富民，此理势之所必至，所谓物之不齐，物之情也。然州县赖之以为强，国家恃之以为固，非所当忧，亦非所当去也。能使富民安其富而不横，贫民安其贫而不匮，贫富相恃以为长久，而天下定矣！"⑥ 因此，宋朝精英往往在其文集中对那些积极投入民间慈善救济贫民的富人给予极高的赞誉。贫富相资，一方面是为强

---

① [清]徐松辑：《宋会要辑稿》食货58之5，上海古籍出版社，2014年点校本，第7354页。

② [宋]苏轼：《苏轼文集》卷36《乞将损弱米贷与上户令赈济佃户状》，中华书局，1986年点校本，第1036页。

③ [宋]袁采：《袁氏世范》卷下《存恤佃客》，中华书局，1985年丛书集成本，第57页。

④ [宋]司马光：《司马温公文集》卷7《乞罢条例司常平使疏》，中华书局，1985年丛书集成本，第164页。

⑤ [宋]郑侠：《流民》，收录于曾枣庄、刘琳主编：《全宋文》卷2169，上海辞书出版社、安徽教育出版社，2006年点校本，第99册，第259页。

⑥ [宋]苏辙：《栾城集·三集》卷8《诗病五事》，商务印书馆，1936年《国学基本丛书》，第72页。

调贫富分化的必然性和富民的重要性，保护富民的利益；<sup>①</sup>另一方面也是强调富人理应承担救济贫民的社会责任，推动民间富裕群体积极参与贫困救济。"富者逸居而不虞寇劫，恃贫者相保以为存；贫者土著而有所周给，恃富者相保以为生"，<sup>②</sup>这可谓是宋朝精英们希望达到的理想状态。

### （二）现实层面

在现实层面，精英主要从社会制度和社会结构本身去探讨贫困的致因。

首先，社会制度方面。《宋会要·食货》载，徽宗崇宁四年（1105 年）尚书省奏："自开阡陌，使民得以田私相贸易，富者贪于有余，厚价以规利；贫者迫于不足，移税以速售。故富者跨州轶县，所占者莫非膏腴，而赋调反轻；贫者所存无几，又且瘠薄，而赋调反重。"<sup>③</sup>该奏疏是北宋社会中上层对于造成社会性贫困的制度层面因素的阐述，即主要包括土地制度与赋役制度，认为其所存在的弊端导致了下层民众的贫困。

一方面，宋朝"田制不立""不抑兼并"，土地所有权的不稳定甚至缺失被认为是导致农民贫困的最重要因素。张方平概括了土地兼并对于国家和民众的危害："兼并之人，害农败法，上争王者之利，下固齐民之业，擅斡山海之货，管林薮之饶……民业并蹙，国用益虚。"<sup>④</sup>而其对于贫困的作用，如李觏所说，"地力不尽，田不垦辟"，<sup>⑤</sup>会导致下层农民贫困；即便辛勤劳作，但"耕不免饥"，皆因"土非其有也"。<sup>⑥</sup>王安石指出兼并是导致农民贫困的重要因素，"兼并积蓄富厚，皆蚕食细民所得"。<sup>⑦</sup>苏洵也认为土地兼并导致大量土地集中，

---

① 对于愿意赈贷贫民的富室，承诺以官府的权力保障其债权和收取合理的利息，以确保借贷的长期持续。如司马光说，"若富室有蓄积者，官给印历，听其取贷，量出利息，候丰熟日官为收索，示以必信，不可诳诱"。参见司马光：《上神宗乞选河北监司赈济饥民》，收录于赵汝愚编：《宋朝诸臣奏议》卷 106，上海古籍出版社，1999 年点校本，第 1138 页。

② [宋]李焘：《续资治通鉴长编》卷 218，熙宁三年十二月乙丑条，中华书局，1993 年点校本，第 5298 页。

③ [清]徐松辑：《宋会要辑稿》食货 70 之 116，上海古籍出版社，2014 年点校本，第 8166 页。

④ [宋]张方平：《乐全集 6》卷 15《原蠹》上篇，文渊阁四库全书本，第 9 页。

⑤ [宋]李觏：《李觏集》卷 16《富国策十首第二》，中华书局，1981 年点校本，第 135 页。

⑥ [宋]李觏：《李觏集》卷 20《潜书第一》，中华书局，1981 年点校本，第 214 页。

⑦ [宋]李焘：《续资治通鉴长编》卷 237，熙宁五年八月辛丑条，中华书局，1993 年点校本，第 5777 页。

占有田地的富民以少数人口"日累其半"愈加富强，租种土地的贫民则因更多人口"日食其半"而愈加贫困，贫富差距也就越来越大。[1]并且，这些需要租种土地和负担高额地租的贫民的基本生活尚且艰难，自然很难在生产上有过多的资金和技术投入，生产条件更是恶劣，生产经营的难度过大，也是造成其愈加贫困的重要原因。如苏轼说："今吾十口之家，而共百亩之田，寸寸而取之，日夜而望之，锄耰铚艾相寻于其上者如鱼鳞，而地力竭矣。种之常不及时，而敛之常不待其熟，此岂能复有美稼哉？"与此相对应，富人则田地数量多质量好，可以更休保存地力。富人因为不缺粮食，庄稼可以完全成熟再收割，往往收成的数量和质量都远远高于贫民的田地产出。

另一方面，赋役过重和赋役不均进一步加剧了下层民众的贫困程度。宋政府摊派赋役过重，历来为宋人所批判。李觏诗云："朝阳过山来，下田尤露湿；饷妇念儿啼，逢人不敢立。青黄先后收，断折伛偻拾；鸟鼠满官仓，于今又租入。"[2]即可见民众不堪重赋而生活贫困的艰难境况。包拯陈述民众之赋税负担越发沉重，"盖祖宗之世，所输之税，只纳本色。自后以用度日广，所纳并从折变，重率暴敛，日甚一日，何穷之有"。[3]李觏认为统治者"夺其常产，废其农时，重其赋税"，以致百姓"饥寒憔悴"。[4]司马光说，下层贫民辛勤耕作终年，"所收斛斗，于正税之外，更以巧法取之至尽"，虽然勤俭度日，仍然"常受饥寒"。[5]南宋蔡戡曾列举二税之外民众需要承担的赋役名目，多到令人咂舌的地步，说明百姓负担之沉重。[6]赋役不均也被认为是造成贫者愈贫的重要原因。苏轼说，"富者地日以益而赋不加多，贫者地日以削而赋不加少"，致使贫者"破败流移"。[7]欧阳修也说，"州县中最有物力上等人户，却独得免差役"，而那些"累世勤俭积蓄"的下户，"只于三五年重叠差役"，

① [宋]苏洵：《嘉祐集》卷5《论衡下田制》，四部丛刊本，第64页。

② [宋]李觏：《李觏集》卷35《获稻》，中华书局，1981年点校本，第381页。

③ [宋]张田：《包拯集》卷1《论冗官财用等》，中华书局，1963年点校本，第15页。

④ [宋]李觏：《李觏集》卷2《礼论第四》，中华书局，1981年点校本，第12页。

⑤ [宋]司马光：《司马温公文集》卷7《奏为乞不将米折青苗钱状》，中华书局，1985年丛书集成本，第169页。

⑥ [宋]蔡戡：《定斋集》卷5《论州县科扰之弊劄子》，景印文渊阁四库全书，台北：台湾商务印书馆，1986年，第1157册，第609—610页。

⑦ [宋]苏轼：《苏轼文集》卷8《策别安万民四》，中华书局，1986年点校本，第261页。

贫困不堪，甚至"逃亡破败"。①因此，张方平说，农民"侵寒冒暑，服田力稼"，所产皆供租税，还要负担沉重的徭役，故"仰不足以养父母，俯不足以蓄妻子"。②

李觏曾作《哀老妇》一诗："里老一老妇，行行啼路隅。自悼未亡人，暮年从二夫。寡时十八九，嫁时六十余。昔日遗腹儿，今兹垂白须。子岂不欲养？母岂不怀居？徭役及下户，财尽无所输。易籍幸可免，嫁母乃良图。牵车送出门，急若盗贼驱。儿孙孙有妇，大小攀且呼。回头与永诀，欲死无刑诛。我时闻此言，为之长叹呜。天民固有穷，鳏寡实其徒。仁政先四者，著在孟轲书。吾君务复古，旦旦师黄虞。赦书求节妇，许与旌门闾。系尔愚妇人，岂曰礼所拘。蓬茨四十年，不知形影孤。州县莫能察，诏旨成徒虚。而况赋役间，群小所同趋。奸欺至骨髓，公利未锱铢。良田岁岁卖，存者唯莱汙。兄弟欲离散，母子因变渝。天地岂非大，曾不容尔躯。嗟嗟孝治王，早晚能闻诸。吾言又无位，反袂空涟如。"③该诗讲述的这位老妇，从十八九岁守寡，到六十余岁再嫁，是因为子孙迫于徭役负担，嫁母以投奔异籍。可见李觏是借此痛陈赋役制度对农民的压迫和官吏豪强对农民的剥削。

其次，社会结构方面。从社会结构层面来说，精英多将贫困归因于权贵阶层和富裕阶层对下层群体的压榨和剥削，其中以高利贷问题最为突出。由于下层民众普遍无积蓄，如遇春荒或婚丧嫁娶等特殊情况，就不得不向富者借贷。尤其是饥荒时期，大量社会中下层因借贷而导致破产。司马光说，由于借贷，"贫者寒耕熟耘，仅得斗斛之收，未离场圃，已尽为富室夺去"。④苏辙说，贫者借贷之时，富者往往"坐收倍称之息"，所以"富者日富，贫者日贫"。⑤欧阳修也说，佃客向田主借债，偿还之时"息不两倍则三倍"，⑥如此高昂的利息，无疑加剧了下层民众的贫困程度。此外，地方官员的盘剥和富人的欺压是压在贫困群体头上的重要压力。政府以钱征赋、地方官员的盘剥等也是造成贫困的重要因素。刘挚说，"今所输必用钱，而地土所出，唯是丝帛谷粟。幸岁丰收成，

---

① [宋]欧阳修：《欧阳修全集》卷115《义勇指挥使代贫民差役奏状》，中华书局，2001年点校本，第1741页。

② [宋]张方平：《乐全集》卷14《刍荛论·几赋》，文渊阁《四库全书》本。

③ [宋]李觏：《李觏集》卷35《哀老妇》，中华书局，1981年点校本，第381—382页。

④ [清]徐松辑：《宋会要辑稿》食货4之18，上海古籍出版社，2014年点校本，第6043页。

⑤ [宋]苏辙：《栾城集》卷35《自齐州回论时事书》，上海古籍出版社，2009年点校本，第773页。

⑥ [宋]欧阳修：《欧阳修全集》卷60《原弊》，中华书局，2001年点校本，第871页。

而州县逼迫，不免贱价售之，无以养其私"。① 欧阳澈认为正是由于朝廷的"科率无度"和地方官员"敛财于己"，"故庶民倾囊倒廪，不足以充官府之敛，又复减价而鬻产"，甚至不得不借贷以应赋敛。② 还有制度漏洞造成的极为普遍的"诡名挟佃"现象，也将赋役负担向下层民众转嫁。王之望说，富户的诡名隐产行为加重了下户的负担，"有田者无户，有户者无田，差某等充户长，催驱税赋，率皆代纳，以此破家者甚众"。③

总的来说，精英对于社会性贫困的现实认知可以说是以士大夫为首的北宋社会中上层对社会性贫困的主流观点，即认为贫困源于不合理的社会制度与社会结构。他们认为民众的普遍贫困必然会影响政府财税收入和社会安定，不利于国家治理和发展，必须予以干预和应对。因此，他们主张赈济贫民、缓解民困、改善民生，在民富的基础上实现国富的目标。同时，他们认为应该优化社会结构，调节贫富矛盾，避免富人对贫者过多的掠夺。

首先，精英对于如何调整社会制度和社会结构以期缓解社会性贫困有较多讨论。一方面，鉴于不抑兼并的土地制度带来的土地所有权缺失问题会导致大量农民的贫困，"抑兼并"和"复井田"的讨论在北宋颇为热烈。井田制一直被称为"圣人之制"，在宋朝这样一个"田制不立""不抑兼并"的时期，"复井田"更是被许多人认为是能够解决严重的土地兼并和贫富分化的唯一途径。苏洵认为，"贫民耕而不免于饥，富民坐而饱以嬉，又不免于怨，其弊皆起于废井田。井田复，则贫民有田以耕，谷食粟米不分于富民，可以无饥。富民不得多占田以锢贫民，其势不耕则无所得食，以地之全力供县官之税，又可以无怨"。④ 张载认为"周道止是平均"，只有百姓平均占有财富，才能天下安定，而要达到平均，则应该恢复井田制，"治天下不由井地，终无由得平"。⑤ 苏轼也认为井田制是能够使"民均地有余"的理想田制。李觏认为"平土之法，圣人先之"，只有平均土地才能解决贫困问题，最理想的办法则是复井田，"井

---

① [宋]刘挚：《上哲宗乞罢免役》，收录于赵汝愚编：《宋朝诸臣奏议》卷118，上海古籍出版社，1999年点校本，第1291页。

② [宋]黄淮、杨士奇编：《历代名臣奏议》卷83《经国》，台湾学生书局，1964年影印本，第1157页。

③ [宋]李心传：《建炎以来系年要录》卷174，绍兴二十六年九月戊辰条，中华书局，1985年点校本，第2876页。

④ [宋]苏洵：《嘉祐集笺注》卷5《田制》，上海古籍出版社，1993年点校本，第135—136页。

⑤ [宋]朱熹：《朱熹集》卷58《答邓卫老》，四川教育出版社，1996年点校本，第2993页。

田之法，生民之权衡乎！井地立则田均，田均则耕者得食，食足则蚕者得衣，不耕不蚕，不饥寒者希矣"。① 二程也认为复井田可以"使贫富均，则愿者众，不愿意者寡"。② 当然，"复井田"不过是北宋文人士大夫的理想，仅能停留在他们的讨论和设想之中，但可以看出他们主张抑制兼并以缩小贫富差距和应对贫困的想法。

另一方面，鉴于赋役过重和赋役不均会加重社会性贫困问题，精英普遍主张政府从民本思想出发，体恤民众，轻徭薄赋，均平赋役。赋役过重成为了民众的巨大负担，李觏认为统治者"夺其常产，废其农时，重其赋税"以致百姓"饥寒憔悴"。司马光说，下层贫民辛勤耕作终年，"所收斛斗，于正税之外，更以巧法取之至尽"，虽然勤俭度日，仍然"常受饥寒"。③ 赋役不均也被认为是造成贫者愈贫的重要原因。苏轼说，"富者地日以益而赋不加多，贫者地日以削而赋不加少，……是以数十年来天下之赋大抵淆乱，有兼并之族而赋甚轻，有贫弱之家而不免于重役，以至于破败流移"。④ 欧阳修也说，"州县中最有物力上等人户却独得免差役，是下等人户常有劳役"，于是那些"累世勤俭积蓄"的下等人户，"只于三五年重叠差役"，就已贫困不堪，甚至逃亡破败。⑤ 还有制度漏洞造成的极为普遍的"诡名挟佃"现象，也将赋役负担向下层民众转嫁。此外，政府以钱征赋、地方官员的盘剥等也是造成贫困的重要因素。御史刘挚言："古人有言，平地无铜矿，农家无钱炉，今所输必用钱，而地土所出惟是帛丝谷粟。幸岁丰收成，而州县逼迫不免贱价售之，无以养其私，若岁凶则破易资产，或以倍称之息，举债于兼并，以应期限，更无减放之法。"⑥

此外，精英还主张改变禁榷之法。仁宗朝叶清臣说，"榷易所收甚薄，刳剥园户，资奉商人，使朝廷有聚敛之名，官曹滋虐滥之罚，虚张名数，刻蠹黎元"，

---

① [宋]李觏：《李觏集》卷20《潜书十五篇》，中华书局，1981年点校本，第214页。

② [宋]李觏：《李觏集》卷2《礼论第四》，中华书局，1981年点校本，第12页。

③ [宋]司马光：《司马温公文集》卷7《奏为乞不将米折青苗钱状》，中华书局，1985年丛书集成本，第169页。

④ [宋]苏轼：《苏轼文集》卷8《策别安万民四》，中华书局，1986年点校本，第261页。

⑤ [宋]欧阳修：《欧阳修全集》卷115《义勇指挥使代贫民差役奏状》，中华书局，2001年点校本，第1741页。

⑥ [宋]刘挚：《上哲宗乞罢免役》，收录于赵汝愚编：《宋朝诸臣奏议》卷118，上海古籍出版社，1999年点校本，第1291页。

禁榷制度之下，"富人豪族，坐以贾赢，薄贩下估，日皆胺削"，对政府和商业的长远发展都是不利的，主张"令天下通商，只收税钱"。[①]范仲淹也上疏"请诏天下茶盐之法，尽使行商，以去苛刻之刑，以息运置之劳，以取长久之利"。[②]王安石历数了仰巨商的茶法的十二害，认为会致"园民困耗"，亦是造成普通民众之困，也不利于政府税收，可谓"其危害广也如此，不可不去也"。[③]

其次，精英也在积极推动针对社会性贫困的具体救济活动。一方面，他们作为政府官吏，密切关注社会性贫困者的生活状态，推动落实政府减轻负担和给予救助的政策。另一方面，他们作为地方精英，也积极参与地方性的济贫活动。如刘夔，"不治财产，所收私田有余谷，则以赈救乡里贫人"。[④]蔡必大，"邻婆来籴者，还其直。天久雨雪，察邻族不举火者，晨持钱置户限内，不令知为己德"。[⑤]还有阳翟人杜生，携妻子至他乡谋生，借居他人房屋，"唯与人择日，又卖一药，以具饘粥；亦有时不继。后子能耕，乡人见怜，与田三十亩，令子耕之；尚有余力，又为人佣耕，自此食足"。[⑥]杜生一家虽是外乡人，却也得到了当地富民的帮助，以田亩济之。担任精英的地方官员也会对贫民进行一定的救济。如曹宪任开江令，蜀人多"不知医药疗治"，如有疾病则"祠鬼神佑助""君为出私钱，市药剂，有病者，辄遣吏烹煎，临饮之。民初强从，既稍有疗，全活者十七八。于是开人始知信医药云"。[⑦]王质知荆南府，"民有讼婚者，诉曰：'贫无赀，故后期。'公问其用几何，因以俸钱与之，使婚。获盗窃人衣者，曰：'迫于饥寒而为之。'公为之哀怜，取衣衣之，遣去"。对于无钱成婚者以俸钱资助，对于无衣可穿者以衣赠之。[⑧]

①　[元]脱脱等：《宋史》卷184《食货志下六》，中华书局，1977年点校本，第4494—4495页。
②　[宋]李焘：《续资治通鉴长编》卷151，庆历四年七月丙戌条，中华书局，1993年点校本，第3673页。
③　[宋]王安石：《临川先生文集》卷70《茶商十二说》，中华书局，1959年点校本，第744页。
④　[宋]李元纲：《厚德录》卷3，中华书局，1985年丛书集成本，第28页。
⑤　[明]熊相纂修《正德瑞州府志》卷10《人物·孝义》，《天一阁明代方志选刊续编》影印本。
⑥　[宋]沈括：《梦溪笔谈》卷9《人事一》，岳麓书社出版社，1998年点校本，第78页。
⑦　[宋]刘攽：《彭城集》卷36《尚书驾部员外郎曹君墓表》，商务印书馆，1937年《国学基本丛书》，第486页。
⑧　[明]彭大翼：《山堂肆考》卷74《太守》下，上海古籍出版社，清文渊阁四库全书本

## 三、政府认知与应对

探讨宋朝政府对于社会性贫困的认知，首先需要认识到，在唐宋变革的大背景下，在民众与精英主体构成发生变化的同时，政府的体制结构和统治策略也发生了变化。

一方面，由唐入宋，政府体制发生了较大的变化，主要"在于贵族政治的式微和君主独裁的出现"。[①] 君主由此前的与"贵族"共治天下转变成为"绝对权力的主体"，[②] 其权力由此前的在很大程度来自于"贵族"的认同转变为更多直接来自于民众的认同。基于此，由君主及其雇佣的职业官僚共同构成的宋朝政府较之前代更加重视民众的需求，亦会更加关注民众的贫困问题。另一方面，如前所述，由唐入宋，授田制度的取消与社会经济的发展推动政府职责发生了转变。在乡村，农民没有得到政府授田，仍要向政府履行赋役责任，"从法理上来说，宋代农民已经近乎当下纳税人的意味，而国家为其提供社会服务乃自身职责所在"，[③] 政府理应对农民的生存困境提供保障。在城市，随着商品经济空前繁荣，对城市户广泛征税和扩大商业税收，都使得城市人口也具有了与乡村人口类似的纳税人性质。同时，为了保障城乡社会稳定，政府也必须要给乡村和城市下层民众以及入城农民提供相应的保障。为此，即需要建立一套系统化的贫困干预制度。

如前所述，基于"家国同构"的社会政治结构，中国古代的国家伦理带有强烈的血缘性特征。"天子作民父母，以为天下王"，[④] 统治者对民众负有理所应当的社会责任，这可以说是一种"家庭责任"。但在宋朝之前，这种责任的对象仅限于鳏寡孤独等穷民，即所谓"天民之无告者"，因上天令其失去依靠，故而身为"天子"的君主理应予以养恤。而贫困是个体性问题，并不被纳入政府责任之中。至宋，这种观念发生了转变，"贫""穷"趋于统一，贫困也被认为是需要加以正视和解决的问题，被纳入政府的社会责任之中。如高宗

---

① 参见[日]内藤湖南：《概括的唐宋时代观》，刘俊文主编《日本学者研究中国史论著选译》第一卷，黄约瑟译，中华书局1992年版，第10页。

② 参见[日]内藤湖南：《概括的唐宋时代观》，刘俊文主编《日本学者研究中国史论著选译》第一卷，黄约瑟译，中华书局1992年版，第11—12页。

③ 孙竞、张文：《宋代的社会贫困线及其社会意义》，《思想战线》2016年第3期。

④ [汉]孔安国传，孔颖达疏：《尚书正义》卷12《洪范》，北京大学出版社，2000年，第369页。

所说，对于民众的贫困，"朕为民父母，岂得不忧？"[①]

因此，政府对社会性贫困的重视首先体现在贫困线的设立上。关于宋朝贫困线问题，孙竞、张文所撰《宋代的社会贫困线及其社会意义》一文进行了深入研究。宋太宗时将田产"二十亩以下者"称作"贫下之民"。[②]宋神宗时"规定第五等户或产业在五十贯以下的免出役钱，而50贯大约等于北方土地20亩左右土地的价格。"[③]可见，宋朝的乡村贫民是指拥有田地在20亩以下或等值产业价值不足50贯的乡村下户（第四、五等户）和更加贫穷的无地客户。至于城市贫民的界定，起初为家业"不及二百千"的坊郭户，后下诏"依乡村例随家产裁定免出之法"，即城市贫民亦是以产业价值不足50贯为标准，或以坊郭第六、七等以下为贫困标准。宋政府设定类似现代社会贫困线，不仅用于灾荒时期的救济，亦适用于社会常态下对贫困人口的救济，可见社会贫困问题的严重程度已经受到国家的高度关注，也是宋朝官方对于社会性贫困进行认知和应对的重要前提。

宋政府对于社会性贫困的认知，总的来说与宋朝精英极为一致。其原因在于，宋政府是由君主与官僚士大夫共同组成的，而官僚士大夫是宋朝精英的主体，因此政府认知和精英认知往往保持了极高的一致性。因此在文化层面，政府也认为社会性贫困是由于其自身未尽到社会责任和富人不仁所造成的。因此，精英的文化应对中已包含了政府的文化应对内容，即主张基于"民本"和"仁政"的施政理念，政府对社会性贫困者负有救济的义务。同时，也宣扬贫富相资，希望推动民间慈善活动的发展。对于政府的文化应对，此处不再赘述。

在现实层面，政府也认为尚不合理的社会制度和贫富悬殊的社会结构是导致社会性贫困的重要因素。如神宗认为役法"常困吾民，至使流离饥寒而不能以自存，岂朕为民父母之意哉"，因而数次下诏，"欲宽其役"。[④]即便有些政策在制定上没有问题，但下级官吏在执行的过程中却未能贯彻政府仁政恤民的理念，妄增民众负担而导致其贫困。如靖康元年（1126年），钦宗诏曰："祖

---

① [宋]李心传：《建炎以来系年要录》卷97，绍兴六年正月辛未条，中华书局，1956年点校本，第1597页。

② [清]徐松辑：《宋会要辑稿》食货1之1，上海古籍出版社，2014年点校本，第5937页。

③ 孙竞、张文：《宋代的社会贫困线及其社会意义》，《思想战线》2016年第3期。

④ [清]徐松辑：《宋会要辑稿》食货66之33，上海古籍出版社，2014年点校本，第7882页。

宗以来，岁有抛买合用之物徧下诸路，既不过数，又复有常，故物不踊贵，民易供应。自崇宁以来，大臣误国，庶事纷起，而侈靡随之，无有纪极。太上皇帝念黎元之困，革旧政之弊，乃下明诏，罢非泛抛买。朕恭承德意，要在裕民。闻省部尚有检举年例，便行抛买非不可阙之物及不可减之数，致州县官吏并缘为奸，未免前日困民之弊。可具祖宗抛买之额，酌今日合用之数，立为定式。如系军须或急阙之物，不得已者亦指定合用，不得滥增数目，及取特旨。如州县被受抛买多增物数，或贴纳钱物，官吏分盗，虽入己数少，据所剩准全入己论。按察官失于按发，并以等第议罪。"①

如前所述，秦汉至隋唐，政府通过授田给予农民基本的生存保障，仅在灾荒时期对贫民施以临时性救助，社会常态下以"穷民"为主要救助对象。宋朝政府基于对贫困的认知，在传统的"恤穷"责任的基础上，首次将贫困问题纳入了政府责任的范畴，并通过法律诏令等方式予以确立，其重要标志就是宋朝出现了类似现代社会贫困线的概念。宋政府设定类似现代社会贫困线，不仅用于灾荒时期的救济，亦适用于社会常态下对贫困人口的救济。无论在乡村还是在城市的济贫实践中，宋朝政府划定的社会贫困线都起到了重要的作用。辨识贫民是救助贫困的前提，政府划定的社会贫困线为全国各地的济贫工作开展提供了一条基本的标准线，即辨识清楚哪些人是应该得到救济的贫民，才能进行合理的制度安排和落实国家政策，直接推动了城乡济贫工作的落实。

首先是政府直接对社会性贫困予以行政干预。一方面，政府试图调整社会制度和社会结构，以控制社会性贫困的发展。

针对社会制度不合理的问题，政府试图进行一定的制度调整。其一，宋政府虽然以"不立田制""不抑兼并"为土地制度，但也有尝试进行一定程度的限制兼并，规范土地买卖，以避免乡村出现更多的无地农民。仁宗朝曾尝试限田，规定"公卿以下毋过三十顷，牙前将吏应复役者毋过十五顷，止一州境内，过是者论如违制律，以田赏告者"。但"任事者终以限田不便，未几即废"。②神宗朝进行变法改革，其目的也是为了"摧制兼并，均济贫弱，变通天下之才"。③

---

① [清]徐松辑：《宋会要辑稿》刑法2之96，上海古籍出版社，2014年点校本，第8334页。

② [元]脱脱等：《宋史》卷173《食货志上一》，中华书局，1977年点校本，第4163页。

③ [宋]吕海：《上神宗论王安石奸诈十事》，收录于赵汝愚编：《宋朝诸臣奏议》卷109，上海古籍出版社，1999年点校本，第1182页。

推行青苗法的初衷是为了"农人有以赴时趋事，而兼并不得乘其急"。①徽宗时也尝试实行限田，规定官员只能按照等级占田，"一品百顷，以差降杀，至九品为十顷，限外之数，并同编差科。"②当然，所谓的"限田"更多是为了调整赋役，并非以"均田"为目的，而且往往没有真正落到实处。其二，政府亦充分认识到贫民苦于赋役过重和赋役不均的问题，多次下诏蠲减贫民赋役和调整赋役摊派。真宗下诏规范地方科配，"河北诸州军凡有科率，本官当亲阅文簿均配，不得专委厢镇，违者罪之"。③神宗认为役法"常困吾民，至使流离饥寒而不能以自存，岂朕为民父母之意哉"，因而数次下诏，"欲宽其役"。④当然，虽然统治者有试图缓解贫民过重的赋役负担，但面对财政压力，宋政府仍然日趋加重对民众的盘剥。而针对赋役不均的问题，政府试图通过丈量土地、清算财产的方式来解决，如庆历新政时曾试图用千步方田法清丈土地，但不久废罢。"熙宁五年，重修定方田法，诏司农以《方田均税条约并式》颁之天下。"⑤神宗熙丰变法施行方田均税法，即针对长期以来赋税淆乱的情况，在千步方田法的基础上重新丈量土地确定税额的措施。

针对社会结构不合理的问题，政府试图规范市场，压制高利贷，保护社会中下层在商品市场和雇佣市场中的利益。如为规范市场，宋廷多次下诏要求地方官吏与民众进行商品贸易时要"依准市价，不得亏损百姓"。⑥真宗景德三年（1006 年）诏曰："如闻河北官吏市民物，给直不当价，宜令转运使以前诏揭榜戒之。"⑦神宗元丰四年（1083 年）也下诏："其须至于民间赁借等事件，即时明给价值，不得直行科率。仍常切抚存人户，务令安静，无致搔扰。如有措置乖失，令提刑、提举司密具事由闻奏，当议重行废黜。有失举觉，与同罪。"⑧鉴于大商人控制城市商品市场，限制外来客商的商品买卖的现象，

① ［清］徐松辑：《宋会要辑稿》食货 4 之 16，上海古籍出版社，2014 年点校本，第 6041 页。

② ［清］徐松辑：《宋会要辑稿》食货 70 之 5，上海古籍出版社，2014 年点校本，第 6937 页。

③ ［清］徐松辑：《宋会要辑稿》刑法 2 之 6，上海古籍出版社，2014 年点校本，第 8284 页。

④ ［清］徐松辑：《宋会要辑稿》食货 66 之 33，上海古籍出版社，2014 年点校本，第 7882 页。

⑤ ［宋］杨仲良：《皇宋通鉴长编纪事本末》卷 73《神宗皇帝》，黑龙江人民出版社，2006 年点校本，第 1285 页。

⑥ ［清］徐松辑：《宋会要辑稿》刑法 2 之 28—29，上海古籍出版社，2014 年点校本，第 8297—8298 页。

⑦ ［清］徐松辑：《宋会要辑稿》刑法 2 之 7，上海古籍出版社，2014 年点校本，第 8285 页。

⑧ ［清］徐松辑：《宋会要辑稿》刑法 2 之 36，上海古籍出版社，2014 年点校本，第 8302 页。

宣和七年（1125年）宋政府规定，"其四方商旅村户，时暂将物色入市货卖，许与买人从便交易，行户不得障固"。①为规范借贷问题，真宗景德二年（1005年）诏曰："举放息钱，以利为本，伪立借贷文约者，从不应为重科罪。"②如神宗所说，"夫仁闵百姓，而无夺其时，无侵其财，无耗其力，使其无憾于衣食，而有以养生送死，此礼义廉耻之所兴"，③这是体现宋政府"仁政"施政理念的重要方式。

另一方面，政府通过减轻贫民负担与建立福利设施和福利机构，并将其以法律制度的形式固定下来，完善以贫困救助为重要内容的政府性社会保障体系。首先，以社会贫困线为标准减轻贫民负担。具体包括对乡村贫民的租赋、差役、欠债减免，对城市贫民的免役钱、房租减免。④以"天下租赋，当先富后贫"为原则，政府多次以社会贫困线为标准减免贫民赋税，如天圣元年（1023年），真宗令"四等以下户悉蠲之"。⑤城市贫民有时则能获蠲免房钱，如绍兴二十八年（1158年）诏："临安府内外有全家患病贫民，令本府差官抄札，予放房钱一月。"⑥同时还以社会贫困线为标准予以免役，如熙宁四年（1071年），推行免役法，"乡户自四等、坊郭自六等以下，勿输"；⑦又如元丰八年（1085年），"府界、三路保甲，两丁之家……并第五等以下田不及二十亩者，听自陈，提举司审验与放免。"⑧其次，宋朝政府往往以社会贫困线为标准救助贫民。具体包括对乡村贫民的无偿赈济、低息借贷，对城市贫民的生活补贴、贫困救助。⑨

---

① ［清］徐松辑：《宋会要辑稿》职官27之24，上海古籍出版社，2014年点校本，第3723页。

② ［清］徐松辑：《宋会要辑稿》刑法2之7，上海古籍出版社，2014年点校本，第8284页。

③ 《宋大诏令集》卷184《诫厉诸道转运使经画财利宽恤民力诏》，中华书局，1962年点校本，第668页。

④ 参见孙竞、张文：《宋代的社会贫困线及其社会意义》，《思想战线》2016年第3期。

⑤ ［宋］李焘：《续资治通鉴长编》卷100，天圣元年二月甲辰条，中华书局，1993年点校本，第2316页。

⑥ ［清］徐松辑：《宋会要辑稿》食货63之24，上海古籍出版社，2014年点校本，第7619页

⑦ ［宋］李焘：《续资治通鉴长编》卷227，熙宁四年十月壬子条，中华书局，1993年点校本，第5522页。

⑧ ［宋］李焘：《续资治通鉴长编》卷354，元丰八年四月乙酉条，中华书局，1993年点校本，第8484页。

⑨ 参见孙竞、张文：《宋代的社会贫困线及其社会意义》，《思想战线》2016年第3期；张文：《宋朝社会保障的成就与历史地位》，《中国人民大学学报》2014年第1期。

再次，以贫民为服务对象的福利设施和福利机构的普遍建立。具体包括广惠仓、义仓、常平仓、举子仓等济贫仓储，福田院、居养院、养济院、慈幼局等济贫机构，安济坊、太平惠民局、施药局、漏泽园等医疗救助和丧葬福利机构等。[①] 以"凡施恩惠，当先及下户"为原则，政府下达了大量赈济贫民的诏令，建立了施药局、漏泽园等帮助贫民的福利机构和福利设施，并制定了如"居养法"即建立居养院收养鳏寡孤独贫乏不能自存者、"广惠仓济贫法"即以户绝田产设广惠仓救助贫民、"元丰惠养乞丐法"即冬季给予城市内贫困人口日支米豆。

"当苦寒之时，贫不能自存之人，官给钱米养济，遂可存活"，[②] 宋政府给予了贫民较多的关注和救助。可见，宋政府的目标不仅是临时性的济贫，而是致力于建立一套尽可能完善的长期稳定的政府保障体系，"以居养名院，而穷者有所归；以安济名坊，而病者有所疗；以漏泽名园，而死者有所葬"。[③]

其次是政府提倡民间互助。政府鼓励并劝导精英和富民参与救济贫民，并以法律制度的形式予以推广，推动了宋朝民间慈善的兴起。例如政府颁布诏令劝富民救济，通过纳粟进纳的方式对于参与赈济的富民给予奖励，也对于推动民间慈善有功的官吏给予减少磨勘和升职的奖励。但这主要是在灾荒时期，因此该部分内容将在第三章进行讨论。

南宋理宗说，赵宋王朝"虽强不如秦，富不如隋"，能够延续统治三百年，皆因"以仁厚立国""宽以爱民"，才能得到民众拥护。[④] 马端临也评价说，两宋王朝"国家之赋敛虽重，而所以施于百姓者，常有惨怛忠利之意，故民无怨讟"，[⑤] 可见宋政府在贫困应对方面所作出的努力及成效。

---

① 参见张文：《宋朝社会保障的成就与历史地位》《中国人民大学学报》2014 年第 1 期。

② [清] 徐松辑：《宋会要辑稿》食货 68 之 143，上海古籍出版社，2014 年点校本，第 8040 页。

③ [清] 徐松辑：《宋会要辑稿》食货 60 之 10，上海古籍出版社，2014 年点校本，第 7425 页。

④ [元] 佚名：《宋史全文》卷 36，黑龙江人民出版社，2004 年版，第 2367 页。

⑤ [元] 马端临：《文献通考》卷 24《国用二》，中华书局，1986 年影印本，考 238。

# 第二章　环境性贫困及应对

所谓环境性贫困，是指由于自然环境及其引发的自然灾害对生活生产造成损害而导致的贫困状况。主要包括两个方面，一是地理性贫困，即由于地域性自然地理环境不利于生产生活造成的贫困；二是灾害性贫困，即由于自然灾害影响生产生活造成的贫困。

由唐入宋，疆域面积大幅度缩小。北宋元丰年间，疆域面积约288.91万平方公里，远小于唐代。与此相对，北宋的人口增长却快过唐代。唐代人口在天宝十四年（755年）达到顶峰，共计8 914 709户。[1] 北宋建立后人口快速增长，仁宗皇祐五年（1053年），已有10 792 705户，[2] 超过唐代的人口峰值。至北宋末，徽宗大观四年（1110年），已有20 882 258户。[3] 以更小的疆域范围承载更多的人口，必然会对北宋自然环境造成更大的影响。

农业社会中，人口增长是社会经济发展的重要指标，亦会给农业生产提供更多的劳动力，推动生产发展。但与此同时，人口增长的压力亦会转变为耕地的压力。为解决人口增加与耕地不足的矛盾，宋人一方面充分利用现有耕地，努力提高单位亩产效益，并且取得了一定的成效。唐代亩产通常在1石左右，上等田土的亩产可达2石甚至3石。[4] 宋代亩产通常在2石左右，太湖流域上

---

[1]　参见冻国栋：《中国人口史》第2卷隋唐五代时期，复旦大学出版社，2002年，第133页。

[2]　[宋]李焘：《续资治通鉴长编》卷175，皇祐五年十二月壬戌条，中华书局，1993年点校本，第4242页。

[3]　[元]脱脱等：《宋史》卷85《地理志一》，中华书局，1977年，第2095页。

[4]　关于唐代粮食亩产的主要研究成果有：蒙文通《中国历代农产量的扩大和徭役制度及学术思想的演变》，《四川大学学报》1957年第2期；胡戟：《唐代粮食亩产》，《西北大学学报》1980年第3期；李伯重《唐代江南地区粮食亩产量与农户耕田数》，《中国社会经济史研究》1982年第2期；吴慧：《中国历代粮食亩产研究》，农业出版社，1985年，第149—157页；杨际平：《唐代尺步、亩制、田产小议》，《中国社会经济史研究》1996年第2期。

等田土可达 3 石甚至 4 石，[①] 较之唐代提高了约 50%。另一方面宋人积极扩大耕地面积，在已有耕地不足以承载增长的人口压力之下，向原本的荒芜地区和山林地区进发，垦殖土地，形成"田尽而地，地尽而山，山乡细民必求垦佃，犹不胜稼"的现象。[②] 这两种方式对于环境都会造成一定程度的影响。一是对现有耕地进行最大限度地垦殖利用，必然会增加土地的承载压力，也会增大其所在区域的环境脆弱性，产生地理性贫困状况；二是开荒拓土会破坏其原本环境平衡，如围湖造田、开山伐树等，会形成新的地理性贫困区域。

可以想见，这些地理性贫困区域大多在前代已经是自然环境较为恶劣的地区，土壤质量不佳，不适宜农耕，荒芜甚多。进入北宋，在人口快速增长的巨大压力之下，政府号召和民众自发的大力垦荒，让这些原本并不作为粮食主要产地和人口聚居地的环境恶劣区域也承担起了粮食产出和承载人口的责任，使其地理性贫困成为了引起宋人关注的社会问题。与此同时，地理性贫困区域由于本身处于自然环境较为脆弱的地域，发生自然灾害的概率也更加高，甚至往往与灾害性贫困形成连带性问题。

北宋一百多年间，灾害频发。自然灾害的发生当然与气候变化关系最为密切，但除了自然因素外，人为因素也是加剧灾害对社会和民众生活影响的重要方面。如前所述，北宋人口快速增长为土地乃至整个自然环境都带来巨大的压力，这种压力会加剧环境的脆弱性，推动自然灾害发生频率的提高，也会导致民众在自然灾害来临时抵御力的降低。因此，灾害性贫困虽然自古皆有，也一直是历代政府和社会颇为关注的问题，但在北宋，其成为影响国家统治和社会稳定的重要社会问题，亦是政府和社会亟需重视和解决的问题。

---

① 北宋平均亩产米二石较为常见，如《龙川集》卷16《记寺田》载，"一夫耕三、四十亩，亩收米二石"；有的区域产量较低，《净德集》卷2《岁计》载，"一夫有田二十亩，终年所收不过二十石"。有的区域产量较高，如苏州地区，范仲淹称"每亩得米二石至三石"（《范文正公别集》《奏议》上卷《答手诏条陈十事》），神宗年间郑戬称"出米四石"（《吴郡志》卷19）。

② ［元］王祯撰：《农书译注》上，卷11《梯田》，齐鲁书社，2009年，第412页。

# 第一节　地理性贫困

地理性贫困是指由于地域性自然环境不利于生活和生产而导致的贫困状况。中国社会以农业为主，所谓"靠天吃饭"是古代农业社会的重要特点，农业生产极大程度上受到自然环境的制约，乃至整个国家和社会的经济发展和财政状况都会受其影响。中国地域广大，不同区域有着不同的自然环境状况，自然环境较为恶劣、生态环境较为脆弱或是资源状况不合理的区域大多更容易与贫困相关。北宋也同样如此，在其疆域范围内存在着不同的因自然环境而造成的地理性贫困区域。

对于北宋的自然环境和地理性贫困问题，学界已有一定的研究成果，其主要代表有张全明《两宋生态环境变迁史》、程民生《宋代地域经济》、韩茂莉《宋代农业地理》等。其中，张全明《两宋生态环境变迁史》从环境史的范式出发，对于两宋时期的气候、水、植被、动物、矿物、地貌与土壤，以及生态环境灾害等方面进行了全面的论述；[1] 韩茂莉《宋代农业地理》主要从区域性角度对于与农业发展密切相关的自然环境进行了较为详细的论述；[2] 程民生《宋代地域经济》以地理环境为基础，对不同经济类型的地域性特征进行了研究。[3]

在当代环境史的研究内容中，自然环境主要包括农业生态环境、森林生态环境、水生态环境、海洋生态环境、草原与沙漠生态环境、城镇与工矿区生态环境等方面。[4] 本书关注的重点是北宋的贫困问题，因此主要考虑的是与北宋农业生产相关的环境因素，如气候状况、地形和土壤状况等。其中气候可以说是地理性贫困的大环境因素，但难以具体分析北宋各区域的气候状况，并且由气候所引发的问题大多被归于灾害范畴。因此本节主要从地理环境入手，考察

---

① 张全明：《两宋生态环境变迁史》，中华书局，2015 年。
② 韩茂莉：《宋代农业地理》，山西古籍出版社，1993 年。
③ 程民生：《宋代地域经济》，河南大学出版社，1992 年。
④ 参见朱士光：《清代生态环境研究刍议》，《陕西师范大学学报》2007 年第 1 期。

对农业生产影响最为具体的土壤问题。

宋人陈旉《农书》中称，"土壤气脉，其类不一，肥沃硗薄，美恶不同，治之各有宜也"。[①]宋人对土壤环境的关注颇多，在史籍中多有记载。两宋对于土壤环境的记载主要见于三类文献：其一是地理志，包括宋人所撰地理总志如《元丰九域志》《舆地广记》《舆地纪胜》《方舆胜览》等，各类文献中的地理专篇如《宋史·地理志》《宋会要辑稿·方域志》《文献通考·舆地考》、《玉海·地理》等；其二是地方志，以江浙地区为多，如《淳祐临安志》《景定建康志》《赤城志》《四明志》等；其三是宋人文集，其中不乏对各地地貌和土壤环境的记载，尤其是南宋官员士大夫多撰写劝农文，但较为零散。可见，宋代地域性史料主要有地理志、方志、游记等，但主要以南宋史料为主，北宋的材料则较为缺乏。故本书只能在尽可能搜集北宋相关资料的基础上进行探讨，以求尽可能完整地呈现北宋地理性贫困的分布及其状态。

在北宋农业社会中，土壤环境影响农业生产，其对农民的收入状况和贫富状况的影响是不言而喻的。宋人在文献中描述土壤环境不佳的词汇有很多，包括地瘠、土瘠、瘠薄、荒瘠、贫瘠、沙瘠、苦瘠、瘠地、土薄、地薄、硗确、硗瘠、斥卤、盐卤、碛卤、碱卤、沙卤等。大体而言，可归为三个类别：其一为硗确之地，其二为斥卤之地，其三为瘠薄之地。本节根据宋人对农业自然环境的描述，对地理性贫困进行类型划分，大体上可以分为三类：即硗确型、斥卤型和瘠薄型，分别探讨不同的土壤类型与贫困的关系。

## 一、硗确型

宋人所说的硗确、硗瘠，即硗确之地。关于"硗"，王钦若《册府元龟》中解释："硗，硗确瘠薄之田也。"[②]关于"确"，《说文》曰："确，磬石也。"[③]《国语·鲁语下》："择瘠土而处之。"韦昭注曰："硗确为瘠。"[④]可见，硗确可用于形容土地瘠薄，也用于专指山区土地，因山石较多，土壤瘠

---

① ［宋］陈旉：《农书》卷上《地势之宜篇第二》，缪启愉选译《陈旉农书选读》，农业出版社，1981年第10页。

② ［宋］王钦若等编纂《册府元龟》卷495邦计部十三《田制》，凤凰出版社校订本第6册，第5615页。

③ ［东汉］许慎：《说文解字》，中华书局影印本，1978年第4版，第195页。

④ ［战国］左丘明著，［三国吴］韦昭注《国语》，上海古籍出版社，2008年点校本，第95页。

薄，难以开垦和耕种。如朱熹说，"硗确，山多石也。"①

对于硗确之地及其与农业生产的关系，宋人多有讨论，现将宋代文献中关于硗确之地的记载列表如下。

表2-1 北宋硗确之地记载

| 序号 | 关键词 | 材料 | 地区 | 出处 |
|---|---|---|---|---|
| 1 | 硗瘠 | 民舍卑洼多困水，农畴硗瘠少逢年。 | 淮南东路泗州 | 强至《祠部集》卷6《次韵礼之淮上吟》 |
| 2 | 硗瘠 | 嘉祐中，唐守赵尚宽言：土旷可辟，民希可招，而州不可废。得汉邵信臣故陂渠遗迹而修复之，假牛犁、种食以诱耕者，劝课劳来岁余、流民自归及淮南，湖北之民至者二千余户，引水溉田几数万顷，变硗瘠为膏腴。 | 京西南路唐州 | 脱脱《宋史》卷173《食货志》 |
| 3 | 硗瘠 | 鄜延皆荒阜硗瘠，占田者不出租赋，而倚为藩蔽。 | 永兴军路鄜延 | 李焘《续资治通鉴长编》卷238，熙宁五年九月壬申条 |
| 4 | 硗确 | 七闽之地，南远宫庭三千余里，边江海而围山岳，土地硗确。 | 福建路 | 蔡襄《端明集》卷19《上运使王殿院书》 |
| 5 | 硗确 | 泉滨海之国，土隘民稠，壤地硗确，稼穑良苦，所赖雨泽以时降，否则焦旱不收。 | 福建路泉州 | 郑侠《西塘集》西塘先生文集卷第5《代祭崇应公祈雨文》 |
| 6 | 硗确 | 连江山之佳郡，惟冈岭重复而地形硗确，穴地数尺鲜不遇，石城中之井以十数而少旱即涸。 | 广南东路连州 | 郑侠《西塘集》西塘先生文集卷第3《连州重修车陂记》 |
| 7 | 硗确 | 然其土壤硗确，资蓄虚乏，刀耕火种，以为粮粮。 | 广南西路 | 李焘《续资治通鉴长编》卷122，宝元元年四月甲辰条 |

---

① [宋]朱熹：《资治通鉴纲目》卷48，唐宪宗元和八年夏六月，文渊阁四库全书本。

续表

| 序号 | 关键词 | 材料 | 地区 | 出处 |
|---|---|---|---|---|
| 8 | 硗确 | 然依氏所纳土，皆广源之属也。幸遇圣朝万政更张，何爱此硗确瘴疠之地，不以回赐。 | 广南西路 | 李焘《续资治通鉴长编》卷349，元丰七年十月戊子条 |
| 9 | 硗确 | 今北边既失古北之险，然自威虏城东距海三百里，沮泽硗确，所谓天设地造非敌所能轻入。 | 河北西路广信军 | 脱脱《宋史》卷303《陈贯传》 |
| 10 | 硗确 | 夹二军之间，地多硗确，此乃匈奴天隙之地也。 | 河北西路安肃军、广信军之间 | 曾公亮《武经总要》前集卷16《塘水》 |
| 11 | 硗确 | 古称肥瘠之地，至宋朝反成瘠卤。……而当今自楚之北，至于唐、邓、汝、颍、陈、蔡、许、洛之间，平田万里，农夫逃散，不生五谷。荆棘布野，而地至硗瘠，原泉陂泽之迹迤逦犹在。 | 京西北路、京西南路之唐、邓、汝、颍、陈、蔡、许、洛之间 | 章如愚《山堂考索》续集卷46《财用门·唐邓汝颍陈蔡许洛地利》 |
| 12 | 硗确 | 汝山西南险，平地犹硗确（一作确荦，一作硗磐，一作确礐）。 | 京西北路汝州 | 欧阳修《欧阳文忠公集》居士集卷3《汝瘿答仲仪》 |
| 13 | 硗确 | 山下耕牛苦硗确，两角磨崖四蹄湿。青刍半束长苦饥，仰看黄牛安可及。 | 荆湖北路荆州 | 苏轼《苏轼诗集合注》卷1《黄牛庙》 |
| 14 | 硗确 | 章子厚过石槽铺诗：人家迤逦见板屋，火耕硗确名畬田。 | 荆湖南路邵州（宝庆府） | 王象之《舆地纪胜》卷60《宝庆府》 |
| 15 | 硗确 | 阆中在剑南巴峡，群山硗确之中，地险民豪。 | 利州路阆州阆中 | 王象之《舆地纪胜》卷185《阆州》 |
| 16 | 硗确 | 爰洁祀典，以答神休。适因昭报之辰，更露虔祈之恳。以畏日流毒，多稼向荣；水泉枯干，山田硗确。民非稻不食，稻非雨不滋。 | 两浙路处州 | 杨亿《武夷新集》卷20《宣阳观赛雨文》 |
| 17 | 硗确 | 华原冬不雪，春不雨，尝以民病告矣。虽获嘉应，肤寸而止。今又两月不雨，宿麦凄惨，已槁而无望。地复硗确，如石田不可耕。春侯将过，秋种未入，民之流亡殍踣，可立以待。 | 永兴军路耀州华原县 | 毕仲游《西台集》卷12《嵯峨山祈雨文》 |

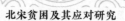

### （一）地理分布

根据上表对于硗确之地分布的记载，我们可以看出有文献记载的硗确之地主要分布于以下区域：

表2-2　北宋硗确之地分布表

| 路 | 府州军 |
|---|---|
| 永兴军路 | 延州、鄜州、耀州 |
| 河北西路 | 广信军、安肃军 |
| 京西北路 | 汝州、蔡州、陈州、颍州 |
| 京西南路 | 唐州、邓州 |
| 淮南东路 | 泗州 |
| 两浙路 | 处州 |
| 荆湖北路 | 江陵府 |
| 荆湖南路 | 邵州 |
| 利州路 | 阆州 |
| 福建路 | 泉州 |
| 广南东路 | 连州 |
| 广南西路 | |

北宋时期我国也是"三级阶梯"的地形。一级阶梯的青藏高原此时基本不在北宋疆域范围之内。二级阶梯在北宋疆域范围内的主要有黄土高原、四川盆地和云贵高原部分区域。三级阶梯在北宋范围内的主要有华北平原、长江中下游平原和东南丘陵。

处在二级阶梯上的有陕西、河东、京西、荆湖、川峡。其中，陕西、河东位于黄土高原。北宋时期的黄土高原还是"川原宽广，土脉膏腴"的状态，[①]森林和其他植被覆盖良好。但水土流失的问题较之前代更加严重，沈括说，"今

---

① ［宋］李焘：《续资治通鉴长编》卷321，元丰四年十二月戊寅条，中华书局，1993年点校本，第7751页。

关陕以西，水行地中，不减百余尺。其泥岁东流，皆为大陆之土，此理必然"。①
水土流失致使黄土高原可耕地面积减少，土壤肥力下降，山区土地更加硗瘠。
陕西即西北地区的秦凤路和永兴军。总体来说，陕西的土壤环境较好，物产丰
富。尤其是关中平原地区，土壤肥沃，灌溉便利，颇为富饶。但是还有大量山
地，如鄜州、延州"皆荒阜硗瘠，占田者不出租赋，而倚为藩蔽"，② 耀州华
原县"地复硗确，如石田不可耕"。③"河东山险，地土平阔处少，高山峻坂，
并为人户耕种"。④ 较之陕西，河东的山地则更多一些，山多地少，土地较为
瘠薄。宋人普遍认为河东"地多山瘠"、⑤"地瘠民贫"。⑥

　　京西和荆湖处于第二、三级阶梯的分界线上，即太行山、巫山一线山脉上，
山多地少是其突出地理特点。京西分为京西北路和京西南路，《宋史·地理志》
称其"土地褊薄，迫于营养"。京西南北交界处的大片区域，"唐、邓、汝、颍、陈、
蔡、许、洛之间"，在北宋时期也是"地至硗瘠"。⑦ 其中京西南路以山区为主，
如唐州，常年硗瘠，土旷无人耕辟。⑧ 还有京西北路也硗瘠之地甚多，如汝州"汝
山西南险，平地犹硗确"。⑨ 荆湖包括湖北和湖南。湖北西部多山，东部多水。
山区地势险峻，山地硗确，可耕垦土地极少，"植货不饶"。⑩ 苏轼诗云："山
下耕牛苦硗确，两角磨崖四蹄湿。青刍半束长苦饥，仰看黄牛安可及"，⑪ 即
说的是湖北荆州，即江陵府。甚至很多地方还被原始森林覆盖，尚未开发，以

---

① [宋]沈括著，胡道静校注：《梦溪笔谈校证》卷24《杂说》，中华书局，1962年第2版，第756页。

② [宋]李焘：《续资治通鉴长编》卷238，神宗熙宁五年九月壬申条，中华书局，1993年点校本，
　　第5803页。

③ [宋]毕仲游：《西台集》卷12《嵯峨山祈雨文》，中州古籍出版社，2005年点校本，第204页。

④ [宋]欧阳修：《欧阳修全集》卷116《乞罢刘白草刳子》，中华书局，2001年点校本，第1769页。

⑤ [宋]范纯仁：《太中大夫充集英殿修撰张公行状》，收录于曾枣庄、刘琳主编：《全宋文》卷
　　1555，上海辞书出版社、安徽教育出版社，2006年点校本，第71册，第307页。

⑥ [宋]苏过《斜川集》卷5《河东提刑崔公行状》、李复《潏水集》卷7《送卫奕致仕归诗序》
　　等均有此描述。

⑦ [宋]章如愚：《山堂考索》续集卷46《财用门·唐邓汝颍陈蔡许洛地利》，文渊阁四库全书本。

⑧ 《宋史·食货志》称："引水灌溉几数万顷，变硗瘠为膏腴。"（[元]脱脱等：《宋史》卷173《食
　　货志上一》，中华书局，1977年点校本，第4165页。）

⑨ [宋]欧阳修：《欧阳修全集》卷3《汝瘿答仲仪》，中华书局，2001年点校本，第47页。

⑩ [宋]王象之：《舆地纪胜》卷77《德安府》，中华书局，2003年影印本第2版，第2531页。

⑪ [宋]苏轼：《苏轼诗集》卷1《黄牛庙》，中华书局，1982年点校本，第43页。

火耕水耨为耕作方式。湖南除了东北部的潭州、衡州较为平坦，其他地区都以山地为主。"湖南地方民财，不与江西等。大抵美壤少而瘠田多。"①"土壤瘠薄，经旬不雨则旱暵之忧。虽遇丰岁，中家不免食菽与粟"，②可见其土壤环境不佳，收成较低。

川峡四路位于四川盆地、横断山脉和云贵高原边缘，其中成都府路和梓州路的地理环境较好，位于四川盆地中间区域，地势较为平坦，可耕土地较多。利州路和夔州路则主要以山地为主。利州路山区众多，农业发展困难。而夔州路则更是大山深谷，很多地方尚采用刀耕火种的生产方式。受北宋材料所限，并未能够在宋人的讨论中体现出来，但南宋人度正称夔州仍是"大山深谷，土地硗确，居民鲜少""峡中之民，散居山谷，生理单薄，憔悴饥饿"，③亦可反映出北宋该地的状况。

处在三级阶梯上的有河北、京东、淮南、江东、江西、两浙、福建、两广。其中河北、京东处于华北平原上，淮南和浙西处于长江中下游平原上，地形平坦，山地较少，故此硗确之地比例较少。而江南东西、浙东、福建、两广处于东南丘陵地带，山地颇多，硗确之地分布也较广泛。江东包括今江西、安徽、江苏等地区，东部以山区为主，西部多河流湖泊。如宣州，山地较多，"民耕于高，无灌溉之利，而仰泽于天。故阅月不雨，则以旱告"，④容易受到旱灾影响。江西境内不乏平原地带，同时多山地区也颇多，开发不易，硗确之地甚多。山多田少是江西的普遍状况，缺少肥沃耕地，"地薄民贫"。⑤如兴国军山多地少，其所属永兴县"民户地薄税重"，无力负担政府摊派的役钱。⑥

两浙曾被划分为两浙东路和两浙西路，一般称为浙东与浙西。普遍认为，浙东是山区，浙西是水域。浙东除濒海之地则主要是山地，山多地少，地多硗确，

① [宋]孔武仲等：《清江三孔集》卷16《代上执政书》，文渊阁《四库全书》影印本. 台湾商务印书馆，1986年。
② [宋]孔武仲等：《清江三孔集》卷16《上省部书》，文渊阁《四库全书》影印本. 台湾商务印书馆，1986年。
③ [宋]度正：《性善堂稿》卷6《重庆府到任条奏便民五事》，文渊阁四库全书本。
④ [宋]张耒：《张耒集》卷58《敬亭广惠王求雨文》，中华书局，1998年，第861页。
⑤ [宋]苏辙：《栾城集》卷28《吴革江西运判》，上海古籍出版社，2009年，第594页。
⑥ [宋]李焘：《续资治通鉴长编》卷288，神宗元丰元年二月丁未条，中华书局，1993年点校本，第7041页。

如温州平阳县是"浙东之穷处也,邑于山谷间"。[①]甚至两浙也有刀耕火种的山区,如浙东处州就是"山越之乡,多乏膏腴之产,火耕水耨"。[②]福建包括今福建大部分地区,地形以丘陵山地为主,"重山复岭,绵亘连属",[③]丘陵山地间开辟出低处的水田和山坡的旱地,但仍然是山多田少。福建人口密度高,地狭人稠,耕地严重不足,而且很多土地都是"硗确之地"。[④]粮食产量严重不足,"虽丰年仅能卒岁,一遇小歉,民以乏食告矣",往往依靠他处转运粮食。故杨时说,"闽中地瘠人贫,天下所共知"。[⑤]两广分为广南东路和广南西路,广南西路历来被认为是"硗确瘴疠之地"。[⑥]其因"土壤硗确,资蓄虚乏",仍广泛采用"刀耕火种"的方式,才能获得军粮。[⑦]广南东路也有大片山区,如连州,"连江山之佳郡,惟冈岭重复而地形硗确,穴地数尺鲜不遇,石城中之井以十数而少旱即涸"。[⑧]

### (二)土壤环境与贫困

而山区的土壤环境对农业生产的影响,主要有三个方面。

首先,山区土地开发不易,可以耕种的土地不多。如福建,其地形以丘陵山区为主,"重山复岭,绵亘连属"。[⑨]丘陵山地间会开辟出低处的水田和山坡的旱地,但仍然是山多田少。梓州路,据《文献通考·田赋四》载:"梓州路田为山崖,难计顷亩",因为山区耕地过于零碎,以至没有确切的统计数据。

其次,森林覆盖较好的山区,民众尚采用原始粗放型的刀耕火种的耕垦方式。为了农业种植,人们往往采用刀耕火种的方式烧畲为田,"先斫山田,虽

---

① [宋]许景衡:《横塘集》卷18《迎坡阁记》,线装书局《宋集珍本丛刊》影印清钞本,第342页。

② [宋]杨亿:《贺再熟稻表》,收录于曾枣庄、刘琳主编:《全宋文》卷283,上海辞书出版社、安徽教育出版社,2006年点校本,第7册,第530页。

③ [宋]张元干:《芦川归来集》卷9《福州连江县潘渡石桥记》,文渊阁四库全书本。

④ [宋]脱脱等:《宋史》卷89《地理志五》,中华书局,1977年点校本,第2210页。

⑤ [宋]杨时:《杨龟山集》卷22《与执政》,中华书局,1985年,535-536页。

⑥ [宋]李焘:《续资治通鉴长编》卷349,元丰七年十月戊子条,中华书局,1993年点校本,第8374页。

⑦ [宋]李焘:《续资治通鉴长编》卷122,宝元元年十一月甲辰条,中华书局,1993年点校本,第2884页。

⑧ [宋]郑侠:《连州重修车陂记》,收录于曾枣庄、刘琳主编:《全宋文》卷2176,上海辞书出版社、安徽教育出版社,2006年点校本,第49册,第363页。

⑨ [宋]张元干:《芦川归来集》卷9《福州连江县潘渡石桥记》,文渊阁四库全书本。

悬崖绝岭，树木尽仆，俟其干且燥，乃行火焉。火尚炽，即以种播之。然后酿黍稷，烹鸡豚。先约曰：某家某日有事于畬田，虽数百里如期而集，锄斧随焉。至则行酒啗炙，鼓噪而作，盖劚而掩其土也，掩毕则生，不复耘矣"。[①] 如京西、荆湖南、夔州等深山地区，皆大量存在这样的畬田，至南宋仍号称"刀耕火种之地"。[②] 荆湖北路鄂州，也是"火耕水耨，人食鱼稻。以渔猎山泽，代代为业，蠃、蛤、食物常足，人偷生朝夕，取给无积聚"。[③] 即便是农业生产较为发达的两浙也有刀耕火种的山区，如浙东处州就是"山越之乡，多乏膏腴之产，火耕水耨"。[④] 这些刀耕火种的地区，农业产出一般极低，民众往往收入不多，或勉强能够自给。陆诜曾说，"川峡四路与内地不同，刀耕火种，民食常不足，至种芋充饥"，[⑤] 此言过于绝对，但川峡山区也的确有大量采用原始经营方式的现象存在。如夔州，"夔路最为荒瘠，号为刀耕火种之地。虽遇丰岁，民间犹不免食木根食"。[⑥] 在夔峡山林之间，万州"村民刀耕火种，所收不多"。[⑦] 在自给都困难的情况下，自然更难以向政府交纳赋税。

再次，山多地区有限的可耕土地也往往土壤瘠薄，肥力不足，物产所获极少，"地多硗瘠，植货不饶"。[⑧] 如河东"山田多而沃土少"。[⑨] 福建普遍被认为是双季稻区域，但仅限于沿海平原地区，而其大量山区因为易旱和土壤硗确，

---

① [宋] 王禹偁：《小畜集》卷8《畬田词有序》，商务印书馆，1937年，第102页。

② 如南宋陈造称京西房州、金州都是"山险硗确之地"，山林中的人们烧畬为田，"水旱丰歉一委之于天（《江湖长翁集》卷6《次程帅劝农和陶诗韵》）"；张淏说荆湖南路沅湘间原始森林覆盖完好，农民"每欲布种时，则先伐其林木，纵火焚之。俟其成灰，即布种于其间，如是则所收必倍，盖史所谓刀耕火种也"（《云谷杂纪》卷4《沅湘间多山》）。汪应辰说夔州路在川峡四路中"最为荒瘠，号为刀耕火种之地．虽遇丰岁，民间犹不免食木根食"（《文定集》卷4《御札问蜀中旱歉画一回奏》）。

③ [宋] 乐史：《太平寰宇记》卷112《鄂州》，中华书局点校本，2007年，第2276页。

④ [宋] 杨亿：《贺再熟稻表》，收录于曾枣庄、刘琳主编：《全宋文》卷283，上海辞书出版社、安徽教育出版社，2006年点校本，第7册，第530页。

⑤ [宋] 李焘：《续资治通鉴长编》卷214，熙宁三年八月辛巳条，中华书局，1993年点校本，第5221页。

⑥ [宋] 王应辰：《文定集》卷4《御札问蜀中旱歉画一回奏》，文渊阁四库全书本。

⑦ [清] 徐松辑：《宋会要辑稿》食货17之19，上海古籍出版社，2014年点校本，第11册，第6356页。

⑧ [宋] 王象之：《舆地纪胜》卷77《德安府》，中华书局，2003年影印本第2版，第2531页。

⑨ [宋] 李焘：《续资治通鉴长编》卷279，熙宁九年十二月丙申条，中华书局，1993年点校本，第6836页。

只能种植单季稻。同时，福建人口密度高，地狭人稠，耕地严重不足，而且很多土地都是"硗确之地"，[1] 致使粮食产量不足，民众往往处于乏食状态。江东宣州"山土硗瘠，物产罕出"，[2] 农业产出极为有限。两浙虽是农业发达区域，但"唯苏、湖、常、秀等州出米浩瀚"，而浙东大量山区，土壤条件远不及浙西，因此"自杭、睦以东衢、婺等州，谓之'上乡'，所产微薄，不了本土所食"。[3] 又如荆湖南路，其潭州、衡州地势较为平坦，其他地区多为山区，"大抵美壤少而瘠田多"。[4] 同时，由于其地形因素，山区田地还容易受到水旱灾害的影响，"晴稍久，则农田已忧枯槁；雨稍多，则山水便见横流"。[5]

可见，山区的土壤环境对于农业生产颇为不利，农民辛勤耕作，却也难以获得较高的收成，甚至难以自给，长期处于贫困状态。北宋张耒诗《秋风三首》描绘了山区农民贫困生活状态，诗云："秋风萧萧洛川渡，水碧沙寒飞白鹭。波头伐木欲成梁，落日樵苏下山去。山头九月雪一尺，山民燃薪当襦袴。石田收薄妇子饥，岁晚苦寒安可度。""秋风萧萧吹野桑，田家黍稷初登场。雉肥兔饱鹰隼健，水落沙冷鱼龙藏。长淮烟波渺千里，怅望搔首山川长。二年薇蕨苦不饱，长安裘马多辉光。""昏鸦归栖暮天迥，新月娟娟水中影。秋声索索起桑麻，古道人归烟火静。公庭吏稀霜树老，药槛雨多幽菊盛。山家生事饱谙知，野果村醪遣朝暝。"[6]

## 二、斥卤型

宋人所说的斥卤、盐卤、碛卤、碱卤、沙卤，可归类为斥卤之地。所谓"斥卤"，指含有过多盐碱成分的土地。[7] 司马贞索隐引《说文》："卤，咸地，东方谓之斥，

---

① [元]脱脱等：《宋史》卷89《地理志五》，中华书局，1977年点校本，第2210页。

② [宋]杜范：《清献集》卷8《便民五事奏劄》，文渊阁四库全书本。

③ [宋]苏轼著；李之亮笺注：《苏轼文集编年笺注》卷37《论浙西闭籴状》，巴蜀书社，2011年，第501页。

④ [宋]孔武仲等撰：《清江三孔集》卷16《代上执政书》，文渊阁《四库全书》影印本．台湾商务印书馆，1986年。

⑤ [宋]袁甫：《蒙斋集》卷2《知徽州奏便民五事状》，中华书局，1985年，第28页。

⑥ [宋]张耒：《张耒集》卷19《秋风三首》，中华书局，1998年，第229页。

⑦ 参见舒新城、沈颐等主编《辞海》，中华书局，1981年，第1327页。

西方谓之卤。"① 王钦若认为，"舄卤之田，不生五谷也"。② 斥卤之地主要是指盐碱地，主要分布于河水洪涝泛滥区域和沿海地区，因盐碱成分过高，不宜进行粮食耕种。

对于斥卤之地的分布及其与农业生产之间的关系，宋人也多有讨论，现将宋代文献中的相关记载列表如下。

表2-3 北宋斥卤之地记载

| 序号 | 关键词 | 材料 | 地区 | 出处 |
|------|--------|------|------|------|
| 1 | 斥卤 | 又沧州久隶高阳，关道里颇近，濒海斥卤，地形沮洳。 | 河北东路沧州 | 李焘《续资治通鉴长编》卷164，庆历八年四月辛卯条 |
| 2 | 斥卤 | 深、冀、沧、瀛间，惟大河、滹、沱、漳水所淤，方为美田；淤淀不至处，悉是斥卤，不可种蓺。 | 河北东路深、冀、沧、瀛之间 | 李焘《续资治通鉴长编》卷249，熙宁七年正月甲子条 |
| 3 | 斥卤 | 大名、澶渊、安阳、临洺、汲郡之地，颇杂斥卤，宜于畜牧。浮阳际海，多舄盐之利。 | 河北西路大名，河北西路开德府澶渊、河北西路相州安阳、河北西路洺州临洺、河北西路卫州汲郡之地 | 脱脱《宋史》卷86《地理志》 |
| 4 | 斥卤 | 今魏、恩、冀之西，相、邢、洺之东皆古陂，地斥卤，东西二三十里，南北数百里。 | 河北西路恩州、冀州以西，相州、邢州、洺水之东 | 晁补之《鸡肋集》卷26《河议》 |
| 5 | 斥卤 | 希道曰：祖宗手诏，在北门，地多斥卤，民所衣食，故通盐不禁，河朔之人可安不可扰。 | 河朔 | 李焘《续资治通鉴长编》卷348，元丰七年八月庚午条 |
| 6 | 斥卤 | 海滨斥卤至广。 | 淮南东路楚州 | 余靖《武溪集》卷6《楚州盐城南场公署壁记》 |

---

① [东汉] 许慎撰：《说文解字》，中华书局影印本，1978年第4版，第247页。

② [宋] 王钦若等编纂：《册府元龟》卷495邦计部十三《田制》，凤凰出版社校订本，2006年，第5615页。

续表

| 序号 | 关键词 | 材料 | 地区 | 出处 |
|---|---|---|---|---|
| 7 | 斥卤 | 白狼五山,距通州城东南十里,而近率不百步……上下沮洳,斥卤之所。 | 淮南东路通州 | 刘弇《龙云集》卷23《独游狼山记》 |
| 8 | 斥卤 | (元)绛曰:"海旁之民,斥卤不毛,恃盐以生"……通州地斥卤,有井皆咸,邦人苦之。 | 淮南东路通州 | 王象之《舆地纪胜》卷41《通州》 |
| 9 | 斥卤 | 通、泰、海州皆滨海,旧日潮水皆至城下,土田斥卤不可稼穑。 | 淮南东路通州、泰州、海州 | 司马光《涑水记闻》卷10 |
| 10 | 斥卤 | 在海门,日患斥卤之泽,民无甘饮及卜良地,凿大池,广方百步,积泉袤丈。 | 淮南东路通州海门县 | 范仲淹《范文正公文集》卷12 |
| 11 | 斥卤 | 杭虽号水乡,而其地斥卤,可食之水常不继。 | 两浙路杭州 | 陈襄《古灵集》卷25附录《先生行状》 |
| 12 | 斥卤 | 自环抵灵,旱海七百里,斥卤枯泽,无溪涧川谷,荷戈甲而受渴乏。 | 灵武 | 李焘《续资治通鉴长编》卷39,至道二年五月戊子条 |
| 13 | 斥卤 | 长安地斥卤,而井泉不可食,尧咨乃疏龙首渠入城,而民甚利之。 | 永兴军路京兆府长安县 | 王称《东都事略》卷44列传二十七《陈尧咨传》 |
| 14 | 斥卤 | 自浙江上流地名石门,并山而东,或因斥卤弃地,凿为运河。 | 两浙路 | 苏轼《苏文忠公全集》东坡奏议卷9《乞相度开石门河状》 |
| 15 | 斥卤 | 维今荣隐之邦,实昔夜郎之壤,贰耕火种,矛浙剑炊。岁计经营之租,无六千斛;郡仰斥卤之羡,已五百年。 | 梓州路荣州 | 佚名《翰苑新书集》后集上卷25《知荣州到任谢(李梅亭)》 |
| 16 | 斥卤 | 自环庆至瀚海七百里,斥卤枯泽,无溪涧川谷。 | 灵州 | 彭百川《太平治迹统类》卷2 |

续表

| 序号 | 关键词 | 材料 | 地区 | 出处 |
|------|--------|------|------|------|
| 17 | 斥卤 | 秀居湖海原隰之间，厥壤斥卤，三农于水无所蓄藏，故雨涉旬则病水，不雨涉月则病旱，水旱之祷不容不渎。 | 两浙路秀州 | 沈与求《龟溪集》集卷11《金山庙祈雨祝文》 |
| 18 | 斥卤 | 温并海地斥卤，宜橘与柑，而泥山特斥卤佳处，物生其中，故独与他异。予颇不然其说，夫姑苏、丹丘与七闽两广之地，往往多并海斥卤，何独温？而又岂无二三里得斥卤佳处如泥山者？ | 两浙东路温州平阳县姑苏、丹丘、七闽两广之地 | 陈景沂《全芳备祖》后集卷3果部 |
| 19 | 瘠卤 | 陵州在崎岖山谷之中，城垒邑屋与峦岭涧壑相为上下，所领县四，户口裁三万，税钱止千三百缗，租不满万石，土田瘠卤，民颇善耕稼，然其性椎质，各守获本业，不喜作诉讼。 | 成都府路陵井监陵州 | 文同《丹渊集》卷28《陵州谢上任表》 |
| 20 | 瘠卤 | 夫濒海瘠卤之地，屯三万人，且三岁粮，民何以堪之乎？ | 广南西路海南 | 苏过《斜川集》卷5《论海南黎事书》 |
| 21 | 瘠卤 | 魏史起凿十二渠，引漳水溉斥卤之田，而河内饶足。唐至德后，渠废，而相、魏、磁、洺之地并漳水者，累遭决溢，今皆斥卤不可耕……夫漳水一石，其泥数斗，古人以为利，今人以为害，系乎用与不用尔。愿募民复十二渠，渠复则水分，水分则无奔决之患。以之灌溉，可使数郡瘠卤之田，变为膏腴，如是，则民富十倍，而帑廪有余矣。以此驭敌，何求而不可。 | 河北相、魏、磁、洺州 | 脱脱《宋史》卷300《王沿传》 |
| 22 | 瘠卤 | 盖其地产瘠卤，人不根着。 | 河北东路冀州 | 黄庭坚《豫章黄先生文集》卷17《冀州养正堂记》 |
| 23 | 瘠卤 | 已而黄河涨淤邢、洺、深、冀之间，流行于瘠卤低下之地，入界河，漂北界以归于海。 | 河北西路、河北东路之邢、洺、深、冀之间 | 徐松《宋会要辑稿》方域15之21 |

续表

| 序号 | 关键词 | 材料 | 地区 | 出处 |
|------|--------|------|------|------|
| 24 | 瘠卤 | 地瘠卤，民贫，赋役烦重，富人往往隶太常为乐工，以幸免役，凡六十余家，以故民益困。 | 京畿路开封府中牟县 | 杜大珪《名臣碑传琬琰集》中卷16《石工部扬休墓志（忠文公范镇）》 |
| 25 | 瘠卤 | 海濒瘠卤，民窭寒饥，类以鬻盐为生。 | 淮南东路通州静海县 | 邹浩《道乡集》卷40《故朝请郎张公行状》 |
| 26 | 瘠卤 | 本路进筑兴平城及之字平等处，皆地狭无水，瘠卤不便。 | 永兴军路京兆府兴平城 | 李焘《续资治通鉴长编》卷500，元符元年七月辛亥 |
| 27 | 碱卤 | 深州旧治靖安，其地碱卤不可艺植，井泉悉是卤。 | 河北西路深州靖安县 | 沈括《梦溪笔谈》卷11《官政一》 |
| 28 | 咸卤 | 陈留地多咸卤，公募民开垦，假之资而薄其歛，未期年瘠地二千顷尽为膏壤。 | 京畿路开封府陈留县 | 李弥逊《筠溪集》卷24《龙图阁直学士右通奉大夫致仕叶公墓志铭》 |
| 29 | 咸卤 | 杭州滨海，其地咸卤，水不可食。居民数十万家皆市山泉以给日用。 | 两浙路杭州 | 陈襄《古灵集》卷25《陈先生祠堂记》 |
| 30 | 盐卤 | 河北之盐异于他处，非解州之地可巡御，非江淮之务费煎炼，或河水所淤之地不生寸草而白咸是生，或天生盐地百种不生亘野皆盐卤，或生盐草而火之、而水之，盐立成矣。 | 河北 | 晁说之《嵩山文集》卷2《朔问下》 |
| 31 | 盐卤 | 河朔土多盐卤，小民税地不生五谷，惟刮咸煎之以纳二税。 | 河朔 | 李焘《续资治通鉴长编》卷159，庆历六年七月戊子条 |
| 32 | 盐卤 | 闻董村田亩旧直三两千，所收谷五七斗，自淤后，其直三倍，所收至三两硕。今权领都水淤田，窃见累岁淤变京东西盐卤之地尽成膏腴，为利极大。 | 京东西、河东 | 徐松《宋会要辑稿》食货61之102 |

### （一）地理分布

根据上表对于斥卤之地分布的记载，我们可以看出有文献记载的斥卤之地主要分布于以下区域：

表2-4 北宋斥卤之地分布表

| 路 | 府州军 |
|---|---|
| 永兴军路 | 京兆府 |
| 河北西路 | 深州、洺州、相州、卫州、邢州、磁州 |
| 河北东路 | 沧州、冀州、恩州、大名府、开德府 |
| 京畿路 | 中牟县、陈留县 |
| 淮南东路 | 海州、楚州、泰州、通州 |
| 两浙路 | 苏州、秀州、杭州、温州 |
| 成都府路 | 陵井监 |
| 梓州路 | 荣州 |
| 广南西路 | 琼州 |

由图表可见，斥卤之地主要与水域分布相关联。据统计推测，"宋代辖区内陆水域总面积约在20万平方公里，大致占当时疆域范围的5-7%左右"。[①]广阔的内陆水域面积，也意味着斥卤之地有着较为广阔的分布。总的来说，宋朝斥卤之地主要分布于北方河网纵横区域和东部沿海地区。

一方面，北方黄河流域及河网纵横地区的河谷地带，土壤经常受到洪水倾灌，盐碱化问题严重。如河北是"诸水所经"之地，[②]"黄河涨淤邢、洺、深、冀之间，流行于瘠卤低下之地，入界河，漂北界，以归于海"，河北范围内的黄河流域易决口泛滥，造成大量斥卤之地。除黄河外，还有漳水、滹沱等河流亦造成较大影响，如相州、魏州、磁州等地"并漳水者，屡遭决溢，今皆斥卤

---

① 参见张全明：《两宋生态环境变迁史》，中华书局，2016年，第438页。

② ［清］徐松辑：《宋会要辑稿》食货61之73，上海古籍出版社，2014年点校本，第7479页。

不可耕"。[①] 河北东路深州、冀州、沧州、瀛洲之间，为河水所淤的才成为良田，"淤淀不至处，悉是斥卤，不可种艺"。[②] 冀州也是"其地产瘠卤，人不根着"。[③] 深州靖安县"其地咸卤，不可艺植，井泉悉是恶卤"。[④] 大名、澶渊、安阳、临洺、汲郡等地也"颇杂斥卤"。[⑤] 河北西路恩州、冀州以西，相州、邢州、洛水之东，斥卤之地"东西二三十里，南北数百里"。[⑥] 河东丰州也是"地居碛卤，田畴每岁三易"。[⑦] 开封府地势平坦，水网纵横，商业和手工业发达。由于其河流较多，易成泛滥，部分土地盐碱化严重，如开封陈留县"地多咸卤"，[⑧]中牟县也是"地瘠卤民贫"。[⑨]

另一方面，沿海地区易受到海浪潮汐和台风的影响，会形成大面积盐碱地。如淮东地势较低，沿海地区形成大片滩涂之地，"土田斥卤，不可稼穑"，[⑩]难以用于耕垦。如通州"其地舄卤而瘠，无丝粟之饶，其民苦窳而贫。有渔盐之利"。[⑪] 浙东平原临海，容易受到海浪潮汐影响，同时土地盐碱化问题严重，产量远低于浙西太湖平原。福建沿海平原大量土地有盐卤之害，必须以淡水冲灌。而且福建沿海多是水稻连作，土壤常年积水，会影响土壤肥力，甚至致使土壤盐碱化。因此虽然一年两熟，但人们认为其收成甚至不如一年一熟之地。如兴化军濒临海岸，"地多咸卤，而可耕之地，又皆高仰，无川渎沟洫之利。旬日不雨，则民有粒食之忧"。[⑫] 还有两广，其沿海地区亦有较多斥卤之地，

① [宋]李焘：《续资治通鉴长编》卷104，天圣四年八月辛巳条，中华书局，1993年点校本，第2415-2416页。

② [宋]李焘：《续资治通鉴长编》卷249，熙宁七年正月甲子条，中华书局，1993年点校本，第6076页。

③ [宋]黄庭坚：《宋黄文节公全集》卷16《冀州养正堂记》，四川大学出版社，2001年，第426页。

④ [宋]沈括著；胡道静校注：《梦溪笔谈校证》卷11《官政一》，中华书局，1962年第2版，第413页。

⑤ [元]脱脱等：《宋史》卷86《地理志二》，中华书局，1977年点校本，第2131页。

⑥ [宋]晁补之：《鸡肋编》卷26《河议》，四部丛刊本。

⑦ [宋]乐史：《太平寰宇记》卷39《丰州》，中华书局点校本，2007年，第827页。

⑧ [宋]李弥逊：《筠溪集》卷24《龙图阁直学士右通奉大夫致仕叶公墓志铭》，文渊阁四库全书本。

⑨ [宋]杜大珪：《名臣碑传琬琰集》中卷16《石工部扬休墓志（忠文公范镇）》，文渊阁四库全书本。

⑩ [宋]司马光：《涑水记闻》卷10，中华书局，1989年点校本，第185页。

⑪ [宋]王象之：《舆地纪胜》卷41《通州》，中华书局，2003年第2版，第1704页。

⑫ [宋]方略：《有宋兴化军祥应庙记》，载民国《福建通志·金石志》卷9，第11页。

属于广南西路管辖之下的海南岛更多是"濒海瘴卤之地"。①

此外，土地的过度开发也会造成土壤盐碱化问题。如南方稻田长年浸泡，易成盐碱化土地，这个现象的分布较为零散，此处不再讨论。

### （二）土壤环境与贫困

对于斥卤的土壤环境对农业生产的影响，主要有以下两个方面。

首先，斥卤分布地区可耕土地比例少。盐碱化土地不能进行农业耕种，而这些地区的土地盐碱化比例极高，往往可用于耕种的土地极少。如北方斥卤之地主要集中于河北，王沿说，河北十分之三为契丹所占据，"余出征赋者七分而已"。在十分之七的面积中，"得赋之实者四分而已"，因为河北存在大量的斥卤之地，"而相、魏、磁、洛之地并漳水者，累遭决溢，今皆斥卤不可耕。故沿边郡县，数蠲租税。而又牧监刍地，占民田数百千顷"。②斥卤之地必须以大量淡水进行灌溉，才能够用以耕种粮食。但这些斥卤集中地往往连淡水也会受到影响，如河北深州靖安县，"其地碱卤不可艺植，井泉悉是卤"。③不仅灌溉受到影响，就连民众生活饮用水甚至也难以保证。如杭州"虽号水乡，而其地斥卤，可食之水常不继"；④淮南东路通州，"地斥卤，有井皆咸，邦人苦之"。⑤这种情况下，灌溉就更加困难了。

其次，土地斥卤不可耕必然影响地方的农业收成，进一步导致当地乡村下户的贫困。影响一个地区粮食产量的因素很多，如劳动力耕作技术、生产的时间和成本投入等，但其斥卤之地较多必然也是影响产出的重要因素。这点可以从地方政府的税收数据上反映出来，如成都府路陵井监，土田瘠卤，"所领县四，户口裁三万，税钱止千三百缗，租不满万石"；⑥梓州路荣州，斥卤之地颇多，"岁计经营之租，无六千斛"。⑦可见斥卤分布地区的农业产出不甚理想，也

---

① [宋]苏过著，舒大刚等校注：《斜川集校注》卷7《论海南黎事书》，巴蜀书社，1996年，第492页。

② [元]脱脱等：《宋史》卷300《王沿传》，中华书局，1977年点校本，第9957页。

③ [宋]沈括著；胡道静校注《梦溪笔谈校证》卷11《官政一》，中华书局，1962年第2版，第413页。

④ [宋]陈襄：《古灵集》卷25律诗绝句附录《先生行状》，文渊阁四库全书本。

⑤ [宋]王象之：《舆地纪胜》卷41《通州》，中华书局，2003年第2版，第1711页。

⑥ [宋]文同著；胡问涛、罗琴校注：《文同全集编年校注》卷28《陵州谢上任表》，巴蜀书社，1999年，第859页。

⑦ [宋]佚名：《翰苑新书集》后集上卷25《知荣州到任谢（李梅亭）》，文渊阁四库全书本。

必然会影响农民的收入，加剧下户的贫困状态。

需要说明的是，斥卤之地往往是渔盐之地，民众有着其他的生产方式。但也被认为是贫困的，因为农业发展受限，难以积蓄。北宋是个标准的农业社会，虽然其商品经济和城市经济发展水平极高，但农业仍然是国家的基础，亦是大部分宋人衡量一个地区经济发展状况的最重要标准。因此，在很多人的认知中，一个地区农业的不发达即是经济的不发达，农产物的匮乏和供给不足即是民众贫困的重要原因。农业虽然只是一个地区经济结构的其中一个组成部分，但在重农意识的影响下，土壤环境的恶劣不仅会影响农业生产，亦被宋人认为会影响该地区的经济整体发展状况。有些地区农业落后，但其他资源相对丰富，亦有其他产业支撑地方经济，但通常将其描述为"地瘠民贫"之地。如"东南斥卤淮为上"，[1] 淮南东路是北宋重要的产盐区，其土地"斥卤不毛"，民众"恃盐以生"，[2] 多被认为生活贫窘。淮南东路通州静海县"海濒瘠卤，民窘寒饥，类以鬻盐为生"[3] 京东东部的登州、莱州地处胶东半岛，渔盐业发达，商业发展较好，但农业受到土地斥卤的影响，故而被认为是"地瘠民贫"之地。[4] 可见所谓斥卤之地皆贫困在一定程度上是受到时人认知影响的。

### 三、瘠薄型

宋人所说的地瘠、土瘠、瘠薄、荒瘠、贫瘠、沙瘠、苦瘠、瘠地、土薄、地薄等，可被归纳为瘠薄之地。所谓"瘠薄"，《说文》曰："瘠，瘦也。"通常情况下，"地瘠""地薄"往往是泛用的概念，用于泛指地力瘠薄，不宜耕种或产量较低的土壤环境，包括了本节所说的瘠薄之地、硗确之地和斥卤之地等多种情况。同时，"地瘠"也常用于专指干旱平原地区土壤单薄，肥力不足的瘠薄之地。

对于瘠薄之地的分布及其与农业生产之间的关系，宋人也多有讨论，现将

---

① ［宋］俞德邻：《佩韦斋集》卷10《送陈茂叔序》，文渊阁四库全书本。

② ［宋］王象之：《舆地纪胜》卷41《通州》，中华书局，2003年第2版，第1711页。

③ ［宋］邹浩：《故朝请郎张公行状》，收录于曾枣庄、刘琳主编：《全宋文》卷2844，上海辞书出版社、安徽教育出版社，2006年点校本，第132册，第20页。

④ ［宋］苏轼著；李之亮笺注：《苏轼文集编年笺注》卷23《登州谢上表》其二，巴蜀书社，2011年，第403页。

宋代文献中的相关记载列表如下。

表2-5 北宋瘠薄之地记载

| 序号 | 关键词 | 材料 | 地区 | 材料出处 |
|---|---|---|---|---|
| 1 | 地薄 | 勅具官某：江西地薄民贫，险而好讼。顷者有司失计，以盐赋民，愁叹无聊，困弊愈甚。 | 江南西路 | 苏辙《栾城集》卷28《吴革江西运判》 |
| 2 | 地薄 | 丁未，江南西路提举司言："兴国军永兴县有熙宁六年至九年拖欠役钱万二千余缗，本县民户地薄税重，累经灾伤，又役钱稍重，乞特赐蠲免。"从之。 | 江南西路兴国军永兴县 | 李焘《续资治通鉴长编》卷288，元丰元年二月丁未条 |
| 3 | 地薄 | 蔡地薄赋重，而转运司为覆折之令，以多取于民，民不堪命。 | 京西北路蔡州 | 毕仲游《西台集》卷6《欧阳叔弼传》；欧阳修《欧阳文忠公集》附录卷第4《四朝国史本传》 |
| 4 | 地薄 | 邑号称陪京，民朴讼稀，地薄赋简，尽心从事则诏条具存，竭力劝农，而天时可望，既庶而富，谓粗可以足民。 | 京西北路汝州 | 刘攽《彭城集》卷26《为韩龙图汝州谢上表》 |
| 5 | 地薄 | 湖南区区民贫地薄，幸蒙朝廷蠲省盐课，莫不歌舞，太平涵泳圣德。 | 荆湖南路 | 王遽《清江三孔集》卷11《代论湖南酒禁奏状》 |
| 6 | 地瘠 | 雅州地瘠民贫。 | 成都府路雅州 | 吕陶《净德集》卷4《奉使回奏十事状》 |
| 7 | 地瘠 | 闽中地瘠而人贫，俗俭陋，常以不足为忧，多计产育子，虽士人不免者浸而成风，恬不以为怪。 | 福建路 | 杨时《龟山集》卷37《范君墓碣》 |
| 8 | 地瘠 | 七闽之会，地瘠民贫，奸利之臣掊取无艺，搜原剔薮，祸及鸡豚，产怨一方。 | 福建路福州 | 孙觌《鸿庆居士集》卷25《显谟阁待制江常知福州》 |
| 9 | 地瘠 | 闽中地瘠民贫。 | 福建路福州 | 李俊甫《莆阳比事》卷4《减丁蠲米罢榷削输》 |
| 10 | 地瘠 | 冒闻闽中地瘠人贫，天下所共知，比年建、剑、临汀、邵武四郡为群凶焚劫荡尽，无孑遗而将乐为尤甚。 | 福建路 | 杨时《龟山集》卷22《与执政》 |
| 11 | 地瘠 | 地瘠人贫无如七闽者。 | 福建路 | 邓肃《栟榈集》卷17《南剑天宁塑像》 |

续表

| 序号 | 关键词 | 材料 | 地区 | 材料出处 |
|---|---|---|---|---|
| 12 | 地瘠 | 康州旧以土地瘠薄，人不耕佃，往年高赋，知州招集流民自更，请射依乡原例起税，凡百亩之田以四亩出赋，自是稍稍垦治，殆无旷土。 | 广南东路康州 | 李焘《续资治通鉴长编》卷337，神宗元丰六年七月辛未条 |
| 13 | 地瘠 | （熊）本言："桂管民贫地瘠。" | 广南西路 | 脱脱《宋史》卷334《熊本传》 |
| 14 | 地瘠 | 广西转运司奏："本路地瘠民贫，赋入微薄，边面阔远，支费浩瀚，年计阙钱，自来并是上烦朝廷资助。" | 广南西路 | 徐松《宋会要辑稿》礼25之17 |
| 15 | 地瘠 | 麟府路体量安抚司奏："盖缘河外地瘠，差役频并，欲别行措置。" | 河东路 | 李焘《续资治通鉴长编》卷480，哲宗元祐八年正月乙巳条 |
| 16 | 地瘠 | 河东地瘠民贫，漕挽岁常不足。 | 河东路 | 苏过《斜川集》卷5《河东提刑崔公行状》 |
| 17 | 地瘠 | 晋邑地瘠民贫。 | 河东路 | 李复《潏水集》卷7《送卫奕致仕归诗序》 |
| 18 | 地瘠 | 河外地瘠，差役频并。 | 河东路麟州、府州 | 徐松《宋会要辑稿》兵4之15 |
| 19 | 地瘠 | 江左之地瘠，其民力耕而望岁。 | 江南东路 | 翟汝文《忠惠集》卷2《两浙路提刑周邦式江东路提刑李公年两易制》 |
| 20 | 地瘠 | 臣所领州下临涨海，人淳事简，地瘠民贫，入境问农，首见父老戴白扶杖争来马前，皆云枯朽之余死亡无日，虽在田野亦有识知。 | 京东东路登州 | 苏轼《苏文忠公全集》东坡集卷25《登州谢上表二首》 |
| 21 | 地瘠 | 独臣所领登州，计入海中三百里，地瘠民贫，商贾不至，所在盐货只是居民吃用，今来既榷入官，官买价钱比之竈户卖与百姓三不及。 | 京东东路登州 | 苏轼《苏文忠公全集》东坡奏议卷2《乞罢登州榷盐状》 |
| 22 | 地瘠 | 御史翟思言："唐州旧以土地瘠薄，人不耕佃。往年高赋知州招集流民自便请射，依乡原例起税，凡百亩之田，以四亩出赋，自是稍稍垦治，殆无旷土。" | 京西南路唐州 | 徐松《宋会要辑稿》食货70之15 |

续表

| 序号 | 关键词 | 材料 | 地区 | 材料出处 |
|---|---|---|---|---|
| 23 | 地瘠 | （开封府中牟）县当国之西门，使车往来之冲也，地瘠卤民贫，赋役烦重 | 开封府中牟县 | 杜大珪《名臣碑传琬琰集》中卷16《石工部扬休墓志（忠文公范镇）》 |
| 24 | 地瘠 | （中牟县）县当国西门衣冠往来之冲也。地瘠民贫，赋役烦重，富人隶太常为乐工，侥幸免役者凡六十余家，扬休请悉罢之。 | 开封府中牟县 | 脱脱《宋史》卷297《石扬休传》 |
| 25 | 地瘠 | 欲赋于民则地瘠财窭，虽丰年犹有艰食，重困以劳，肌将不膏，欲给于兵则给役无几，但缓岁月未克以究。 | 利州路利州 | 吕陶《净德集》卷13《利州修城记》 |
| 26 | 地瘠 | 利州民贫地瘠。 | 利州路利州 | 脱脱《宋史》卷344《鲜于侁传》 |
| 27 | 地瘠 | 然而地瘠而贫，故其民勤约而敦本，啬用而寡求，凡居室服器，趋完而已，皆不足为美观也。 | 两浙路婺州东阳 | 杨时《龟山集》卷24《乾明寺修造记》 |
| 28 | 地瘠 | 臣访闻定西一带川原广阔，昔喀木所居，西市夏人置仓以积谷，智固胜如川，伪号御庄自归本路，其土人皆走天都山及会州之境，地瘠人贫，未尝一日回思其地。 | 秦凤路会州 | 李焘《续资治通鉴长编》卷444，哲宗元祐五年六月辛酉条。 |
| 29 | 地瘠 | 西羌地瘠，以池盐易谷于边。 | 西羌 | 王应麟《玉海》188《兵捷·知制诰抚谕西羌》 |
| 30 | 地瘠 | 君既至环，安边之利害，大要在属羌难制，惧有夏戎爲暴发之患；又地瘠谷贵，屯师为难，聚粮则力屈，损兵则势危：斯急病也。 | 永兴军路环州 | 范仲淹《范文正公文集》卷13《东染院使种君墓志铭》 |
| 31 | 瘠薄 | 偏州小县尽是山坡，田土瘠薄，别无他产。 | 成都府路陵州 | 文同《丹渊集》34《奏乞免陵州井纳柴状》 |
| 32 | 瘠薄 | 然其壤地瘠薄，多旷而不耕，户口寡少，多惰而不力，故租赋之人于他路为最贫。 | 京西 | 苏辙《栾城集》23《京西非路转运使题名记》 |
| 33 | 瘠薄 | 本县民田瘠薄，屡经灾旱。今年夏秋阙雨，五谷不收。 | 京西北路孟州河阳县 | 陈襄《古灵集》卷六奏状《知河阳县乞抛降和籴小麦价钱状》 |

续表

| 序号 | 关键词 | 材料 | 地区 | 材料出处 |
|---|---|---|---|---|
| 34 | 瘠薄 | 御史翟思言："唐州旧以土地瘠薄，人不耕佃。往年高赋知州招集流民自便请射，依乡原例起税，凡百亩之田，以四亩出赋，自是稍稍垦治，殆无旷土。" | 京西南路唐州 | 徐松《宋会要辑稿》食货70之15 |
| 35 | 瘠薄 | 窃以湖南一路户口虽多，而土壤瘠薄，经旬不雨则旱暵之忧。虽遇丰岁，中家不免食菽与粟。其地力民财实不与江西等也。 | 荆湖南路 | 王遽《清江三孔集》卷16《上省部书》 |
| 36 | 瘠地 | 都大提举黄御等河公事程昉言，乞自滹沱、葫芦两河引水淤溉，滹沱南岸魏公、孝仁两乡瘠地万五千余顷，自永静军双陵道口引河水淤溉；北岸曲淀等村瘠地万二千余顷，并俟明年兴工。从之。 | 河北东路永静军 | 李焘《续资治通鉴长编》卷262，熙宁八年四月戊寅条 |
| 37 | 瘠地 | 京东西淤官私瘠地五千八百余顷，乞依例差使臣等管勾。从之。 | 京东西 | 李焘《续资治通鉴长编》卷288，元丰元年二月甲寅条 |
| 38 | 瘠地 | 九年八月程师孟言："……今臣权领都水淤田，窃见累岁淤京东、西咸卤之地尽成膏腴，为利极大。尚虑河东犹有荒瘠之田，可引天河淤溉者。"于是遣都水监丞耿琬淤河东路田。十年六月，师孟、琬引河水淤京东、西沿汴田九千余顷；七月，前权提点开封府界刘淑奏淤田八千七百余顷；三人皆减磨勘年以赏之。九月，入内内侍省都知张茂则言："河北东、西路夏秋霖雨，诸河决溢，占压民田。"诏委官开畎。元丰元年二月，都大提举淤田司言："京东、西淤官私瘠地五千八百余顷，乞差使臣管干。"许之。四月诏："辟废田、兴水利、建立堤防、修贴圩埠之类，民力不给者，许贷常平钱谷。" | 京东西、河东 | 脱脱《宋史》卷95《河渠志》 |
| 39 | 瘠地 | 陈留地多咸卤，公募民开垦，假之资而薄其敛，未期年瘠地二千顷尽为膏壤。 | 开封陈留 | 李弥逊《筠溪集》卷24《龙图阁直学士右通奉大夫致仕叶公墓志铭》 |

续表

| 序号 | 关键词 | 材料 | 地区 | 材料出处 |
|---|---|---|---|---|
| 40 | 贫瘠 | 议七郡贫瘠，非蜀他地比。 | 夔州路渝州 | 吕陶《净德集》卷23《知渝州王叔重墓志铭》 |
| 41 | 土薄 | 诏麟、府二州乡村户毋出役钱。韩绛言麟、府、丰三州，上番义军已免输役钱，而并边土薄，乡村户贫乏，宜亦蠲之。 | 河东路麟州、府州、丰州 | 李焘《续资治通鉴长编》卷300，元丰二年九月壬子条 |
| 42 | 土薄 | 巴山土薄民贫，丝帛之赋反倍他所，日益凋敝。 | 利州路巴州 | 程颢《二程文集》卷4《华阴侯先生墓志铭》 |
| 43 | 土薄 | 石门新河，若出定山之南，则地皆斥卤，不坏民田。及自新河以北，潮水不到，灌以河水，皆可化为良田。然近江土薄，万一数十年后，江水转移，河不坚久。若自石门、并山而东，出定山之北，则地坚土厚，久远无虞。 | 两浙路杭州钱塘县 | 苏轼《苏文忠公全集》东坡奏议卷9《乞相度开石门河状》 |
| 44 | 荒瘠 | 鄜延地皆荒瘠。 | 永兴军路鄜州、延州 | 王称《东都事略》卷91《赵卨传》 |

### （一）地理分布

根据上表对于硗确之地分布的记载，我们可以看出有文献记载的瘠薄之地主要分布于以下区域。

表2-6 北宋瘠薄之地分布表

| 路 | 府州军 |
|---|---|
| 秦凤路 | 会州 |
| 永兴军路 | 环州 |
| 河东路 | 丰州、府州、麟州 |
| 河北东路 | 永静军 |
| 京西北路 | 蔡州、孟州、汝州 |
| 京西南路 | 唐州 |
| 京畿路 | 中牟县、陈留县 |
| 京东东路 | 登州 |
| 京东西路 |  |
| 江南东路 |  |
| 江南西路 | 兴国军 |
| 两浙路 | 杭州、婺州 |
| 荆湖南路 |  |
| 成都府路 | 雅州、陵井监 |
| 利州路 | 利州、巴州 |
| 梓州路 | 梓州 |
| 夔州路 | 恭州 |
| 福建路 | 福州 |
| 广南东路 | 康州 |
| 广南西路 |  |

从转运司路这一区域划分层面来看，可以说北宋各路均有称其"地瘠"的记载。如苏过称河东"地瘠民贫"。[1]苏辙说江西"地薄民贫"。[2]苏轼说京东"山

---

[1] [宋]苏过著，舒大刚等校注：《斜川集校注》卷5《河东提刑崔公行状》，巴蜀书社，1996年，第610页。

[2] [宋]苏辙：《栾城集》卷28《吴革江西运判》，上海古籍出版社，2009年，第594页。

峡地瘠"。① 王遽说湖南"民贫地薄"。② 夔州路被认为是川峡四路中土壤环境最为恶劣的区域,其贫瘠"非蜀他地比"。③ 福建素来被认为是瘠薄之地,"闽中地瘠人贫,天下所共知"。④ 广东也是"素号瘠薄"。⑤ 熊本说广西"民贫地瘠"。⑥ 可见各地普遍都存在土壤质量较差的情况,只是不同地区土地"瘠薄"的程度有所不同,而且也受到文献记载的限制,有着不同程度的呈现。

参考学界对于北宋人口分布的研究,可以发现人口密度最高的是地势较为平坦、土壤环境较好的几个区域,如成都平原、关中平原、华北平原、长江中下游平原。这几个区域也是关于土地瘠薄的记载最少的地区。⑦ 可以说人口分布与土壤环境状况成正相关关系,土壤环境越好的区域,越能承载更多的人口。而人口密度较低的地区也往往是土壤环境较差的地区,即宋人通常所说的"瘠薄"之地。

北方地区:陕西除了沃饶的关中平原外,还有大量山地和瘠薄的沿边区域,如秦凤路会州"地瘠人贫"。⑧ 永兴军路鄜州、延安府"地皆荒瘠",⑨ 保安军"地寒霜早,不宜五谷",⑩ 农业种植发展困难,以畜牧业经济为主。《宋史·地理志》称京西"土地褊薄,迫于营养"。可以说,土地瘠薄是宋人对京西的普遍印象。苏辙称,"壤地瘠薄,多旷而不耕,户口寡少,多惰而不力,故租赋之入于他

① [宋]吕祖谦:《宋文鉴》皇朝文鉴卷第131《书鲜于子骏八咏后(苏轼)》,中华书局,1992年,第1827页。

② [宋]孔武仲等撰:《清江三孔集》卷11《代论湖南酒禁奏状》,文渊阁《四库全书》影印本.台湾商务印书馆,1986年。

③ [宋]吕陶:《知渝州王叔重墓志铭》,收录于曾枣庄、刘琳主编:《全宋文》卷1613,上海辞书出版社、安徽教育出版社,2006年点校本,第37册,第459页。

④ [宋]杨时:《杨龟山集》卷22《与执政》,中华书局,1985年,第535-536页。

⑤ [宋]李纲:《李纲全集》卷66《乞令韩世忠不拘路分前去广东招捕曹成奏状》,岳麓书社,2004年,第704页。

⑥ [宋]脱脱等:《宋史》卷334《熊本传》,中华书局,1977年点校本,第10732页。

⑦ 参见吴松弟:《中国人口史》第3卷辽宋金元时期,复旦大学出版社,2000年,第395-396页;何凡能、李士成、张学珍:《北宋中期耕地面积及其空间分布格局重建》,《地理学报》2011年第11期。

⑧ [宋]李焘:《续资治通鉴长编》卷444,元祐五年六月辛酉条,中华书局,1993年点校本,第10684页。

⑨ [元]脱脱等:《宋史》卷332《赵卨传》,中华书局,1977年点校本,第10685页。

⑩ [宋]乐史:《太平寰宇记》卷37《保安军》,中华书局点校本,2007年,第790页。

路为最贫"。① 前述京西南路以山地硗确为主，京西北路的农业环境较之京西南路更好，以平原为主，其环境性贫困主要以瘠薄之地为主要类型。如蔡州、汝州被认为"地薄赋重"。② 孟州河阳县也是"民田瘠薄"，且极易缺雨致旱，"五谷不收"。官府"虽已依条减覆检放税租"，民众仍然颇为艰难，即便是中产之家，也是"已阙岁计，待籴而食，十有八九"，贫民更是深陷债务中，"尚被艰难，举贷不得，深虑来年起发春夫之际，谷价腾涌，贫窭之民转见不易。"③

　　南方地区：荆湖南路除了东北部的潭州、衡州较为平坦，其他地区都以山地为主。"湖南地方民财，不与江西等。大抵美壤少而瘠田多。"④ "土壤瘠薄，经旬不雨则旱暵之忧。虽遇丰岁，中家不免食菽与粟"。⑤ 可见土壤环境不佳，收成较低。川峡四路中，成都府路自然环境较好，一般被认为是农业较为发达的地区。肥沃土地也主要位于成都平原及其周边地区，而该路的边缘地区都是山区。如雅州"地瘠民贫"，⑥ 陵州"田土瘠薄，别无他产"，⑦ 黎州"地瘠民稀，税赋寡薄"。⑧ 梓州路的土壤环境劣于成都府路，地形以丘陵为主，山地较多，灌溉不易。其梓州"壤地瘠薄，民物之产曾不及西川一大县"。⑨ 普州"圮埯走伏，率无良畴，大田若箕。三日不雨，地裂龟坼"。⑩ 渠州也是"地瘠民寰"。⑪利州路的土地贫瘠更甚于梓州路，山区众多，农业发展困难。巴州山多地少，"土

① [宋]苏辙：《栾城集》卷23《京西非路转运使题名记》，上海古籍出版社，2009年，第499页。
② [宋]欧阳修：《欧阳修全集》附录卷2《四朝国史本传》，中华书局，2001年点校本，第2682页；刘攽：《彭城集》卷26表《为韩龙图汝州谢上表》，文渊阁四库全书本。
③ [宋]陈襄：《古灵集》卷6《知河阳县乞抛降和籴小麦价钱状》，文渊阁四库全书本。
④ [宋]孔武仲等撰：《清江三孔集》卷16《代上执政书》，文渊阁《四库全书》影印本. 台湾商务印书馆，1986年。
⑤ [宋]孔武仲等撰：《清江三孔集》卷16《代上执政书》，文渊阁《四库全书》影印本. 台湾商务印书馆，1986年。
⑥ [宋]吕陶：《奉使回奏十事状》，收录于曾枣庄、刘琳主编：《全宋文》卷1594，上海辞书出版社、安徽教育出版社，2006年点校本，第37册，第156页。
⑦ [宋]文同著；胡问涛、罗琴校注《文同全集编年校注》卷27《奏为乞免陵州井纳柴状》，巴蜀书社，1999年，第877页。
⑧ [清]徐松辑：《宋会要辑稿》食货28之47，上海古籍出版社，2014年点校本，第6628页。
⑨ [宋]王象之：《舆地纪胜》卷154《潼川府》，中华书局，2003年第2版，第4163页。
⑩ [宋]李新：《跨鳌集》卷16《普州铁山福济庙记》，文渊阁四库全书本。
⑪ [宋]王象之：《舆地纪胜》卷162《渠州》，中华书局，2003年第2版，第4385页。

薄民贫"；<sup>①</sup>利州虽交通便利，商业发展较好，但"地瘠财窘，虽丰年犹有艰食"，<sup>②</sup>州城亦是"城郭庳而居室陋"。<sup>③</sup>夔州路被认为是川峡四路中自然环境最为恶劣的区域，主要以山地硗确为主。两广历来被认为是苦瘴之地。广东素被认为是瘠薄之地，其民多贫困，以致"仓库空竭无以支遣"。<sup>④</sup>康州"旧以土地瘠薄，人不耕佃"，召集流民开荒耕垦，政府降低税额，后"土虽稍辟而利薄，民虽差庶而未富"。<sup>⑤</sup>广西较之广东更为贫瘠，"广西州县，例皆荒瘠之所"。<sup>⑥</sup>属于广南西路管辖之下的海南岛，多是"濒海瘠卤之地"，<sup>⑦</sup>地瘠民贫成为其自然环境的标签。雷州"濒海土薄，地杂泥沙"。<sup>⑧</sup>琼州、万安、昌化、吉阳军被称为"海外四州军"，素来"土产瘠薄"。<sup>⑨</sup>

### （二）土壤环境与贫困

对于瘠薄的土壤环境对农业生产的影响，主要有以下几方面。

一方面，瘠薄之地的农业产出较低，必然影响农民收入，容易造成农民的贫困。瘠薄之地的民众多贫困，这已成为宋人的共识。"地瘠民贫""地薄民贫"等词句广泛见于宋人对各地土壤环境和民众生存状态的记载中。如苏辙说京西"壤地瘠薄，多旷而不耕，户口寡少，多惰而不力，故租赋之入于他路为最贫"。<sup>⑩</sup>其中京西北路孟州河阳县，"民田瘠薄"，且极易缺雨致旱，"五谷不收"。官府"虽已依条减覆检放税租"，民众仍然颇为艰难，即便是中产之家，也是"已阙岁计，待籴而食，十有八九"，贫民更是深陷债务中，"尚被艰难，举贷不得，

---

① [宋]程颢：《二程文集》明道先生集卷4《华阴侯先生墓志铭》，中华书局，1981年，第504页。

② [宋]吕陶：《利州修城记》，收录于曾枣庄、刘琳主编：《全宋文》卷1610，上海辞书出版社、安徽教育出版社，2006年点校本，第74册，第45页。

③ [宋]王象之：《舆地纪胜》卷184《利州》，中华书局，2003年第2版，第4731页。

④ [清]徐松辑：《宋会要辑稿》职官57之65，上海古籍出版社，2014年点校本，第4593页

⑤ [宋]李焘：《续资治通鉴长编》卷337，元丰六年七月辛未条，中华书局，1993年点校本，第8133页。

⑥ [清]徐松辑：《宋会要辑稿》食货10之14，上海古籍出版社，2014年点校本，第6200页。

⑦ [宋]苏过著，舒大刚等校注《斜川集校注》卷7《论海南黎事书》，巴蜀书社，1996年，第492页。

⑧ [清]徐松辑：《宋会要辑稿》食货8之12，上海古籍出版社，2014年点校本，第6152页。

⑨ [清]徐松辑：《宋会要辑稿》食货6之50，上海古籍出版社，2014年点校本，第6112页。

⑩ [宋]苏辙：《栾城集》卷23《京西非路转运使题名记》，上海古籍出版社，2009年，第499页。

深虑来年起发春夫之际，谷价腾涌，贫窭之民转见不易"。[1] 程师孟任河东路提点刑狱公事，开渠引水灌溉瘠薄之田，经过淤溉之后，"其直三倍，所收至三两石"，而原本的瘠田只能每亩收五七斗。[2] 还有江东亦被认为是瘠薄之地，"其民力耕而望岁"。[3] 湖南也是土壤环境不佳，"土壤瘠薄，经旬不雨则旱暵之忧。虽遇丰岁，中家不免食菽与粟"，可见收成较低。[4]

另一方面，农民为了垦殖瘠薄之地，必然需要深耕施肥，加大对农业生产的投入成本，包括时间成本、金钱成本和劳动力成本。一是需要更加细心勤力地经营土地。如福建，"闽浙之土，最是瘠薄，必有锄耙数番，加以粪溉，方为良田"。[5] 农民"勤于耕畲，土熟如酥；勤于耘籽，草根尽死；勤修沟塍，蓄水必盈；勤于粪壤，苗稼倍长"，[6] 可见农民在瘠薄土地上需要细心经营。然而"三时劳耕耘，收获尚无几"，[7] 依然很难得到较高的产量。二是需要修筑灌溉的水利工程。如福建大量土地"地狭瘠而水源浅远"，不得不"远引溪谷水以灌溉"。[8] 即便是所谓的"濒江善地"，旱季时也需要用龙骨车进行灌溉。[9]

上述瘠薄之地、硗确之地和斥卤之地是依据宋人史料记载中对土壤环境的描述而划分的三种类型，体现了宋人对地理性贫困的分类。当然，宋人在进行描述的时候并不是绝对和专指的。如"地瘠""地薄""土薄"等除了有土地瘠薄之意，还包括了宋人所说的"硗确"和"斥卤"之地，即是概指土壤环境恶劣的情况。而硗确和斥卤也可以用于形容土地的瘠薄状态。

以两浙路为例，即是上述三种地理性贫困都表现明显的区域。两浙被划分为浙东和浙西，北为浙西，南为浙东。浙西地势平坦，水域众多，土壤肥沃，

① [宋]陈襄《古灵集》卷6《知河阳县乞抛降和籴小麦价钱状》，文渊阁四库全书本。

② [宋]李焘：《续资治通鉴长编》卷277，熙宁九年七月庚戌条，中华书局，1993年点校本，第6779页。

③ [宋]翟汝文：《忠惠集》卷2《两浙路提刑周邦式江东路提刑李公年两易制》，文渊阁四库全书本。

④ [宋]孔武仲等撰：《清江三孔集》卷16《代上执政书》，文渊阁《四库全书》影印本. 台湾商务印书馆，1986年

⑤ [宋]陈傅良：《止斋先生文集》卷44《福州劝农文》，四部丛刊本。

⑥ [宋]真德秀：《真西山先生文集》卷7《福州劝农文》，中华书局，1985年，第121页。

⑦ [宋]真德秀：《真西山先生文集》卷7《泉州劝农文》，中华书局，1985年，第122页。

⑧ [宋]方勺：《泊宅编》卷3，中华书局，1983年点校本，第15页。

⑨ [宋]梁克家：《（淳熙）三山志》卷15《水利》，中华书局编辑部编《宋元方志丛刊》1990年影印本，第8册，第7905页。

是北宋重要的粮食产区。尤其是太湖流域的苏、湖、常、秀四州，被称为"水乡泽国"，由于其优越的土壤和水环境，加之民众的精耕细作细心经营，太湖流域粮食产量位于全国之首。如苏州的单位亩产量一般在 2～3 石之间，[①] 甚至可以"出米四石"。[②] 当然，浙西也有土壤环境较差的区域，如秀州虽是膏腴之地，也仍然存在"厥壤斥卤，三农于水无所蓄藏，故雨涉旬则病水，不雨涉月则病旱，水旱之祷，不容不渎"的情况。[③] 而北部的润州和南部的杭州、睦州的环境则更差，如杭州，"山泽相半。十日之雨则病水，一月不雨则病旱"，[④] 同时，杭州还是斥卤之地，"虽号水乡，而其地斥卤"，甚至连饮用水都常不继。[⑤] 浙东，其平原狭小且临海，深受海潮侵袭，土壤盐碱化问题严重。同时，浙东多山，山区可耕土地甚少，且土壤硗确，耕垦不易。如越州，"有山无木，有水无鱼……地无三尺厚"。[⑥] 温州平阳县也是"浙东之穷处也，邑于山谷间"。[⑦] 甚至两浙还有采用原始耕作方式的地区，如处州就是"山越之乡，多乏膏腴之产，火耕水耨"。[⑧] 同时，土地瘠薄也是广泛存在的，如婺州东阳县，"地瘠而贫，故其民勤约而敦本，啬用而寡求"。[⑨]

与此同时，地理性贫困的区域因其自然环境较为恶劣更容易发生灾害，形成灾害性贫困。如河谷地带的斥卤之地，本是由于河水泛滥形成，这样的地区极容易转化为水灾导致的灾害性贫困。又如山区的硗确之地，数日缺雨即需要祷雨，一旦暴雨来袭又会形成涝灾。还有平原地区的瘠薄之地，大多是由于缺

① [宋]范仲淹：《答手诏条陈十事》，收录于曾枣庄、刘琳主编：《全宋文》卷372，上海辞书出版社、安徽教育出版社，2006年点校本，第9册，第483页。
② [宋]范成大：《吴郡志》卷19《水利上》，中华书局编辑部编《宋元方志丛刊》1990年影印本，第1册，第826页。
③ [宋]沈与求：《龟溪集》集卷11《金山庙祈雨祝文》，文渊阁四库全书本。
④ [宋]苏轼著；李之亮笺注《苏轼文集编年笺注》卷62《祈雨吴山》，成都：巴蜀书社，2011年，第320页。
⑤ [宋]陈襄：《古灵集》卷25律诗绝句附录《先生行状》，文渊阁四库全书本。
⑥ [宋]庄绰：《鸡肋编》卷上，中华书局，1983年，第10页。
⑦ [宋]许景衡：《横塘集》卷18《迎坡阁记》，线装书局《宋集珍本丛刊》影印清钞本，第342页。
⑧ [宋]杨亿：《贺再熟稻表》，收录于曾枣庄、刘琳主编：《全宋文》卷283，上海辞书出版社、安徽教育出版社，2006年点校本，第7册，第530页。
⑨ [宋]杨时：《乾明寺修造记》，收录于曾枣庄、刘琳主编：《全宋文》卷2693，上海辞书出版社、安徽教育出版社，2006年点校本，第125册，第13页。

少灌溉而导致的，更易受到旱灾的影响。

# 第二节 灾害性贫困

灾害性贫困，顾名思义，是指由于灾害的破坏导致社会成员的生产生活陷入困难的状态。关于灾害的概念，最经典的定义来自于福瑞茨，其认为，"灾害是一个具有时间、空间特征的事件，对社会或社会其他分支造成威胁和实质损失，从而造成社会结构失序、社会成员基本生存支持系统的功能中断。"[1] 灾害通常分为自然灾害和人为灾害两类，本节主要从环境的角度探讨灾害，因此关注的是自然灾害的范畴。从灾害学的分类来看，自然灾害包括地质灾害、地貌灾害、气象灾害、生物灾害、天文灾害等。其中，地质灾害包括地震、火山、海啸等，地貌灾害包括山崩、滑坡、泥石流、沙漠化、水土流失等，气象灾害包括暴雨、洪水、冰雹、干旱、低温、雪霜等，生物灾害包括虫害、疫病等，天文灾害包括天梯赛撞击、太阳活动与宇宙射线异常等。[2]

如众所知，灾害通常会造成不同程度的物质损失和人员伤亡，而且与贫困有相当高的正相关关系。一般来说，灾害会导致受灾群体陷入暂时性的困境，即群体性的暂时贫困状态。不过，暂时性的贫困是否会演变为长期贫困，主要与三方面因素关系密切：其一，灾害的发生频次和破坏程度，灾害发生越频繁，破坏性越大，受灾群体灾后恢复越困难，陷入贫困状态的可能性就越大；其二，受灾群体应对灾害的能力，在灾害中，不同个体遭受的灾害损失程度不尽相同，同时，同样的灾害，对不同群体造成的后果不同，如对贫民下户来说，"一谷不登，莫能自济"[3]，而富裕上户则往往有足够的经济实力度过灾荒；其三，政府与社会的救助措施。其中，灾害发生的频次和破坏程度是最基础的因素。

---

① 陶鹏、童星：《灾害概念再认识——兼论灾害社会科学研究流派及整合趋势》，《浙江大学学报（人文社会科学版）》，2012年第1期。

② 申曙光：《灾害学》，中国农业出版社，1994年，第8页。

③ [宋]张方平：《乐全集》卷23《请减省河北徭役事》，中州古籍出版社，2000年《张方平集》点校本，第343页。

北宋时期，文献中记载的自然灾害主要有"水灾、旱灾、虫灾、地震、瘟疫、沙尘、风灾、雹灾、霜灾、雪灾、鼠灾等 11 种"，[1]其中水、旱、虫三种灾害，对农作物有巨大的危害，从而对民众危害最大。本节试图从北宋主要的几种自然灾害出发，尤其是对农业生产影响巨大的水、旱、虫灾，探讨灾害对人的生命和财产的危害、对人的生活和生产的影响、对人的生存空间和生态环境的破坏，分析灾害与贫困的关系。

对于北宋自然灾害和灾害性贫困问题，学界已有一定的研究，如石涛《北宋时期自然灾害与政府管理体系研究》从灾害管理学的角度对北宋时期的自然灾害及灾害管理体系予以系统论述。书中依据现代灾害学的分类，把北宋的自然灾害分为气象灾害、生物灾害及伴生性灾害、地质灾害等，在各种灾害统计的基础上对各灾种的时间分布、空间分布予以分析，并对其灾害烈度予以描述。[2]邱云飞《中国灾害通史·宋代卷》从现代灾害学出发，对《宋史》中记载的宋代的水、旱、虫、地震、疫、沙尘、风、雹、霜雪等灾害进行较为全面的统计，以此为基础分析了各灾种的时间特征和空间分布特征，并对其危害与措施予以概要说明。[3]李华瑞《宋代救荒史稿》一书在统计文献中记载的宋代的主要灾害的基础上，对各灾的一般特征和时空分布予以考察。这些研究成果为本书的分析奠定了基础。不过，大体而言，目前对两宋自然灾害的研究，主要遵从灾害学的理路，重点分析灾害的灾情、时间特征、空间特征等内容，对灾害所造成的社会危害，尤其是其所导致的贫困问题几无涉及。本书即通过分析北宋几种主要的自然灾害，厘清其与贫困之间的内在联系。

## 一、水灾与贫困

所谓水灾，一般指暴雨、山洪、河水泛滥等，还包括海潮、海啸等致使人们的生命财产、农作物或其生态平衡遭受破坏或损失的灾害。

水灾是最常见的普遍性的自然灾害。就北宋而言，无论是从发生的频率、次数，还是分布地区的广泛性来说，水灾在各种自然灾害中居于首位。关

---

[1] 邱云飞著，袁祖亮主编：《中国灾害通史》（宋代卷），郑州大学出版社，2008 年，第 10 页。。

[2] 石涛：《北宋时期自然灾害与政府管理体系研究》，社会科学文献出版社，2010 年。

[3] 邱云飞著，袁祖亮主编：《中国灾害通史》（宋代卷），郑州大学出版社，2008 年。

于北宋水灾的次数，邓云特先生《中国救荒史》统计两宋前后 487 年"水灾一百九十三次，为最多者"。[1] 陈高佣《中国历代天灾人祸表》统计两宋时期水灾有 462 次。[2] 康弘《宋代灾害与荒政述论》一文统计两宋时期水灾 462 次，北宋时期有超过 284 次。[3] 石涛《北宋时期自然灾害与政府管理体系研究》一书统计北宋 167 年间"共发生洪水灾害 315 起，雨涝 55 起"。[4] 邱云飞《中国灾害通史》（宋代卷）两宋统计水灾有 628 次，北宋时期有 338 次。[5] 李华瑞《宋代救荒史稿》统计两宋时期水灾（霖雨、山洪、江河湖泊泛溢）有 743 次，北宋时期有 487 次。[6] 张全明《两宋生态环境变迁史》一书统计两宋时期水灾（包括"雨雹"或"大雨雹"类）次数 1039 次，北宋时期有 561 次。[7] 虽然学者们统计的水灾的内容和次数不尽相同，但北宋时期水灾发生频繁是学界所公认的。

水灾对民众造成的直接损害主要有三方面的内容：其一，生产性损失，即灾情描述一般为"害稼""害田"；其二，财产性损失，即灾情描述一般为"坏庐舍""牲畜死亡"等；其三，人员伤亡，即灾情描述一般为"溺民""漂溺者众"等。

关于生产性损失。首先，水通过浸泡、冲刷等方式作用于农作物，导致农作物减产或绝收，直接造成民众的收成减少。一般来说，不同程度的水灾对农作物的收成影响是不一样的。

表2-7 水灾危害等级分类表

| 灾害程度 | 轻度灾害 | 中度灾害 | 重度灾害 |
|---|---|---|---|
| 灾害话语 | 潦，霖雨 | 水，大霖雨 | 大水，河泛溢，河决 |
| 灾情描述 | 害稼，害田 | 害稼，损田，坏庐舍，溺民 | 害稼殆尽，损毁大量民田、庐舍，漂溺者众 |
| 灾害征象 | 庄稼被水浸泡，收成减少；田产房屋未受损失 | 庄稼被毁，收成减少至少五成；田产房屋遭受损失，出现人员伤亡；出现少量流民 | 庄稼受损严重，收成减少超过七成，基本绝收；田产房屋损失惨重；大量人员伤亡；出现大规模流民 |

---

[1] 邓拓：《中国救荒史》，河南大学出版社，2010 年，第 20 页。

[2] 陈高佣：《中国历代天灾人祸表》，上海书店，1986 年，第 796-1085 年。

[3] 康弘：《宋代灾害与荒政述论》，《中州学刊》，1994 年第 5 期。

[4] 石涛：《北宋时期自然灾害与政府管理体系研究》，社会科学文献出版社，2010 年，第 46 页。

[5] 邱云飞著，袁祖亮主编，《中国灾害通史》（宋代卷），郑州大学出版社，2008 年，第 82 页。

[6] 李华瑞：《宋代救荒史稿》，天津古籍出版社，2014 年，第 32 页。

[7] 张全明：《两宋生态环境变迁史》，中华书局，2015 年，第 555 页。

如上表 2-7 所示，轻度水灾，导致农作物收成减少二至三成，中度水灾导致收成减少至少五成，重度水灾则会导致农作物减产超过七成甚至绝收。文献中常用"害稼""损禾稼""伤麦""伤稻""浸民田"等予以描述，如太平兴国七年（982 年），"四月，耀、密、博、卫、常、润诸州水害稼。"[1] 熙宁元年（1068 年），"秋，保定军大水，害稼，坏官私庐舍、城壁，漂溺居民。"[2] 元丰七年（1084 年），"是岁，怀州黄、沁河泛溢，大雨水，损稼，坏庐舍、城壁。"[3] 其次，洪水和涝渍会导致良田被泥沙淤积或盐碱化，致使良田被毁，直接导致生产资料的损失。一般来说，中度以上的水灾才会对田畴造成损害。文献中常用"损田""坏田畴"等予以描述。如建隆四年（963 年），"九月，徐州水，损田。"[4] 大中祥符三年（1010 年），"六月，吉州、临江军并江水泛滥，害民田。"[5] 元丰五年（1082 年），"秋，阳武、原武二县河决，坏田庐。"[6] 如果说损毁农作物收成减少是短期影响，那么田畴被毁的危害则是长期性的，对依靠田地为生的民众而言，这些损失意味着其失去生活来源。关于水灾导致的生产性损失详情见下表 2-8。

表2-8 北宋水灾生产性损失表

| 纪年 | 月份 | 生产性损失 | 资料出处 |
| --- | --- | --- | --- |
| 建隆元年（960 年） | 10 月 | 十月，棣州河决，坏厌次、商河二县居民庐舍、田畴。 | 《宋史》卷 61 |
| 建隆四年（乾德元年,963 年） | 9 月 | 九月，徐州水，损田。 | 《宋史》卷 61 |
| 乾德二年（964 年） | 3 月 | 三月癸丑，春夏霖雨，则大溢害稼。 | 《长编》卷 5 |
| | 4 月 | 四月,扬州广陵、扬子等县,潮水害民田。 | 《文献通考》卷 296 |

---

① [元] 脱脱等：《宋史》卷 61《五行志一上》，中华书局，1977 年点校本，第 1321 页。
② [元] 脱脱等：《宋史》卷 61《五行志一上》，中华书局，1977 年点校本，第 1327 页。
③ [元] 脱脱等：《宋史》卷 61《五行志一上》，中华书局，1977 年点校本，第 1328 页。
④ [元] 脱脱等：《宋史》卷 61《五行志一上》，中华书局，1977 年点校本，第 1319 页。
⑤ [元] 脱脱等：《宋史》卷 62《五行志一上》，中华书局，1977 年点校本，第 1324 页。
⑥ [元] 脱脱等：《宋史》卷 61《五行志一上》，中华书局，1977 年点校本，第 1328 页。

续表

| 纪年 | 月份 | 生产性损失 | 资料出处 |
|---|---|---|---|
| 乾德三年<br>（965年） | 7月 | 七月，（河）又溢于郓州，坏民田。泰州湖溢，损盐城县民田。淄州济水并清河溢，害邹平、高苑县民田。 | 《文献通考》卷296 |
| | 8月 | 八月己未，郓州河水溢，没田。 | 《宋史》卷2 |
| 乾德四年<br>（966年） | 4月 | 四月，郓州东阿县河溢，损民田数百顷。 | 《文献通考》卷296 |
| | 8月 | 八月，淄州青河水溢，坏高苑县城，溺数百家及邹平县田畴、民舍。 | 《文献通考》卷296 |
| 乾德五年<br>（967年） | 夏 | 夏，京师雨，有黑龙见尾于云际，自西北趋东南。占主大水。明年，州府二十四水坏田庐。 | 《宋史》卷62 |
| 开宝元年<br>（968年） | 7月 | 七月，泰州潮水害稼。 | 《宋史》卷61 |
| | 6月 | 六月，州府二十三大雨水，江河泛滥，坏民田、庐舍。 | 《宋史》卷61 |
| 开宝二年<br>（969年） | 年 | 是岁，青、蔡、宿、淄、宋诸州水，真定、澶、滑、博、洺、齐、颍、蔡、陈、亳、宿、许州水，害秋苗。 | 《宋史》卷61 |
| 开宝三年<br>（970年） | —— | 郑、澶、郓、淄、济、虢、蔡、解、徐、岳州水灾，害民田。 | 《宋史》卷61 |
| 开宝四年<br>（971年） | —— | 蔡州淮及白露、舒、汝、庐、颍五水并涨，坏庐舍、民田。 | 《宋史》卷61 |
| | 7月 | 七月，青、齐州水伤田。 | 《宋史》卷61 |
| 开宝六年<br>（973年） | 6月 | 六月，颍州淮淠水溢，淹民舍、田畴甚众。 | 《通考》卷296 |
| | 秋 | 是秋，大名府、宋、亳、淄、青、汝、澶、滑州并水，伤田。 | 《通考》卷296 |
| 开宝八年（975年） | 6月 | 六月，沂州大雨，水入城，坏民居舍、田畴。 | 《通考》卷296 |
| 开宝九年；太平兴国元年（976年） | 3月 | 三月，淄州水害田。 | 《通考》卷296 |

续表

| 纪年 | 月份 | 生产性损失 | 资料出处 |
|---|---|---|---|
| 太平兴国二年（977年） | 6月 | 六月，濮州大水，害民田凡五千七百四十三顷。 | 《宋史》卷61 |
| | 7月 | 七月，复州蜀、汉江涨，坏城及民田、庐舍。 | 《宋史》卷61 |
| | 闰7月 | 闰七月己酉，河溢开封等八县害稼。 | 《宋史》卷4 |
| | 7月 | 秋七月己酉，汴水溢，坏开封大宁堤，浸民田，害稼。 | 《长编》卷18 |
| 太平兴国四年（979年） | 3月 | 三月，泰州雨水害禾嘉。 | 《宋史》卷61 |
| | 9月 | 九月，澶州河涨，郓州清、汶二水涨，坏东阿县民田。 | 《宋史》卷61 |
| | —— | 复州沔阳县湖晶涨，坏民舍、田稼。 | 《宋史》卷61 |
| 太平兴国七年（982年） | 10月 | 十月，河决怀州武陟县，害民田。 | 《宋史》卷61 |
| | 4月 | 四月，耀、密、博、卫、常、润诸州水害稼。 | 《宋史》卷61 |
| 太平兴国八年（983年） | 5月 | 五月，河大决滑州韩村，泛澶、濮、曹、济诸州民田，坏居人庐舍，东南流至彭城界入于淮。 | 《宋史》卷91 |
| | 夏秋之际 | 是夏及秋，开封、浚仪、酸枣、阳武、封丘、长垣、中牟、尉氏、襄邑、雍丘等县河水害民田。 | 《宋史》卷61 |
| 太平兴国九年（雍熙元年，984年） | 8月 | 八月，澶州河涨，坏民田。 | 《通考》卷296 |
| | 8月 | 八月，孟州河涨，断浮梁，损民田。 | 《通考》卷296 |
| 雍熙二年（985年） | 7月 | 秋七月，鼎州言江水溢害稼。 | 《长编》卷26 |
| | 7月 | 七月，朗州江溢，害稼。 | 《通考》卷296 |
| | 8月 | 八月，瀛、莫州大水，损民田。 | 《宋史》卷61 |
| 端拱元年（988年） | 2月 | 二月，博州水害民田。 | 《宋史》卷61 |
| | 5月 | 五月，英州江水涨五丈，坏民田及庐舍数百区。 | 《宋史》卷61 |
| 淳化元年（990年） | 6月 | 六月，吉州大雨，江涨丈三尺，漂坏民田、庐舍。 | 《通考》卷296 |
| | 6月 | 六月，蕲州黄梅县堀口湖水涨，坏民田、庐舍都尽。 | 《通考》卷296 |

续表

| 纪年 | 月份 | 生产性损失 | 资料出处 |
|---|---|---|---|
| 淳化二年<br>（991年） | 6月 | 六月乙酉，汴水溢于浚仪县，坏连堤，浸民田。 | 《通考》卷296 |
| | 6月 | 六月，亳州河水溢，东流泛民田，坏庐舍。 | 《通考》卷296 |
| | 7月 | 七月，雄州唐河水涨，害民田殆尽。复州蜀、汉二江水涨。坏民田、庐舍。 | 《通考》卷296 |
| | 秋 | 是秋，荆南北路江水注溢，浸田亩甚众。溴水泛溢，浸许州民田。 | 《通考》卷296 |
| 淳化四年<br>（993年） | 秋 | 是秋，自七月初雨，至是不止，泥深数尺，朱雀、崇明门外积水尤甚，往来浮罂筏以济。壁垒庐舍多坏，民有压死者，物价涌贵，近甸秋稼多败，流移甚众。 | 《长编》卷34 |
| | 秋 | 是秋，陈、颍、宋、亳、许、蔡、徐、濮、澶、博州霖雨，秋稼多败。 | 《宋史》卷61 |
| 淳化五年<br>（994年） | | 秋，开封府、宋、亳、陈、颍、泗、寿、邓、蔡、润诸州雨水害稼。 | 《宋史》卷65 |
| 咸平元年（998年） | 5月 | 五月，昭州大雨霖，害民田，溺死者百五十七人。 | 《宋史》卷65 |
| | 7月 | 七月，齐州清、黄河泛滥，坏田庐。 | 《宋史》卷61 |
| 咸平三年（1000年） | 3月 | 三月，梓州江水涨，坏民田。 | 《宋史》卷61 |
| 咸平四年（1001年） | 6月 | 六月丁巳，东川民田先为江水所泛。 | 《长编》卷49 |
| 咸平五年（1002年） | 2月 | 二月，雄、霸、瀛、深、沧州，乾宁军水溢，害民田。 | 《通考》卷296 |
| 咸平六年（1003年） | 9月 | 九月戊戌，白沟河溢，害民田。 | 《长编》卷55 |
| 景德元年（1004年） | 9月 | 九月，宋州汴水决，浸民田，坏庐舍。 | 《宋史》卷61 |
| 景德二年（1005年） | 9月 | 九月壬戌，解州盐池夏秋霖雨，有妨种盐。 | 《长编》卷61 |
| 景德三年（1006年） | 6月 | 六月甲午，汴水暴涨。中夜，河溢于城西，毁外堤，坏庐舍，即时完塞。 | 《长编》卷63 |
| 大中祥符二年<br>（1009年） | 8月 | 八月甲午，京城西积水坏民田。 | 《长编》卷72 |
| | 10月 | 十月，京畿惠民河决，坏民田。 | 《通考》卷296 |
| | 10月 | 十月庚寅，许州积水害民田，惠民河不谨堤防，每岁决坏。 | 《长编》卷72 |
| | 10月 | 十月，嗣宗请对言："去岁八月至今年十月，不雨，宿麦不登。及秋，兖、郓苦雨，河溢害稼。 | 《宋史》卷93 |
| | 10月 | 十月，兖州霖雨害稼。 | 《通考》卷296 |

续表

| 纪年 | 月份 | 生产性损失 | 资料出处 |
|---|---|---|---|
| 大中祥符三年（1010年） | 6月 | 六月，吉州临江军并江水泛滥，害民田。 | 《通考》卷296 |
| 大中祥符四年（1011年） | 7月 | 七月，江、洪、筠、袁州江涨，害民田，坏州城。 | 《通考》卷296 |
| | 8月 | 八月，河决通利军，大名府御河水溢，合流坏府城，害民田，人多溺死者。 | 《通考》卷296 |
| | 11月 | 十一月，楚、秦州潮水害田，民多溺死。 | 《通考》卷296 |
| | 12月 | 十二月乙巳，诏楚、泰等州民为湖水害稼者，给复其租，没溺者，人赐千钱，米一斛。 | 《长编》卷76 |
| 大中祥符五年（1012年） | 4月 | 四月戊申，雄、霸州民因水坏田。 | 《长编》卷77 |
| | 9月 | 九月，建安军大霖雨，害农事。 | 《宋史》卷65 |
| 大中祥符七年（1014年） | 6月 | 六月，泗州水溢，害民田。 | 《通考》卷296 |
| 天禧三年（1019年） | 7月 | 七月甲子，京东、京西、河北转运使言河决坏民田，输税艰阻。诏应经水州县，夏税许从便送纳，田产坏者特倚阁之。 | 《长编》卷94 |
| 天禧五年（1021年） | 3月 | 三月辛丑，诏京畿经雨水及京东、西河决，坏民田者，今年夏秋税并免十之五。 | 《长编》卷97 |
| | 7月 | 七月戊寅，令京畿蚕盐缘科并上纳见钱，以雨水害稼故也。 | 《长编》卷97 |
| 乾兴元年（1022年） | 2月 | 二月，苏、湖、秀州雨，坏民田。 | 《宋史》卷65 |
| 天圣三年（1025年） | 11月 | 十一月辛卯，襄州言汉水害民田。 | 《长编》卷103 |
| 明道元年（1032年） | 4月 | 四月壬子，大名府冠氏等八县水浸民田。 | 《宋史》卷61 |
| 明道二年（1033年） | 1月 | 春正月癸巳，武胜军梁泝积水，废民田数万顷，不能疏导，至郓州徙城以避之。 | 《长编》卷112 |
| 景祐元年（1034年） | 9月 | 九月丁酉，范仲淹知睦州，不半岁，徙苏州。州比大水，民田不得耕。仲淹疏五河，导太湖注之海。 | 《长编》卷115 |
| 至和三年（嘉祐元年，1056年） | 6月 | 六月，京师及京东西、河北水潦，害民田。雨坏社稷坛及官私庐舍数万区，城中系栿渡人。 | 《通考》卷297 |
| 嘉祐三年（1058年） | 7月 | 七月，京、索、广济河溢，浸民田。 | 《宋史》卷61 |
| | 8月 | 八月，霖雨害稼。 | 《宋史》卷65 |

续表

| 纪年 | 月份 | 生产性损失 | 资料出处 |
|------|------|-----------|---------|
| 熙宁元年（1068 年） | 秋 | 秋，保定军大水害稼，坏官私庐舍城壁，漂溺居民。 | 《宋史》卷 61 |
| 熙宁八年（1075 年） | 9 月 | 九月癸酉，大名府大河衍溢，坏民田多者六十村，户至万七千；少者九村，户至四千六百。 | 《长编》卷 268 |
| 熙宁十年（1077 年） | 7 月 | 七月，沧、卫霖雨不止，河泺暴涨，败庐舍，损田苗。 | 《宋史》卷 61 |
| | 7 月 | 七月己丑，遂大决于澶州曹村，澶渊北流断绝，河道南徙，东汇于梁山、张泽泺，分为二派，一合南清河入于淮，一合北清河入于海，凡灌郡县四十五，而濮、齐、郓、徐尤甚，坏田逾三十万顷。官亭、民舍数万。 | 《宋史》卷 92 |
| | 7 月 | 七月，沧、卫霖雨不止，河泺暴涨，败庐舍，损田苗。 | 《宋史》卷 61 |
| | 9 月 | 九月戊辰，苏辙云：（南京商丘）"阴雨为渗，弥月不止。穗者将腐，角者将落。徐方大水，将浸东境。沟洫盈满，流潦横至。" | 苏辙《栾城集》卷 26《南京祭神文七首》 |
| 元丰元年（1078 年） | — | 舒州山水暴涨，浸官私庐舍，损田稼，溺居民。 | 《宋史》卷 61 |
| | 6 月 | 六月十七日，苏辙云：（南京商丘）"淫雨不节，水潦横溃，苴菽禾黍，鞠为汙泽。" | 苏辙《栾城集》卷 26《南京祭神文七首》 |
| 元丰三年（1080 年） | 7 月 | 七月甲戌，入内东头供奉官、泸州勾当公事韩永式言："闻利路雨水，溪江泛涨，漂流民田，物价增长，民未安居。" | 《长编》卷 306 |
| 元丰五年（1082 年） | 秋 | 秋，阳武、原武二县河决，坏田庐。 | 《宋史》卷 61 |
| 元丰七年（1084 年） | 6 月 | 六月，青田县大水，损田稼。 | 《宋史》卷 61 |
| | 年 | 是岁，怀州典、沁河泛溢，大雨水，损稼，坏庐舍、城壁。 | 《宋史》卷 61 |
| 元祐元年（1086 年） | 2 月 | 二月辛酉，以河决大名，坏民田，民艰食者众，诏安抚使韩绛振之。 | 《宋史》卷 17 |
| | 7 月 | 秋七月，甲申，淮南自六月大雨，淮水泛滥，泗、宿、亳三州大水，夏田既已不收，秋田亦复荡尽。 | 《长编》卷 383 |

续表

| 纪年 | 月份 | 生产性损失 | 资料出处 |
|------|------|-----------|----------|
| 绍圣元年（1094 年） | 春 | 春，王宗望等虽于内黄下埽闭断北流，然至涨水之时，犹有三分水势，而上流诸埽已多危急，下至将陵埽决坏民田。 | 《宋史》卷93 |
| | 7 月 | 七月，京畿久雨，曹、濮、陈、蔡诸州水，害稼。 | 《宋史》卷61 |
| 元符元年（1098 年） | 9 月 | 九月壬子，北京在澶州大河涨溢，溺民田宅。 | 《长编》卷502 |
| | 10 月 | 十月丁酉诏"河北、京东路有遭黄河涨水，淹溺人户田庐，多致失所。遣工部员外郎梁铸体量，应合赈恤并体访见今河势利害以闻。" | 《长编》卷503 |
| 崇宁四年（1105 年） | 7 月－9 月 | 五月，京师久雨。又自七月至九月，所在霖雨伤稼，十月，始霁。 | 《宋史》卷65 |
| 政和八年（1118 年） | 5 月 | 五月甲辰，诏："孟州河阳县第一埽，自春以来，河势湍猛，侵啮民田，迫近州城止二三里，其令都水使者同漕臣、河阳守臣措置固护。" | 《宋史》卷93 |
| 宣和元年（1119 年） | 5 月 | 五月，大雨，水骤高十余丈，犯都城，自西北牟驼冈连万胜门外马监，居民尽没。前数日，城中井皆浑，宣和殿后井水溢，盖水信也。至是，诏都水使者决西城索河堤杀其势。城南居民冢墓俱被浸，遂坏藉田亲耕之稼。 | 《宋史》卷61 |
| 宣和六年（1124 年） | 年 | 是岁，秀州大水，田不没者什一，流莩塞路，仓府空虚，无赈救策。 | 赵善璙《自警编》卷8《救荒》 |
| 靖康元年（1126 年） | 5 月－6 月 | 又自五月甲申至六月，暴雨伤麦，夏行秋令。 | 《宋史》卷65 |

关于财产性损失。水通过浸泡或冲刷的方式损毁房屋以及室内财产，导致牲畜死亡，造成民众的财产性损失。房屋、牲畜和生产生活资料是民众最基本的财产，同时也是最基本的受灾对象。不同程度的水灾对房屋的损毁程度是不一样的，一般来说，轻度水灾房屋基本不会受损，导致房屋受损至少是中度水灾，重度水灾则可能导致房屋和屋内财产全部被毁。同时，不同类型的水灾对房屋、牲畜的损害程度是不同的，一般来说，霖雨对房屋的损毁程度较小，山洪、江河决口、溃堤具有很大的瞬间流量，流速大，冲毁力强，含沙量高，

破坏力大，对沟谷、河流沿岸以及建筑物具有毁灭性的破坏作用。[1] 在文献记载中，一般以"坏庐舍"、"毁田宅"等来描述，如元丰四年（1081 年），"秦州大雨，坏庐舍。"[2] 至和三年（1056 年），"自五月京师大雨不止，逾月，水冒安上门，门关折，坏官私庐舍数万区，城中系栿渡人。"[3] 此外，对牲畜造成威胁的水灾一般也在中度以上，其中山洪、江河湖泊泛溢对牲畜威胁最大，如乾德二年（964 年）七月，"泰山水，坏民庐舍数百区，牛畜死者众。"[4] 关于北宋水灾造成的财产性损失，详见下表 2-9。

表2-9 北宋水灾财产性损失表

| 纪年 | 财产性损失 | 损失数量 | 材料出处 |
| --- | --- | --- | --- |
| 建隆元年（960 年） | 十月，棣州河决，坏厌次、商河二县居民庐舍、田畴。 | —— | 《宋史》卷 61 |
| 乾德二年（964 年） | 七月，泰山水暴涨，坏居民庐舍数百区，牛畜死者甚众。 | 庐舍数百区；牛畜甚众 | 《宋史》卷 61 |
| 乾德三年（965 年） | 七月，蕲州大雨水，坏居民庐舍。开封府河溢阳武，塞县门。河中府、孟州并河涨，孟州坏潭军营、民舍数百区。河中坏石台百余步，澶州河坏堤毁护岸石百八十步。 | 民舍数百区 | 《文献通考》卷 296 |
| | （八月）乙卯，河溢河阳，坏民居。 | —— | 《宋史》卷 62 |
| 乾德五年（967 年） | 夏，京师雨，有黑龙见尾于云际，自西北趋东南。占主大水。明年，州府二十四水坏田庐。 | —— | 《宋史》卷 62 |
| 开宝元年（968 年） | 六月辛巳，龙出单父民家井中，大风雨，漂民舍四百区，死者数十人。 | 民舍四百区 | 《宋史》卷 2 |
| | 六月，州府二十三大雨水，江河泛滥，坏民田、庐舍。 | —— | 《宋史》卷 61 |
| | 八月，集州霖雨河涨，坏民庐舍及城壁、公署。 | —— | 《宋史》卷 61 |

[1] 参见谢永刚、袁丽丽、孙亚男：《自然灾害对农户经济的影响及农户承灾能力分析》，《自然灾害学报》，2007 年第 6 期。

[2] [宋]李焘：《续资治通鉴长编》卷 321，元丰四年十二月壬午条，中华书局，1993 年点校本，第 7755 页。

[3] [清]徐松辑：《宋会要辑稿》瑞异 3 之 2，上海古籍出版社，2014 年点校本，第 2650 页。

[4] [元]脱脱等：《宋史》卷 61《五行志一上》，中华书局，1977 年点校本，第 1319 页。

续表

| 纪年 | 财产性损失 | 损失数量 | 材料出处 |
|---|---|---|---|
| 开宝四年（971年） | 又郓州河及汶、清河皆溢，注东阿县及陈空镇，坏仓库、民舍。 | —— | 《宋史》卷61 |
| | 蔡州淮及白露、舒、汝、庐、颍五水并涨，坏庐舍、民田。 | | 《宋史》卷61 |
| 开宝六年（973年） | 六月，颍州淮淠水溢，淹民舍、田畴甚众。 | | 《通考》卷296 |
| | 单、濮州并大雨水，坏州廨、仓库、军营、民舍。 | | 《通考》卷296 |
| 开宝七年（974年） | 泗州淮暴涨，入城，坏居民五百家。相州安阳黄河涨溢，坏居民庐舍数百区。 | | 《通考》卷296 |
| 开宝八年（975年） | 六月，沂州大雨，水入城，坏居舍、田苗。 | —— | 《宋史》卷61 |
| 太平兴国二年（977年） | 六月，颍州颍水涨，坏城门、军营、民舍。 | —— | 《宋史》卷61 |
| | 六月乙丑，澶州言河决顿丘，滑州言河决白马。道州言大水坏民庐舍。 | —— | 《长编》卷18 |
| | 七月，复州蜀、汉江涨，坏城及民田、庐舍。 | | 《宋史》卷61 |
| | 七月，集州江涨，泛嘉川县民十三户。 | | 《通考》卷296 |
| 太平兴国四年（979年） | 三月，河南府洛水涨七尺五寸，坏民舍。 | | 《文献通考》卷296 |
| | 八月，梓州江涨，坏阁道、营舍。 | —— | 《宋史》卷61 |
| | 九月，澶州河涨，郓州清、汶二水涨，坏东阿县民田。复州沔阳县湖晶涨，坏民舍、田稼。 | | 《宋史》卷61 |
| 太平兴国五年（980年） | 五月，颍州颍水溢，坏堤及民舍。 | —— | 《宋史》卷61 |
| | 七月，复州江水涨，毁民舍、堤塘皆坏。 | —— | 《宋史》卷61 |
| 太平兴国六年（981年） | 秋七月丙申朔，延州言大水溢人城，坏官寺民舍千六百区。 | 坏民舍一千六百区 | 《长编》卷22 |
| | 是岁，河中府河涨，陷连堤，溢人城，坏军营七所、民舍百余区。鄜、延、宁州并三河水涨，溢人州城；鄜州坏军营，建武指挥使李海及老幼六十三人溺死，延州坏仓库、军民庐舍千六百区，宁州坏州城五日余步，诸军营、军民舍五百二十区。 | 坏仓库、军民、庐舍二千一百区 | 《宋史》卷61 |

续表

| 纪年 | 财产性损失 | 损失数量 | 材料出处 |
|---|---|---|---|
| 太平兴国七年（982年） | 六月，均州涢水、均水、汉江并涨，坏民舍，人畜死者甚众。 | 牛畜死者甚众 | 《宋史》卷61 |
| | 七月，南剑州、江州水涨，坏居人庐舍一百四十余区。 | 坏民舍一百四十余区 | 《宋史》卷61 |
| | 九月，梧州江水涨三丈，入城，坏仓库及民舍。 | —— | 《宋史》卷61 |
| 太平兴国八年（983年） | 五月，河大决滑州韩村，泛澶、濮、曹、济诸州民田，坏居人庐舍，东南流至彭城界入于淮。 | —— | 《宋史》卷91 |
| | 六月，陕州河涨，坏浮梁；又永定涧水涨，坏民舍、军营千余区。河南府澍雨，洛水涨瓦丈余，坏巩县官署、军营、民舍殆尽。谷、洛、伊、渡四水暴涨，坏京城官署、军营、寺观、祠庙、民舍万余区，溺死者以万计。雄州易水涨，坏民庐舍。鄜州河水涨，溢入城，坏官寺、民舍四百余区。荆门军长林县山水暴涨，坏民舍五十一区，溺死五十六人。 | 坏军民舍一万一千四百五十一余区 | 《宋史》卷61 |
| | 九月，宿州睢水涨，泛民舍六十里。 | —— | 《宋史》卷61 |
| 太平兴国九年（雍熙元年，984年） | 七月，嘉州江水暴涨，坏官署、民舍，溺死者千余人。 | —— | 《通考》卷296 |
| | 八月，延州南北两河涨，溢入东西两城，坏官寺、民舍。 | —— | 《通考》卷296 |
| | 八月，淄州霖雨，孝妇河涨溢，坏官寺、民舍，漂溺人畜。 | —— | 《通考》卷296 |
| | 八月，雅州江水涨九丈，坏民庐舍。 | —— | 《通考》卷296 |
| 端拱元年（988年） | 五月，英州江水涨五丈，坏民田及庐舍数百区。 | 坏庐舍数百区 | 《宋史》卷61 |
| 淳化元年（990年） | 六月，吉州大雨，江涨丈三尺，漂坏民田、庐舍。 | —— | 《通考》卷296 |
| | 六月，蕲州黄梅县堀口湖水涨，坏民田、庐舍都尽。 | —— | 《通考》卷296 |
| | 六月，洪州江水涨，坏州城子十堵及民庐舍二千余区，漂二千余户。 | 坏庐舍二千余区 | 《通考》卷296 |

续表

| 纪年 | 财产性损失 | 损失数量 | 材料出处 |
|---|---|---|---|
| 淳化元年（990年） | 七月，秦州陇城县大雨，坏官私庐舍殆尽，溺死者百三十七人。 | —— | 《通考》卷296 |
| 淳化二年（991年） | 六月，博州大霖雨，河涨溢，坏民庐舍八百七十区。 | 坏庐舍八百七十区 | 《通考》卷296 |
| | 六月，亳州河水溢，东流泛民田，坏庐舍。 | —— | 《通考》卷296 |
| | 七月，齐州明水涨，坏黎济寨城百余堵。嘉州江涨丈八尺，溢入州城，毁民舍。复州蜀、汉二江水涨，坏民田、庐舍。 | —— | 《通考》卷296 |
| | 九月，邛州蒲江等县山水暴涨，坏民舍七十区，死者七十九人。 | 坏民舍七十区 | 《通考》卷296 |
| 淳化三年（992年） | 七月，河南府洛水涨，坏七里、镇国二桥。又山水暴涨，坏丰饶务官舍、民庐，死者二百四十人。 | —— | 《通考》卷296 |
| | 十月，商州上津县大雨，河水溢，坏民舍，溺者三十七人。 | —— | 《通考》卷296 |
| 淳化四年（993年） | 是秋，自七月初雨，至是不止，泥深数尺，朱雀、崇明门外积水尤甚，往来浮罂筏以济。壁垒庐舍多坏，民有压死者，物价涌贵，近甸秋稼多败，流移甚众。 | —— | 《长编》卷34 |
| | 九月，澶州河水涨，冲陷北城，坏居民庐舍、官署、仓库殆尽，民溺死者甚众。 | 坏北城庐舍殆尽 | 《通考》卷296 |
| | 九月，梓州玄武县涪江涨二丈五尺，壅决，流入州城，坏官私庐舍万余区，溺死者甚众。 | 坏庐舍万余区 | 《通考》卷296 |
| 至道二年（996年） | 七月，建州溪水涨，溢入州城内，坏仓库、民舍万余区。 | 坏仓库、民舍万余区 | 《通考》卷296 |
| 咸平元年（998年） | 七月，齐州清、黄河泛滥，坏田庐。 | —— | 《宋史》卷61 |
| 咸平二年（999年） | 十月，漳州山水泛滥，坏民舍千余区。民黄莘等十家溺死。 | 坏民舍千余区 | 《宋史》卷61 |
| 咸平四年（1001年） | 六月，京师大雨，漂坏庐舍，积潦浸路。 | —— | 《通考》卷303 |

续表

| 纪年 | 财产性损失 | 损失数量 | 材料出处 |
|---|---|---|---|
| 咸平五年（1002年） | 六月，京师大雨，漂坏庐舍，民有压死者，积潦浸道路，自朱雀门东抵宣化门尤甚，皆注惠民河，河复涨溢，军营多坏。 | —— | 《通考》卷296 |
| 景德元年（1004年） | 九月，宋州汴水决，浸民田，坏庐舍。 | —— | 《宋史》卷61 |
| 景德二年（1005年） | 六月，宁州山水泛滥，坏民舍、军营，多溺死者。 | —— | 《宋史》卷61 |
| 景德三年（1006年） | 六月甲午，汴水暴涨。中夜，河溢于城西，毁外堤，坏庐舍，即时完塞。 | —— | 《长编》卷63 |
| 景德四年（1007年） | 六月，郑州索水涨，高四丈许，漂荥阳县居民四十二户，有溺死者。南剑州山水泛滥，漂溺居人。 | —— | 《宋史》卷61 |
|  | 八月丙午，横州江涨，坏营舍。 | —— | 《宋史》卷61 |
| 大中祥符二年（1009年） | 八月，无为军大风雨，拔木，坏城门、营垒、民舍，压溺千余人。 | —— | 《通考》卷296 |
| 大中祥符三年（1010年） | 五月辛丑，京师大雨，平地数尺，坏军营、民舍，多压死者。近畿积潦。 | —— | 《通考》卷296 |
| 大中祥符四年（1011年） | 九月，苏州吴江泛溢，坏民庐舍。 | —— | 《通考》卷296 |
| 大中祥符五年（1012年） | 正月，本州请徙城，帝曰："城去决河尚十数里，居民重迁，命使完塞。"既成，又决于州东南李民湾，环城数十里民舍多坏。 | —— | 《宋史》卷91 |
| 大中祥符九年（1016年） | 六月，秦州独孤谷水坏长道县盐官镇城桥及官廨、民舍二百九十五区，溺死六十七人。 | 坏民舍二百九十五区 | 《宋史》卷61 |
|  | 九月，利州水漂栈阁万二千八百间。 | 坏栈阁一万二千八百间 | 《宋史》卷61 |
| 天禧三年（1019年） | 六月，河决滑州城西南，漂没公私庐舍，死者甚众。历澶州、濮、郓、济、单至徐州，与清河合，浸城壁，不没者四板。 | —— | 《宋史》卷61 |
|  | 八月乙未，徐州言河决，水大至，城不没者四版。 | —— | 《长编》卷94 |

续表

| 纪年 | 财产性损失 | 损失数量 | 材料出处 |
|---|---|---|---|
| 天禧四年（1020年） | 七月，京师连雨弥月。甲子，夜大雨，流潦泛溢，民舍、军营圮坏太半，多压死者。自是频雨，及冬方止。 | —— | 《宋史》卷65 |
| 天圣四年（1026年） | 六月丁亥，剑州、邵武军大水，坏官私庐舍七千九百余区，溺死者百五十余人。 | 坏庐舍七千九百余区 | 《通考》卷303 |
| | 十六日，京师自申时至夜大雨雷电，达明方止，平地水数尺，坏官私舍宇，被压溺而死者数百人。自京而西及巩洛以来，悉罹水患。时京师民居舍宇墙垣率多摧坏，于街巷权盖舍宇居住。 | —— | 《宋会要辑稿》瑞异三之一 |
| | 二十二日，侯官县界洪水坏沿溪居民舍宇，溺死者甚众。 | —— | 《宋会要辑稿》瑞异三之一 |
| | 九月，京东、江淮、两浙、福建诸州军雨水坏民庐舍。 | —— | 《文献通考》卷297 |
| 天圣六年（1028年） | 七月壬子，江宁府、扬、真、润三州江水溢，坏官私庐舍。 | —— | 《宋史》卷61 |
| 宝元元年（1038年） | 建州正月雨，至四月不止，溪水大涨，入州城，坏民庐舍，溺死者甚众。 | —— | 《宋史》卷61 |
| 康定元年（1040年） | 九月甲寅，滑州大河泛滥，坏民庐舍。 | —— | 《宋史》卷61 |
| 庆历六年（1046年） | 九月庚寅，伊洛暴涨，漂庐舍。 | —— | 《长编》卷159 |
| 皇祐二年（1050年） | 夏六月乙亥，信州大水。夜漏半，水破城，灭府寺，包民庐舍。 | —— | 王安石《临川先生文集》卷82《信州兴造记》 |
| | 八月，深州大雨，坏民庐舍。 | —— | 《宋史》卷65 |
| 皇祐四年（1052年） | 八月癸未，京城大风雨，民庐摧圮，至有压死者。 | —— | 《宋史》卷65 |
| | 是月，郿州大水，坏军民庐舍。 | —— | 《宋史》卷61 |
| 至和三年（嘉祐元年，1056年） | 五月，京师大雨不止，逾月水冒安上；门关折，坏官私庐舍数万区，城中系栰渡人。 | 坏庐舍数万区 | 《宋会要辑稿》瑞异3之2 |
| | 六月，京师及京东西、河北水潦，害民田。雨坏社稷坛及官私庐舍数万区，城中系栰渡人。 | 坏庐舍数万区 | 《通考》卷297 |

续表

| 纪年 | 财产性损失 | 损失数量 | 材料出处 |
|---|---|---|---|
| 治平二年（1065 年） | 八月庚寅，京师大雨，地上涌水，坏官私庐舍，漂人民畜产，不可胜数。是日，御崇政殿，宰相而下朝参者十数人而已。诏开西华门以泄宫中积水，水奔激，殿侍班屋皆摧没，人畜多溺死，官为葬祭其无主者千五百八十人。 | —— | 《宋史》卷61 |
| 熙宁元年（1068 年） | 八月，冀州大雨，坏官私庐舍城壁。 | —— | 《宋史》卷65 |
|  | 秋，保定军大水害稼，坏官私庐舍城壁，漂溺居民。 | —— | 《宋史》卷61 |
| 熙宁四年（1071 年） | 八月，金州大水，毁城坏官私庐舍。 | —— | 《宋史》卷61 |
| 熙宁八年（1075 年） | 四月，潭、衡、邵、道诸州江水溢，坏官私庐舍。 | —— | 《宋史》卷61 |
| 熙宁十年（1077 年） | 七月，温州大风雨，漂城楼、官舍。 | —— | 《宋史》卷67 |
|  | 七月己丑，遂大决于澶州曹村，澶渊北流断绝，河道南徙，东汇于梁山、张泽泺，分为二派，一合南清河入于淮，一合北清河入于海，凡灌郡县四十五，而濮、齐、郓、徐尤甚，坏田逾三十万顷。官亭、民舍数万。 | 坏民舍数万 | 《宋史》卷92 |
|  | 七月，沧、卫霖雨不止，河泺暴涨，败庐舍，损田苗。 | —— | 《宋史》卷61 |
| 元丰元年（1078 年） | 是岁，章丘河水溢，坏公私庐舍、城壁，漂溺居民。 | —— | 《宋史》卷61 |
|  | 舒州山水暴涨，浸官私庐舍，损田稼，溺居民。 | —— | 《宋史》卷61 |
| 元丰四年（1081 年） | 十二月，是岁，秦州大雨，坏庐舍。 | —— | 《长编》卷321 |
| 元丰五年（1082 年） | 秋，阳武、原武二县河决，坏田庐。 | —— | 《宋史》卷61 |
| 元丰七年（1084 年） | 七月，河北东西路水，北京馆陶水，河溢入府，坏官私庐舍。 | —— | 《宋史》卷61 |

续表

| 纪年 | 财产性损失 | 损失数量 | 材料出处 |
|---|---|---|---|
| 元丰七年（1084 年） | 七月丁未，知河南府韩绛言："近被水灾，自大内天津桥、堤堰、河道、城壁、军营、库务等皆倾坏。" | —— | 《长编》卷 347 |
| | 是岁，相州漳河决，溺临漳县居民。怀州典、沁河泛溢，大雨水，损稼，坏庐舍、城壁。临漳县斛律口决，坏官私庐舍。 | —— | 《宋史》卷 61 |
| | 庚午，（冯京言）洛州水灾，漂浸公私庐舍。 | —— | 《长编》卷 348 |
| 元符元年（1098 年） | 九月壬子，北京在澶州大河涨溢，溺民田宅。 | —— | 《长编》卷 502 |
| | 十月丁酉诏"河北、京东路有漕，黄河涨水，淹溺人户田庐，多致失所。遣工部员外郎梁铸体量，应合赈恤并体访见今河势利害以闻。" | —— | 《长编》卷 503 |
| 元符二年（1099 年） | 五月辛亥，广信城北鲍河，夏秋山雨暴涨，倒流入城，淹浸草场，漂荡舍屋及堡寨。 | —— | 《长编》卷 510 |
| | 六月，久雨。陕西、京西、河北大水，河溢，漂人民，坏庐舍。 | —— | 《宋史》卷 61 |
| 元符三年（1100 年） | 五月十一日，河北水灾，啮地千里，荡室庐，泪牛马，老弱转徙，箱笪锜釜。筚辂篮缕，号泣道路。 | | 李新《跨鳌集》卷 19《上皇帝万言书》 |
| | 十二月三日，臣僚言：河北滨、棣等数州，昨经黄河决连亘，千里为之一空，人民孳畜没溺死者不可胜计。今年所在丰稔，而此数州之民失业，是以至今米斗不下三四百钱，饥冻而死者相枕藉，甚可哀也。 | —— | 《宋会要辑稿》食货 59 之 6 |
| 崇宁元年（1102 年） | 七月，久雨。坏京城庐舍，民多压溺而死者。 | —— | 《宋史》卷 65 |
| | 是岁，京城水坏庐舍溺人。 | —— | 《通考》卷 297 |
| 崇宁三年（1104 年） | 八月壬寅，大雨，坏民庐舍，令收瘗死者。 | —— | 《宋史》卷 19 |
| 政和八年（1118 年） | 泗州坏官私庐舍。 | —— | 《通考》卷 297 |

关于人员伤亡。江河决口、溃堤或山洪暴发，由于事发突然、来势凶猛，最容易造成人员溺死。[1]暴雨、暴风雨等导致的人员伤亡，一般不是水溺而死，而是其致使树木、建筑屋倒塌而造成人员被压死压伤。一般来说，中度及其以上的水灾才会造成人员伤亡。北宋时期，因水灾而溺死者数量庞大，其中河决导致的伤亡十分惨重，如政和七年（1117年），"是岁，瀛、沧州河决，沧州城不没者三版，民死者百余万"。[2]山洪暴发、河水泛溢等导致的伤亡也比较惨重，如天圣六年（1028年），"八月甲戌，临潼县山水暴涨，民溺死者甚众"。[3]景祐元年（1034年），"八月庚午，洪州分宁县山水爆发，漂溺居民二百余家，死者三百七十余口。"[4]此外，因大雨房屋倒塌而压死的也不在少数，如大中祥符三年（1010年），"五月辛丑，京师大雨，平地数尺，坏军营、民舍，多压死者"。[5]崇宁元年（1102年），"七月，久雨。坏京城庐舍，民多压溺而死者"。[6]关于北宋水灾人员伤亡的详细资料，详见下表2-10。

表2-10　北宋水灾人员伤亡表

| 纪年 | 人员伤亡 | 伤亡数目 | 材料出处 |
| --- | --- | --- | --- |
| 乾德二年（964年） | 七月乙亥，春州暴水溺民。 | —— | 《宋史》卷1 |
| 乾德五年（967年） | 八月，卫州河溢，毁州城，没溺者众，城中水深五尺。 | —— | 《文献通考》卷296 |
| 开宝元年（968年） | 六月辛巳，龙出单父民家井中。大风雨，漂民舍四百区，死者数十人。 | 数十人 | 《宋史》卷二 |
| 开宝六年（973年） | 单父县民王美家龙起井中，暴雨飘庐舍，失族属，及坏旧镇廨舍三百五十余区，大木皆折 | | 《长编》卷9，六月辛巳条 |
| 太平兴国六年（981年） | 是岁，鄜州坏军营，建武指挥使李海及老幼六十三人溺死。 | 六十三人 | 《宋史》卷61 |

[1]　邱云飞著，袁祖亮主编，《中国灾害通史》（宋代卷），郑州大学出版社，2008年，第86页。

[2]　[元]脱脱等：《宋史》卷61《五行志一上》，中华书局，1977年点校本，第1329页。

[3]　[元]脱脱等：《宋史》卷61《五行志一上》，中华书局，1977年点校本，第1326页。

[4]　[元]脱脱等：《宋史》卷61《五行志一上》，中华书局，1977年点校本，第1326页。

[5]　[元]马端临：《文献通考》卷296《物异二》，中华书局，1986年影印本，考2345。

[6]　[元]脱脱等：《宋史》卷65《五行志三》，中华书局，1977年点校本，第1422页。

续表

| 纪年 | 人员伤亡 | 伤亡数目 | 材料出处 |
|---|---|---|---|
| 太平兴国七年（982年） | 三月，京兆府渭水涨，坏浮梁，溺死五十四人。 | 五十四人 | 《宋史》卷61 |
| | 六月，均州浸水、均水、汉江并涨，坏民舍，人畜死者甚众。 | —— | 《宋史》卷61 |
| 太平兴国八年（983年） | 六月，河南府澍雨，洛水涨瓦丈余，坏巩县官署、军营、民舍殆尽。穀、洛、伊、渡四水暴涨。坏京城官署、军营、寺观、祠庙、民舍万余区，溺死者以万计。 | 以万计 | 《宋史》卷61 |
| | 六月，荆门军长林县山水暴涨，坏民舍五十一区，溺死五十六人。 | 五十六人 | 《宋史》卷61 |
| 太平兴国九年（雍熙元年，984年） | 七月，嘉州江水暴涨，坏官署、民舍，溺死者千余人。 | 千余人 | 《通考》卷296 |
| 淳化元年（990年） | 六月，秦州陇城县大雨，坏官私庐舍殆尽，溺死者百三十七人。 | 一百三十七人 | 《通考》卷296 |
| 淳化二年（991年） | 九月，邛州蒲江等县山水暴涨，坏民舍七十区，死者七十九人。 | 七十九人 | 《通考》卷296 |
| 淳化三年（992年） | 七月，河南府洛水涨，坏七里、镇国二桥。又山水暴涨，坏丰饶务官舍、民庐，死者二百四十人。 | 二百四十人 | 《宋史》卷61 |
| | 十月，商州上津县大雨，河水溢，坏民舍，溺者三十七人。 | 三十七人 | 《通考》卷296 |
| 淳化四年（993年） | 九月，澶州河水涨，冲陷北城，坏居民庐舍、官署、仓库殆尽，民溺死者甚众。 | —— | 《通考》卷296 |
| | 九月，梓州玄武县涪江涨二丈五尺，壅决，流入州城，坏官私庐舍万余区，溺死者甚众。 | —— | 《通考》卷296 |
| 咸平元年（998年） | 七月，侍禁、阁门祗侯王寿永使彭州回，至凤翔府境山水暴涨，家属八人溺死。 | 八人 | 《宋史》卷61 |

续表

| 纪年 | 人员伤亡 | 伤亡数目 | 材料出处 |
|---|---|---|---|
| 咸平二年（999 年） | 十月，漳州山水泛滥，坏民舍千余区。民黄挈等十家溺死。 | 十家 | 《宋史》卷 61 |
| 咸平三年（1000 年） | 七月，洋洲汉水溢，民有溺死者。 | —— | 《宋史》卷 61 |
| 咸平四年（1001 年） | 七月，同州洿谷水溢夏阳县，溺死者数十人。 | 数十人 | 《宋史》卷 61 |
| 咸平五年（1002 年） | 六月，京师大雨，漂坏庐舍，民有压死者，积潦浸道路，自朱雀门东抵宣化门尤甚，皆注惠民河，河复涨溢，军营多坏。 | —— | 《通考》卷 296 |
| 景德二年（1005 年） | 六月，宁州山水泛滥，坏民舍、军营，多溺死者。 | —— | 《宋史》卷 61 |
| 景德三年（1006 年） | 八月，青州大雨，坏鼓角楼门，压死者四人。 | 四人 | 《宋史》卷 65 |
| 景德四年（1007 年） | 六月，郑州索水涨，高四丈许，漂荥阳县居民四十二户，有溺死者。南剑州山水泛滥，漂溺居人。 | —— | 《宋史》卷 61 |
| 大中祥符二年（1009 年） | 八月，无为军大风雨，拔木，坏城门、营垒、民舍，并溺千余人。 | 千余人 | 《通考》卷 296 |
| | 九月戊午，给秦州长道县水漂溺民米，人一斛。 | | 《长编》卷 72 |
| 大中祥符三年（1010 年） | 五月辛丑，京师大雨，平地数尺，坏军营、民舍，多压死者。近畿积潦。 | —— | 《通考》卷 296 |
| 大中祥符四年（1011 年） | 八月，河决通利军，大名府御河水溢，合流坏府城，害民田，人多溺死者。 | —— | 《通考》卷 296 |
| | 十一月，楚、秦州潮水害田，民多溺死。 | —— | 《通考》卷 296 |
| | 十二月乙巳，诏楚、泰等州民为湖水害稼者，给复其租，没溺者，人赐千钱，米一斛。 | —— | 《长编》卷 76 |
| 大中祥符五年（1012 年） | 七月，庆州淮安镇山水暴涨，漂溺居民。 | —— | 《宋史》卷 65 |
| 大中祥符六年（1013 年） | 六月，保安军积雨，河溢，浸城垒，坏庐舍。判官赵震溺死，又兵民溺死凡六百五十人。 | 六百五十人 | 《宋史》卷 61 |
| 大中祥符七年（1014 年） | 六月，秦州定西寨山水暴涨，有溺死者。 | —— | 《通考》卷 296 |

续表

| 纪年 | 人员伤亡 | 伤亡数目 | 材料出处 |
|---|---|---|---|
| 大中祥符八年<br>（1015 年） | 闰六月庚午，坊州言大雨，河溢，民有溺死者。诏赐其家缗钱。 | —— | 《长编》卷 85 |
| 大中祥符九年<br>（1016 年） | 六月，秦州独孤谷水坏长道县盐官镇城桥及官廨、民舍二百九十五区，溺死六十七人。 | 六十七人 | 《宋史》卷 61 |
| 天禧三年<br>（1019 年） | 六月，河决滑州城西南，漂没公私庐舍，死者甚众。历澶州、濮、郓、济、单至徐州，与清河合，浸城壁，不没者四板。 | —— | 《宋史》卷 61 |
| 天禧四年<br>（1020 年） | 七月，京师连雨弥月。甲子，夜大雨，流潦泛溢，民舍、军营圮坏太半，多压死者。自是频雨，及冬方止。 | —— | 《宋史》卷 65 |
| 乾兴元年<br>（1022 年） | 十月己西夜，沧州盐山、无棣二县海潮溢，坏公私庐舍，溺死者甚众。 | —— | 《宋史》卷 61 |
| 天圣四年<br>（1026 年） | 六月丁亥，剑州、邵武军大水，坏官私庐舍七千九百余区，溺死者百五十余人。 | 一百五十余人 | 《通考》卷 303 |
| | 二十二日，侯官县界洪水坏沿溪居民舍宇，溺死者甚众。 | —— | 《宋会要》瑞异三之一 |
| | 二十三日，行庆关言，氾河水泛涨，冲注关城，溺死军马不少。时孟州氾水县尉刘文蔚溺死，父母妻男共七门。又氾水漂失盐酒税务官物，监官借职冯益儿女皆溺死。 | —— | 《宋会要》瑞异三之一 |
| | 十月乙西，京山县山水暴涨，漂死者众，县令唐用之溺焉。 | —— | 《长编》卷 104 |
| 天圣五年<br>（1027 年） | 七月辛丑，泰州盐官镇大水，民多溺死。 | —— | 《宋史》卷 61 |
| 天圣六年<br>（1028 年） | 八月甲戌，永兴军临潼县山水暴涨，民溺死者甚众。 | —— | 《宋史》卷 61 |
| 景祐元年<br>（1034 年） | 八月庚午，洪州分宁县山水爆发，漂溺居民二百余家，死者三百七十余口。 | 三百七十余人 | 《宋史》卷 61 |
| 宝元元年<br>（1038 年） | 建州自正月雨，至四月不止，溪水大涨，入州城，坏民庐舍，溺死者甚众。 | —— | 《宋史》卷 61 |
| 皇祐二年<br>（1050 年） | 六月丙子，包拯等言："水坏城郭，地复震动，大河决溢，沉溺者众。" | —— | 《长编》卷 168 |

续表

| 纪年 | 人员伤亡 | 伤亡数目 | 材料出处 |
|---|---|---|---|
| 皇祐三年<br>（1051年） | 淮汝以西，关陕以东，数千里之间罹干水忧者，甚则溺死，不甚则流亡，夫妇愁痛无所控告，略计百万人。 | 百万人 | 刘敞《公是集》卷31《上仁宗论修商胡口》 |
| 皇祐四年<br>（1052年） | 八月癸未，京城大风雨，民庐摧圮，至有压死者。 | —— | 《宋史》卷65 |
| 至和三年<br>（嘉祐元年，<br>1056年） | 夏四月壬子朔，李仲昌等塞商胡北流，入六塔河，隘不能容，是夕复决，溺兵夫、漂刍藁不可胜计。 | —— | 《长编》卷182 |
| 治平元年<br>（1064年） | 六月八日，庆州言淮安镇河水泛涨，摧东山三百余步，居民压溺而没者四十余家。 | —— | 《宋会要辑稿》瑞异3之2至3 |
| 治平二年<br>（1065年） | 八月庚寅，京师大雨，地上涌水，坏官私庐舍，漂人民畜产，不可胜数。是日，御崇政殿，宰相而下朝参者十数人而已。诏开西华门以泄宫中积水，水奔激，殿侍班屋皆摧没，人畜多溺死，官为葬祭其无主者千五百八十人。 | 一千五百八十人 | 《宋史》卷61 |
| 熙宁元年<br>（1068年） | 秋，保定军大水害稼，坏官私庐舍城壁，漂溺居民。 | —— | 《宋史》卷61 |
| | 河决恩、冀州，漂溺居民。 | —— | 《宋史》卷61 |
| 熙宁二年<br>（1069年） | 八月，河决沧州饶安，漂溺居民，移县治于张为村。 | —— | 《宋史》卷61 |
| 熙宁五年<br>（1072年） | 二月壬子，浙西水灾。死八十万人。 | 八十万人 | 《长编》卷230 |
| 熙宁十年<br>（1077年） | 七月，大雨水，二丈河、阳河水湍涨，坏南仓，溺居民。 | —— | 《宋史》卷61 |
| 元丰元年<br>（1078年） | 是岁，章丘河水溢，坏公私庐舍、城壁，漂溺居民。 | —— | 《宋史》卷61 |
| | 舒州山水暴涨，浸官私庐舍，损田稼，溺居民。 | —— | 《宋史》卷61 |
| 元丰四年<br>（1081年） | 四月，澶州临河县小吴河溢北流，漂溺居民。 | —— | 《宋史》卷61 |
| 元丰七年<br>（1084年） | 是年，相州漳河决，溺临漳县居民。 | —— | 《宋史》卷61 |

续表

| 纪年 | 人员伤亡 | 伤亡数目 | 材料出处 |
|---|---|---|---|
| 元祐六年<br>（1091 年） | 秋七月己巳，苏轼言浙西诸郡大水，苏、湖、常三郡水通为一，农民栖于丘墓，舟栰行于市井，父老皆言，耳目未曾闻见，流殍之势甚于熙宁。 | —— | 《长编》卷461 |
| 元祐七年<br>（1092 年） | 绵竹水灾，溺户几千数。 | —— | 吕陶《净德集》卷22《朝奉大夫知洋州杨府君墓志铭》 |
| 元符三年<br>（1100 年） | 十二月三日，臣僚言：河北滨、棣等数州，昨经河决，连亘千里，为之一空，人民、孳畜没溺死者不可胜计。今年所在丰稔，而此数州之民失业，是以至今米斗不下三四百钱，饥冻而死者相枕藉，甚可哀也。 | —— | 《宋会要辑稿》食货59之6 |
| 崇宁元年<br>（1102 年） | 七月，久雨。坏京城庐舍，民多压溺而死者。 | —— | 《宋史》卷65 |
|  | 是岁，京城水坏庐舍溺人。 | —— | 《通考》卷297 |
| 大观元年<br>（1107 年） | 河北、京西河溢，漂溺民户。 | —— | 《宋史》卷61 |
| 政和七年<br>（1117 年） | 是岁，瀛、沧州河决，沧州城不没者三版，民死者百余万。 | 百余万 | 《宋史》卷61 |
| 政和八年<br>（1118 年） | 夏，江、淮、荆、浙诸路大水，民流移，漂溺者众。泗州坏官私庐舍。 | —— | 《通考》卷297 |

如前所述，总的来说，水灾造成的直接性损失主要包括不同程度的生产性损失、财产性损失和人员伤亡三种。而这三种直接性损失与贫困之间有着相当高的正相关关系。准确地说，水灾与贫困之间存在一个传递链条，水灾导致物质损失和人员伤亡，受灾群体因灾害损失而面临生产生活困境。因此接下来主要阐述受灾群体因灾害损失而面临的生产生活困境及其贫困状况。

从宋人文献记载来看，受灾群体面临的首要问题是由于庄稼受损而导致的收成减少及其进一步引发的食物短缺，并在更大程度上引发进一步的饥荒甚至是流民问题。对此，文献中有诸多的记载，如淳化二年（991 年）四月，"是月，河水溢，虞乡等七县民饥"。[①] 淳化五年（994 年），"是年，京东西、淮南、陕西水潦，民饥"。[②] 天圣七年（1029 年）二月乙酉，河北沿边水灾，民饥。[③] 嘉祐元年（1056 年），"是岁，诸路江河决溢，河北尤甚，民多流亡"。[④] 嘉祐二年（1057 年），"八月，河北缘边久雨，濒河之民多流移"。[⑤] 宣和六年（1124 年），"是岁，秀州大水，田不没者什一，流莩塞路"。[⑥] 关于水灾引发的食物短缺、饥荒和流民问题更多的记载详见下表 2-11。

表2-11 北宋水灾引发食物短缺、饥荒与流民问题

| 纪年 | 灾情 | 资料出处 |
|---|---|---|
| 开宝四年（971） | 是年，州府六水，一旱，诸州民乏食。 | 《通考》卷 296 |
| 开宝六年（973） | 是年，水，民饥。 | 《长编》卷 14 |
| 淳化二年（991） | 是月，河水溢，虞乡等七县民饥。 | 《宋史》卷 5 |
| 淳化五年（994） | 是年，京东西、淮南、陕西水潦，民饥。 | 《宋史》卷 67 |
| 大中祥符四年（1011 年） | 六月甲子，江淮南水灾，民饥。 | 《长编》卷 76 |
| 乾兴元年（1022 年） | 正月戊戌，秀州言积水为灾，民艰食。 | 《长编》卷 98 |
| 天圣元年（1023 年） | 四月壬寅，徐州仍岁水灾，民颇艰食。 | 《长编》卷 100 |
| 天圣七年（1029） | 二月乙酉，河北沿边水灾，民饥。 | 《长编》卷 107 |
| 庆历八年（1048 年） | 七月甲寅，卫州频降大雨，并怀州一带山河水入城，诸军出城走避，数月绝食。已借支七月粮，而军食未继，望特蠲除。从之。 | 《宋会要辑稿》瑞异 3 之 2 |
| | 秋七月戊戌，以河北水，令州县募饥民为军。 | 《宋史》卷 11 |
| | 河北、京东西大水，大饥，人相食。诏出二司钱帛赈之，流民入京东者不可胜数。 | 《通考》卷 26 |

---

① ［元］脱脱等：《宋史》卷 5《太宗本纪二》，中华书局，1977 年点校本，第 87 页。

② ［元］脱脱等：《宋史》卷 67《五行志五》，中华书局，1977 年点校本，第 1462 页。

③ ［宋］李焘：《续资治通鉴长编》卷 107，天圣七年二月乙酉条，中华书局，1993 年点校本，第 2498 页。

④ ［元］马端临：《文献通考》卷 297《物异考三》，中华书局，1986 年影印本，考 2347。

⑤ ［元］脱脱等：《宋史》卷 65《五行志三》，中华书局，1977 年点校本，第 1422 页。

⑥ ［宋］李幼武：《宋名臣言行录》续集卷 5《洪皓·魏国洪忠宣公》，文渊阁四库全书本。

续表

| 纪年 | 灾情 | 资料出处 |
|---|---|---|
| 皇祐元年<br>（1049年） | 二月辛未，知青州、资政殿学士、给事中富弼为礼部侍郎。初，河北大水，流民入京东者不可胜数。…… | 《长编》卷166 |
| 皇祐三年<br>（1051年） | 淮汝以西，关陕以东，数千里之间罹干水忧者，甚则溺死，不甚则流亡，夫妇愁痛无所控告，路计百万人。 | 刘敞《公是集》卷31《上仁宗论修商胡口》 |
| 至和二年（1055年） | 六月乙卯，是岁，京东水，民饥。 | 《长编》卷180 |
| 至和三年（嘉祐元年，1056年） | 是岁，诸路江、河决溢，河北尤甚，民多流亡。 | 《文献通考》卷297 |
| 嘉祐二年（1057年） | 八月，河北缘边久雨，濒河之民多流移。 | 《宋史》卷65 |
| | 十一月己卯，河北大水，民乏食。 | 《长编》卷186 |
| 嘉祐四年（1059年） | 春正月，自冬雨雪，泥涂尽冰，都民饥寒死于道路者甚众。 | 《通考》卷305 |
| 治平元年<br>（1064年） | 八月丁巳，以上贡米三万石赈宿、亳州水灾饥民。陈、许、颖亳等州水灾，遂致骨肉相食，积尸满野。 | 《长编》卷202；《长编》卷204 |
| 熙宁十年<br>（1077年） | 八月丙戌，诏监察御史里行黄廉为京东路体量安抚。廉既受命，条举百余事。……初，水占州县三十四，坏民田三十万顷，坏民庐舍三十八万家，卒事，所活饥民二十五万三千口，壮者就功而食又二万七千人。 | 《长编》卷284 |
| 元丰元年（1078年） | 春正月己未，徐州、淮阴军水灾民饥。 | 《长编》卷287 |
| 元祐元年（1086年） | 二月辛酉，以河决大名，坏民田，民艰食者众，诏安抚使韩绛振之。 | 《宋史》卷17 |
| 元祐七年<br>（1092年） | 五月壬子，知扬州苏轼言："臣访闻浙西疾疫大作，苏、湖、秀三州人死过半。虽水稍退，露出泥田，然皆无土可作堘膬。有田无人，有人无粮，有粮无种，有种无牛，殍死之余，人如鬼腊。" | 《长编》卷473 |
| 绍圣元年（1094年） | 九月癸卯，遣御史刘拯按河北水灾，振饥民。 | 《宋史》卷18 |
| 崇宁三年<br>（1104年） | 三月，诏曰："昨二浙水灾，委官调夫开江，而总领无法，役人暴露，饮食失所，疾病死亡者众。水仍为害。" | 《宋史》卷96 |

续表

| 纪年 | 灾情 | 资料出处 |
|---|---|---|
| 宣和元年<br>（1119年） | 正月二十七日，永兴军路安抚使董正封言："鄠县灾伤，放税不及，分秋雨损田苗，人户缺食。" | 《宋会要辑稿》食货59之13 |
| 宣和四年<br>（1122年） | 十二月戊戌，诏："访闻德州有京东、西来流民不少，本州振济有方，令保奏推恩。余路遇有流移，不即存恤，按劾以闻。" | 《宋史》卷61 |
| 宣和六年<br>（1124年） | 河北，京东、两浙水灾，民多流移。 | 《宋史》卷61 |
| | 是岁，秀州大水，田不没者什一，流莩塞路。 | 《宋名臣言行录》续集卷5《洪皓·魏国忠宣公》 |
| | 是岁，两河、京东西、浙西水，环庆、邠宁、泾原流徙，令所在振恤。 | 《宋史》卷61 |
| 政和六年<br>（1116年） | 江浙大水，秋籴贵，饿莩盈路。 | 方勺：《泊宅编》卷7 |
| 重和元年<br>（1118年） | 十二月十九日，诏："淮南被水，楚州山阳、盐城二县下户饥莩三万二千余人。" | 《宋会要》食货68之53 |

当然，前述是宋代史料中水灾受灾群体的生产生活困境的整体状况，但是，不同程度的水灾造成的损害等级是不同的，水灾对于不同社会群体所造成的影响也存在差异。因此，下文将对不同程度的水灾对不同社会群体造成的后果进行分别讨论。

先说水灾的分级。北宋时期的水灾，依据其强度和影响程度，大致可分为三个等级，即轻度水灾、中度水灾与重度水灾。其中，轻度水灾是指短时间的较强降水导致庄稼被水冲刷或浸泡，影响农作物的正常生长，其主要导致生产性损害；中度水灾，较长时间的强降水引发区域性的洪水泛滥，主要导致生产性损害、财产性损失以及一定数量的人员伤亡；重度水灾是指较长时间、较大范围的强降水引发较大范围的河水泛滥甚至决口，其带来的损害则是全方位的，造成惨重的生产性损害、财产性损害以及大量的人员伤亡，如前述表2-7所示。

再看北宋的社会分层。北宋时期的社会群体，依据其经济状况，大致可分为三个阶层，贫民、小康之家以及富民。其中贫民是指乡村的无地、少地农民和城市的雇工和小工商业者，其大致所对应的北宋户籍为乡村户籍中的下户和客户以及城市坊郭户下户；小康之家是指乡村土地一百亩以下自耕农和城市中等工商业者，其大致所对应的户籍为乡村户中户和城市坊郭户中户；富民是指乡村地主和城市大工商业者，其大致所对应的户籍为乡村上户和坊郭上户，如下表2-12所示。关于北宋乡村诸阶层的占比，宋仁宗时张方平曾说："天下州县人户，大抵贫多富少，逐县五等户版簿，中等以上户不及五分之一，第四等、五等户常及十分之九。"① 即富民、小康之家占比不到五分之一，贫民占比超过十分之九。宋哲宗时孙谔则言："假一县有万户焉，为三分而率之，则民占四等、五等者常居其二。"② 即富民、小康占三分之一，贫民占三分之二。

表2-12 北宋社会群体分层表

| 阶层 | 贫民 | 小康之家 | 富民 |
|---|---|---|---|
| 描述话语 | 贫、贫匮、贫乏 | 自给、自足 | 富赡、多赀、丰、丰赡 |
| 职业身份 | 乡村的无地、少地农民；城市的雇工、小工商业者 | 自耕农和城市中等工商业者 | 乡村地主和城市大工商业者 |
| 户等 | 乡村户第四、五等户（下户），乡村户客户；坊郭户七、八、九等户 | 乡村户三等户（中户）；坊郭户四、五等户（中户） | 乡村户一、二等户（上户）；坊郭户一、二、三等户（上户） |

轻度水灾，主要是因霖雨而导致的庄稼被冲刷和浸泡，从而造成生产性损失。由于轻度水灾所造成的损失较小，一般富民和小康之家不会受到影响。然而，即便轻度水灾造成的损失尚小，但由于贫民日常生活中大多已处于乏食的状态，一遇水灾损害，就很有可能出现食物短缺的状况。乾兴元年（1022年）正月戊戌，"秀州言积水为灾，民艰食"，③ 其中必然以贫民为主。元祐年间，利州路霖雨害稼，时李新任职于南郑县，向提举官上报灾情时说："自去岁霖雨虽薄害稼，而上户所入，仍蹈故常。场圃未毕，而谷价已小涌矣，梁、洋间

---

① ［宋］李焘：《续资治通鉴长编》卷131，庆历元年二月辛丑条，中华书局，1993年点校本，第3107页。

② ［清］徐松辑：《宋会要辑稿》食货14之8，上海古籍出版社，2014年点校本，第6269页。

③ ［宋］李焘：《续资治通鉴长编》卷98，乾兴元年正月戊戌条，中华书局，1993年点校本，第2269页。

厥田上上，衣食为一路本源，粱米斗金五百，而洋州告饥，其他盖又可知也。"[1]
霖雨害稼，上户不受影响，而贫民告饥，同时，由于收成受到影响，粮价有小幅上涨，必然也会影响到城市贫民的生活。当然，在水灾过程中，受灾群体不会坐以待毙，他们会积极自救，比如开沟排水、清理泥沙、及时补种禾苗、改种其他生长期较短的杂粮等。如元丰六年（1083 年）六月，提点河东路刑狱黄廉言："岚、石等州流移岢岚军民户，准诏发遣还乡。访闻流民昨为久雨全损秋田，故暂来就种一夏苗麦（荞麦）。乞限一月毕田事，如允所请，其山军亦乞依此。"[2] 因久雨而田苗受损，农民及时补种生长期较短的荞麦，用以免饥。不过，水灾自救中，灾民需再次投入种子和劳动力，对小康之家和富民而言，这些投入虽然加重了负担，但大体是在可承受的范围之内；对日常生产生活中本已依靠借贷的大量贫民而言，其有可能需抵押财物用以购买补种所需的种子，加重其负担，如元祐五年（1090 年）十一月，苏轼言："春夏之交，雨水调匀，浙人喜于丰岁，家家典卖，举债出息，以事田作，车水筑圩，高下殆遍，计本已重，指日待熟，而淫雨风涛，一举害之，民之穷苦，实倍去岁。近者将官刘季孙往苏州按教，臣密令季孙沿路体访，季孙还为臣言，'此数州不独淫雨为害，又多大风，猝起潮浪，堤堰圩埠，率皆破损，湖州水入城中，民家皆尺余，此去岁所无也。而转运判官张璩自常、润还，所言略同，云亲见吴江平望八尺，闻有举家田苗没在深水底，父子聚哭。"[3]

中度水灾，主要在于较长时间的强降水引发区域性的洪水泛滥，会导致生产性损害、财产性损失以及一定数量的人员伤亡。水灾之后，人们首先面临的是粮食问题，会引起粮价的即时上涨。粮价暴涨，有些富人会囤积闭粜，趁机大赚一笔；小康之家，在度灾过程中往往耗尽积蓄，甚至典当土地和其他财物；贫民则家无余财，流离失所，处于饥荒之中。重和元年（1118 年）十二月十九日，"淮南被水，楚州山阳、盐城二县下户饥殍三万二千余人无业可归"。[4]《夷坚志》

---

[1]　[宋]李新：《再上家提举手书》，收录于曾枣庄、刘琳主编：《全宋文》卷 2883，上海辞书出版社、安徽教育出版社，2006 年点校本，第 133 册，第 358 页。

[2]　[宋]李焘：《续资治通鉴长编》卷 335，元丰六年六月甲子条，中华书局，1993 年点校本，第 8085 页。

[3]　[宋]李焘：《续资治通鉴长编》卷 451，元祐五年十一月己丑条，中华书局，1993 年点校本，第 10829-10830 页。

[4]　[清]徐松辑：《宋会要辑稿》食货 68 之 53，上海古籍出版社，2014 年点校本，第 7973 页。

中记载一段"水灾殍死"者的自述，"吾嘉兴县农人支九也。与乡人水三者两家九口，皆以前年水灾漂饿，方官赈济活人时，独己（叶本作"皆以"）先死"。①而当洪水退去，灾民急需解决三个问题：其一，及时补种庄稼，挽救生产性损失；其二，修复受损的房屋、田产；其三，有家庭成员伤亡的，需埋葬死者，救治伤者。无论解决哪一个问题，均需投入不少的劳动力和钱财。在此过程中，富民大多尚有足够的经济实力应对；小康之家用掉大部分积蓄；贫民则即使家财荡尽也难以应对。

重度水灾，主要指较长时间、较大范围的强降水引发较大范围的河水泛滥甚至决口，其带来的损害则是全方位的，会造成惨重的生产性损害、财产性损害以及大量的人员伤亡。重度水灾爆发之后，劫后余生的灾民面临的首要问题是粮食问题，然而由于收成无望、道路阻断等因素，粮价大多暴涨，此时被洪水毁尽家园的贫民和小康之家大多身无余财，无力购买粮食，大多流离失所，处于饥荒之中。如政和六年（1116 年），"江浙大水，秋籴贵，饿殍盈路"。②宣和元年（1119 年）二月十八日，尚书右丞范致虚言："自江、淮、荆、湖、两川，各被水患，物价腾踊。方春正多饥殍，彊壮者流为盗贼，类多乞丐，以市斛斗。"③同时，由于大量的人员伤亡，贫民和小康之家四处流移，富民受损的庄稼无人可补救、田地无人可耕种，必然也会遭受惨重的损失。如元祐七年（1092 年），浙西大水，加之以疾疫，苏、湖、秀三州，人死过半，"虽水稍退，露出泥田，然皆无土可作田塍。有田无人，有人无粮，有粮无种，有种无牛，殍死之余，人如鬼腊。臣窃度此三州之民，朝廷加意惠养，仍须官吏得人，十年之后，庶可全复"，④描绘了在重灾之下，富者困、贫者饥，饿殍载道的惨烈状况。欧阳修任河北都转运按察使时言，"况自去年河水决溢，德、博二州人户灾伤贫困，及系灾伤地分，破败场务甚多，正是衙前人等困乏不易之时，尤宜存恤"，⑤在北宋时期，衙前是北宋的一种职役名，一般选上户充当，

---

① ［宋］洪迈：《夷坚乙志》卷 8《秀州司录厅》，中华书局，1981 年点校本，第 250 页。

② ［宋］方勺：《泊宅编》卷 7，中华书局，1983 年点校本，第 39 页。

③ ［清］徐松辑：《宋会要辑稿》食货 57 之 15，上海古籍出版社，2014 年点校本，第 7342 页。

④ ［宋］李焘：《续资治通鉴长编》卷 473，元祐七年五月壬子条，中华书局，1993 年点校本，第 11296 页。

⑤ ［宋］欧阳修：《欧阳修全集》卷 118 页《再乞不放两地供输人色役》，中华书局，2001 年点校本，第 1808 页。

大致等同于本书所说的富民，可见去年河决，大多数民众因水灾尚处于贫困之中，即使富民也不能免。又如范祖禹上奏言及重度水灾带来的各地惨状，"臣伏睹浙西钤辖、转运司前后申奏：'累年灾伤，今岁大水，至结罪保明，奏乞斛斗、度牒。又云：父老言，四十年无此水灾。近奏苏州饥民死者日有五七百人，饥疫更甚于熙宁。'又湖州奏：'贫人入城，死者相继，遗弃男女，官为收养。据此，则灾伤轻重亦可知。'"[1]

## 二、旱灾与贫困

旱灾是指在气候上表现为久晴不雨，或是在一定时间内水分的蒸发量大大超过降雨量，从而导致植物体内水分大量亏缺，各种作物生长发育不良而减产甚至绝收的灾害。旱灾是中国古代主要的自然灾害，就北宋而言，其发生频次仅次于水灾。旱灾为害，主要在于作用于农作物，致使农作物生长发育不良而减产甚至绝收，引发食物短缺，从而造成大规模的贫困状况。

两宋时期，旱灾发生频繁，其频率仅次于水灾。关于北宋的旱灾的次数，邓云特先生《中国救荒史》统计两宋前后 487 年"旱灾一百八十三次，为次多者"。[2]陈高佣《中国历代天灾人祸表》统计两宋时期旱灾有 462 次。[3]康弘《宋代灾害与荒政述论》一文统计两宋时期旱灾 382 次，北宋时期有超过 182 次。[4]石涛《北宋时期自然灾害与政府管理体系研究》一书统计北宋 167 年间，发生"旱灾 172 起"。[5]邱云飞《中国灾害通史》（宋代卷）中统计旱灾有 259 次，北宋时期有 148 次。[6]李华瑞《宋代救荒史稿》统计两宋时期旱灾有 281 次，北宋时期有 166 次。[7]张全明《两宋生态环境变迁史》一书把旱蝗灾害一起统计，两宋时期旱蝗灾害次数为 507 次，北宋时期有 251 次。[8]由上可知，各位学者

① ［宋］范祖禹：《上哲宗封还臣寮论浙西赈济事（一）》，收录于赵汝愚编：《宋朝诸臣奏议》卷 106，上海古籍出版社，1999 年，第 1145 页。
② 邓云特：《中国救荒史》，河南大学出版社，2010 年，第 20 页。
③ 陈高佣：《中国历代天灾人祸表》，上海书店出版社，1986 年，第 796–1085 年。
④ 康弘：《宋代灾害与荒政述论》，《中州学刊》，1994 年第 5 期。
⑤ 石涛：《北宋时期自然灾害与政府管理体系研究》，社会科学文献出版社，2010 年，第 46 页。
⑥ 邱云飞著，袁祖亮主编：《中国灾害通史》（宋代卷），郑州大学出版社，2008 年，第 127 页。
⑦ 李华瑞：《宋代救荒史稿》，天津古籍出版社，2014 年，第 32 页。
⑧ 张全明：《两宋生态环境变迁史》，中华书局，2015 年，第 601 页。

对北宋旱灾的统计数据存在差异，不过，从这些统计数据仍然可以看出北宋旱灾的频繁程度。这一时期的旱灾数量仅次于水灾，但远高于其他灾害。

旱灾导致的直接损害主要包括两种：其一，生产性损失，干旱致使农作物因缺水不能正常生长，从而导致农作物减产或绝收；其二，人畜饮水困难，干旱给人畜带来极大危害。

此处重点讨论生产性损失。干旱导致农作物缺少难以正常生长，导致农作物减产或绝收。一般来说，不同程度的旱灾对农作物造成的损害是不同的，如下表 2-13 所示。

表2-13 旱灾危害等级分类表

| 灾害程度 | 轻度灾害 | 中度灾害 | 重度灾害 |
|---|---|---|---|
| 灾害话语 | 微旱、小旱 | 旱、岁旱 | 大旱、亢旱 |
| 灾情描述 | 伤苗 | 苗枯 | 苗焦仆、苗焦死 |
| 灾害征象 | 收成减少达二至五成 | 收成减少五至七成 | 收成减少七成，甚至绝收；人畜饮水困难 |

轻度旱灾一般致使农作物收成减少二至五成，中度旱灾导致农作物减产五至七成，重度旱灾导致农作物减产七成以上，甚至绝收。如建隆三年（962 年），"河北大旱，霸州苗皆焦仆"。[1]明道元年（1032 年），"五月，畿县久旱伤苗"。[2]至和二年（1055 年）正月二十一日，赵抃上奏："又去冬连今春，京东两路及陕右、川蜀诸郡，旱暵不雨，麦苗焦死，民既艰食。"[3]至四月三十日，赵抃再次上奏："自去冬今春夏以来，京东、河北连接畿甸不雨，既久，麦苗焦死。物价涌贵，秋田复无所望，流民饿殍，充满道路。亢旱已甚，疫疠渐兴，人心彷徨，忧畏不宁。"[4]关于北宋旱灾导致的生产性损失，详情见下表 2-14。

---

① ［元］脱脱等：《宋史》卷66《五行志四》，中华书局，1977 年点校本，第 1438 页。

② ［元］脱脱等：《宋史》卷66《五行志四》，中华书局，1977 年点校本，第 1440 页。

③ ［宋］赵抃：《论宋异乞择相疏》，收录于曾枣庄、刘琳主编：《全宋文》卷883，上海辞书出版社、安徽教育出版社，2006 年点校本，第 21 册，第 149 页。

④ ［宋］赵抃：《清献集》卷7《奏状论久旱乞行雩祀》，文渊阁四库全书本。

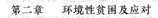

表2-14 北宋旱灾生产性损失表

| 时间 | 灾情 | 材料出处 |
|---|---|---|
| 建隆三年（962年） | 河北大旱，霸州苗皆焦仆。 | 《宋史》卷66 |
| 大中祥符三年（1010年） | 陈尧叟言："昨将至陕州，传言稍旱，苗稼甚薄。及入境，亲见实不至，此但人虑有差役，以此为言耳。已各面谕及移牒转运司勿得擅有差役，民间闻此，皆望阙欢呼，至有感泣者。" | 《长编》卷74，大中祥符三年七月戊辰条 |
| 天禧元年（1017年） | 丁丑，诏华、虢等州夏旱，损苗稼，特除其租。 | 《长编》卷90，天禧元年六月丁丑条 |
| 天圣二年（1024年） | 辛未，开封府言："阳武等十三县大旱，伤苗"。 | 《文献通考》卷304 |
| 明道元年（1032年） | 五月，畿县久旱伤苗。 | 《宋史》卷66 |
| 至和二年（1055年） | 正月二十一日，赵忭云："又去冬连今春，京东两路及陕右、川蜀诸郡，旱暵不雨，麦苗焦死，民既艰食，寇攘必兴。" | 赵忭：《赵清献公文集》卷6《奏疏论灾异乞择相》 |
| | 四月三十日，赵忭云："自去冬今春夏以来，京东、河北连接畿甸不雨，既久，麦苗焦死，物价涌贵，秋田复无所望，流民饿殍，充满道路。亢旱已甚，疫疠渐兴，人心彷徨，忧畏不宁。" | 赵忭：《赵清献公文集》卷7《奏状论久旱乞行雩祀》 |
| 嘉祐八年（1063年） | 九月十二日，司马光云："臣窃闻京西、陕西两路，自夏末以来，殊少雨泽，秋田丰稔者，所收不过五分，枯旱之处，所得尤薄。" | 司马光：《传家集》卷28《乞体量京西陕西灾伤札子》 |
| 治平元年（1064年） | 四月十七日，司马光云："今春少雨，麦田枯旱，禾种未入，仓廪虚竭，闾里饥愁。" | 司马光：《传家集》卷30《乞车架早出祈雨札子》 |
| | 闰五月十五日，司马光云："以开封府界、京东、京西、河北、河东、陕两、西川等路自去冬少雪，今春少雨，麦田已无所收，昨得五月十三日雨，方种秋田，自后又经一月无雨，萌芽始生，随复焦槁。" | 司马光：《传家集》卷31《乞罢修感慈塔札子》 |

续表

| 时间 | 灾情 | 材料出处 |
|------|------|----------|
| 熙宁三年（1070 年） | 十二月癸未，（司马光言）陕西境内，流移之民，道路相望，询访闾里，皆云今夏大旱，禾苗枯瘁，河、渭以北，绝无所收。 | 《长编》卷 214 |
| 熙宁六年（1073 年） | 郑侠言："去年大蝗，秋冬亢旱，以至于今经春不雨，麦苗焦枯，黍粟麻豆粒不及种。" | 郑侠：《西塘先生文集》卷 1《上皇帝论新法进流民图》 |
| 熙宁八年（1075 年） | 九月丙寅，御史蔡承禧言："今岁江、淮大旱，畿甸蝗蝻，苗谷不登。" | 《长编》卷 268，熙宁八年九月丙寅条 |
| 元丰元年（1078 年） | 十一月乙酉，又诏：闻京西、河北、陕西诸路，自冬无雪，并边山田麦苗已旱，令转运司访名山灵祠，委长史祈祷。 | 《长编》卷 294，元丰元年十一月乙酉条 |
| 元祐元年（1086 年） | 辛卯，（三省言）府界、诸路久旱，夏苗灾伤。 | 《长编》卷 374，元祐元年四月辛卯条 |
| 元祐四年（1089 年） | 十一月初四日，苏轼云："浙西七州军冬春积水，不种早稻。及五六月水退，方插晚秧，又遭干旱，早晚俱损，高下共伤，民之艰食，无甚今岁。" | 《苏轼文集》卷 30《奏议·乞赈济浙西七州状》 |
| 元祐六年（1091 年） | 十一月，颍州汝阴县旱伤，稻苗全无。 | 苏轼：《苏文忠公全集·奏议集》卷 10《奏淮南闭籴状》 |
| 元祐九年（绍圣元年，1094 年） | 四月壬寅朔、十六日丁巳，苏轼云："定州军州，既徂岁而不登，又历时而未雨，公私并竭，农末皆伤，麦将槁而禾未生，民既流而盗不止，丰凶之决，近在浃辰，沟壑之忧。" | 苏轼：《苏文忠公全集·后集》卷 16《北岳祈雨祝文》 |

旱灾通常会对农作物造成不同程度的损害，与贫困同样有相当高的正相关关系。准确地说，旱灾与贫困之间存在一个传递链条，旱灾导致农作物受损，受灾群体因农作物受损而陷入生产生活困境。关于北宋时期旱灾对农作物的损害情况，即生产性损失的状况，上文已有详细介绍。接下来主要阐述受灾群体因旱灾损失而面临的生产生活困境及其贫困状况。

从宋人文献记载来看，无论何种灾害，受灾群体面临的首要问题是由于庄稼受损而导致的收成减少及其进一步引发的食物短缺，并在更大程度上引发进一步的饥荒甚至是流民问题。不过，与水灾相比，旱灾对农作物的危害程度更大。"因为水灾过后，只要持续时间不是太长，总能留下一点庄稼，或者可以补种一些作物，不至于来年绝收。另外水灾所带来的淤泥，是良好的肥料，可以在一定程度上增加土壤的肥力。但旱灾往往使此后很长一段时间内颗粒无收，甚至连人畜饮水都困难，危害极大。"① 对此，文献中记载颇多。至和二年（1055年），四月三十日，赵忭云："自去冬今春夏以来，京东、河北连接畿甸不雨，既久，麦苗焦死。物价涌贵，秋田复无所望，流民饿殍，充满道路。亢旱已甚，疫疠渐兴，人心彷徨，忧畏不宁。"② 元祐三年（1088年），"京西去秋大旱，十室半饥"。③ 淳化四年（993年）二月，"江、淮、两浙、陕西比岁旱灾，民多转徙，颇恣攘夺，抵冒禁法"。④ 庆历三年（1043年）十二月，"是冬，大旱，河中、同、华等十余州军物价翔贵，饥民相率东徙"。⑤ 元祐元年（1086年），"淮南春夏大旱，民间乏食，流徙道路"。⑥ 关于北宋旱灾引发的饥荒、流民问题，详见下表2-15。

表2-15　北宋旱灾饥荒、流民表

| 时间 | 旱灾危害 | 材料出处 |
|---|---|---|
| 开宝四年（971年） | 是年，州府六水，一旱，诸州民乏食。 | 《宋史》卷67 |
| 开宝八年（975年） | 是岁，关中饥，旱甚。 | 《宋史》卷66 |
| 太平天国七年（982年） | 二月庚午，诏开封府，近者蝗旱相仍，民多流徙。 | 《长编》卷23，太平天国七年二月庚午条 |
| | 四月己卯，命客省使翟守素权知河南府。属岁旱艰食，民多为盗，上忧之，守素既至，渐以宁息。 | 《长编》卷23，太平天国七年四月己卯条 |

---

① 周方高：《宋朝农业管理初探》，浙江大学博士论文，2005年，第113页。

② [宋]赵抃：《赵清献公文集》卷7《奏状论久旱乞行雩祀》，文渊阁四库全书本。

③ [宋]李焘：《续资治通鉴长编》卷421，元祐四年正月辛卯条，中华书局，1993年点校本，第10191页。

④ [宋]李焘：《续资治通鉴长编》卷34，淳化四年二月条，中华书局，1993年点校本，第745页。

⑤ [宋]李焘：《续资治通鉴长编》卷145，庆历三年十二月庚申条，中华书局，1993年点校本，第3520页。

⑥ [宋]李焘：《续资治通鉴长编》卷383，元祐元年七月甲申条，中华书局，1993年点校本，第9341页。

续表

| 时间 | 旱灾危害 | 材料出处 |
|---|---|---|
| 端拱二年<br>（989 年） | 是岁，河南、莱、登、深、冀旱甚，民多饥死。 | 《宋史》卷 66 |
| 淳化元年<br>（990 年） | 正月至四月，不雨，京师民饥。 | 《文献通考》卷 304《物异考》 |
| 淳化二年<br>（991 年） | 正月，诏："永兴、凤翔、同、华、陕等州岁旱，民多流亡。" | 《宋会要辑稿》食货 68 之 29 |
| 淳化四年<br>（993 年） | 二月，江淮、两浙、陕西，比岁旱灾，民多转徙，颇恣攘夺，抵冒禁法。 | 《长编》卷 34，淳化四年二月条 |
| 天禧三年<br>（1019 年） | 十月甲午，免卫州民三年科率，以蝗旱流移，新复业故也。 | 《长编》卷 94，天禧三年十月甲午条 |
| 明道二年<br>（1033 年） | 二月庚子，南方大旱，种饷皆绝，人多流亡，困饥成疫气，相传死者十二三，官虽作粥糜以饷之，然得食辄死，村聚墟里几为之空。 | 《长编》卷 112，明道二年二月庚子条 |
| | 三月己卯，司封员外郎、知安州刘楚言："本州仍岁旱灾，流民亡者八十余家。" | 《长编》卷 112，明道二年三月己卯条 |
| 庆历三年<br>（1043 年） | 十二月，是冬，大旱。河中、同、华等十余州军物价翔贵，饥民相率东徙。 | 《长编》卷 145，庆历三年十二月条 |
| 庆历四年<br>（1044 年） | 三月乙丑，江淮以南，今春大旱，至有井泉枯竭，牛畜瘴死，鸡犬不存之处，九农失业，民庶嗷嗷。 | 《宋史》卷 66 |
| 至和二年<br>（1055 年） | 正月二十一日，赵忭云："又去冬连今春，京东两路及陕右、川蜀诸郡，旱暵不雨，麦苗焦死，民既艰食，寇攘必兴。" | 赵抃：《赵清献公文集》卷 6《奏疏论灾异乞择相》 |
| | 四月三十日，赵忭云："自去冬今春夏以来，京东、河北连接畿甸不雨，既久，麦苗焦死，物价涌贵，秋田复无所望，流民饿殍，充满道路，亢旱已甚，疫疠渐兴，人心彷徨，忧畏不宁。" | 赵抃：《赵清献公文集》卷 7《奏状论久旱乞行雩祀》 |

续表

| 时间 | 旱灾危害 | 材料出处 |
|---|---|---|
| 嘉祐三年<br>（1058 年） | 七月癸巳，夔州路旱饥。 | 《长编》卷 187，嘉祐三年七月癸巳条 |
| 嘉祐八年<br>（1063 年） | 九月十二日，司马光云："臣窃闻京西、陕西两路，自夏末以来，殊少雨泽。秋田丰稔者，所收不过五分，枯旱之处，所得尤薄。……已有流移就食他方者。" | 司马光：《传家集》卷 28《乞体量京西陕西灾伤札子》 |
| 治平元年<br>（1064 年） | 四月十七日，司马光云："今春少雨，麦田枯旱，禾种未入，仓廪虚竭，闾里饥愁。" | 司马光：《传家集》卷 30《乞车架早出祈雨札子》 |
| | 闰五月十五日，司马光云："以开封府界、京东、京西、河北、河东、陕两、西川等路自去冬少雪，今春少雨，麦田已无所收，昨得五月十三日雨，方种秋田，自后又经一月无雨，萌芽始生。随复焦槁，农民嗷嗷，大率无食，弃去乡里，流离道路，顾妻卖子，以接粮粮。" | 司马光：《传家集》卷 31《乞罢修感慈塔札子》 |
| 熙宁三年<br>（1070 年） | 十二月癸未，（司马光言）陕西境内，流移之民，道路相望，询访闾里，皆云今夏大旱，禾苗枯瘁，河、渭以北，绝无所收。 | 司马光：《传家集》卷 31《乞罢修感慈塔札子》 |
| | 是岁，振河北、陕西旱饥，除民租。 | 《宋史》卷 15 |
| 熙宁四年<br>（1071 年） | 二月二十三日，贝、冀彻边少雨雪州军乏食饥歉。 | 《宋会要》食货 68 之 39 |
| 熙宁六年<br>（1073 年） | 冬十月甲戌，常、润二州岁旱民饥。 | 《长编》卷 247，熙宁六年十月甲戌条 |
| 熙宁七年<br>（1074 年） | 八月庚寅，诏："河北旱灾，民方艰食，惟河坊急切及修城，许量调春夫，余并权罢一年。" | 《长编》卷 255，熙宁七年八月庚寅条 |
| 熙宁八年<br>（1075 年） | 春正月己未，洮西缘边安抚司言：去岁夏秋旱，羌户殍死者众。 | 《长编》259，熙宁八年正月己未条 |

续表

| 时间 | 旱灾危害 | 材料出处 |
|---|---|---|
| 熙宁八年<br>（1075 年） | 二月甲戌，上批："闻河东路旱灾，百姓多流入外界。" | 《长编》卷260，熙宁八年二月甲戌条 |
| | 淮浙大旱，米价腾涌，人多殍饥。 | 江少虞：《事实类苑》卷60《杭人好饰门窗什器》 |
| 熙宁九年<br>（1076 年） | 六月壬子，淮甸、两浙、江东、两湖南、北州县，仍岁旱蝗，陂泽竭涸，野无青草，人户流散，穷荒极敝。 | 《长编》卷276，熙宁九年六月壬子条 |
| 元祐元年<br>（1086 年） | 七月甲申，淮南春夏大旱，民间乏食，流徙道路。 | 《长编》卷383，元祐元年七月甲申条 |
| 元祐三年<br>（1088 年） | 秋，京西大旱，十室半饥。 | 《长编》卷421，元祐四年春正月辛卯条 |
| 元祐四年<br>（1089 年） | 春正月甲申，右正言刘安世言："臣伏见去冬以来，时雪愆亢，询问四方，亦多旱暵，关、陕、淮、浙民已艰食，物价翔踊，日益增甚。虽朝廷广行赈贷，而岁事失望，荐饥可忧。" | 《长编》卷421，元祐四年正月甲申条 |
| | 十一月甲午，浙西七州军冬春积水，不种早稻。及五六月水退，方插晚秧，又遭干旱，早晚俱损，高下共伤，民之艰食，无甚今岁。" | 《长编》卷425，元祐四年十一月甲午条 |
| 元祐九年<br>（绍圣元年，1094 年） | 四月壬寅，苏轼云：都城以北，燕蓟之南，既徂岁而不登，又历时而未雨，公私并竭，农末皆伤，麦将槁而禾未生，民既流而盗不止。 | 苏轼：《苏文忠公全集·东坡后集》卷16《北岳祈雨祝文》上册 |
| | 四月壬寅朔、二十六日丁卯，苏辙云：（汝州）自春徂夏，旱饥为苦。麰麦殄悴，禾未出亩。 | 苏辙：《栾城集·后集》卷19《汝州谢雨文》 |
| 绍圣四年（1097 年） | 是岁，两浙旱饥。 | 《宋史》卷18 |
| 大观三年（1109 年） | （安州安陆）己丑大旱，人相食，弃子不可胜数。 | 王得臣：《麈史》卷下《占验》 |

续表

| 时间 | 旱灾危害 | 材料出处 |
|------|---------|---------|
| 政和四年<br>（1114 年） | 旱，诏赈德州流民。 | 《宋史》卷 66 |
| 宣和元年<br>（1119 年） | 二月，诏汝、颖、陈、蔡州饥民流移，常平官勒停。 | 《宋史》卷 66 |
| | 十一月戊辰，以淮甸旱，民饥失业，遣监察御史察访。 | 《宋史》卷 22 |
| 宣和二年<br>（1120 年） | 有上封事告淮南连岁荒旱，饥民相食。 | 杨时：《龟山集》卷 36《周宪之墓志铭》 |

　　当然，前述是宋代史料中受灾群体的生产生活困境以及贫困状况概况。具体来说，不同程度的旱灾造成的损害等级是不同的，旱灾对于不同社会群体所造成的影响也是不同的。因此，下文将对于不同程度的旱灾对不同社会群体造成的后果进行分别讨论。

　　如前所述，根据干旱的持续时间和危害程度，旱灾大致可分为三个等级：轻度旱灾、中度旱灾和重度旱灾。不同程度的旱灾所造成的危害是不同的。而北宋社会群体可分为三个阶层，分别为贫民、小康之家和富民（参见表 2-12），而不同程度的旱灾对于不同的社会阶层的影响也是不同的。

　　相比于短促而剧烈的水灾，旱灾是持续和渐进的。可以说，旱灾是一个持续而渐进的过程，对民众来说，干旱到底会持续多久，最终会造成什么样的后果，难以进行准确的判断。换言之，民众的生产生活困境会伴随旱灾的持续过程而不断加深。当然，在干旱来临之时，民众并不是完全被动的，在旱灾的持续过程中，民众会根据干旱的程度，依照自己的社会经验进行抉择和应对，可以说，干旱的持续过程与民众的选择之间是一个不断互动的过程。

　　一般来说，在农作物的生长周期中，当干旱持续 15 天以上，民众已经会有旱灾的担忧，元丰元年（1078 年），曾巩知福州时，"自四月甲子至五月辛巳，凡十有八日不雨，田已忧旱"，[1] 开始率领当地官吏到佛祠祈雨。此时，民众

---

① [宋] 曾巩：《曾巩集》卷 40《提祷雨文后》，中华书局，1984 年点校本，第 553—554 页。

往往会积极予以应对，如拜神祈雨，同时引水灌溉、种植耐旱作物等。当干旱持续至 30 天，一定时间的干旱已经影响农作物正常生长，可以说，此时在危害上已经处于轻度旱灾的程度。这样的轻度旱灾所造成的损失大约是农作物减产二至三成。对富民和小康之家而言，这样的损害影响不大。对贫民而言，在常态之下，他们本身已是需借贷种子、耕牛进行生产，而农作物的减产损失无疑会加重其贫困状况：一方面收成受损则无力偿还此前欠下的债务；另一方面在常态之下，贫民一年所产已不足一年之用，青黄不接之时既已处于乏食状态，又遭遇旱灾的损失，必然更加剧其食物短缺的状况，可能到冬春季节即已出现食物短缺的状况。例如太宗雍熙二年（985 年）四月，江南数州去秋微旱，导致"民颇艰食"，由此太宗下诏赈贷阙食人户，[①] 可以想见这些阙食人户大多为贫民。同时，为应对食物短缺，又加之粮价上涨等因素，这时贫民在积蓄用尽之后很可能需要继续向富民抵押借贷，从而进一步加重债务负担。

如果旱情得不到缓解，干旱持续 30—60 天时，此时已经无水可以进行灌溉，农作物枯黄，受损程度加剧，即使补种农作物也难以存活，同时，粮价开始逐渐上涨。此时，民众一方面不知干旱还会持续多久，能保住多少收成，另一方面也不知粮价何时可降。面对如此情况，大多数民众仍会继续祈祷下雨，希望能够有所收成。而不再怀抱希望的小部分人，则典卖土地、耕牛和家产，带着钱财逐熟、逐食。此时干旱的危害程度可以说已经到达中度旱灾程度，其造成的损失大约是农作物减产五至七成。对富民而言，这样的损失尚可承受，部分富人还可能在粮价上涨期间大赚一笔。对小康之家而言，收成减少一半必将对生活质量造成影响，更有甚者可能出现食物短缺的情况。对贫民而言，收成减少一半，一方面难以偿还此前的债务，另一方面生活质量将严重下降，会面临更加严重的食物短缺和饥荒的威胁。如李纲到江西任职时，江西"去岁旱伤之后，谷价翔踊，民间乏食，第三等户止是食粥，第四、第五等户多是掘草根而食"。[②] 又如治平元年（1064 年）闰五月十五日，司马光云："以开封府界京东、京西、河北、河东、陕西、西川等路，自去冬少雪，今春少雨，麦田已无所收，昨得五月十三日雨，方种秋田，自后又经一月无雨，萌芽始生。随复焦槁，农

① [清]徐松辑:《宋会要辑稿》食货 57 之 1，上海古籍出版社，2014 年点校本，第 7325—7316 页。
② [宋]李纲:《李纲全集（中册）》卷 85《乞蠲免灾伤路分人户四年积欠札子》，岳麓书社，2004 年点校本，第 853 页。

民嗷嗷，大率无食，弃去乡里，流离道路，顾妻卖子，以接糇粮。"①可见在这样的旱情之下，中下层农民在食物短缺之下处于饥荒状态，迁徙流移。郑侠也说，"贫富大小之家，皆相依倚以成。贫者依富，小者依大，所以养其贫且小；富者亦依贫以成其富，而大者亦依小以成其大。富者、大者，不过有财帛仓廪之属，小民无田宅，皆客于人。其负贩耕耘，无非出息，以取本于富且大者，而后富者日以富，而以其田宅之客为力。今贫者、小者既已流迁，田无人耕，宅无人居，财帛菽粟之在廪庾，众暴羣至，负之而去，谁与守者？此所以不得不随而流迁者也"。②

如果旱情进一步持续，达到 60 天以上，禾苗完全枯死，庄稼基本上绝收，过度干旱的田地里难以存活任何农作物，出现"赤地千里"和无可充饥之物的惨状。此时即便富民也会受到影响，小康之家不免流移，贫民因饥荒则大规模的流亡，同时伴随大量的人口死亡。《夷坚志》中有一则故事记载："滕彦智居宋都，闻其父兄言，近郭朱氏，有男女五人，长子曰陈僧，年十六七，能强力耕桑，最为父母所爱。值宣和旱歉，麻菽粟麦皆不登，无所谋食，尽鬻四子，而易他人子食之。独陈僧在，每为人言：'此儿有劳于家，恃以为命，不可灭。'他日，诸滕过之，但二翁媪存，不见所谓陈僧者，询所在，翁泣曰：'饥困不可忍，乃与某家约，绐此子使往问讯，既至，执而烹之矣！'"③旱灾造成干旱作物"麻菽粟麦"皆无以所获，民众无所谋食，可见是一场持续时间较长的重度旱灾。农民难以维生，甚至易子而食，这在当时的记载中并不少见。造成此外，更可怕的是久旱之下的疾疫，会导致大规模的牲畜死亡和人口死亡。如庆历四年（1044 年）三月乙丑，"江、淮以南，今春大旱，至有井泉枯竭、牛畜瘴死、鸡犬不存之处，九农失业，民庶嗷嗷"，④即描绘了大旱之下疾疫造成的惨状。

---

① [宋]司马光：《司马文正公传家集》卷31《乞罢修感慈塔劄子》，商务印书馆，1937年《万有文库》本，第 425 页。

② [宋]郑侠：《流民》，收录于曾枣庄、刘琳主编：《全宋文》卷 2169，上海辞书出版社、安徽教育出版社，2006 年点校本，第 99 册，第 259 页。

③ [宋]洪迈：《夷坚志补》卷 9《饥民食子》，中华书局，1981 年点校本，第 1629 页。

④ [宋]李焘：《续资治通鉴长编》卷 147，庆历四年三月乙丑条，中华书局，1993 年点校本，第 3554 页。

### 三、虫灾与贫困

虫灾，主要是指农作物虫类灾害。我国古代农作物虫灾种类繁多，文献记载中有蝗、螟、蚜蚄虫、蝎虫、蟓、蟊虫等，总数可达百种。其中，蝗、螟、粘虫是我国历史上发生最频繁的三种虫害，在文献记载中，"蝗、螽、螣（蚍）、蟊、蟓、蟓"等代表蝗灾，"螟"代表螟虫灾害，"贼、蟘、蚜蚄、青（黑）虫"等代表粘虫灾害，以及"蟊"代表地下食根虫害等。[①]就北宋而言，虫灾以蝗、螟为主，尤其以蝗灾为害甚重。现代生物学指出，危害我国农业生产和社会生活的蝗虫主要是飞蝗，从昆虫分类学的角度，在我国境内活跃的飞蝗主要有三种：亚洲飞蝗分布在新疆以及内蒙、青海、甘肃一带，西藏飞蝗分布在西藏，东亚飞蝗分布于其余地区。从地理范围来讲，北宋时期的蝗灾主要是东亚飞蝗，其"具有繁殖数度快、生殖后代多、食性广、食量大、扩散迁飞能力强等生理生态学特征"，[②]同时，东亚飞蝗喜食禾本科、莎草科植物，对水稻、小麦、玉米等农作物危害巨大。蝗灾为害主要通过吞食水稻、小麦、玉米等禾稼，造成粮食减产或绝收，引发食物短缺，进而造成饥荒和流民问题。

对于虫灾，前辈学者对其中的蝗灾研究较多，邓拓《中国救荒史》一书统计两宋"蝗灾九十次"，[③]陈高佣《中国历代天灾人祸表》统计两宋蝗灾有112次。[④]康弘《宋代灾害与荒政论述》统计两宋的蝗灾有108次，其中北宋大致有48次。[⑤]张全明《两宋生态环境变迁史》统计两宋时期蝗灾有133次，北宋有74次。[⑥]石涛《北宋时期自然灾害与政府管理体系研究》一书统计北宋时期，蚜蚄虫为灾有7次，蟊虫为灾有2次，蝎虫为灾有2次，蝗灾87次。[⑦]邱云飞《中国灾害通史》（宋代卷）中统计两宋虫灾有168次，其中北宋时期有105次。[⑧]

---

① 参见李纲：《蝗灾·气候·社会》，中国环境出版社，2014年，第132页。

② 李纲：《蝗灾·气候·社会》，中国环境出版社，2014年，第2页。

③ 邓拓：《中国救荒史》，河南大学出版社，2010年，第20页。

④ 陈高佣：《中国历代天灾人祸表》，上海书店出版社，1986年，第796–1085页。

⑤ 康弘：《宋代灾害与荒政论述》，《中州学刊》，1994年第5期。

⑥ 张全明：《两宋生态环境变迁史》，中华书局，2015年，第601页。

⑦ 石涛：《北宋时期自然灾害与政府管理体系研究》，社会科学文献出版社，2010年，第68页。

⑧ 邱云飞著，袁祖亮主编，《中国灾害通史》（宋代卷），郑州大学出版社，2008年，第145页。

李华瑞《宋代救荒史稿》统计两宋时期虫灾有 149 次，北宋时期有 94 次。[1] 各学者的统计虽有不同，但可大致知晓北宋蝗灾的次数。

虫灾导致的直接损害主要是指生产性损失，即蝗虫、螟虫、蚼蚃虫、蠓虫等吞食水稻、小麦、玉米等禾稼，造成粮食减产或绝收。一般来说，不同程度的虫灾导致的生产性损失程度是不同的，如下表 2-16 所示。

表2-16 蝗灾危害等级分类表

| 灾害程度 | 轻度灾害 | 中度灾害 | 重度灾害 |
|---|---|---|---|
| 灾害话语 | 有蝗、蝗生 | 蝗 | 大蝗、飞蝗蔽天、蝗蝻遍野 |
| 灾情描述 | 伤苗、食苗 | 伤苗、害稼、食禾 | 食稼殆尽 |
| 灾害征象 | 小范围的农作物严重减产 | 区域性的农作物绝收 | 跨区域性的农作物绝收 |

以蝗灾为例，不同程度的蝗灾导致的生产性损失程度是不同的，即轻度灾害导致小范围的农作物严重减产，中度灾害导致区域性的农作物绝收，重度灾害则导致跨区域性的农作物绝收。如建隆二年（961 年），"九月，华州渭南县蚼蚃虫害稼"。[2] 大中祥符九年（1016 年），"六月，京畿、京东西、河北路蝗蝻继生，弥覆郊野，食民田殆尽，入公私庐舍"。[3] 即是重度蝗灾导致的跨区域性的农作物绝收惨状。关于蝗灾导致的生产性损失，详情见下表 2-17。

表2-17 北宋虫灾生产性损失表

| 时间 | 损害 | 资料出处 |
|---|---|---|
| 建隆二年（961 年） | 九月，华州渭南县蚼蚃虫害稼。 | 《通考》卷 88 |
| 乾德二年（964 年） | 四月，相州蝻虫食桑。 | 《宋史》卷 62 |
| 天平兴国二年（977 年） | 六月，磁州有黑虫群飞食桑，夜出昼隐，食叶殆尽。 | 《通考》卷 314 |
| | 七月，邢州巨鹿、沙河二县步屈虫食桑麦殆尽。 | 《宋史》卷 62 |

---

[1] 李华瑞：《宋代救荒史稿》，天津古籍出版社，2014 年，第 32 页。

[2] [元] 马端临：《文献通考》卷 88《郊社考二十一》，中华书局，1986 年影印本，考 806。

[3] [元] 脱脱等：《宋史》卷 62《五行志一下》，中华书局，1977 年点校本，第 1356 页。

续表

| 时间 | 损害 | 资料出处 |
|---|---|---|
| 太平兴国五年<br>（980 年） | 七月，潍州蚄蛑虫生，食稼殆尽。 | 《宋史》卷 67 |
| 太平天国七年<br>（982 年） | 九月癸丑，邠州言蝗食稼。 | 《宋史》卷 62 |
| | 九月，邠州蚄蛑虫生，食稼。 | 《宋史》卷 67 |
| 天平天国九年<br>（雍熙元年，984 年） | 七月，泗州蟓虫食桑。 | 《通考》卷 314 |
| 雍熙二年（985 年） | 四月，天长军蟓虫食苗。 | 《通考》卷 314 |
| 端拱二年（989 年） | 七月，施州蚄蛑虫生，害稼。 | 《宋史》卷 67 |
| 淳化元年<br>（990 年） | 七月，淄、澶、濮州、乾宁军有蝗，沧州蝗蛹虫食苗，棣州飞蝗自北来，害稼。 | 《宋史》卷 62 |
| 淳化二年<br>（991 年） | 七月，宁边军有蝗蛹，沧州蛹虫食苗，棣州有飞蝗自北来，害稼。 | 《通考》卷 314 |
| 至道二年<br>（996 年） | 六月，亳州、宿、密州蝗生，食苗。 | 《宋史》卷 62 |
| | 七月，长葛、阳翟二县有蛹虫食苗。 | 《宋史》卷 62 |
| 景德元年<br>（1004 年） | 八月，陕、宾、棣州虫蝝害稼。 | 《宋史》卷 67 |
| | 是岁，江南东西路饥，陕、宾、棣州蝗，害稼，命使振之。 | 《宋史》卷 7 |
| 大中祥符二年<br>（1009 年） | 五月，雄州蛹虫食苗。 | 《宋史》卷 62 |
| 大中祥符四年<br>（1011 年） | 七月，河南府及京东蝗生，食苗叶。 | 《宋史》卷 62 |
| 大中祥符六年<br>（1013 年） | 九月，陕西同、华等州蚄蛑虫食苗。 | 《宋史》卷 67 |
| 大中祥符九年<br>（1016 年） | 六月，京畿、京东、西、河北路蝗蛹继生，弥覆郊野，食民田殆尽，入公私庐舍。 | 《宋史》卷 62 |
| 天禧元年<br>（1017 年） | 五月己未，诸路蝗食苗。诏遣内臣分捕，仍命使安抚。 | 《宋史》卷 8 |
| | 是岁，诸路蝗，民饥。 | 《宋史》卷 8 |

续表

| | | |
|---|---|---|
| 天圣五年<br>（1027 年） | 五月戊辰，磁州虫食桑。 | 《通考》卷 314 |
| | 是岁，京兆府旱蝗。 | 《宋史》卷 9 |
| 庆历三年<br>（1043 年） | 十一月壬辰，淮南、江浙经春少雨，麦田半损，蝗蝻复生。 | 《长编》卷 145 |
| 熙宁八年<br>（1075 年） | 秋七月壬申，诏京东路监司各具有飞蝗州军及所扑灭、所害田苗分数以闻。 | 《长编》卷 266 |
| 熙宁九年<br>（1076 年） | 五月，荆湖南路地生黑虫，化蛾飞去。全州生黑虫食苗，黄雀来食之皆尽。 | 《宋史》卷 15 |
| 元丰二年<br>（1079 年） | 二月庚申，诏诸路方春阙雨，虑生蝗蝻害田，其令河北、陕西、京东西等路监司，常戒州县扑灭，毋致滋生。 | 《长编》卷 296 |
| 政和七年<br>（1117 年） | 诸郡多蝗，既□□□食竹木之叶，牛羊之毛且尽，民惧而祷之，故环庙数十里蝗不敢入。 | 《宋代石刻文献全编》第四册《（兴化军）祥应庙记》 |

同时，蝗灾与旱灾有相当强的伴生关系。苏轼诗中言："从来蝗旱必相资，此事吾闻老农语。"[1] 老农所说的"从来蝗旱必相资"，即是因为蝗灾大多出现于干旱的过程中，而在宋人认知中，干旱与蝗灾紧密相关。倘若旱灾与蝗灾同时发生，其对社会生产生活造成的破坏则将更加严重。

文献中常以"旱蝗"或"蝗旱"记载。如大中祥符九年（1016 年）冬十月，"京东、淮南蝗旱"。[2] 皇祐五年（1053 年）十月，"自春陟夏，蝗旱为灾"。[3] 在旱灾的摧残之下，农作物已经受损严重，加之一蝗灾，仅存的庄稼还被蝗虫毁掉。所以，旱蝗相仍的情况之下，庄稼基本上毫无收成。如熙宁八年（1075 年）九月丙寅，御史蔡承禧言："今岁江、淮大旱，畿甸蝗蝻，苗谷不登。"[4] 熙

---

[1] ［宋］苏轼：《苏轼诗集》卷 13《次韵章传道喜雨》，中华书局，1982 年点校本，第 622 页。

[2] ［宋］李焘：《续资治通鉴长编》卷 88，大中祥符九年十月戊寅条，中华书局，1993 年点校本，第 2023 页。

[3] ［宋］李焘：《续资治通鉴长编》卷 175，皇祐五年十月丁巳条，中华书局，1993 年点校本，第 4238 页。

[4] ［宋］李焘：《续资治通鉴长编》卷 268，熙宁八年九月丙寅条，中华书局，1993 年点校本，第 6561-6562 页。

宁九年（1076年）六月壬子，"淮甸、两浙、江东西、湖南北州县，仍岁旱蝗，陂泽竭涸，野无青草，人户流散，穷荒极敝。"[1]北宋时期，文献中关于旱蝗灾害的记载详情如下表2-18。

表2-18 文献中旱蝗伴生关系的相关记载

| 时间 | 灾情 | 材料出处 |
|---|---|---|
| 建隆三年（962年） | 十二月甲辰，河北、陕西、京东诸州旱蝗，河北尤甚，悉蠲其租。 | 《长编》卷3，建隆三年十二月庚子条 |
| 建隆四年（963年） | 旱蝗生。 | 《宋史》卷66 |
| 太平天国七年（982年） | 二月庚午，诏开封府，近者蝗旱相仍，民多流徙。 | 《长编》卷23，太平天国七年二月庚午条 |
| | 九月，旱蝗。 | 《宋史》卷4 |
| 淳化二年（991年） | 三月己巳，以岁蝗旱祷雨弗应，手诏宰相吕蒙正等。 | 《长编》卷32，淳化二年三月己巳条 |
| 淳化三年（992年） | 七月，真、许、沧、沂、蔡、汝、商、兖、单等州、淮阳军、平定彭城军蝗，蛾抱草自死。 | 《宋史》卷62 |
| | 是岁，淮阳旱，蝗。 | 《宋史》卷66 |
| 淳化五年（994年） | 六月，京师旱疫，遣太医和药救之。 | 《通考》卷304《物异考十》 |
| 至道二年（996年） | 六月，亳州、宿、密州蝗生，食苗。 | 《宋史》卷62 |
| | 七月，长葛、阳翟有蝻虫生食苗。历城、长清等县有蝗。 | 《宋史》卷62 |
| 大中祥符三年（1010年） | 六月，开封府咸平、尉氏二县蝻虫生。 | 《通考》卷314 |
| 大中祥符四年（1011年） | 六月甲子，开封府言祥符县有飞蝗。 | 《长编》卷76 |
| | 七月，河南府及京东蝗生，食苗叶。 | 《宋史》卷62 |
| 大中祥符九年（1016年） | 六月，京畿、京东、西、河北路蝗蝻继生，弥覆郊野，食民田殆尽，入公私庐舍。 | 《宋史》卷62 |
| | 七月辛亥，蝗过京师，群飞翳空，延至江、淮南，趣河东，及霜寒始毙。 | 《宋史》卷62 |
| | 冬十月戊寅，京东、淮南蝗旱。 | 《长编》卷88，大中祥符九年十月戊寅条 |

---

① [宋] 李焘：《续资治通鉴长编》卷276，熙宁九年六月壬子条，中华书局，1993年点校本，第6758页。

续表

| 时间 | 灾情 | 材料出处 |
|---|---|---|
| 天禧三年<br>（1019 年） | 十月甲午，免卫州民三年科率，以蝗旱流移，新复业故也。 | 《长编》卷94，天禧三年十月甲午条 |
| 天圣五年<br>（1027 年） | 是岁，陕西同、华等州旱，好蚍虫食苗。 | 《宋史》卷9 |
| | 是岁，京兆府旱蝗。 | 《宋史》卷9 |
| 明道元年<br>（1032 年） | 是岁，京东、西，河北、河东、陕西旱蝗。 | 《宋史》卷10 |
| 明道二年<br>（1033 年） | 六月戊子，诏以旱蝗作沴，去尊号中"睿圣文武"四字。 | 《长编》卷112，明道二年七月戊子条 |
| 景祐元年<br>（1034 年） | 是岁，开封府、淄州蝗。 | 《宋史》卷10 |
| | 六月乙卯，开封府、淄州蝗，诸路募民掘蝗子万余石。 | 《通考》卷314 |
| 宝元三年<br>（1040 年） | 夏，旱蝗。 | 《宋史》卷62 |
| 庆历元年<br>（1041 年） | 淮南旱蝗。 | 《宋史》卷62 |
| 庆历四年<br>（1044 年） | 五月戊寅，诏淮南比年谷不登，今春又旱蝗，其募民纳粟与官，以备赈贷。 | 《长编》卷149，庆历四年五月戊寅条 |
| | 淮南、江浙，经春少雨，麦田半损，蝗蝻复生。 | 《长编》卷145，庆历四年 |
| 皇祐五年<br>（1053 年） | 冬十月丁巳，自春陟夏，蝗旱为灾。 | 《长编》卷175，皇祐五年十月丁巳条 |
| 熙宁六年<br>（1073 年） | 郑侠言："臣伏观去年大蝗，秋冬亢旱，以至于今，经春不雨，麦苗焦枯，黍粟麻豆，粒不及种。" | 郑侠：《西塘先生文集》卷1《上皇帝论新法进流民图》 |
| 熙宁七年<br>（1074 年） | 自春及夏，河北、河东、陕西、京东西、淮南诸路久旱。<br>夏，开封府界及河北路蝗。 | 《宋史》卷66；<br>《宋史》卷62 |
| 熙宁八年<br>（1075 年） | 九月丙寅，御史蔡承禧言："今岁江、淮大旱，畿甸蝗蝻，苗谷不登。" | 《长编》卷268，熙宁八年九月丙寅条 |
| 熙宁九年<br>（1076 年） | 六月壬子，淮甸、两浙、江东西、湖南、北州县，仍岁旱蝗，陂泽竭涸，野无青草，人户流散，穷荒极敝。 | 《长编》卷276，熙宁九年六月壬子条 |

蝗灾通常会对农作物造成不同程度的损害，与贫困同样有相当高的正相关关系。准确地说，蝗灾与贫困之间存在一个传递链条，蝗灾导致农作物受损，受灾群体因农作物受损而陷入生产生活困境。对北宋时期蝗灾对农作物的损害情况，即生产性损失的状况，上文已有详细介绍，接下来主要阐述受灾群体因蝗灾损失而面临的生产生活困境及其贫困状况。

从宋人文献记载来看，无论何种灾害，受灾群体面临的首要的生产生活困境即是由于庄稼受损而导致的收成减少及其进一步引发的食物短缺，并在更大程度上引发进一步的饥荒甚至是流民问题，蝗灾也不例外。同时，由于蝗灾本身具有突发性和无差别攻击的特点，对于该年农业收成的打击是巨大的。尤其是当大规模的蝗虫过境时，会迅速造成所有农作物绝收，进而引起严重的饥荒问题。如据石涛所述，[①]大中祥符九年（1016 年）五月开始，北宋境内发生了大面积的蝗灾，影响波及京畿、京东、京西、河东、河北、陕西、淮南等路，[②]几乎遍及整个北方地区，"蝗蝻继生，弥覆郊野，食民田殆尽，入公私庐舍"，[③]造成严重破坏。次年，即天禧元年（1017 年）二月，北方各路及两浙、荆湖等地再次爆发蝗灾，"蝗蝻覆生，多去岁蛰者。和州蝗生卵，如稻粒而细"。[④]连续的蝗灾引发了大面积的严重饥荒，持续两年之久。

但与此同时，不同等级的蝗灾对于不同社会群体所造成的影响仍然是有所区别的。小范围内的轻度蝗灾会对当地农业收成产生影响。对于贫民下户来说，其本身就是处于自给边缘，并没有多余的储备粮食。一旦当年收成受到影响，必然会陷入粮食短缺的困境，只能依靠借贷。而且蝗灾过后就需要进行粮食的补种，即需要进一步的资金和劳动力投入，又会进一步加重贫困者的负担。对于中户的小康之家来说，他们大多有一定的粮食储备，当年的收成无望也依然可以保证自给。中户尚能自给，上户的富裕者自然更不会受到影响。而且，在这样的小范围轻度灾害之下，中户和上户大多会积极赈粜，帮助下户渡过难关。

区域性的中度蝗灾，其影响不再限于本县，而往往扩展到数州之境。此时

① 参见石涛：《北宋时期自然灾害与政府管理体系研究》，社会科学文献出版社，2010 年，第 70 页。
② ［宋］李焘：《续资治通鉴长编》卷 88，大中祥符九年十月戊寅条，中华书局，1993 年点校本，第 2023 页。
③ ［元］脱脱等：《宋史》卷 62《五行志一下》，中华书局，1977 年点校本，第 1356 页。
④ ［清］徐松辑：《宋会要辑稿》瑞异 3 之 40，上海古籍出版社，2014 年点校本，第 2668-2669 页。

区域性的农作物绝收会引起粮食短缺和粮价上涨。对于大量贫民下户来说，只能依靠借贷维生，往往需要以家中财物、牲畜甚至是土地和房屋进行抵押。但是这些贫民大多本身就已是负债之身，此时需要进一步借贷，自然会陷入破产的状况。有些贫民已经家无常产，无从抵押借贷，于是只能等待政府和富人救济，或是选择流移他所。对于中户来说，在区域性中度灾害之下，积蓄不够充足的人户也会面临存粮耗尽的情况，甚至也需要依靠抵押财物进行借贷维生。对于上户来说，其充足的储存尚能保证其家庭的生活，而面对这样区域性的中度蝗灾，上户或会选择继续赈粜，但也有很多上户会选择闭粜，甚至拒绝借贷给贫民。

跨区域性的重度蝗灾，会引起跨越转运司路的大面积农作物绝收，粮食严重短缺，粮价暴涨。在这样的情况下，如果没有及时得到政府的救济，贫民下户完全无法在当地继续生存下去，或沦为盗贼，或流移逐熟，或饿殍满地。对于中户来说，也已无法维持而处于破产的状态，大多也会选择与下户一同流移他所。对于上户来说，即便是闭粜储存粮食，也会受到严重的打击。一方面，盗贼横行，上户面临着被盗抢的威胁；另一方面，中下户皆流移他乡，无人可佃其土地，上户也难以恢复生产。因此，在这样跨区域性的重度蝗灾之下，基本都是形成大面积和长时段的饥馑，造成大范围的死亡或流移，损失严重。

## 四、其他灾害与贫困

前文对自然灾害中对农业生产和民众生活影响最大的三种灾害进行了讨论，此外，还有风、雹、霜雪灾以及地震、山崩等灾害也会对民众的生命财产和生产生活造成极大的损害，以下简单述之。

### （一）风、雹、霜雪灾与贫困

风灾是指，暴风、大风、飓风以及沙尘暴等强风造成的灾害。雹灾是指冰雹造成的灾害。冰雹又称为雹子、冷子和冷蛋子等，是雷雨云中水汽和水凝结成 5～100 毫米落向地面的固体水形态，在文献中，"冰雹""雨雹""雷雹""风雹"等均指雹灾。霜、雪灾是指霜灾和雪灾，霜灾是指接近地面的水蒸气冷至摄氏零度以下凝结而成的霜造成的灾害；雪灾是指因长时间大量降雪造成的大范围积雪成灾。风、雹、霜雪灾都是我国常见的自然灾害，在灾害分类中，风、雹、霜雪灾均属于气象灾害，同时，这些灾害对农作物的危害均较大。对于风、雹、霜雪灾害，学界研究较少，而关于北宋风、雹、霜雪灾为数不多的研究成果中，大多着重于梳理文献中的灾害资料与统计灾害发生次数，对灾害资料的深入分析较少，从灾害与贫困关系角度予以研究的实则阙无。本小节即从灾害与贫困的关系角度探讨风、雹、霜雪灾害与贫困的关系。

关于风、雹、霜雪灾害次数的统计，邓云特《中国救荒史》一书统计两宋风灾 93 次，雹灾 101 次，霜雪灾害 18 次。[1]陈高佣《中国历代天灾人祸表》统计两宋风灾 55 次，雹灾 93 次，霜灾 10 次。[2]康弘《宋代灾害与荒政论述》统计两宋的风雹霜灾共 142 次，其中北宋大致共有 84 次。[3]石涛《北宋时期自然灾害与政府管理体系研究》一书统计北宋时期，[4]邱云飞《中国灾害通史》（宋代卷）中统计两宋有风灾 109 次，雹灾 121 次，霜灾 13 次，其中北宋时期有风灾 51 次，雹灾有 50 次，霜灾有 8 次。[5]李华瑞《宋代救荒史稿》统计两宋时期风灾有 174 次，雹灾有 157 次，寒冷灾害有 85 次，其中北宋时期有风灾 79 次，雹灾 63 次，寒冷灾害 36 次。[6]张全明《两宋生态环境变迁史》统计两宋时期有风灾 102 次，雹灾 168 次，霜雪灾害 36 次，其中北宋时期有风灾 75 次，雹灾 61 次，霜雪灾害 26 次。[7]各学者的统计虽有不同，可大致知晓这几种灾害的次数。

### 1. 风灾的损害

当风力和风速超过一定范围后，会给人类生产生活带来巨大的灾害。从性质来说，风灾损害主要是直接损害，其直接损害主要有三种：生产性损失、财产性损失和人员伤亡。具体来说，生产性损失主要指大风损坏庄稼，致使农作物减产，导致收成减少。文献中通常记载为"损稼""害稼"，如开宝八年（975 年），"十月，广州飓风起，一昼夜雨水二丈余，海为之涨，飘失舟楫"。[8]淳化二年（991

---

① 邓云特：《中国救荒史》，河南大学出版社，2010 年，第 20 页。

② 陈高佣：《中国历代天灾人祸表》，上海书店出版社，1986 年，第 796—1085 页。

③ 康弘：《宋代灾害与荒政论述》，《中州学刊》，1994 年第 5 期。

④ 石涛：《北宋时期自然灾害与政府管理体系研究》，社会科学文献出版社，2010 年，第 68 页。

⑤ 邱云飞著，袁祖亮主编，《中国灾害通史》（宋代卷），郑州大学出版社，2008 年，第 181—204 页。

⑥ 李华瑞：《宋代救荒史稿》，天津古籍出版社，2014 年，第 32 页。

⑦ 张全明：《两宋生态环境变迁史》，中华书局，2015 年，第 691—733 页。

⑧ ［元］脱脱等：《宋史》卷 67《五行志五》，中华书局，1977 年点校本，第 1468 页。

年），"五月，通利军大风害稼"。①景德四年（1007 年），"三月甲寅夕，京师大风，黄尘蔽天，自大名历京畿，害桑稼，唐州尤甚"。②元丰四年（1081 年），"七月，丹徒县大风潮，飘荡沿江庐舍，损田稼"。③同时，财产性损失只要指大风导致的房屋、树木、舟楫等财产的损失。文献中记载为"坏庐舍""拔木""漂舟楫"等，如太平兴国九年（984 年），"八月，白州飓风，坏州廨、民舍"。④天禧二年（1018 年），"正月，永州大风，发屋拔木，数日止"。⑤天禧三年（1019 年），"五月，徐州利国监大风起西南，坏庐舍二百余区，压死十二人"。⑥此外，因大风发屋折木，也会导致人员伤亡，景祐元年（1034 年），"六月己巳，无锡县大风发屋，民被压死者众"。⑦熙宁十年（1077 年），"六月，武城县大风，坏县廨。知县李愈妻、主簿寇宗奭妻之母压死"。⑧关于风灾造成损失的详情见下表 2-19。

表2-19　北宋风灾损害详表

| 纪年 | 灾情 | 资料出处 |
|---|---|---|
| 开宝八年<br>（975 年） | 十月，广州飓风水起，一昼夜雨水二丈余，海为之涨，飘失舟楫。 | 《宋史》卷 67 |
| 开宝九年<br>（976 年） | 四月，宋州大风，坏甲仗库、城楼、军营，凡四千五百九十六区。 | 《宋史》卷 67 |
| 太平兴国六年<br>（981 年） | 九月，高州大风雨，坏廨宇及民舍五百区。 | 《宋史》卷 67 |
| 太平兴国七年<br>（982 年） | 八月，琼州飓风，坏城门、州署、民舍殆尽。 | 《宋史》卷 67 |

① [元] 脱脱等：《宋史》卷 67《五行志五》，中华书局，1977 年点校本，第 1468 页。
② [元] 脱脱等：《宋史》卷 67《五行志五》，中华书局，1977 年点校本，第 1468 页。
③ [元] 脱脱等：《宋史》卷 67《五行志五》，中华书局，1977 年点校本，第 1470 页。
④ [元] 脱脱等：《宋史》卷 67《五行志五》，中华书局，1977 年点校本，第 1468 页。
⑤ [元] 脱脱等：《宋史》卷 67《五行志五》，中华书局，1977 年点校本，第 1469 页。
⑥ [元] 脱脱等：《宋史》卷 67《五行志五》，中华书局，1977 年点校本，第 1469 页。
⑦ [元] 脱脱等：《宋史》卷 67《五行志五》，中华书局，1977 年点校本，第 1469 页。
⑧ [元] 脱脱等：《宋史》卷 67《五行志五》，中华书局，1977 年点校本，第 1469 页。

续表

| 纪年 | 灾情 | 资料出处 |
|---|---|---|
| 太平兴国八年（983年） | 九月，太平军飓风拔木，坏廨宇、民舍千八十七区。 | 《宋史》卷67 |
| | 十月，雷州飓风，坏廪库、民舍七百区。 | 《宋史》卷67 |
| 太平兴国九年（984年） | 八月，白州飓风，坏州廨、民舍。 | 《宋史》卷67 |
| 淳化二年（991年） | 五月，通利军大风害稼。 | 《宋史》卷67 |
| 咸平元年（998年） | 八月，涪州大风，坏城舍。 | 《宋史》卷67 |
| 景德二年（1005年） | 八月，福州海上有飓风，坏庐舍。 | 《宋史》卷67 |
| 景德四年（1007年） | 三月甲寅，夕，京师大风，黄尘蔽天，自大名历京畿，害桑稼，唐州尤甚。 | 《宋史》卷67 |
| 大中祥符二年（1009年） | 九月乙亥，无为军城北暴风雨，昼晦不可辨，拔木，坏城门、营垒、民舍，压死千余人。遣内侍张景宣驰驿邮视，坏屋者无出来年夏租，压死者家赐米一斛，无主者官瘗之。 | 《通考》306 |
| 天禧二年（1018年） | 正月，永州大风，发屋拔木，数日止。 | 《宋史》卷67 |
| 天禧三年（1019年） | 五月，徐州利国监大风起西南，坏庐舍二百余区，压死十二人。 | 《宋史》卷67 |
| 景祐元年（1034年） | 六月己巳，无锡县大风发屋，民被压死者众。 | 《宋史》卷67 |
| 皇祐四年（1052年） | 八月癸未，诏开封府，比大风雨，民屋摧圮压死者，官为祭敛之。 | 《宋史》卷12 |
| 熙宁九年（1076年） | 十一月，海阳潮阳二县飓风、潮，害民居田稼。 | 《宋史》卷67 |

续表

| 纪年 | 灾情 | 资料出处 |
|---|---|---|
|  | 恩州武城县有旋风自东南来，望之插天如羊角，大木尽拔，俄顷旋风卷入云霄中，既而渐近，乃经县城，官舍、民居略尽，悉卷入云中，县令儿女、奴婢卷去复坠地，死伤者数人，民间死伤亡失者不可胜计，城悉为丘墟，遂移今县。 | 沈括：《梦溪笔谈》卷21《异事》 |
| 熙宁十年（1077年） | 六月，武城县大风，坏县廨. 知县李愈妻、主簿寇宗爽妻之母压死。 | 《宋史》卷67 |
|  | 七月，温州大风雨，漂城楼、官舍。 | 《宋史》卷67 |
| 元丰四年（1081年） | 六月，邕州飓风，坏城楼、官私庐舍。 | 《宋史》卷67 |
|  | 七月甲午夜，泰州海风作，继以大雨，浸州城、坏公私庐舍数千间。静海县大风雨，毁官私庐舍二千七百六十三楹。丹阳县大风雨，溺民居，毁庐舍。丹徒县大风潮，飘荡沿江庐舍，损田稼。 | 《宋史》卷67 |
| 元丰五年（1085年） | 八月，朱崖军飓风，毁庐舍。 | 《宋史》卷67 |
| 元祐八年（1093年） | （是岁）福建、两浙海风驾潮，害民田。 | 《宋史》卷67 |
| 绍圣元年（1094年） | 秋，苏、湖、秀等州有风害民田。 | 《宋史》卷67 |
| 靖康元年（1126年） | 十一月丁亥，大风发屋折木。 | 《宋史》卷67 |

2. 雹灾的损害

冰雹出现的范围小，时间短，但来势凶猛，强度大，常伴有狂风骤雨，对生产生活造成一定的损害。从性质来说，雹灾损害以直接损害为主，其主要有生产性损失和财产性损失。具体来说，生产性损失是指冰雹伤稼，致使农作物减产，导致收成减少。文献中时常记载为"伤稼""害田"等，如建隆元年（960

年），"十月，临清县雨雹伤稼"。① 太平兴国八年（983 年），"五月，相州风雹害民田"。② 天禧元年（1017 年），"九月，镇戎军彭城砦风雹，害民田八百余亩"。③ 财产性损失是指冰雹导致房屋、牲畜等财产受损。如建隆四年（乾德元年，963 年），"四月，后蜀遂州方义县雨雹，大如斗，五十里内飞鸟、六畜皆死"。④ 淳化元年（990 年），"六月，许州大风雹，坏军营、民舍千一百五十六区"。⑤ 关于雹灾导致的损害详情见下表 2-20。

表2-20 北宋雹灾损害详表

| 时间 | 损害 | 资料出处 |
| --- | --- | --- |
| 建隆元年<br>（960 年） | 十月，临清县雨雹伤稼。 | 《宋史》卷 62 |
| 建隆四年<br>（乾德元年,963 年） | 四月,后蜀遂州方义县雨雹,大如斗,五十里内飞鸟六畜皆死。 | 《全宋笔记》第一辑第八册，张唐英：《蜀梼杌》卷下；《宋史》卷 62 |
| 乾德二年<br>（964 年） | 四月，阳武县雨雹。宋州宁陵县风雨雹伤民田。 | 《宋史》卷 62 |
| | 七月，同州邰阳县雨雹害稼。 | 《宋史》卷 62 |
| | 八月，肤施县风雹霜害民田。 | 《宋史》卷 62 |
| 乾德三年<br>（965 年） | 四月，尉氏、扶沟二县风雹，害民田，桑枣十损七八。 | 《宋史》卷 62 |
| 开宝二年<br>（969 年） | 风雹害夏苗。 | 《宋史》卷 61 |
| 太平兴国二年<br>（977 年） | 七月，永定县大风雹害稼。 | 《宋史》卷 62 |
| 太平兴国七年<br>（982 年） | 五月，芜湖县雨雹伤稼。 | 《宋史》卷 62 |

① [元]脱脱等：《宋史》卷62《五行志一下》，中华书局，1977 年点校本，第1345 页。
② [元]脱脱等：《宋史》卷62《五行志一下》，中华书局，1977 年点校本，第1346 页。
③ [元]脱脱等：《宋史》卷62《五行志一下》，中华书局，1977 年点校本，第1346 页。
④ [元]脱脱等：《宋史》卷62《五行志一下》，中华书局，1977 年点校本，第1346 页。
⑤ [元]脱脱等：《宋史》卷62《五行志一下》，中华书局，1977 年点校本，第1346 页。

续表

| 时间 | 损害 | 资料出处 |
|---|---|---|
| 太平兴国八年（983 年） | 五月，相州风雹害民田。 | 《宋史》卷 62 |
| 端拱元年（988 年） | 三月，霸州大雨雹，杀麦苗。 | 《宋史》卷 62 |
| | 闰五月，润州雨雹伤苗。 | 《宋史》卷 62 |
| 淳化元年（990 年） | 六月，许州大风雹，坏军营、民舍千一百五十六区。 | 《宋史》卷 62 |
| | 鱼台县风雹害稼。 | 《宋史》卷 62 |
| 至道二年（996 年） | 十一月，代州风雹伤田稼。 | 《宋史》卷 62 |
| 咸平元年（998 年） | 九月，定州北平等县风雹伤稼。 | 《宋史》卷 62 |
| 咸平三年（1000 年） | 四月丁巳，京师雨雹，飞禽有陨者。 | 《宋史》卷 62 |
| 天禧元年（1017 年） | 九月，镇戎军彭城砦风雹，害民田八百余亩。 | 《宋史》卷 62 |
| 皇祐三年（1051 年） | 十二月戊寅朔，诏环州向以风雹霜旱之灾，蕃部阙食，其贷弓箭手种粮。 | 《长编》卷 171 |

### 3. 霜雪灾害的损害

霜雪灾害主要发生在春冬季节。从性质来说，霜雪灾害的损害主要是直接损害，其主要包括生产性损害和人员伤亡。具体来说，生产性损害是指霜雪灾导致庄稼禾苗被冻伤、冻死，致使农作物减产，从而影响收成。文献中一般记载为"伤稼"，如太平兴国七年（982 年），"三月，宣州霜雪害桑稼"。[1] 景德四年（1007 年），"七月，渭州瓦亭寨早霜伤稼"。[2] 同时，霜雪天气寒冷，容易导致贫民冻伤冻死。如至和元年（1054 年），"正月，京师大雪，贫弱之民冻死者甚众"。[3] 嘉祐四年（1059 年），"正月，自冬雨雪，泥途尽

---

① ［元］脱脱等：《宋史》卷 62《五行志一下》，中华书局，1977 年点校本，第 1341 页。
② ［元］脱脱等：《宋史》卷 62《五行志一下》，中华书局，1977 年点校本，第 1345 页。
③ ［元］脱脱等：《宋史》卷 62《五行志一下》，中华书局，1977 年点校本，第 1342 页。

冰，都民饥寒，死于道路者甚众"。① 同时，霜雪灾害过后也需要一定的恢复时间，如元祐三年（1088 年）春正月，同知枢密院范纯仁上疏言，"去冬以来，雪寒过常，今已仲春，阴沴未解。商贾束手，不能营生，贫困之民，死者甚众"。② 关于霜雪灾害导致的损失详情见下表 2-21。

表2-21 北宋霜雪灾害损失详表

| 纪年 | 损害 | 资料出处 |
|---|---|---|
| 建隆三年（962 年） | 三月戊午朔，厌次贡霜杀桑 | 《宋史》卷 1 |
| 太平兴国七年（982 年） | 三月，宣州霜雪害桑稼。 | 《宋史》卷 62 |
| 端拱元年（988 年） | 闰五月，郓州风雪伤麦。 | 《宋史》卷 62 |
| 淳化三年（992 年） | 三月，商州霜，花木皆死。 | 《宋史》卷 62 |
| | 九月，京兆府大雪杀苗稼。 | 《宋史》卷 62 |
| 淳化四年（993 年） | 二月，商州大雪，民多冻死。 | 《宋史》卷 62 |
| 咸平四年（1001 年） | 三月丁丑，京师及近畿诸州雪损桑。 | 《宋史》卷 62 |
| 景德四年（1007 年） | 七月，渭州瓦亭寨早霜伤稼。 | 《宋史》卷 62 |
| 天禧元年（1017 年） | 十二月，京师大雪，苦寒，人多冻死，路有僵尸，遣中使埋之四郊。 | 《宋史》卷 62 |
| 至和元年（1054 年） | 正月，京师大雪，贫弱之民冻死者甚众。 | 《宋史》卷 62 |
| 嘉祐元年（1056 年） | 正月壬午，大雨雪，泥途尽冰。都民寒饿，死者甚众。 | 《宋史》卷 62 |
| 嘉祐三年（1058 年） | 闰十二月，京师大雪，民冻馁而死者十七八。 | 《文忠集》附录卷 5《事迹》 |
| 嘉祐四年（1059 年） | 正月，自冬雨雪，泥途尽冰，都民饥寒，死于道路者甚众。 | 《通考》卷 305 |

① ［元］马端临：《文献通考》卷 305《物异考十一》，中华书局，1986 年影印本，考 2400。
② ［宋］李焘：《续资治通鉴长编》卷 408，元祐三年正月丁未条，中华书局，1993 年点校本，第 9943 页。

续表

| 纪年 | 损害 | 资料出处 |
|---|---|---|
| 元祐二年（1087 年） | 十一月二十七日，诏："雪寒异常岁，民多死。宜厚加存恤，以钱谷给之。死者无亲属，则官为收瘗。" | 《宋会要辑稿》瑞异 2 之 17 |
| | 十二月七日，以大雪寒，赐诸军薪炭钱。以钱百万令开封府赐贫民。 | 《宋会要辑稿》瑞异 2 之 17 |
| 元祐八年（1093 年） | 十一月，京师大雪，多流民。 | 《宋史》卷 62 |
| 政和七年（1117 年） | 十二月，大雪。诏收养内外乞丐老幼。 | 《宋史》卷 62 |
| 靖康二年（1127 年） | 是月乙卯，车架在青城，大雪数尺，人多冻死。 | 《宋史》卷 62 |

### （二）地震灾害与贫困

地震，是地壳快速释放能量在内、外营力的作用下，在一定范围内快速释放能量引起地面震动的自然现象。一般来说，大于里氏 5.0 的地震才会导致破坏性的后果。[1]

关于地震灾害次数的统计，邓云特《中国救荒史》一书统计两宋地震 77 次。[2] 陈高佣《中国历代天灾人祸表》统计两宋震灾 18 次。[3] 康弘《宋代灾害与荒政论述》统计两宋的震灾 82 次，其中北宋大致共有 46 次。[4] 石涛《北宋时期自然灾害与政府管理体系研究》一书统计北宋时期地震有 76 次。[5] 邱云飞《中国灾害通史》（宋代卷）中统计两宋有地震 127 次，其中北宋时期有地震 81 次。[6] 李华瑞《宋代救荒史稿》统计两宋时期地震灾害 125 次，其中北宋时期有地震

---

① 参见张全明：《两宋生态环境变迁史》，中华书局，2015 年，第 667 页。

② 邓云特：《中国救荒史》，河南大学出版社，2010 年，第 20 页。

③ 陈高佣：《中国历代天灾人祸表》，上海书店，1986 年，第 796–1085 页。

④ 康弘：《宋代灾害与荒政论述》，《中州学刊》，1994 年第 5 期。

⑤ 石涛：《北宋时期自然灾害与政府管理体系研究》，社会科学文献出版社，2010 年，第 68 页。

⑥ 邱云飞著，袁祖亮主编，《中国灾害通史》（宋代卷），郑州大学出版社，2008 年，第 149–163 页。

80 次。① 张全明《两宋生态环境变迁史》统计两宋时期有地震有 198 次，其中北宋时期有 111 次。② 从这些研究成果可大致知晓北宋地震的次数。

一般来说，地震的危害与地震的震级关系密切，一般来说，大于里氏 5.0 的地震才会导致破坏性的后果，张全明统计认为两宋时期的地震绝大部分都是 2.5 至 4.7 级以下的有感地震或者是小于 2.5 级的小地震，只有小部分是大于或者等于 4.7 级的破坏性地震。③ 即便如此，破坏性地震给民众的生命财产带来极大的危害。从性质来看，地震带来的损害可以分为直接损害和间接损害，直接损害主要包括财产性损失和人员伤亡，间接损害则是地震引发的次生灾害，以及引发的食物短缺、饥荒和流民问题。

关于直接损害，其中财产性损失是指地震造成房屋倒塌、牲畜死亡等财产性损失。如至道二年（996 年），"十月，潼关西至灵州、夏州、环庆等州地震，城郭庐舍多坏"。④ 景祐四年（1037 年），"十二月二日丙夜，京师地震，移刻而止。定襄同日震，至五日不止，坏庐寺、杀人畜，几十之六。大河之东，弥千五百里，而及部下"。⑤ 同时，破坏性地震会造成大量人员伤亡。如景祐四年（1037 年），十二月甲申，忻、代、并地震，造成的人员伤亡惨重，"忻州死者万九千七百四十二人，伤者五千六百五十五人，畜牧死者五万余；代州死者七百五十九人；并州千八百九十人"。⑥ 宝元元年（1038 年），春正月乙卯，苏舜钦言："河东地大震裂，涌水，坏屋庐城堞，杀民畜几十万，历旬不止。"⑦ 关于北宋地震损害详情，见表 2-22。

① 李华瑞：《宋代救荒史稿》，天津古籍出版社，2014 年，第 32 页。

② 张全明：《两宋生态环境变迁史》，中华书局，2015 年，第 669–678 页。

③ 张全明：《两宋生态环境变迁史》，中华书局，2015 年，第 690 页。

④ [元]脱脱等：《宋史》卷 67《五行志五》，中华书局，1977 年点校本，第 1483 页。

⑤ [宋]李焘：《续资治通鉴长编》卷 120，景祐四年十二月壬辰条，中华书局，1993 年点校本，第 2844 页。

⑥ [宋]李焘：《续资治通鉴长编》卷 120，景祐四年十二月甲申条，中华书局，1993 年点校本，第 2840-2841 页。《宋史》卷 10《仁宗本纪二》，压死人数作："三万二千三百六人，伤五千六百人。"中华书局，1977 年点校本，第 203 页。

⑦ [宋]李焘：《续资治通鉴长编》卷 121，宝元元年正月乙卯条，中华书局，1993 年点校本，第 2851 页。

表2-22 北宋地震损害详表

| 时间 | 损害 | 资料出处 |
|---|---|---|
| 至道二年（996年） | 田锡言："臣窃闻去年九月十九日未时，永兴、环州、庆州、延州、清远军、隰州同日同时六处地震，塌损城墙，毁坏庐舍，在处州府不敢不奏，所属转运不敢不申。泊灵州送粮草回来，死者十有余万。" | 《长编》卷41，至道三年七月丙寅条 |
| | 十月，潼关西至灵州、夏州、环、庆等州地震，城郭庐舍多坏。 | 《宋史》卷67 |
| 咸平二年（999年） | 九月，常州地震，坏鼓角楼、罗务、军民庐舍甚众。 | 《宋史》卷67 |
| 景祐四年（1037年） | 十二月二日丙夜，京师地震，移刻乃止。定襄同日震，至五日不止。坏庐寺、杀人畜，几十之六，大河之东，弥千五百里，而及都下。 | 《长编》卷120，景祐四年十二月壬辰条 |
| | 十二月甲申，忻、代、并三州言：地震坏庐舍，覆压吏民。忻州死者万九千七百四十二人，伤者五千六百五十五人，畜牧死者五万余，代州死者七百五十九人，并州千八百九十人。……自是河东地震连年不止，或地裂泉涌，或火出如黑沙状，一日四五震，民皆露处。 | 《长编》卷120，景祐四年十二月甲申条 |
| 宝元元年（1038年） | 春正月乙卯，苏舜钦言："河东地大震裂，涌水，坏屋庐城堞，杀民畜几十万，历旬不止。" | 《长编》卷121，宝元元年正月乙卯条 |
| 宝元初——庆历五年（1045年） | 自宝元初，定襄地震，坏城郭，覆庐舍，压死者以数万人。殆今十年，震动不已…… | 《中国历代地震资料汇编》 |
| 嘉祐二年（1057年） | 三月三日，雄、霸等州并言二月十七日夜地震。至四月二十一日，雄州又言幽州地大震，大坏城郭，覆死者数万人。 | 《宋会要辑稿》瑞异3之34 |

续表

| 时间 | 损害 | 资料出处 |
|---|---|---|
| 治平中<br>（1064 年—<br>1067 年） | 河北地震，民乏粟，率贱卖耕牛以苟朝夕。 | 《宋史》卷 324 |
| 治平四年<br>（1067 年） | 秋，漳、泉、建州、邵武、兴化军等处皆地震，潮州尤甚，拆裂泉涌，压覆州郭，及两县屋宇，士民军兵死者甚众。 | 《宋史》卷 67； |
| | 九月二十七日，潮州地大震，拆裂泉涌，压覆两县寺观、居民舍屋，并本州楼阁营房等，士民军兵僧道死者甚众。 | 《宋会要辑稿》瑞异 3 之 34 |
| 熙宁元年<br>（1068 年） | 七月，河北州军地大震。是岁，自秋距冬，河北地震，而缘边尤甚，至有声如雷而动，移时累刻不止者。诏经地震压死贫民，令都转运司勘会给钱有差，无骨肉者，官为殡埋。又诏差厢军五十千人赴河北都转运司，葺治本路地震榷损城压楼橹等工役。 | 《宋会要辑稿》瑞异 3 之 34-35 |
| | 八月，须城、东阿二县地震终日，沧州清池、莫州亦震，坏官私庐舍、城壁。是时，河北复大震，或数刻不止，有声如雷，楼橹、民居多摧覆，压死者甚众。 | 《宋史》卷 67 |
| | 郑獬云："臣窃见去岁自京师西南，至于海隅，地皆震。今岁自京师而北，至于朔方，又大震，迄今不已。城郭陷入地，民庐悉摧仆，长河决溢灌深、冀间，兹岂细故哉。" | 赵汝愚：《宋诸臣奏议》卷 42《上神宗论水灾地震》 |
| 熙宁四年<br>（1071 年） | 刘挚云："伏念大河之北，自戊申以来地大震，水大溢，民大失职，离乡内徙，宅虚塞下，至于今三年，而地震未已。" | 刘挚：《忠肃集》卷 6《论备契丹奏》 |
| 建中靖国元年（1101 年） | 十二月辛亥，太原府、潞、晋、隰、代、石、岚等州、岢岚、威胜、保化、宁化军地震弥旬，昼夜不止，坏城壁、屋宇，人畜多死。自后有司方言祥瑞，郡国地震多抑而不奏。 | 《宋史》卷 67 |

续表

| 时间 | 损害 | 资料出处 |
|---|---|---|
| 崇宁元年（1102 年） | 春正月丁丑，太原等十一郡地震，诏死者家赐钱有差。 | 《宋史》卷 19 |
| 政和七年（1117 年） | 六月，诏曰："熙河、环庆、泾原路地震经旬，城砦、关堡、城壁、楼橹、官私庐舍，并皆摧塌，居民覆压死伤甚众，而有司不以闻，其遣官按视之。" | 《宋史》卷 67 |
| 宣和七年（1125 年） | 七月己亥，熙河路地震，有裂数十丈者。兰州尤甚。陷数百家。仓库俱没。河东诸郡或震裂。 | 《宋史》卷 67 |

关于间接损害，先说地震引发的食物短缺、饥荒和流民问题。破坏性地震导致房屋以及屋内财产被毁，交通中断，从而引发食物短缺、饥荒和流民问题。如治平中（1064—1067 年），"河北地震，民乏粟，率贱卖耕牛以苟朝夕"。[1]至道二年（996 年）十月，潼关西至灵州、夏州、环庆等州地震引发第二年关西民饥，"潼关西至灵州、夏州、环庆等州地震，城郭庐舍多坏。占云：兵饥。是时，西夏寇灵州。明年，遣将率兵援粮以救之，关西民饥"。[2]咸平二年（999年）九月，常州地震，引发常、润两州饥荒，十一月辛丑，"两浙转运使请出常、润州廪米十万石振饥民，从之"。[3]至于地震引发的次生灾害，地震造成地层断裂，引发山崩、河流决口、堰塞湖以及疾疫等次生灾害。熙宁元年（1068 年），京师至于朔方地震，引发河决，导致伤亡惨重，郑獬云："臣窃见去岁自京师西南至于海隅，地皆震。今岁自京师而北，至于朔方，又大震，迄今不已。城郭陷入地，民庐悉摧仆，长河决溢灌深、冀间，兹岂细故哉。"[4]宝元元年（1038年），河东地震，引发水灾，导致伤亡惨重，春正月乙卯，苏舜卿言："河东

① [元]脱脱等：《宋史》卷 324《刘焕传》，中华书局，1977 年点校本，第 10494 页。
② [元]脱脱等：《宋史》卷 67《五行志五》，中华书局，1977 年点校本，第 1483 页。
③ [宋]李焘：《续资治通鉴长编》卷 45，咸平二年十一月辛丑条，中华书局，1993 年点校本，第 969 页。
④ [宋]郑獬：《上神宗论水灾地震》，收录于赵汝愚编：《宋朝诸臣奏议》卷 42，上海古籍出版社，1999 年点校本，第 429 页。

地大震裂，涌水，坏屋庐城堞，杀民畜几十万，历旬不止。"[1]

总的来说，北宋文献中记载的自然灾害几乎包括了上述分类中除天文灾害之外的所有类型，据石涛统计，北宋167年间"共暴发各类灾害951起，其中，洪水灾害315起，雨涝55起，旱灾172起，火灾103起，地震69起，山崩6次，各类虫害106起，风雹雪霜66起，不算由水、旱等灾害引起的连带灾害而单独暴发的疫病11起，饥馑45起"，[2] 这些灾害导致大量的人员伤亡和巨大的经济损失。而在灾害中，不同个体遭受的灾害损失程度是不尽相同的。同时，同样的灾害对不同社会群体造成的后果也是不同的，因为不同群体应对灾害的能力是不一样的。如对贫民下户来说，"一谷不登，莫能自济"，[3] "一不熟，即转死沟壑"；[4] 对于中户来说，一遇饥荒，则会转为贫困下户，甚至破产流离；对于上户来说则影响相对较小，但一旦遭遇重度灾害，上户也必然要受到极大的影响。

# 第三节　环境性贫困认知与应对

如前所述，北宋较之前代疆域面积缩小，人口却大幅度增加，人地矛盾前所未有的严重。在此情况下，宋人除了努力精耕细作以提高单位面积产量，还大规模地向山地、森林、湖泊进发，垦荒为田。因此，一方面，宋人所面对的影响农业生产的地理环境问题比以前更加突出，也引起宋人对于由地域性自然环境所造成的生产生活困境即地理性贫困的重视。另一方面，开山围湖是对原有自然环境的改变，甚至是一种破坏，因此必然会带来新的环境问题，进一步影响生活和生产。与此同时，地理环境较为恶劣的区域往往也是

---

① [宋]李焘：《续资治通鉴长编》卷121《仁宗》，宝元元年正月乙卯条，中华书局，1993年点校本，第2851页。

② 石涛：《北宋时期自然灾害与政府管理体系研究》，社会科学文献出版社，2010年，第546页。

③ [宋]张方平：《乐全集》卷23《请减省河北徭役事》，中州古籍出版社，2000年《张方平集》点校本，第343页。

④ [宋]李焘：《续资治通鉴长编》卷168《仁宗》，皇祐二年六月乙酉条，中华书局，1993年点校本，第4048页。

自然灾害频发的地区，形成灾害性贫困问题。因此，北宋一百六十余年间，灾害频发，对于民众和国家社会都造成了极大的影响，也引起了北宋社会的高度重视和积极应对。

环境性贫困者，包括常态下的地理性贫困者和灾荒下的灾害性贫困者。地理性贫困者是由于其区域性自然地理环境不利于农业生产而处于贫困状态的民众，他们的贫困往往是常态性和长期性的。灾害性贫困者是由于自然灾害发生而陷入生存困境的民众，他们的贫困往往是突发性和临时性的。当然，很多灾害性贫困者在常态下本身就处于贫困状态，灾害更加重了其困境，这样的贫困群体在北宋极为常见。由于地理性贫困者大多居于偏僻和边缘区域，其贫困往往是整个区域的共同特点，而且较少影响到贫困者的基本生存，故其对国家和社会的影响并不明显，也往往容易被忽略，因此对其的讨论较少见于史籍。而灾害性贫困，由于其突发性和波及范围广，会对国家和社会的稳定造成巨大的冲击，更受到政府和社会各阶层的关注，因此对其的讨论多见于记载。对环境性贫困进行认知，是对其进行应对干预的前提。宋朝普通民众、社会精英和政府从不同的立场出发，形成了对环境性贫困的不同层面的认知，并在此基础上从不同层面予以应对。需要说明的是，对于地理性贫困问题，受到文献材料的限制，宋人的认知与应对不能很好予以呈现，尤其是文化层面。

## 一、民众认知与应对

在面对自然环境和自然灾害造成的生存危机时，民众基于其自身的生存逻辑和需求，会采取相应的应对措施以环境给农业生产带来的不利影响和减轻灾害带来的经济损失，避免陷入更加严重的困境。按应对措施的性质分类，民众对环境性贫困的应对可以分为文化层面和现实层面。

### （一）文化层面

在面对自然环境恶劣和土壤环境不佳的情况时，民众多将其归于天命安排。受材料所限，该部分难以展开讨论。而对于灾害性贫困，民众的认知带有强烈的宿命论和道德性色彩。首先，对于灾害的发生，民众大多以灵异和鬼神来进行解释。<sup>①</sup>如水灾，通常认为龙主水，可兴雨降水。又如旱灾，通常认为是旱魃所致。《萍洲可谈》载，"世传妇人有产鬼形者，不能执而杀之，则飞去，夜复归就乳，多瘁其母，俗呼为旱魃"。<sup>②</sup>其次，对于因灾害而造成的贫困问题，民众也以因果报应来予以解释。认为有德者有好报，灾害不会对其造成损害，反之，作恶者遭天罚恶报。如《夷坚志》中《清泉乡民》所载，南康建昌县遇旱，民众向政府诉灾，唯独"清泉乡人李氏名田数百亩，皆成熟，不肯陈词。闾社交遍责之，谓其立异"，李为人正直，认为自家田不旱，不可欺天欺人。"众之桀恶者曰：'今一乡称旱，而君独否，官司必以他人为妄。是独善其身而贻害百室也。'李犹持前说。于是倡率恶少，夜抛砖石击其扉及屋瓦，呼譟彻旦。固未逞志，遂公肆言恐之曰：'先焚尔庐，次戕尔族。事到有司，不过推动一人偿命耳。'李不获已，亦随众自列，得以分数蠲租为钱六万。既而悔之曰：'禾谷不损而强我如此，何以俯仰于天地之间！'顾已无可奈。乃邀道士数辈，用所免之数建醮筵以谢过，示不以无名之利自润也。明年秋，此乡复旱，无毫厘之收，唯李田高下皆得善熟。"<sup>③</sup>再如《青田富室》一则，处州青田县遭遇水灾，"尽浸民庐"，富室某氏，以船转移财物，"望水势益长，一邑之人皆骑屋叫呼，哭声震野。富翁曰：'吾家赀正失之，容可复有，岂宜视人入鱼腹，置而不问哉！'即分命子弟，各部一艘，自下及高，以次救载，并其所挈囊箧，听以自随。至则又往，凡往来十余返。（所济）毋虑千人，悉脱沉溺之祸。明日水退，邑屋无一存，但莽莽成大沙碛。富翁所居，沙突如堆阜。遣仆并力辇弃，则一区之宅，俨然不动。什器箱笥，按堵如初，唯书策衣衾稍沾湿而已"。<sup>④</sup>此二则故事均意图说明，在灾害来临的时候，正直之人、为善之人是可以得到上天庇佑的，即所谓"有阴德者必获天报"。

因此，在灾害性贫困的文化应对方面，民众会通过求神祈祷的方式以求消弭灾害，并通过宣扬报应说的方式以形成社会舆论推动富人的救济。其一，民众会通过求神、祈祷等方式以期望消弭灾害，减少损失。如大观年间，李右辖出典泗州，天旱不雨，"至于苗谷焦垂"，幕僚"请以常例启建道场，祷于僧

---

① 参见张文：《宋人灾害记忆的历史人类学考察》，《西南民族大学学报》2014年第10期。
② [宋]朱彧：《萍洲可谈》卷3，中华书局，1985年，第42页。
③ [宋]洪迈：《夷坚支庚志》卷1《清泉乡民》，中华书局，1981年，第1139页。
④ [宋]洪迈：《夷坚支戊志》卷6《青田富室》，中华书局，1981年，第1094页。

伽之塔"，却未得及时批准。"郡民悯雨之心，晨夕为迟。而至旬日，略无措置事件。殆至父老扣马而请，及怨嬴之言，盈于道路。"[1] 可见在灾害来临时，民众对于祈祷一事的重视程度。抚州宜黄县大旱，"县人作土龙祷雨"，甚至有人"投牒请自祈禬，约明日午必雨，不尔，愿焚躯以谢"，次日，"烈日滋炽，万众族观，至秉炬以须。如期，果大雨"。[2] 其二，民众会大力宣扬阴德说、因果报应，以形成推动富人参与救济活动的社会舆论，构建应对灾害性贫困的乡里传统。在灾荒期间主动赈粜赈济者往往能够得到好报。如《夷坚志》之《赈济胜佛事》一则中说道，"岁方苦饥，能发廪出谷以振民，远胜作佛事"，[3] 灾荒年间积极赈济饥民，被视为是积德的最佳方式。眉山苏仲咺在荒年"卖田以赈其邻"，后"祖业渐衰，虽饥寒而心不悔"，得以福及子孙，"生子洵、孙轼、辙，俱贵显，文章节义，世称不朽"。[4] 黄州董助教赈济饥民，得以高寿，"康宁而终"。[5] 临江军富室张二十四郎，"尝有水患，道路阻绝，张氏具舟载薪米，沿门救饷，赖以存者八十家"。因其为善积德，故得以免于盗贼所害。[6] 又如黄州董助教，在大观己丑年旱灾之时，"为饭以饲饥者，又设饼饚与小儿。正罗列俵散，人来如墙不可遏，至拥仆于地，颇遭殴踏。一家怨咎，欲罢议，董略不介怀。翌日复为之，但施阑楯以节进退，然或纷纷，讫百馀日无倦色"，后高寿，九十岁康宁而终。[7] 而与此相对的，不参与救济，甚至闭粜不出、囤积居奇者，则会遭受恶报。如黄冈阎丘十五"多积谷，每幸凶岁即腾价，细民苦之。老年病且呃，不复饮食，但餐羊屎"。[8] 饶州余干县段二十八，岁饥闭粜不出，"故天诛之"，雷击致死，谷亦被火焚毁。[9] 还有前述富民张氏，在旱灾时勾结主管给纳的范隅官虚报应粜数目，而"不复捐斗升"，后二人均遭

① ［宋］何薳：《春渚纪闻》卷1《李右辖抑神致雨二异》，《唐宋史料笔记丛刊》，中华书局，2007年第3版，第10—11页。

② ［宋］洪迈：《夷坚甲志》卷9《惠吉异术》，中华书局，1981年，第78—79页。

③ ［宋］洪迈：《夷坚乙志》卷14《振济胜佛事》，中2华书局，1981年，第301页。

④ ［宋］李昌龄撰：《太上感应篇》卷5《与人不追悔》，明正统道藏本。

⑤ ［宋］洪迈：《夷坚志补》卷9《董助教》，中华书局，1981年，第1630页。

⑥ ［宋］洪迈：《夷坚志补》卷24《张二十四郎》，中华书局，第1774页。

⑦ ［宋］洪迈：《夷坚志补》卷9《董助教》，中华书局，1981年，第1630页。

⑧ ［宋］朱彧：《萍洲可谈》卷2，中华书局，1985年，第25页。

⑨ ［宋］洪迈：《夷坚甲志》卷8《闭粜震死》，中华书局，1981年，第70—71页。

恶报而亡。[1]

### （二）现实层面

针对地理性贫困，民众充分认识这是自然条件所限，也往往只能以勤力获得更多的收成。一方面是因地制宜改善土壤环境，种植适合的作物，更加注重精耕细作，提高单位面积产量；另一方面是通过兴修水利、引水灌溉等方式保障农业生产。

首先，种植适合的作物。宋人陈旉《农书》中称，"土壤气脉，其类不一，肥沃硗薄，美恶不同，治之各有宜也"。[2] 所谓"宜"，《说文》曰："所安也，物性与土性相安，故曰宜。"即不同类型的土壤需要种植其相适宜的植物，亦要进行适宜的经营和治理。南方一直以水稻为主要粮食作物。丘陵山地多硗确之地，农民开垦梯田，引水灌溉，但很多山区仍不适宜水稻的种植，而应该种植耐旱作物如薯、粟、麦、豆等。丘陵山地以粟豆种植为多。真宗咸平年间李允则说"湖湘多山田，可以艺粟，而民惰不耕。乃下令月所给马刍，皆输本色，繇（由）是山田悉垦"。[3] 因此，宋代小麦在南方得以推广，其他杂粮作物也广泛种植于丘陵山地。两广山地甚多，种植旱地杂粮颇为普遍，"以粟豆芋魁充粮"。[4] 海南岛辖于广南西路，在宋代还未得到充分的开发，昌化军"土宜蕃芋，民资之以为粮，歉岁惟食蕃"，[5] 因此当地虽然农业落后，却"少饥民，天以活此一方之人"。[6]

其次，深耕施肥。宋代农书中对于民众的生产经验进行了一定的总结。针对土壤质量不佳的土地，深耕施肥是提高产量的唯一途径。如瘠薄之土，"必有锄耙数番，加以粪溉，方为良田"。[7] 硗埆之地，则应该"粪壤滋培，即其

---

① [宋]洪迈：《夷坚支景志》卷7《范隅官》，中华书局，1981年，第937页。

② [宋]陈旉：《农书》卷上《地势之宜篇第二》，缪启愉选译《陈旉农书选读》，农业出版社，1981年第10页。

③ [元]脱脱等：《宋史》卷324《李允则传》，中华书局，1977年点校本，第10479页。

④ [宋]周去非：《岭外代答》卷3《外国门》下，中华书局，1985年，第30页。

⑤ [宋]李光：《庄简集》卷16《儋耳庙碑》，文渊阁四库全书本。

⑥ [宋]李光：《庄简集》卷2《赠裴道人》，文渊阁四库全书本。

⑦ [宋]陈傅良：《止斋先生文集》卷44《桂阳军劝农文》，四部丛刊本。

苗茂盛而实坚栗也。虽土壤异宜，顾治之如何耳。治之得宜，皆可成就"。①
这都是农民经营土地的经验总结。

再次，兴修水利。水利无疑是对农业生产而言至关重要的要素，亦是在文献中记载最多的技术性应对方式。为应对环境性贫困问题而兴建的水利工程主要包括两类，一是灌溉工程，干旱地区的瘠薄之地、硗确之地都需要引水灌溉，斥卤之地也需要引淡水进行浇灌。河北是诸水所经之地，以黄河为主的河流泛滥严重，形成大量盐碱地。宋人大量引河水进行灌淤，改良盐碱沙地，并以此为官员重要政绩。其中神宗年间全国各地广兴水利，形成了水利工程建设的高潮。②福建山区灌溉不易，民众只能在田陇之侧"开掘坎井，深及丈余，停蓄雨潦，以为旱干一溉之功"，这样的小型工程虽然收效甚微，但"不犹胜于立视其槁而搏手无策乎？"③极有成效的有建成于神宗年间的兴化军木兰陂，可捍海可灌溉，"自成陂以来，溪流无冲击之患，海潮无吞啮之忧"，④带来了巨大的农业效益，"分溉南洋田万有余顷，岁输军储三万七千斛"。⑤同时沿海地区有大量斥卤之地，必须以淡水冲灌，才能变成可耕种的土地。因此北宋也修筑了大量储蓄淡水的陂塘，如兴化军莆田县胜寿、西街、大和、屯前、东塘五塘，灌溉一千多顷沿海咸地为耕田，"八千余家耕种为业"。⑥二是抵御工程。北宋年间，黄河频繁决口。据张全明统计，"北宋建隆元年（960 年）至靖康二年（1127 年）的 168 年中黄河决口 138 次"。⑦治理黄河是北方水利的重要内容。如阎充国知德州时主持修筑德州到沧州的黄河堤岸"以卫滨水之田""护田数万顷"。⑧沿海地区易受到海潮侵袭，需要修筑捍海堤塘以抵御海浪海水对土

---

① [宋]陈旉：《农书》卷上《地势之宜篇第二》，缪启愉选译《陈旉农书选读》，农业出版社，1981 年第 10 页。

② 参见程民生《宋代地域经济》（开封：河南大学出版社，1992 年）一书中对神宗熙宁三年至九年（1070—1076 年）各地新建水利工程和水利田数表格，第 87 页。

③ [清]徐松辑：《宋会要辑稿》瑞异 2 之 29，上海古籍出版社，2014 年点校本，第 2639 页。

④ 周瑛、黄仲昭：《重刊兴化府志》卷 53《水利志上》，福建人民出版社，2007 年，第 1353 页。

⑤ 《兴化府莆田县志》卷 2《舆地志·水利·陂塘》，转引自漆侠：《宋代经济史》，上海人民出版社，1987 年，第 97 页。

⑥ [宋]蔡襄：《蔡襄全集》卷 22《乞复五塘札子》，陈庆元等校注，福建人民出版社，1999 年，第 484 页。

⑦ 张全明：《两宋生态环境变迁史》，中华书局，2015 年，第 180 页。

⑧ [清]陆心源辑：《宋史翼》卷 18《阎充国传》，中华书局，1991 年，第 190 页。

地的侵害。北宋修筑了大量拦海捍海水利工程，"大者为湖，次者为陂、为圳，捍海而成者为塘，次为堰"。① 当然，这些水利工程大多是由政府或地方精英出资和带领修建的，如淳化二年（991年），京兆泾阳县民杜思渊上书言，"泾河内旧有石𡎚以堰水入白渠溉雍、耀田岁收三万斛，其后多历年所，石𡎚坏，三百渠水少，溉田不足，民破艰食"，希望政府组织修整，政府下诏从之。这也反映出政府、精英与民众在应对地理性贫困上的一致性。

针对灾害性贫困，当灾害发生时，民众会通过自救、互助或求助等多种现实途径应对灾害造成的损失。

一方面，民众会通过积极自救以减轻灾害带来的实际损失。水旱灾害中，庄稼受损，民众往往及时补种其他作物以免饥。元丰六年（1083年）六月，提点河东路刑狱黄廉言："岚、石等州流移岢岚军民户，准诏发遣还乡。访闻流民昨为久雨全损秋田，故暂来就种一夏苗麦（荞麦）。乞限一月毕田事，如允所请，其山军亦乞依此。"② 因久雨而田苗受损，农民及时补种生长期较短的荞麦，用以免饥。在旱灾中，积极引水灌溉，"万春乡农民朱七，乾道辛卯旱岁，同妻往近村城子塘引水灌田"。③ 此外，民众通过其他方式获取收入，如灾年贩私盐即为其一，宋真宗咸平二年（999年），张詠知杭州，"属岁欠，民多私鬻盐以自给"。④ 仁宗嘉祐后期，淮南、两浙因水灾，"民多乏食，往往群辈相聚，操执兵杖，贩鬻私盐，以救朝夕"。⑤ 如遇重度灾害，已无法在当地生存，民众则只能选择流移他处以逐食。如富弼记录流民自述称，"本不忍抛离坟墓骨肉及破坏家产，只为灾伤物贵，存济不得，忧虑饿杀老小，所以须至趁斛斗贱处逃命"。⑥

另一方面，民众会积极通过互助和求助于政府与富人以度过灾荒。对于导

① ［宋］梁克家：《（淳熙）三山志》卷16《水利》，中华书局编辑部编《宋元方志丛刊》1990年影印本，第8册，第7914页。

② ［宋］李焘：《续资治通鉴长编》卷335，元丰六年六月甲子条，中华书局，1993年点校本，第8085页。

③ ［宋］洪迈：《夷坚三志》辛卷7《城子塘水兽》，中华书局，1981年，第1436页。

④ ［元］脱脱等：《宋史》卷293《张詠传》，中华书局，1977年点校本，第9802页。

⑤ ［宋］司马光：《荒政劄子》，收录于曾枣庄、刘琳主编：《全宋文》卷1197，上海辞书出版社、安徽教育出版社，2006年点校本，第54册，第237页。

⑥ ［宋］富弼：《上神宗论河北流民到京西乞分给田土》，收录于赵汝愚编：《宋朝诸臣奏议》卷106，上海古籍出版社，1999年点校本，第1140页。

致灾害性贫困的社会因素，民众一般把矛头指向富人和官府。或者认为富人是导致自身贫困的重要原因，即富人有财力却坐视贫者在灾荒中生境艰难，甚至趁机闭粜、哄抬粮价、高利贷剥削，因而置贫者于绝境。如黄州村民闾丘十五，"富于田亩，多积米谷，每幸凶年，即闭廪腾价，细民苦之"。①饶州余干县桐口社民段二十八，"储谷二仓，岁饥，闭不肯出，故天诛之"。②豫章大旱，官府命"富民藏谷者责认粜数"，富民张氏本应粜米二千斛，却与主管给纳的范隅官勾结，以虚数报官府，而"不复捐斗升"。③或者认为导致自身贫困的原因在于政府失职，即政府无视民众疾苦，救济不力，造成民众的贫困无依。如林景度为给事中，"蜀郡以部内旱灾，奏乞拨米十万石赈赡，即有旨如其请。机以为米数太多，蜀道不易得，当实审斟酌而后与，故封还敕黄。上谕宰相曰：'西川往返万里，更复待报，于事无及，姑以半与之可也'"，神明称因林景度"论事害民，特令灭门"。④

因此，灾荒之时，求助于政府也是民众应对灾害的重要方式。民众根据法律规定，向政府陈诉灾伤困穷，请求减轻赋役负担，要求政府发放赈济钱米等。如绍圣元年（1094年），河朔流民向官府"诉灾伤"以求取救助。⑤元祐、绍圣年间，秀州数千人向政府"诉风灾，吏以为法有诉水旱而无诉风灾，拒闭不纳。老幼相腾践死者十一人，方按其事"。⑥建中靖国元年（1101年），"府界近京各有被旱、蝗去处，及江、淮、两浙、福建路亦有旱灾去处"，民众向官府诉灾，请求赈济。⑦同时，在灾荒年间，乡村民众会大量流入城市，甚至是京城，以求得更多救济机会。如仁宗至和二年（1055年），刘敞上奏称："臣伏见城中近日流民众多，皆扶老携幼，无复生意。问其所从来，或云久旱耕种失业，或云河溢田庐荡尽。窃闻圣慈悯其如此，多方救济，此诚陛下为民父母

---

① ［宋］洪迈：《夷坚志补》卷3《闾丘十五》，中华书局，1981年，第1572页。

② ［宋］洪迈：《夷坚甲志》卷八《闭粜震死》，中华书局，1981年，第71页。

③ ［宋］洪迈：《夷坚支景志》卷7《范隅官》，中华书局，1981年，第937页。

④ ［明］俞汝为辑：《荒政要览》卷8《遇荒得失之鉴》，李文海、夏明方编《中国荒政全书（第一辑）》，北京古籍出版社，2002年，第459页。

⑤ ［清］徐松辑：《宋会要辑稿》食货68之114，上海古籍出版社，2014年点校本，第8016页。

⑥ ［宋］苏轼：《东坡全集》卷49《上吕仆射论浙西灾伤书》，中华书局，1986年点校本，第1403页。

⑦ ［清］徐松辑：《宋会要辑稿》食货59之6，上海古籍出版社，2014年点校本，第7381页。

之意"。① 甚至还有平民直接向皇帝请求："乞将民间有利债负，还息与未还息、及本与未及本者，并与除放"。② 尤其对于城市贫民而言，众多的福利机构和福利政策的实施，养成其更为明显的权利意识。如周密所说，都城民众可享房租蠲免、税息蠲放、冬季补贴（雪寒钱）等福利，还有施药局、慈幼局、养济院、漏泽园等福利机构和福利设施可以依赖，致使其成为"骄民"。③ 所谓"骄民"，虽含贬义，但不乏体现民众对于福利问题的权利意识的觉醒意味。

## 二、精英认知与应对

对北宋社会精英而言，环境性贫困尤其是灾害性贫困，是直接关系到社会稳定和国家统治的现实问题，亟待解决。因此，精英从理性角度出发对环境性贫困进行认知和应对，主要包括文化和现实两个层面。

### （一）文化层面

对于地理性贫困，北宋精英已经有了较为理性的认知，充分认识到自然地理环境对于农业生产的重要性，也认识到土壤环境是限制农业生产和造成贫困的重要因素。而对于灾害性贫困，精英的讨论颇多。如《宋史·五行志》中写道："天以阴阳五行化生万物，盈天地之间，无非五行之妙用。人得阴阳五行之气以为形，形生神知而五性动，五性动而万事出，万事出而休咎生。和气致祥，乖气致异，莫不于五行见之。……人之一身，动作威仪，犹见休咎，人君以天地万物为体，祯祥妖孽之致，岂无所本乎？故由汉以来，作史者皆志五行，所以示人君以戒深矣。"④ 以《五行志》为代表，精英们认为灾害的根源在于阴阳失和，而阴阳和气与否在于为政是否和气。宋人文集中对这种观点的陈述较多，如田锡上太宗称："然自今岁以来，天见星祅，秋深雷震，继以旱暵之沴，可虞馑饥之灾。此实阴阳失和，调燮倒置，上侵下之职而烛理未尽，下知上之

---

① ［宋］刘敞：《上仁宗论水旱之本》，收录于赵汝愚编：《宋朝诸臣奏议》卷40，上海古籍出版社，1999年点校本，第410页。

② ［清］徐松辑：《宋会要辑稿》食货63之11，上海古籍出版社，2014年点校本，第7605页。

③ ［宋］周密：《武林旧事》卷6《骄民》，中华书局，1991年，第130页。

④ ［元］脱脱等：《宋史》卷61《五行志一上》，中华书局，1977年点校本，第1317页。

失而规过未能。所以成兹咎征，彰乎降鉴，或天文示变，或沴气生袄。"① 苏绅说，"刑赏妄加，群阴不附，则阳气胜，故其罚常旸……此而不思，虽祷于上下神祇，殆非天意"。② 朱台符上言称："臣闻皇天无亲，王者无私，上下合符，有如影响。若王政缺于下，则天谴见于上，自然之理也。"③ 苏舜钦说，"凡朝廷政教昏迷，下受其弊，积郁不和之气，上动于天，天于是为下变异以警戒之，使君人者回心修德，翻然向道，则民安而灾息。"④ 蔡襄也认为，灾异是由于"人事政治阙失，感动天地"。⑤ 郑獬认为地震是由于"阴盛而迫于阳，其发必有所召，而不为虚应"。⑥ 石介认为，"天地阴阳之道与政通，政道序则阴阳之道序，政道忒则阴阳之道忒。天地阴阳序而风雨时，天地阴阳忒而风雨不时"。⑦ 皆是认为统治清明才能避免灾害。此外，精英还认为灾害的发生在于社会道德的缺失而遭致的惩罚。如包拯说，"匹妇含冤，三年亢旱；匹夫怀恨愤，六月飞霜"。⑧ 又如石介在其《阴德论》中写道："夫天辟乎上，地辟乎下，君辟乎中、天、地、人异位而同治也。天地之治曰祸福，君之治曰刑赏，其出一也，皆随其善恶而散布之。善斯赏，恶斯刑，是谓顺天地。天地顺而风雨和，百谷嘉。恶斯赏，善斯刑，是谓逆刑，是谓逆天地，天地逆而阴阳乖，四时悖，三才之道不相离，其应如影响。祸福刑赏，岂异出乎？"⑨

因此，精英也通过一定的文化方式应对灾害性贫困问题。一方面，在"阴阳五行"和"天人感应"的观念之下，精英同样采取求神、祈祷、祭祀等方式

① [宋] 田锡：《上太宗论旱灾》，收录于赵汝愚编：《宋朝诸臣奏议》卷37，上海古籍出版社，1999 年点校本，第 365 页。

② [宋] 苏绅：《久旱言政事疏》，收录于曾枣庄、刘琳主编：《全宋文》卷549，上海辞书出版社、安徽教育出版社，2006 年点校本，第 26 册，第 106 页。

③ [宋] 朱台符：《上真宗应诏论彗星旱灾》，收录于赵汝愚编：《宋朝诸臣奏议》卷37，上海古籍出版社，1999 年点校本，第 366 页。

④ [宋] 苏舜钦：《上仁宗应诏论地震春雷之异》，收录于赵汝愚编：《宋朝诸臣奏议》卷38，上海古籍出版社，1999 年点校本，第 380 页。

⑤ [宋] 蔡襄：《上仁宗论飞蝗》，收录于赵汝愚编：《宋朝诸臣奏议》卷39，上海古籍出版社，1999 年点校本，第 395 页。

⑥ [宋] 郑獬：《上神宗论水灾地震》，收录于赵汝愚编：《宋朝诸臣奏议》卷42，上海古籍出版社，1999 年点校本，第 429 页。

⑦ [宋] 石介：《徂徕石先生全集》卷11《水旱责三公》，中华书局，1984 年，第 127 页。

⑧ [宋] 包拯著；张田辑《包拯集》卷1，中华书局，1963 年，第 10 页。

⑨ [宋] 石介：《徂徕石先生全集》卷11《阴德论》，中华书局，1984 年，第 126 页。

应对灾害。如"大观三年夏，旱甚。七月己巳，县大夫临川李侯恻然疚怀，乃虔恭帅僚属往祈洞中"。[1]又如刘敞上祭文请雨："自春至于秋七月，凡三请雨矣。赖神之惠，罔不响答。今时禾稼被野，苗者待秀，秀者待实，而雨不降。民心喝喝，无所归命，不敢不重以告。古人有言曰：'狐埋之，而狐搰之，是以无成功。'维尔有神，顾哀下民，无乏常祀。"[2]另一方面，精英大力宣扬仁义思想和贫富相资理念，积极劝分劝粜，倡导富人救济贫民。如前所述，精英认为贫富相资是保证社会稳定发展的重要环节，"非贫民出力，则无以致富室之饶；非富民假贷，则无以济贫民之急"。[3]出任地方官的精英大多致力于"劝富室以惠小民"。

### （二）现实层面

针对地理性贫困。精英首先认为先天存在的自然环境恶劣是造成农业产出较低和民众生活贫困的重要原因。如王柏说东部山地，"膏腴在下而濒溪，硗瘠居高而带山。下者宜秔宜粳宜秌，高者宜粟宜豆宜油麻，又其次则荞麦、芋果、蔬蔌，幸免十不二三。盖滨溪者洪水之所汇，带山者洪水之所发。浸者成芽，没者就槁。冲突者砂石，纵横者陵谷易位。凶年之祸，未有如之之惨者。来春籴价翔踊，细民艰食，已无可疑"。[4]其次，精英也认识到，人为的不适当的开发行为亦是导致地理性贫困的重要因素。如曾巩说到围湖造田的危害，"每岁少，雨田未病而湖盖已先涸矣，……田不止而日愈多，湖不加浚而日愈废"。[5]不仅是加重环境性贫困，更会带来灾害性贫困问题。如龚明之说，"今所以有水旱之患者，其弊在于围田。由此，水不得蓄，旱不得流注，民间遂有无穷之害"。[6]

需要说明的是，地理环境虽然是区域社会的客观状况，但我们所见之材料

---

[1] [宋]蔡大年：《蒙岩祷雨二洞记》，收录于曾枣庄、刘琳主编：《全宋文》卷2863，上海辞书出版社、安徽教育出版社，2006年点校本，第133册，第1页。

[2] [宋]刘敞：《祷湫文（四）》，收录于曾枣庄、刘琳主编：《全宋文》卷1298，上海辞书出版社、安徽教育出版社，2006年点校本，第60册，第30页。

[3] [清]徐松辑：《宋会要辑稿》食货68之65，上海古籍出版社，2014年点校本，第7984页。

[4] [宋]王柏：《鲁斋集》卷9《水灾后札子》，文渊阁四库全书本。

[5] [宋]曾巩：《元丰类稿》卷1《序越州鉴湖图》，文渊阁四库全书本。

[6] [宋]龚明之：《中吴纪闻》卷1《赵霖水利》，中华书局，1985年，第10页。

均来自宋人的言论和记载，文本记载者往往会带有认知主体较强的主观判断。影响精英的地理性贫困认知的主要有以下三个因素：一是精英认知中的重农意识。北宋是个标准的农业社会，虽然其商品经济和城市经济发展水平极高，但农业仍然是国家的基础，亦是大部分宋人衡量一个地区经济发展状况的最重要标准。因此，在很多人的认知中，一个地区农业的不发达即是经济的不发达，农产物的匮乏和供给不足即是民众贫困的重要原因。农业只是一个地区经济结构的其中一个组成部分，但在重农意识的影响下，土壤环境的恶劣不仅会影响农业生产，亦被宋人认为会影响该地区的经济整体发展状况。有些地区农业落后，但其他资源相对丰富，亦有其他产业支撑地方经济，但通常将其描述为"地瘠民贫"之地。如利州靠近陕西，是川陕之间的交通要地，"利于秦蜀为舟车咽喉"，[1] 但其山多田少，"地瘠财窘，虽丰年犹有艰食"，[2] 通常被认为是贫瘠之地，"土瘠民贫，城郭库而居室陋"。[3] 京东东路东部的登州、莱州地处胶东半岛，渔盐业发达，商业发展较好，但农业受到土地斥卤的影响，故而被认为是"地瘠民贫"之地。[4] 二是精英认知中的政治意图。对环境性贫困进行记载和讨论的主要是北宋的文人士大夫，他们在地方任职，对地方的自然环境和经济发展状况有相关的讨论。文人士大夫大多会在其上奏文书、谢表、劝农文、祈雨祈晴文等中讨论地方的土壤环境状况，其意图主要有二：一是记录客观情况；二是请求朝廷蠲减赋役或下拨钱粮予以赈济。一方面，总的来说，文人士大夫对地方环境的描述大多是相对客观和符合实际的，这也成为我们研究北宋环境性贫困的材料依据。另一方面，强调地方环境性贫困有助于向朝廷请求蠲减赋役，获得更多备荒支持，以及在灾荒时期得到朝廷下拨更多赈济钱粮。三是精英认知中的文化偏见。地域歧视和文化偏见始终存在于社会发展历程中。张文教授在《地域偏见和族群歧视：中国古代瘴气与瘴病的文化学解读》一文中，从文化视角解析中国历史上瘴气与瘴病的地理分布变化及其背后的影响因素，认为"所谓的瘴气与瘴病更多地是一种文化概念，而非一种疾病概念；瘴气与

---

① [宋]王象之：《舆地纪胜》卷184《利州》，中华书局，2003年第2版，第4731页。

② [宋]吕陶：《利州修城记》，收录于曾枣庄、刘琳主编《全宋文》卷1610，上海辞书出版社、安徽教育出版社，2006年点校本，第74册，第45页。

③ [宋]王象之：《舆地纪胜》卷184《利州》，中华书局，2003年第2版，第4731页。

④ [宋]苏轼著；李之亮笺注：《苏轼文集编年笺注》卷23《登州谢上表》其二，巴蜀书社，2011年，第403页。

瘴病是建立在中原华夏文明正统观基础上的对异域及其族群的偏见和歧视，而这一观念的理论基础，则与中国自古即有的地域观念和族群观念相联系"。① 在宋人的观念中亦是如此，瘴气覆盖，土壤瘠薄，农业落后，民众贫苦，这些似乎是江南之外的南方地区在宋人记载中被勾勒出的整体印象。其中，东南沿海的福建和两广是地域性文化偏见的最典型地区。

因此，精英从现实出发，一方面，积极劝农勤劳耕稼，以勤劳弥补环境的不足。如前述陈尧佐在惠州任知州期间，"南民大率不以种艺为事，若二麦之类，盖民弗知有也"，于是陈尧佐"教民种麦，是岁大获，于是惠民种麦者众矣"。② 南宋文人文集中有大量《劝农文》，可谓"是州皆有劝农文"，③ 其中大量劝民勤劳节俭，激励民众以人力战胜自然之劣势的话语。积极劝民勤劳耕作，同时组织民众兴修水利，推动农业生产发展。另一方面，积极组织民众兴修水利，改善土壤环境，推动农业发展。神宗年间，在农田水利法的推动下，全国各地广兴水利，形成了水利工程建设的高潮。④ 熙宁二年（1069 年）王安石主持东引黄河，"退滩内民田数万顷，尽成膏腴"。⑤ 熙宁十年（1077 年）程师孟、耿琬"引河水淤京东、西沿汴田九千余顷"，刘淑"奏淤田八千七百余顷"，皆获减磨勘年以奖赏。⑥ 王沿上请募民修复河渠用以灌溉，"可使数郡瘠卤之田，变为膏腴，如是，则民富十倍，而帑廪有余矣"。⑦ 后来王沿组织"导相、卫、邢、赵水下天平、景祐诸渠"，数万顷农田得以灌溉。⑧ 黎阳县（今河南浚县）修长丰渠，"复废田四千顷，皆膏腴沃壤"，民众得以获益不少。⑨ "闻

---

① 张文：《地域偏见与族群歧视：中国古代瘴气与瘴病的文化学解读》，《民族研究》2005 年第 3 期。

② ［宋］郑侠：《惠州太守陈文惠公祠堂记》，收录于曾枣庄、刘琳主编：《全宋文》卷 2176，上海辞书出版社、安徽教育出版社，2006 年点校本，第 100 册，第 8 页。

③ ［宋］真德秀：《长沙劝耕》，［宋］陈思编：《两宋名贤小集》卷 256《西山先生诗集》，文渊阁四库全书本。

④ 参见程民生《宋代地域经济》（河南大学出版社，1992 年）一书中对神宗熙宁三年至九年（1070—1076 年）各地新建水利工程和水利田数表格，第 87 页。

⑤ ［宋］李焘：《续资治通鉴长编》卷 278，熙宁九年十月丁酉条，中华书局，1993 年点校本，第 6800 页。

⑥ ［元］脱脱等：《宋史》卷 95《河渠志五》，中华书局，1977 年点校本，第 2373 页。

⑦ ［元］脱脱等：《宋史》卷 300《王沿传》，中华书局，1977 年点校本，第 9958 页。

⑧ ［元］脱脱等：《宋史》卷 300《王沿传》，中华书局，1977 年点校本，第 9959 页。

⑨ ［清］陆增祥：《（八琼堂）金石补正》卷 111《宣德郎穆翚墓表》，文物出版社，1985 年，第 783 页。

董村田亩旧直三两千，所收谷五七斗，自淤后，其直三倍，所收至三两硕。今权领都水淤田，窃见累岁淤变京东、西盐卤之地，尽成膏腴，为利极大。"[1]开封府内也曾"引矾水溉畿内瘠卤，成淤田四十万顷以给京师"。[2]通州、泰州、海州均为濒海之地，"旧日潮水皆至城下，土田斥卤不可稼穑"，范仲淹上请朝廷修筑捍海堤，"长数百里，以卫民田，朝廷从之"。[3]如陈尧佐知广南东路惠州，"丰湖堙废，岁以涨潦为患，至于漂溺人物"，其组织修筑堤坝以防水患，并用以灌溉，"岁之租入，乃比于旧十倍，而蒲鱼笋茨之利，鳏寡孤独是赖"。[4]

针对灾害性贫困。精英认为灾害的发生与诸如水利废弛、围湖造田等行为有密切的关系。如李光说，"臣契勘东南地濒江海，水易泄而多旱，历代以来，皆有陂湖蓄水，以备旱岁，盖湖高于田，田又高于江，海水少则泄，田中水多则放入海，故无水旱之岁，荒芜之田也。祥符、庆历间，民始有盗陂湖为田者，三司转运使下书切责州县，复田为湖，当时条约甚严谨，水之畜泄则有闭纵之法，禁民之侵耕则有赏罚之法，近年以来所至尽废，为田涝则水增益不已，旱则无灌溉之利，而湖之田亦旱矣。民既已承佃无复脱期，所收租税悉充御前，而漕司暗亏常赋，数至百万，而民之失业者不可胜计，可谓两失"。[5]

而灾害性贫困的发生则与民众不知积蓄、富民闭粜不赈和政府救济不力有关。其一，精英认为民众平日不善积蓄，因此难以抵御灾害而导致自身贫困。如王安石诗云："复有一种贫，常时腹彭亨。若有亦不畜，若无亦不营。"[6]即是讲到不善积蓄和经营者的民众，只注重即时享受，这种缺乏储蓄的贫困家庭，一遇饥荒，则更加难以度过。如司马光上《言蓄积札子》说："国家近岁以来，官中及民间皆不务蓄积。官中仓廪大率无三年至储，乡村农民少有半年之食。是以小有水旱，则公私穷匮，无以相救，流移转徙，盗贼并兴。当是之时，朝廷非不以为忧。及念谷稍丰，则上下之人皆忘之矣。此最当今之深弊也。……

---

① [清]徐松辑：《宋会要辑稿》食货61之102，上海古籍出版社，2014年点校本，第7511页。

② [宋]黄震：《黄氏日钞》卷91，《书侯水监行状》，文渊阁四库全书本。

③ [宋]司马光：《涑水记闻》卷10，中华书局，1989年点校本，第185页。

④ [宋]郑侠：《惠州太守陈文惠公祠堂记》，曾枣庄、刘琳主编：《全宋文》卷2176，上海辞书出版社、安徽教育出版社，2006年点校本，第100册，第8页。

⑤ [宋]李光《庄简集》卷11《乞废东南湖田札子》，文渊阁四库全书本。

⑥ [宋]王安石：《临川先生文集》卷3《拟寒山拾得二十首》第十七，中华书局，1959年，第102页。

今岁开封府界南京宿、亳、陈、蔡、曹、濮、济、郓等州，霖雨为灾，稼穑之田悉为洪流。百姓羸弱者流转他方，饿死沟壑；强壮者起为盗贼，吏不能禁。朝廷欲开仓赈贷，则军储尚犹不足，何以赡民。欲括取于蓄积之家，则贫者未能赈济，富者亦将乏食。又使今后民间不敢蓄积，不幸复有凶年，则国家更于何处取之？此所以朝廷虽寒心销志，亦坐而视之，无如之何者也。"[1] 其二，精英认为富人于灾害发生时闭籴不出，甚至囤积居奇，导致民众陷于贫困状态。如范浚说，"谷所储积皆豪民大家，乘时徼利闭廪索价，价脱不高，廪终不发，则谷不得不甚贵"。[2] 其三，精英认为政府在灾害期间救济不力是导致民众贫困破产、流移失所的重要因素。如石介诗云："去年经春频肆赦，拜赦人忙走如马。五月不雨麦苗死，赦频不能活穷寡。今年经春无赦书，十月一雨及时下。五月麦熟人民饱，一麦胜如四度赦。吾愿吾君与吾相，调和阴阳活元化。阴阳无病元气和，风雨调顺苗多稼。使麦长熟人不饥，敢告吾君不须赦。"[3] 石介非常直白地批判了君主为彰显仁德而屡屡下颁的赦令，认为对于民众没有任何的实质意义，而应该"调和阴阳活元化"，并且给予农民农业生产以实际的帮助。石介还在其《水旱责三公》中论及君主和宰辅对于水旱灾害的责任："人君，统治天地阴阳者也。三公，佐人君以燮理天地阴阳者也。天地阴阳之道与政通，政道序则阴阳之道序，政道忒则阴阳之道忒。天地阴阳序而风雨时，天地阴阳忒而风雨不时。若然，三公与君同体也。政道得，风雨时，君、三公同享其利；政道失，风雨差，君、三公同当其责。以水旱责三公，不专于三公也。天谴于君，君惟当惕惧修德，改行厉善，以答天谴。君责三公，则有罢免。若时水旱，君则罪己，三公则免，皆不能逃其责也。"[4] 刘敞说近日流民甚多，"问其所从来，或云久旱耕种失业，或云河溢田庐荡尽"，君主虽然为民父母多方救济，但却是治标不治本之术。"今百姓之病，已可见矣。父子兄弟不能相保，鳏寡孤独不能自存，强者流转，弱者死亡。所以致此者，其源在水旱也。所以致水旱者，其本在阴阳不和也。所以致阴阳不和者，其端在人事不修也。"认

① [宋]司马光：《司马文正公传家集》卷33《言蓄积札子》，商务印书馆，1937年《万有文库》本，第439—440页。

② [宋]范浚：《香溪集》卷15《议钱》，中华书局，1985年，第145页。

③ [宋]石介：《徂徕石先生文集》卷2《麦熟有感》，中华书局，1984年，第11页。

④ [宋]石介：《徂来石先生全集》卷11《水旱责三公》，中华书局，1984年，第127页。

为其责任在于三公和议臣。"若陛下所委任皆已得人，所施为皆已应天，则水旱者盖无妄之灾，不足忧矣……今羣臣为陛下谋者，不过糜粥粲米，名为救济，其实亦欲欺聪明、自解免而已，非谋国之体也。"①苏舜卿也认为，君主于灾荒时期所下赦令不仅于救荒无济于事，而且释放犯罪之人并不合理，因此主张"陛下当降服减膳，避正寝，责躬罪己，下哀痛之诏，罢非业之作，拯失职之民，察辅弼及左右无裨国体者罢之，窃弄威权者去之，念政刑之失，收刍荛之论，庶几可以变灾为祐"。②同时，精英还认为社会制度不合理造成的社会性贫困问题和政府在救荒制度的不合理、救荒系统中的弊病丛生均在不同程度上加剧了灾害的后果，从而导致贫困的发生。如范镇认为水旱之本为赋敛过重。③苏辙言："民自近岁皆苦于重敛，储积空匮。若此月不雨，饥馑必至，盗贼必起。保甲之余，民习武事，猖狂啸聚，为患必甚。而陛下所以应天勤民，未有其实。臣窃见去年赦书蠲免积欠，止于残零两税。至于官本债负、出限役钱，皆不得除放。民有破荡家产，父子流离，衣食不继，有欲死而不可得者。"④苏辙也是直接陈诉了君主的错误，民众本已困于重赋，限于社会性贫困者甚多，而灾害发生初期，政府并未立即予以应对，减轻民众负担，给予相应的救济，这些都会加重民众的贫困程度。

基于上述灾害性贫困的现实认知，精英强调通过具体的措施预防和治理灾害性贫困问题。一方面是对灾害本身的防治，精英注重兴修水利以预防水旱灾害，通过组织捕蝗、灭蝗卵等方式防治蝗灾。该方面的应对大多以精英推动政府应对而施行，故放置下文政府应对中叙述。另一方面是对灾害性贫困者的具体救济。首先，精英以政治参与者的身份推动政府救济措施。如仁宗朝，三司判官王琪两次上言"乞立义仓"。⑤贾黯上言称，民众"一遇水旱，则流离死亡，

① [宋]刘敞：《上仁宗论水旱之本》，收录于赵汝愚编：《宋朝诸臣奏议》卷40，上海古籍出版社，1999年点校本，第410页。
② [宋]李焘：《续资治通鉴长编》卷108，天圣七年六月丁未条，中华书局，1993年点校本，第2516页。
③ [宋]刘敞：《上仁宗论水旱之本》，收录于赵汝愚编：《宋朝诸臣奏议》卷40，上海古籍出版社，1999年点校本，第410页。
④ [宋]李焘：《续资治通鉴长编》卷366，元祐元年二月甲戌条，中华书局，1993年点校本，第8784—8785页。
⑤ [宋]庄绰：《鸡肋编》卷下《王琪乞立义仓》，中华书局，1983年，第91页；[宋]王栐：《燕翼诒谋录》卷4，文渊阁四库全书本。

捐弃道路。发仓廪以赈则粜不给，课粟富人则力不赡，转输千里则不及事，移民就谷则远近交困"，故立民社义仓，以备凶岁。① 如董煟在其《救荒活民书》中罗列了宋朝士大夫诸多济贫经验，包括灾荒期间如何甄别贫困人口、如何发放救济粮、如何防止舞弊等，并对其中的有效经验大力推荐。② 其次，作为地方社会精英，他们也积极参与推动民间救济活动。如常德府查市富户余翁家，"岁收谷十万石，而处心仁廉，常减价出粜。每粜一石，又以半升增给之"。③

## 三、政府认知与应对

政府对于环境性贫困颇为重视，地理性贫困直接关系到政府的财政税收问题，灾害性贫困直接影响到社会稳定和国家统治问题，因此对于该问题讨论较多。政府也是从文化和现实两个层面对环境性贫困进行认知与应对。

### （一）文化层面

政府从传统天人感应观念出发，认为灾害的发生缘于阴阳失和。即灾害是因为"天于人君有告戒之道焉，示之以象而已"④。具体来说，是由于施政不当导致阴阳失和，而阴阳失和导致灾害发生。这一观念在皇帝的诏书和宰执的言论中体现得十分明显。而施政不当方面，君主多认为是官吏执行不力而遭致灾祸。如端拱二年（989 年）十月癸酉，太宗因旱灾而减膳，"遍走群望，皆弗应"。手诏赐宰相赵普等曰："万方有罪，罪在朕躬。自星文变见以来，久愆雨雪。朕为人父母，心不遑宁，直以身为牺牲，焚于烈火，亦足以答谢天谴。当与卿等审刑政之阙失，念稼穑之艰难，恤物安民，庶祈眷佑。"赵普遂被疾请告。⑤ 景德四年（1007 年）七月癸巳，真宗说，"勤卹民隐，遴拣庶官，朕无日不念也。所虑四方刑狱官吏，未尽得人，一夫受冤，即召灾沴"。⑥ 神宗

---

① [宋] 李焘：《续资治通鉴长编》卷175，皇祐五年壬戌条，中华书局，1993 年点校本，第 4242—4243 页。
② 参见张文：《宋朝乡村社会保障思想研究——以〈救荒活民书〉为中心》，《苏州大学学报》 2012 年第 4 期。
③ [宋] 洪迈：《夷坚甲志》卷 7《查市道人》，中华书局，1981 年，第 60 页。
④ [宋] 脱脱等：《宋史》卷 48《天文志一》，中华书局，1977 年点校本，第 949 页。
⑤ [宋] 李焘：《续资治通鉴长编》卷30，端拱二年十月癸酉条，中华书局，1993 年点校本，第 688 页。
⑥ [宋] 李焘：《续资治通鉴长编》卷66，景德四年七月癸巳条，中华书局，1993 年点校本，第 1477 页。

在颁布的《冬旱减降德音》开篇即指出："上能恭于事则雨若，泽不施于下利则旱灾。"[1]

因此，以君主为首的北宋政府，也采取了一系列应对灾害性贫困的文化措施。在"阴阳五行"和"天人感应"的观念之下，祈祷、虑囚、避殿减膳等方式成为政府预防和消除自然灾害的主要应对之策。

首先，祈祷是我国古代弭除灾害的一种重要方式，《宋会要辑稿》记载："国朝凡水旱灾异，有祈报之礼。祈用酒、脯、醢，报如常祀。"[2] 祈祷有祈雨、祈雪、祈晴等，天久旱则祈雨、祈雪，天久雨则祈晴。北宋时期，祈祷成为弭灾定制，大致在太祖建隆四年（963年）五月一日（甲申），"以旱，命近臣遍祷天地、社稷、宗庙、宫观、神祠、寺，遣中使驰驿祷于岳、渎。自是凡水旱皆遣官祈祷，唯有变常礼则别录"。[3] 此后，北宋时期历朝，遇水旱，皇帝或亲自或命宰执或遣使祈祷以求弭灾。如太宗淳化二年（991年）闰二月戊寅，祷雨；[4] 三月己巳，以岁蝗旱祷雨弗应，手诏宰相吕蒙正等："朕将自焚，以达天谴。"翌日而雨，蝗尽死。[5] 真宗大中祥符三年（1010年）八月六日，以昇、洪、润州亢旱火灾，遣内侍驰往抚问军民，犒设将校、耆老，及醮祷管内名山大川、神祠有益于民者。[6] 仁宗景祐三年（1036）六月庚戌，以河北久旱，遣官诣北岳祈雨。[7] 神宗熙宁九年（1076年）九月十三日诏："辅臣诣天地、社稷、宗庙、寺观祈雨。"[8] 哲宗元祐八年（1093年）八月丁未，久雨，祷山川。[9] 徽宗宣和四年（1122年）二月丙申，以旱祷于广圣宫，即日雨。[10] 其中，在北宋历朝中，以神宗朝祈祷最为频繁。据李华瑞统计，除元丰二年（1079年）、

[1] 《宋大诏令集》卷153《冬旱减降德音》，中华书局，1962年点校本，第571页。

[2] [清]徐松辑：《宋会要辑稿》礼18之2，上海古籍出版社，2014年点校本，第949页。

[3] [清]徐松辑：《宋会要辑稿》礼18之3，上海古籍出版社，2014年点校本，第950页。

[4] [宋]脱脱等：《宋史》卷5《太宗本纪二》，中华书局，1977年点校本，第87页。

[5] [宋]脱脱等：《宋史》卷5《太宗本纪二》，中华书局，1977年点校本，第87页。

[6] [清]徐松辑：《宋会要辑稿》礼18之7，上海古籍出版社，2014年点校本，第952页。

[7] [宋]李焘：《续资治通鉴长编》卷118，景祐三年六月庚戌条，中华书局，1993年点校本，第2790页。

[8] [清]徐松辑：《宋会要辑稿》礼18之14，上海古籍出版社，2014年点校本，第957页。

[9] [宋]脱脱等：《宋史》卷17《哲宗本纪一》，中华书局，1977年点校本，第336页。

[10] [宋]脱脱等：《宋史》卷22《徽宗本纪四》，中华书局，1977年点校本，第409页。

元丰八年（1086年）两个年头没有祈祷的相关记载外，其余的16年，均有不少于一次的祈祷行为，尤其是熙宁七年（1074年）、熙宁八年（1075年）以及元丰元年（1076年）三个年头，在春夏季节，几乎每月都有祈祷行为。①

其次，虑囚，是指梳理刑狱的行为。在宋人的灾害观中，刑狱不当是导致自然灾害的主要原因之一，梳理刑狱自然成为政府预防和消除灾害的一种重要方式。在文献中，一般把梳理刑狱称为"虑囚"或"录囚"，由于灾害而梳理刑狱的行为一般被称为"因灾虑囚"或"因灾录囚"。北宋历朝均有因灾虑囚的行为。如太祖时期，建隆三年（962年）六月己亥，降德音："减京畿及河北诸州死罪以下囚，旱故也。"②太宗时期，端拱二年（989年），"自三月不雨，至于五月。戊戌，上亲录京城诸司系狱囚，多所原减。即命起居舍人须城宋惟干等四十二人分诣诸道，案决刑狱。是夕，大雨"。③淳化元年（990年）夏四月庚戌，"遣中使诣五岳祷雨，虑囚，遣使分决诸道狱"。④淳化三年（992年）五月己酉，"以旱遣使分行诸路决狱"。⑤至道元年（995年）二月戊戌，"以旱虑囚，减流罪以下"，夏四月"壬寅，虑囚"。⑥真宗时期，咸平二年（999年）闰三月丁亥，以久不雨，诏："天下系囚非十恶、枉法及已杀人者，死以下减一等"。⑦景德元年（1004年）闰九月戊辰，"诏户部判官工部员外郎李防、右正言直史馆张知白等，分诣江南东、西路理系囚，访民疾苦，祠境内山川，旱故也"。⑧景德二年（1005年）九月庚戌，"以淮南旱歉，诏转运司梳理管内系囚"。⑨大中祥符二年（1009年）陕西旱歉，五月壬申，"遣盐铁判官、太常博士杨可驰驿往，疏决系囚，减流罪已下一等，死罪情可悯者上请"。⑩

① 参见李华瑞：《宋代救荒史稿》，天津古籍出版社，2014年，第581—585页。

② [宋]李焘：《续资治通鉴长编》卷3，建隆三年六月己亥条，中华书局，1993年点校本，第69页。

③ [宋]李焘：《续资治通鉴长编》卷30，端拱二年五月戊戌条，中华书局，1993年点校本，第680页。

④ [宋]脱脱等：《宋史》卷5《太宗本纪二》，中华书局，1977年点校本，第85页。

⑤ [宋]脱脱等：《宋史》卷5《太宗本纪二》，中华书局，1977年点校本，第89页。

⑥ [宋]脱脱等：《宋史》卷5《太宗本纪二》，中华书局，1977年点校本，第97页。

⑦ [宋]脱脱等：《宋史》卷6《真宗本纪一》，中华书局，1977年点校本，第108页。

⑧ [宋]李焘：《续资治通鉴长编》卷57，景德元年闰九月戊辰条，中华书局，1993年点校本，第1262页。

⑨ [宋]李焘：《续资治通鉴长编》卷61，景德二年九月庚戌条，中华书局，1993年点校本，第1364页。

⑩ [宋]李焘：《续资治通鉴长编》卷71，大中祥符二年五月壬申条，中华书局，1993年点校本，第1608页。

仁宗时期，景祐四年（1037 年）五月乙卯，"以旱遣使决三京系囚"。<sup>①</sup>庆历
五年（1045 年）二月，诏："天久不雨，令州县决淹狱"。<sup>②</sup>神宗时期，熙宁
元年（1068 年）春正月丁丑，"以旱，减天下罪囚一等杖以下释之"。<sup>③</sup>熙宁
二年（1069 年）三月乙未，"以旱虑囚"。<sup>④</sup>熙宁三年（1070 年）八月丙寅，"以
久旱御崇政殿，疏决系囚，杂犯死罪以下第降一等，杖笞释之"。<sup>⑤</sup>元丰六年
（1083 年）五月庚寅，"以畿内旱，御崇政殿疏决系囚"。<sup>⑥</sup>哲宗时期，元祐
元年（1086 年）十二月戊申，"以冬温无雪，决系囚"。<sup>⑦</sup>绍圣元年（1094 年）
春，"旱，疏决四京畿县囚"。<sup>⑧</sup>夏四月丙午，"以旱诏恤刑"。<sup>⑨</sup>十一月壬子，
"以冬温无雪，决系囚"。<sup>⑩</sup>绍圣四年（1097 年）五月辛酉，"以亢旱，决四
京囚"。<sup>⑪</sup>元符二年（1099 年）夏四月丁亥，"以旱，减四京囚罪一等，杖以
下释之"。<sup>⑫</sup>秋七月乙巳，"盛暑，中外决系囚"。<sup>⑬</sup>徽宗时期，政和元年（1111
年）夏四月丁巳，"以淮南旱，降囚罪一等，徒以下释之"。<sup>⑭</sup>

再次，皇帝通过避殿、减膳、撤乐、罢宴等行为，以示感召和气、消弭灾
祸。太祖时期，建隆三年（962 年）五月乙酉，"齐、博、德、相、霸五州自
春不雨，以旱减膳撤乐"。<sup>⑮</sup>太宗时期，端拱二年（989 年），"上以岁旱减膳，

---

① ［宋］李焘：《续资治通鉴长编》卷 120，景祐四年五月乙卯条，中华书局，1993 年点校本，第
　　2831 页。
② ［宋］脱脱等：《宋史》卷 66《五行志四》，中华书局，1977 年点校本，第 1440 页。
③ ［宋］脱脱等：《宋史》卷 14《神宗本纪一》，中华书局，1977 年点校本，第 268 页。
④ ［宋］脱脱等：《宋史》卷 14《神宗本纪一》，中华书局，1977 年点校本，第 270 页。
⑤ ［宋］李焘：《续资治通鉴长编》卷 214，熙宁三年八月丙寅条，中华书局，1993 年点校本，第
　　5202 页。
⑥ ［宋］李焘：《续资治通鉴长编》卷 335，元丰六年五月庚寅条，中华书局，1993 年点校本，第
　　8068 页。
⑦ ［宋］脱脱等：《宋史》卷 17《哲宗本纪一》，中华书局，1977 年点校本，第 323 页。
⑧ ［宋］脱脱等：《宋史》卷 66《五行志四》，中华书局，1977 年点校本，第 1441 页。
⑨ ［宋］脱脱等：《宋史》卷 18《哲宗本纪二》，中华书局，1977 年点校本，第 340 页。
⑩ ［宋］脱脱等：《宋史》卷 18《哲宗本纪二》，中华书局，1977 年点校本，第 341 页。
⑪ ［宋］脱脱等：《宋史》卷 18《哲宗本纪二》，中华书局，1977 年点校本，第 347 页。
⑫ ［宋］脱脱等：《宋史》卷 18《哲宗本纪二》，中华书局，1977 年点校本，第 352 页。
⑬ ［宋］脱脱等：《宋史》卷 18《哲宗本纪二》，中华书局，1977 年点校本，第 352 页。
⑭ ［宋］脱脱等：《宋史》卷 20《徽宗本纪二》，中华书局，1977 年点校本，第 386 页。
⑮ ［宋］脱脱等：《宋史》卷 1《太祖本纪一》，中华书局，1977 年点校本，第 11 页。

遍走群望，皆弗应"。① 真宗时期，大中祥符九年（1016 年）八月戊子，"诏以旱罢近臣社日饮会，又罢秋宴"。② 大中祥符九年（1016 年）九月庚戌，"以不雨，罢重阳宴"。③ 九月甲寅，"自秋不雨，上忧形于色，减膳彻乐，徧走群望。及是霑沛，中外忻庆。分遣官致谢于所祈处，上作甘雨应祈诗，近臣毕和"。④ 仁宗时期，天圣四年（1026 年）六月，是月全国多地遭水患，"辛卯，上避正殿，减常膳"。⑤ 皇祐四年（1052 年）十二月己丑，雪，"上以愆亢责躬减膳，见辅臣则忧形于色"。⑥ 神宗时期，熙宁二年（1069 年）四月丙辰，因旱下"旱灾避殿撤乐减膳诏"。⑦ 熙宁七年（1074 年）四月，"上以久旱避殿，易服，减常膳，群臣屡请不从，至是雨告足，群臣又表请，乃从之"。⑧ 哲宗时期，哲宗元祐二年（1087 年）四月辛卯，诏："时雨久愆，旱灾甚广，可自今月十一日后，避正殿，减常膳，仍于诏内深责予躬，庶几修省以消天变。"⑨ 四月丁酉，诏："旱暵为灾，减膳责躬，修勤缺政，以祈消复。"⑩ 元祐二年（1087 年）六月壬寅，诏："近臣、文武百僚累表请听乐，虽已降旨勉从所请，而有司援引故事，欲开乐宴于禁中福宁殿，次紫宸殿。乃者旱灾，责躬省过，今天

---

① [宋]李焘：《续资治通鉴长编》卷 30，端拱二年十月癸酉条，中华书局，1993 年点校本，第 688 页。

② [宋]李焘：《续资治通鉴长编》卷 87，大中祥符九年八月戊子条，中华书局，1993 年点校本，第 2006 页。

③ [宋]李焘：《续资治通鉴长编》卷 88，大中祥符九年九月庚戌条，中华书局，1993 年点校本，第 2016 页。

④ [宋]李焘：《续资治通鉴长编》卷 88，大中祥符九年九月甲寅条，中华书局，1993 年点校本，第 2016 页。

⑤ [宋]李焘：《续资治通鉴长编》卷 104，天圣四年六月辛卯条，中华书局，1993 年点校本，第 2411 页。

⑥ [宋]李焘：《续资治通鉴长编》卷 173，皇祐四年十二月己丑条，中华书局，1993 年点校本，第 4183 页。

⑦ 司义祖整理《宋大诏令集》卷 153《政事六·儆灾三》，中华书局，1962 年点校本，第 572 页。

⑧ [宋]李焘：《续资治通鉴长编》卷 252，熙宁七年四月甲戌条，中华书局，1993 年点校本，第 6151—6152 页。

⑨ [宋]李焘：《续资治通鉴长编》卷 398，元祐二年四月辛卯条，中华书局，1993 年点校本，第 9703 页。

⑩ [宋]李焘：《续资治通鉴长编》卷 398，元祐二年四月丁酉条，中华书局，1993 年点校本，第 9709 页。

意始有消复，而又神宗皇帝禫除未远，何可遽特开乐为宴？宜行寝罢。"[1]元祐五年（1090年）夏四月丁巳，诏："以旱避殿减膳。"[2]董煟言："本朝列圣，一有水旱，皆避内殿、减膳彻乐，或出宫人，理冤狱，此皆得古圣人用心。"[3]

此外，改元、去尊号、求直言、策免宰相、出放宫人也成为政府应消弭灾害的举措。如宋代因灾改元有两个年号：明道二年（1033年）十二月丁巳，"灾伤改景祐元年御扎"[4]、庆历八年（1048年）十二月，"雨灾赦天下改皇祐元年制"。[5]

### （二）现实层面

针对地理性贫困。政府的认知很大程度上来自于精英中的主体即官僚士大夫的认知，因此，对于地理性贫困问题，政府与精英的认知是一致的，此处不再赘述。而在应对方面，政府一方面组织兴修水利改善贫困区域的农业生产环境；另一方面，政府也积极劝农勤劳耕垦，并帮助地理性贫困者解决生产生活中的实际困难。

首先，政府组织黄河治理和兴修水利。北宋年间，黄河数次泛滥，每年"耗财用、陷租赋以百万计"，[6]因此，治理黄河是北宋政府一项重要的水利任务。如熙宁二年（1069年），王安石主持导河东流，河水退滩后得膏腴之田数万顷。[7]此外，神宗熙宁二年（1069年）颁布农田水利法，推动全国各地出现"四方争言农田水利，古陂废堰，悉务兴复"的局面。[8]同时，政府制定了奖励兴修水利设施的各项举措。如宋仁宗就曾向全国发布诏令，把能兴修水利作为地方官吏嘉奖晋升的重要条件之一。政府还鼓励地方富民出资兴修水利，并给予嘉奖。如金州西城县葛德，修筑长乐堰，得授司士参军；淮阴李度"率人修筑

---

① ［宋］李焘：《续资治通鉴长编》卷402，元祐二年六月壬寅条，中华书局，1993年点校本，第9787页。

② ［宋］脱脱等：《宋史》卷17《哲宗本纪一》，中华书局，1977年点校本，第330页。

③ ［宋］董煟：《救荒活民书》卷上，李文海、夏明方主编《中国荒政全书（第一辑）》，北京古籍出版社，2002年，第49页。

④ 《宋大诏令集》卷2《改元》，中华书局，1962年点校本，第7页。

⑤ 《宋大诏令集》卷2《改元》，中华书局，1962年点校本，第7页。

⑥ ［元］脱脱等：《宋史》卷92《河渠志二》，中华书局，1977年点校本，第2290页。

⑦ ［宋］李焘《续资治通鉴长编》卷278，熙宁九年十月丁酉条，中华书局，1993年点校本，第6800页。

⑧ ［元］脱脱等：《宋史》327《王安石传》，中华书局，1977年点校本，第10545页。

两乡塘堤",以灌溉民田,也得到授予官职。① 熙宁五年(1072 年),提举淮南西路常平司上言:"濠州锺离县长安堰,定远县楚、汉泉二堰,水利至博,积年堙废,久未完复。乞依宿、亳、泗州例,赐常平钱谷,春初募人兴修。"诏令转运副使杨汲检查是否可以兴修。② 徽宗大观二年(1108 年),鉴于"塘堤不修,水潦穿溢,出害民田,绵亘千里。虽有司存,上下苟简,殆同虚设",诏令屯田司,"循祖宗以来塘堤故迹,重加修完,务令坚固。即别不得增益更改,引惹生事"。③

其次,劝民垦殖和推广适宜作物。北宋政府曾多次下诏鼓励民众开垦荒田,如乾德四年(966 年)太祖就下诏,"有能广植桑枣、开垦荒田者,并只纳旧租,永不通检"。④ 凡是新开垦的荒田都能够得到一定时段内的租税减免。淳化五年(994 年),太宗诏令,"凡州县旷土,许民请佃为永业,蠲三岁租,三岁外,输三分之一"。⑤ 天圣元年(1023 年),仁宗下诏,"民流积十年者,其田听人耕,三年而后收赋,减旧额之半"。⑥ 此外,广南东路康州"旧以土地瘠薄,人不耕佃",召集流民开荒耕垦,政府降低税额,后"土虽稍辟而利薄,民虽差庶而未富"。⑦ 同时,政府也大力推广适宜各地的农作物。如景祐年间朝廷派遣尚书制方员外郎沈厚载到"怀、卫、磁、相、邢、洺、镇、赵等州,教民种水田",⑧ 推广水稻种植。同时,在南方推广高产耐旱作物。太宗曾下诏"江南、两浙、荆湖、岭南、福建诸州长吏,劝民益种诸谷,民乏粟、麦、黍、豆种者,于淮北州郡给之;江北诸州,亦令就水广种劝民益种诸谷秔稻,并免其租",⑨ 希望通过广泛种植各种作物以防备水旱,保证民众的粮食供给。大中祥符五年(1012 年)五月戊辰朔,"上以江、淮、两浙路稍旱即水田不登,

---

① [清]徐松辑:《宋会要辑稿》食货 7 之 20,上海古籍出版社,2014 年点校本,第 6125 页。

② [宋]李焘:《续资治通鉴长编》卷 241,熙宁五年十二月壬辰条,中华书局,1993 年点校本,第 5884 页。

③ 《宋大诏令集》卷 182《屯田司修完塘堤御笔》,中华书局,1962 年点校本,第 661 页。

④ [清]徐松辑:《宋会要辑稿》食货 1 之 16,上海古籍出版社,2014 年点校本,第 5945 页。

⑤ [元]脱脱等:《宋史》卷 173《食货志上一》,中华书局,1977 年点校本,第 4159 页。

⑥ [元]脱脱等:《宋史》卷 173《食货志上一》,中华书局,1977 年点校本,第 4163—4164 页。

⑦ [清]徐松辑:《宋会要辑稿》食货 70 之 15,上海古籍出版社,2014 年点校本,第 8108 页。

⑧ [元]脱脱等:《宋史》卷 173《食货志上一》,中华书局,1977 年点校本,第 4164 页。

⑨ [元]脱脱等:《宋史》卷 173《食货志上一》,中华书局,1977 年点校本,第 4159 页。

乃遣使就福建取占城稻三万斛分给三路，令择民田之高仰者莳之，盖旱稻也。仍出种法付转运使，揭牓谕民。其后又取种于玉宸殿，上与近臣同观，作歌毕和，又遣内侍持稻示百官于都堂"。①

再次，减轻地理性贫困者负担。神宗元丰元年（1078 年）二月，江南西路提举司言，"兴国军永兴县有熙宁六年至九年拖欠役钱万二千余缗。本县民户地薄税重，累经灾伤，又役钱稍重，乞特赐蠲免"，得到批准。② 又如唐州，"旧以土地瘠薄，人不耕佃"，政府招募流民垦殖，在赋税上予以优待，"凡百亩之田，以四亩出赋"，使其地"自是稍稍垦治，殆无旷土"。后提高赋税，"百亩之赋增至二十亩，民情骚然"。元丰六年（1083）七月，御史翟思上言称"今土虽稍辟而利薄，民虽差庶而未富，官既多取，则私养不足，其势恐至于转徙"，请求减少赋税。③ 南宋高宗时诏海外四州军，即广南西路的琼州、万安军、昌化军和吉阳军，"昨令与免经界，缘土产瘠薄，应税租仰并依旧额施行"，梓州路的泸州、叙州、长宁军亦是地瘠民贫之地，亦同样得免。④ 朱熹知江南东路南康军，多次上书表明南康军地瘠民贫，赋税较重，奏乞蠲减税钱。并且政府会给予地理性贫困者财政资助。徽宗建中靖国元年（1101 年），广南西路转运司上奏称，"本路地瘠民贫，赋入微薄，边面阔远，支费浩瀚，年计阙钱，自来并是上烦朝廷资助"。⑤

针对灾害性贫困。由于灾害对国家统治和社会稳定有着极大的影响，是政府极为关注的问题。政府认为民众的不善积蓄、富民的闭粜行为和官员对灾害救济的执行不力等因素导致了灾害来临时民众贫困的加剧。如太宗曾说，"一年耕则有三年之食，百日劳则有一日之息，所以敦本厚生、足兵足食之大略也。如闻南亩之地，污莱尚多；比屋之民，游惰斯众。岁稔则犬马或余于粱肉，年饥则妻子不厌于糟糠。罕能固穷，遂至冒法"⑥。号召民众在丰稔之年要

① ［宋］李焘：《续资治通鉴长编》卷 77，大中祥符五年五月戊辰条，中华书局，1993 年点校本，第 1764 页。
② ［宋］李焘：《续资治通鉴长编》卷 288，元丰元年二月丁未条，中华书局，1993 年点校本，第 7040—7041 页
③ ［清］徐松辑：《宋会要辑稿》食货志 70 之 15，上海古籍出版社，2014 年点校本，第 8108 页。
④ ［宋］李心传：《建炎以来系年要录》卷 161，中华书局，1956 年，第 2606 页。
⑤ ［清］徐松辑：《宋会要辑稿》礼 25 之 17，上海古籍出版社，2014 年点校本，第 1213 页。
⑥ ［清］徐松辑：《宋会要辑稿》刑法 2 之 2，上海古籍出版社，2014 年点校本，第 8281—8282 页。

勤俭，即时储蓄，"常岁所入除租调外，不得以食犬彘，多为酒醪；嫁娶丧葬之具，并从简俭"。①可见民众大多缺乏储备意识，一遇丰年，就奢侈享用，往往较少为灾年打算。天禧二年（1018年）五月，真宗下诏："民氓之众，稼穑为天。将防水旱之虞，在乎储蓄之备。与其肆情于侈靡，曷若尽力于耕耘。所谓利用厚生，既富而教者也。如闻风俗，尚习浇浮，器用服装，动踰规制，车马屋室，日务僭奢。虽遇顺成，靡闻充积。时更小歉，田或未收，皆至匮空，莫得周给。"②即认为民众平日不知储蓄之备，一旦遭遇小歉，就会陷入贫困状态。又如太宗淳化四年（993年）诏："近者积雨霖霪，长河湍悍，果致怀襄之害。荐罹昏垫之灾，坏居人之室庐，陷州城之雉堞。览奏惊叹，夕惕靡遑，盖由知州郭贽苟务贪荣，不图御患。使万井之邑，坐成污潴。一方之民，化为鱼鳖。"③即认为官吏的"苟务贪荣，不图御患"，而导致水患，致使一城百姓皆身陷水灾中。例如官吏沈披，于神宗熙宁五年（1072年）被诏令降一官，送审官东院，因其此前为两浙路提举官时开常州五泄堰不当，"坏田八百顷，民被害者众"。④

因此，政府注重劝谕民众在常态下注重积蓄，同时积极给予灾害性贫困者救助，并将其形成制度化政策。

首先，政府多次下诏，劝民耕稼与勤俭储蓄。如太祖于乾德元年（963年）诏令："今宿麦已登，秋种尚茂，所宜修稼，以厚生民。其谨盖藏，毋或捐弃。宜令州县告谕人户，夏麦登熟，不得枉有糜费。"⑤又于乾德四年（966年）八月二十二日，诏曰："今三农不害，百姓小康，夏麦既登，秋稼复稔，仓箱有流衍之望，田里无愁叹之声，实上天之垂休，岂凉德之所致。诸道刺史、县令，职在养民，所宜敦劝，各令储蓄，以备凶荒。尚虑下民恃此丰登，广有费用，或蒲博好饮，或游堕不勤。有一于此，是为弃本，倍宜约束，无抵宪章。所在长吏及令佐等，当明加告谕，使知朕意。"⑥真宗也于天禧二年（1018年）

① [清]徐松辑：《宋会要辑稿》刑法2之2，上海古籍出版社，2014年点校本，第8281—8282页。

② 司义祖整理《宋大诏令集》卷182《令储蓄诫奢僭诏》，中华书局，1962年点校本，第660页。

③ 司义祖整理《宋大诏令集》卷185《赐澶州北城军人百姓诏》，中华书局，1962年点校本，第672页。

④ [宋]李焘：《续资治通鉴长编》卷239，熙宁五年冬十月甲午条，中华书局，1993年点校本，第5817页。

⑤ 司义祖整理《宋大诏令集》卷182《岁稔诫不得枉费诏》，中华书局，1962年点校本，第660页。

⑥ [清]徐松辑：《宋会要辑稿》刑法2之1，上海古籍出版社，2014年点校本，第8281页。

下诏劝民节俭积蓄："民氓之众，稼穑为天。将防水旱之虞，在乎储蓄之备。与其肆情于侈靡，曷若尽力于耕耘。所谓利用厚生，既富而教者也。如闻风俗，尚习浇浮，器用服装，动踰规制，车马屋室，日务僭奢。虽遇顺成，靡闻充积。时更小歉，田或未收，皆至匮空，莫得周给。念黎黔之有是，岂教导之未周。今年属丰登，下无徭役，戒其既往，诲以自新。宜令三京诸路揭榜晓谕，常加察举。有孝悌力田储蓄岁计者，长吏倍加存恤之。"①

其次，政府注重对灾害性贫困的行政干预，给予贫民生产、生活救助。如蝗灾之时政府组织捕蝗、灭蝗卵。②真宗天禧元年（1017 年）五月，"诏遣使臣与本县官吏焚捕"虫卵。③仁宗景祐元年（1034 年）六月，"诸路募民掘蝗种万余石"。④康定元年（1040 年）二月诏："天下诸县凡掘飞蝗遗子一升者，官为给米豆三升"，⑤通过奖励的方式来鼓励民众参与灭蝗卵的行动。熙宁七年（1074 年）十月癸巳，"诏赐淮南路常平米二万石下淮南西路提举司，易饥民所掘蝗种"。⑥熙宁八年（1075 年）八月，诏："闻陈、颍州蝗蝻所在蔽野，初无官司督捕，致重复孳生，自飞蝗已降，大小凡十余等。虽自此渐得雨泽，麦种亦未敢下，盖惧苗出即为所食，根亦随坏。若至秋深，播种失时，则来岁夏田又无望矣。公私之间，实非细故。其令京西北路监司、提举司严督官吏，速去除之。仍具析不督捕因依以闻。"⑦并且招募民众参与捕蝗和灭虫卵，熙宁八年（1075 年）诏："仍募人得蝻五升或蝗一斗，给细色谷斗；蝗种一升，给粗色谷二升；给价钱者，作中等实直。仍委官烧瘗，监司差官员覆按以闻。即因穿掘打扑损苗种者，除其税，仍计价。官给地主钱，数毋过一顷。"⑧如

①　司义祖整理《宋大诏令集》卷 182《令储蓄诫奢僭诏》，中华书局，1962 年点校本，第 660 页。

②　对于北宋政府诏令与组织灭蝗的记载较多，参见《宋史·五行志》、《宋会要辑稿》瑞异 3 之《蝗灾》。

③　[清] 徐松辑：《宋会要辑稿》瑞异 3 之 40，上海古籍出版社，2014 年点校本，第 2669 页。

④　[清] 徐松辑：《宋会要辑稿》瑞异 3 之 40，上海古籍出版社，2014 年点校本，第 2669 页。

⑤　[清] 徐松辑：《宋会要辑稿》瑞异 3 之 41，上海古籍出版社，2014 年点校本，第 2670 页。

⑥　[宋] 李焘：《续资治通鉴长编》卷 257，熙宁七年十月癸巳条，中华书局，1993 年点校本，第 6282 页。

⑦　[宋] 李焘：《续资治通鉴长编》卷 267，熙宁八年八月乙未条，中华书局，1993 年点校本，第 6545 页。

⑧　[宋] 董煟：《救荒活民书》卷下《捕蝗》，李文海、夏明方主编《中国荒政全书（第一辑）》，北京古籍出版社，2002 年，第 102 页。

给予受灾民众蠲减赋税。皇祐五年（1053 年）十一月诏："应诸路昨经蝗蝻、水旱为灾，并等第体量减放税数。"① 熙宁十年（1077 年）八月己卯，"诏河北、京东转运提举司，体量被水民户未纳夏税，并诸欠负役钱当倚阁蠲减数，及水退给借粮、种次第以闻"。② 如直接给予受灾民众救助。太宗淳化四年（993 年）诏，鉴于水灾，"应溺死人户，每人给千钱为棺敛具，缺食者发仓粟赈济，其屋税并与除放"。③ 神宗熙宁七年（1074 年）十月，"赐五万石下河北东路提点刑狱司，赈济流民，许出粜，仍先于常平仓拨见钱赈济，麤色粮听给价钱"。④ 在此基础上，北宋政府建立了一套系统的仓储备荒体系，并以法规制度的形式建立应对灾害性贫困的政府救济体系。如常平仓，北宋设置于淳化三年（992 年），⑤ 用以平粜荒年粮价。景德三年（1006 年），诏令除沿边州郡外，于京东西、河北、陕西、淮南、江南、两浙等路皆置常平仓。⑥ 天禧四年（1020 年），又诏川峡、荆湖、广南"并置常平仓"。⑦ 常平仓对于赈荒恤饥的作用极为重要，苏轼曾说，"臣在浙中二年，亲行荒政，只用出粜常平米一事，更不施行余策，而米价不踊，卒免流殍"。⑧ 此外，北宋政府还于建隆四年（963 年）设立义仓，⑨ 还有惠民仓、广惠仓等，此后虽兴废不常，但也是应对灾荒的常态性仓储。

再次，政府提倡民间互助，鼓励并劝导精英和富民参与救济贫民，并以法律制度的形式予以推广，推动了宋朝民间慈善的兴起。例如，颁布"安恤法"，对"鳏寡孤独、贫穷老疾，不能自存者"，令近亲、乡里养恤。出台"义仓法"，

---

① ［清］徐松辑：《宋会要辑稿》瑞异 3 之 41，上海古籍出版社，2014 年点校本，第 2670 页。
② ［宋］李焘：《续资治通鉴长编》卷 284，熙宁十年八月己卯条，中华书局，1993 年点校本，第 6946 页。
③ 司义祖整理《宋大诏令集》卷第 185《赐澶州北城军人百姓诏》，中华书局，1962 年点校本，第 672 页。
④ ［宋］李焘：《续资治通鉴长编》卷 257，熙宁七年十月癸巳条，中华书局，1993 年点校本，第 6282 页。
⑤ ［清］徐松辑：《宋会要辑稿》食货 53 之 6，上海古籍出版社，2014 年点校本，
⑥ ［宋］王应麟：《玉海》卷 184《食货·淳化常平仓》，江苏古籍出版社；上海书店，1987 年，第 3378 页。
⑦ ［宋］王应麟：《玉海》卷 184《食货·淳化常平仓》，江苏古籍出版社；上海书店，1987 年，第 3378 页。
⑧ ［宋］苏轼著：《苏轼文集编年笺注》卷 33《乞将上供封桩斛斗应副浙西诸郡接续粜米札子》，巴蜀书社，2011 年，第 276 页。
⑨ ［清］徐松辑：《宋会要辑稿》食货 53 之 19，上海古籍出版社，2014 年点校本，第 7213 页。

强制中上等税户交纳，用于粮食匮乏时期赈济贫民。同时保障义仓专为赈济所用的职能，严禁挪作他用。劝分之举古已有之，是政府推动民间互助的最重要手段。宋朝将其立法，并明确设置捐献赏格，引导和奖励富民救济贫民。[1] 对于劝分有功的官员也有相应的奖励措施，如天禧元年（1017 年）规定："诸州官吏如能劝诱蓄积之民以廪粟赈恤饥乏，许书历为课。"[2] 总体而言，宋朝政府较之前代更加注重将相关事项以法规制度的形式予以固定，以此推动宋朝民间慈善活动的兴起。

总的来说，面对灾荒，宋政府和民间积极进行救济，不过，囿于生产力水平的限制，其救济以维持大多数人的基本生存需求为目标，是以"救急"为主的救济行为。

---

① 关于宋政府的劝分状况，参见李华瑞《宋代救荒史稿》，天津古籍出版社，2014 年版，第 526—529 页。

② [元] 脱脱等：《宋史》卷 178《食货志上六》，中华书局，1977 年点校本，第 4335 页。

# 第三章　个体性贫困及应对

个体性贫困，是指由于贫困者自身原因造成其在社会竞争中处于劣势而导致的贫困状态。作为社会成员，其贫困状态必然与社会整体的发展变化密切相关，但其贫困的首要致因大多被认为是个体性的。个体性贫困主要包括两个类别：一是由其个人年龄、性别以及身体状况等因素造成社会竞争力不足而导致物质财富匮乏的先天性贫困；一是由其个人品性、个人能力与个体选择造成社会竞争力不足而导致财富匮乏的后天性贫困。

## 第一节　先天性贫困

所谓先天性贫困，即由于年龄、性别、身体残疾等个人无力改变的因素造成其在社会竞争中处于弱势而导致的贫困状态。这样的贫困者在中国历代社会中都是普遍存在的。但在宋以前，他们并不构成一个单独的社会类别，迨至北宋，先天性贫困才成为引起国家和社会广泛关注与应对的社会问题。其原因有二：首先，北宋的先天性贫困问题较之前代更加突出。一是因为北宋社会环境的变化。北宋王朝持续167年，始终面临北方民族政权的威胁，战事频繁。战乱必然导致大量人口死亡和更多鳏寡孤独贫而无依者的出现。二是因为北宋人口大幅度增长，并带来了一系列社会问题，如贫困家庭难以负担更多人口而出现的遗弃孤老和幼儿的现象颇为普遍。三是因为北宋灾害频发，灾害多次导致大规模的饥荒，被遗弃者、流移者和饿死者甚多，也会使先天性贫困问题更加突出。

其次，体制变化让先天性贫困者成为必须予以正视的社会类别。在唐施行两税法以前，国家通过授田将贱民之外的其他社会成员都纳入了体制的保护范畴。在授田制的保障之下，社会中的老弱、病残、妇女都有资格得到政府授予的一份土地。虽然其所授土地数量少于大多数成年男丁，但这份土地让他们能够身处于体制之中并得到一定的基本保障。由唐入宋，在不立田制的土地制度之下，政府不再对民众授田，农民全部被析出体制之外。在此情况下，这些因年龄、性别和身体残疾而在社会竞争中处于劣势的社会弱势群体，因为失去了土地的基本保障而游走于体制之外，其贫困问题更加凸显，成为受到国家和社会关注的一个社会类别，即先天性贫困者。

查阅北宋史料可以发现，宋人在讨论这些社会弱势群体时，大多直接将他们与贫困划上等号，并不多加探讨其生存状况，而是更多关注对他们的救济问题。因此，受到史料记载所限，学界对于先天性贫困的研究，更多是从社会救济的角度研究政府和社会对于他们的安抚和救济，而对于先天性贫困者本身的状况进行单独讨论的相对较少。

## 一、贫困的年龄因素

受到年龄因素影响而社会竞争力不足的先天性贫困者，主要指年老者和年幼者。北宋对老人的规定通常是年满六十岁者，太祖乾德元年（963年）诏曰："其丁口男夫二十为丁，六十为老，女口不须通勘。"① 但对老人年龄的规定会根据不同的需求而有所调整，如在募兵规定中可以看出北宋对于老人年龄的规定，神宗时诏，"拣诸路兵半分，年四十五以下胜甲者并为大分；五十以上愿为民者听之"。② 《宋史》又称，因军额不足，"则六十已上复收为兵"。③ 如官员致仕，多以七十岁为界，"文臣致仕，以年七十为断，而使臣年七十者，犹与近地监当，至八十乃致仕"。④ 如社会救济，大多以六十岁为界，后大观元年（1107年）三月十八日诏："居养鳏寡孤独之人，其老者并年五十以上，许行收养。

① [宋]李焘：《续资治通鉴长编》卷4，乾德元年十月庚辰条，中华书局，1993年点校本，第107页。
② [宋]李焘：《续资治通鉴长编》卷225，熙宁四年七月辛亥条，中华书局，1993年点校本，第5496页。
③ [元]脱脱等：《宋史》卷194《兵志八》，中华书局，1977年点校本，第4837页。
④ [宋]李焘：《续资治通鉴长编》卷458，元祐六年五月甲子条，中华书局，1993年点校本，第10957页。

诸路依此，"①改为五十岁。宣和二年（1120 年）又诏仍依元丰、政和条令，即"诸男女年六十为老"，②依然以六十岁为标准。同时，北宋对幼儿的规定一般是十五岁以下，主要从宋政府规定的幼儿保障年龄限定中可以看出，如大观二年（1108 年），诏"如有孤遗小儿，并送侧近居养院收养，候有人认识，及长立十五岁，听从便"。③

受到年龄因素的影响，年老者和年幼者在社会竞争中本就大多处于不利地位。年老者往往身体状况不佳，受疾病所困扰，在日常营生中也难以与年轻力壮者竞争。如豫章沈生"埏埴为器"，因其艺精，"所售最多，家业甚裕"，后"年齿浸高，生计日削"，并且家人皆亡，"姻戚莫顾"，大雪天死于城东。④洪州"大姓胡氏子杀人，以厚赀雇老贫者代死。举郡为之覆藏。狱且成，公曰：'被杀者年少壮强，今囚瘠老，岂能制其命？'躬劾之，果老贫者自卖以资其家。于是捕弃胡氏子市，出受钱代死者。郡中惊伏"。⑤年老而贫者甚至代人受狱"以资其家"，可见其生活艰难。诗文中对于年老者的生存艰难也有所反映。如苏轼诗云："老翁七十自腰镰，惭愧春山笋蕨甜。岂是闻韶解忘味，迩来三月食无盐。"⑥对于此诗，胡仔《苕溪渔隐丛话》中解释说："山中之人饥贫无食，虽老犹自采笋蕨充饥。时盐法峻急，僻远之人无盐食用，动经数月，若古之圣贤，则能闻韶志味，山中小民岂能食淡而乐乎？以讥盐法太急也。"⑦虽是以诗文形式批判盐法，但也反映了山中老农的贫困状态。而年老女子则更是生活艰难，如张九成诗云："萧骚老蚕妇，窈窕深闺女。闺女曳罗裳，老妇勤机杼。夜深灯火微，那复凄寒雨？辛勤贡王宫，弃掷乃如许。一缕不着身，含愁谁敢语？"⑧即描绘了年老妇人辛勤纺织却处于贫困的状态。又如张耒诗云："一亩秋蔬半成实，灶突无烟已三日。良人佣车毙车下，老妇抱子啼空室。西风九月天已寒，

---

① [清] 徐松辑：《宋会要辑稿》食货 60 之 5，上海古籍出版社，2014 年点校本，第 7419 页。

② [清] 徐松辑：《宋会要辑稿》食货 60 之 7，上海古籍出版社，2014 年点校本，第 7422 页。

③ [清] 徐松辑：《宋会要辑稿》食货 59 之 8，上海古籍出版社，2014 年点校本，第 7383 页。

④ [宋] 洪迈：《夷坚志补》卷 24《沈乌盆》，中华书局，1981 年点校本，第 1772—1773 页。

⑤ [宋] 蔡襄：《蔡襄全集》卷 33《尚书屯田员外郎赠光禄卿刘公墓碣》，福建人民出版社，1999 年点校本，第 736 页。

⑥ [宋] 苏轼：《苏轼诗集》卷 9《山村五绝》，中华书局，1982 年点校本，第 438—439 页。

⑦ [宋] 胡仔：《苕溪渔隐丛话·前集》卷 42，中华书局，1985 年丛书集成本，第 288 页。

⑧ [宋] 张九成：《张九成集·横浦集》卷 2《拟古》，浙江古籍出版社，2013 年点校本，第 23 页。

饥肠不饱衣苦单。我身为吏救无术，坐视啼泣空泛澜。"失去了主要劳动力，家中孤寡自然更加生活艰难。

普通家庭的年老者负担家计已是极为困难，而老而无依者则更是大多处于贫困状态。鳏寡孤独被称为"天民之穷者"，即是因为其是人伦缺失且没有家族可以依靠的群体，他们的贫困状况往往是无法抗拒的。"今天下之俗，至有巨室富家，兼并货财，作为奢靡，超逾法制，交通大吏，欺舞愚弱；而贫者父子转流，阙养生送死之具，不幸孤独废疾，不得终其天年。"[①] 年老者中失去伴侣或子女依靠者，即所谓鳏、寡、独者，很多处于贫而无依的状态。他们或因未曾嫁娶而年老无伴无后，如梅尧臣为修真观李道士写诗以悼，称其年已八十，年老贫饿，无所依靠，"餐霞不满腹，披云不蔽身"，自缢而死。[②] 福建老儒林君，孤身一人，以教书为业，"守约食贫"。[③] 鄱阳市人江友，"以佣力自给"，年老无妻无子，"日饭于庙祝孙彦亨家，夜则宿庑下"，孙庙祝也是苦贫之人，故江友处于"食或经日不继"的贫困状态。[④] 或因子孙死亡而无所依靠，如婺州李姥年六十，数子相继因疫病而死，独自抚养幼孙，依靠"为人家纺绩"为生，夜幕归家，"裹饭哺之，相与为命"，生活极为清贫。[⑤] 鄂州李二婆，"老而无子，以鬻盐自给"。[⑥] 乌山村老妪，本是有田之家，因饥疫十余口尽死，只能独自抚养小孙，后来老妪亦死，"孙力疾出，哀祈邻里，丐掩葬"。[⑦] 可见因为灾荒饥疫会造成更多的鳏寡孤独贫而无告者。或因子孙不肖而成为孤老，如"兴国军民熊二，禀性悖戾。父明为军卒，年老去兵籍，不能营生理，妻又早亡，惟恃子以为命，而视如路人，至使乞食"。[⑧] 熊明虽有儿子，却因其不孝而成为孤老，行乞为生。

---

① [宋]蔡襄：《上仁宗乞戒谕所遣使推扬德音悉究利害》，收录于赵汝愚编：《宋朝诸臣奏议》卷66，上海古籍出版社，1999年点校本，第729页。

② [宋]梅尧臣：《梅尧臣集编年校注》卷7《修真观李道士年老贫饿无所依忽缢死因为诗以悼之》，上海古籍出版社，2006年，第100页。

③ [宋]洪迈：《夷坚支甲志》卷6《林学正》，中华书局，1981年点校本，第757页。

④ [宋]洪迈：《夷坚支丁志》卷10《江友扫庙》，中华书局，1981年点校本，第1045页。

⑤ [宋]洪迈：《夷坚志补》卷4《李姥告虎》，中华书局，1981年点校本，第1580页。

⑥ [宋]洪迈：《夷坚志补》卷25《李二婆》，中华书局，1981年点校本，第1775页。

⑦ [宋]洪迈：《夷坚支丁志》卷20《乌山妪》，中华书局，1981年点校本，第707页。

⑧ [宋]洪迈：《夷坚支甲志》卷3《熊二不孝》，中华书局，1981年点校本，第733页。

除了年老者，年幼者因其年龄幼小，身体尚未强健，且见识才智不足而易受到他人欺侮，《太上感应篇》中说，"况夫幼者，位则居卑，力则孱弱，卑者易侮，弱者易凌"。① 北宋社会中贫困孤幼问题也颇为突出。一方面，因父亲亡故甚至父母双亡而造成的孤幼甚多。《太上感应篇》中说："传曰：孤也者，未能有成，亲已蚤世。或母死而父或再娶，或父死而母再行。其者父母俱亡，藐然孤露，不幸至此，情况何堪。"② 除了近亲自然死亡而孤者，还有因遭遇家变而成为孤儿者，如熙宁十年（1077 年）二月二十五日，宋廷下诏地方给予"应经贼杀戮之家余存人口，委是孤贫不能自活者"以救济，③ 可见有大量遭遇家庭变故而丧失近亲的贫困孤儿。这些早岁而孤的年幼者，生活自然是甚为艰难的。如赵邻几父子先后去世，仅留下三个幼女，"家极贫，三女皆幼，无田以养，无宅以居"，幸有仆人赵延嗣，"竭力营衣食给之，虽劳苦不避"，将三女抚养成人。④ 又如宋人文集中记载了大量这样的文人或官员。如北宋名臣杜衍本是遗腹子，由祖父抚养，祖父去世后先后为其姑姑和继父不容，"往来孟洛间，贫甚，佣书以自资"。⑤ 张士逊尚在襁褓中父母皆亡，后能够"安贫读书，勤苦不倦"，登科及第，更位列台辅。⑥ 孙求仁"三岁而孤"，五岁"丧所恃，寄养外家"。⑦ 恭敬先生"早岁而孤，屋敝且倾，家徒四壁，瓶无斗升"。⑧ 赵推"蚤岁而孤，上奉孀亲，下抚幼弟。家四壁立，无以资其身，攻苦读书，不能自已。辛勤百战，始得一官"。⑨ 河南邵古"十一岁而孤，能事母孝，力贫且养。长益好学"。⑩ 另一方面，北宋遗弃婴儿的现象也极为普遍，"陋贫

---

① [宋]李昌龄、郑清之等注：《太上感应篇集释》卷 2《敬老》，中央编译出版社，2016 年，第 32 页。

② [宋]李昌龄、郑清之等注：《太上感应篇集释》卷 2《矜孤》，中央编译出版社，2016 年，第 28 页。

③ [清]徐松辑：《宋会辑稿》食货 68 之 39，上海古籍出版社，2014 年点校本，第 7964 页。

④ [宋]王辟之：《渑水燕谈录》卷 3《奇节》，上海古籍出版社，2012 年点校本，第 23 页。

⑤ 丁传靖：《宋人轶事汇编》卷 7《杜衍》，中华书局，1981 年，第 283 页。

⑥ [宋]李昌龄、郑清之等注：《太上感应篇集释》卷 2《敬老》，中央编译出版社，2016 年，第 28—29 页。

⑦ [宋]刘一止：《苕溪集》卷 27《跋孙求仁运属梦记石刻后》，文渊阁四库全书本。

⑧ [宋]刘宰：《漫塘文集》卷 26《恭敬兄大葬祭文》，文渊阁四库全书本。

⑨ [宋]楼钥：《攻媿集》卷 68《上赵宪书》，中华书局，1985 年丛书集成本，第 913 页。

⑩ [宋]吕祖谦：《吕祖谦全集（第 14 册）·皇朝文鉴》卷 127《陈绎·邵古墓铭》，浙江古籍出版社，2008 年点校本，第 743 页。

巷穷之家，或男或女而失母亲，或无力抚养抛弃于街坊"。① 湖州贫困者"生
男女或有不能养，即于是夜人静之候遗弃在寺院观门廊，及仪凤路蛇两桥内，
至晓冻饿死亡"。② 一遇灾荒，弃婴更是常见，多见于宋人记载，如李昭玘称"方
岁大饥，弃小弱道上"；③"河朔大荒，民流亡，委幼弱道上"。④ 又如庆历年间，
陕西大雪后，"饥民流亡者众，同、华、河中尤甚，往往道路遗弃小儿不少"。⑤

　　"天下之可哀者，莫如老而无子孙之托"。⑥ 这些因为年龄因素而在社会
竞争中处于劣势的弱势群体，如果再失去了近亲的照顾，很多人更是长期处于
贫困状态，甚至流离失所，行乞为生。熙宁二年（1069 年）宋廷诏令开封府
收养"老疾孤幼无依乞丐者"，⑦ 熙宁十年（1077 年）诏令"诸州岁以十月差
官检视内外老病贫乏不能自存者注籍"，⑧ 并给予救济，可见乞丐中老弱孤幼
者甚多。"一有水旱，则鳏寡无以养，贫穷无以给，未免有流徙之患"。⑨ 如
果遭遇灾害饥荒，这些贫困无以自存又无可依靠者就会陷入更加艰难的境地，
"诸州多罹水旱，鳏寡孤独流离道路"。⑩ 这时，这些平日就仰政府救济的弱
势群体，更加需要政府加大救济力度。如熙宁八年（1075 年），河东路察访
使李承之言："饥民羸困老弱疾病及遗弃男女未有所归，虽日受官米，力不能
自食，恐无以称朝廷赈恤之意。乞听本司存养，至闰四月终罢。"⑪

　　可以说，北宋社会中老弱孤幼陷入贫而无依的状况是极为常见的现象。究
其原因，主要是传统的血缘和地缘关系在北宋发生了松弛。中国传统的乡村保
障主要有两层，第一是血缘保障，即在传统家族制度之下，失去近亲依靠的老

① ［宋］吴自牧：《梦粱录》卷 18《恩霈军民》，中华书局，1985 年丛书集成本。

② ［宋］谈钥：《嘉泰吴兴志》卷 8《公廨·州治》，吴兴丛书本。

③ ［宋］李昭玘：《乐静集》卷 28《晁次膺墓志铭》，文渊阁四库全书本。

④ ［宋］李昭玘：《乐静集》卷 29《张纯臣墓志铭》，文渊阁四库全书本。

⑤ ［宋］欧阳修：《欧阳修全集》卷 102《论乞赈救饥民札子》，中华书局，2001 年点校本，第 1568 页。

⑥ ［宋］李焘：《续资治通鉴长编》卷 378，元祐元年七月丁丑条，中华书局，1993 年点校本，第
　　9325 页。

⑦ ［清］徐松辑：《宋会要辑稿》食货 60 之 3，上海古籍出版社，2014 年点校本，第 7416 页。

⑧ ［宋］李焘：《续资治通鉴长编》卷 72，熙宁四年七月辛亥条，中华书局，1993 年点校本，第 5496 页。

⑨ ［清］徐松辑：《宋会要辑稿》食货 62 之 73，上海古籍出版社，2014 年点校本，第 7590 页。

⑩ ［宋］司马光：《上仁宗乞罢上元连日游幸》，收录于赵汝愚编：《宋朝诸臣奏议》卷 92，上海
　　古籍出版社，1999 年点校本，第 1000 页。

⑪ ［宋］李焘：《续资治通鉴长编》261，熙宁八年三月乙卯条，中华书局，1993 年点校本，第 6364 页。

幼是可以得到家族庇护和照顾的；第二是地缘保障，即失去了亲属保障的老幼可以得到村坊的管理和救助。

至宋，家庭组织结构和社会基层组织结构都发生了变化。首先，北宋家庭组织结构的变化。较之前代，北宋呈现家庭小型化趋势。杜正胜先生认为，"唐型家庭结构，已婚兄弟共居同财是他的特色，直系的祖孙三代成员共同组成的家庭相当普遍"。[1]可以说，唐代家庭中父子兄弟同居同籍的情况很普遍。《唐律疏议》中甚至明令限制父母甚至祖父母在世时分家的行为。[2]宋朝家庭结构发生了转变，以壮年夫妇为户主，祖父母只是寄养的家庭成员，不再是家庭核心，于是形成了中间的壮年夫妇为核心，上养老人，下育子女的家庭形态。[3]家庭小型化造成血缘关系较之以前更加松弛，对先天性贫困者的亲属保障圈会造成直接影响，[4]部分在年龄、性别与身体方面的社会弱势群体可能失去家庭的保障，成为无所依靠的先天性贫困者。其次，北宋社会基层组织结构的变化。在过去村坊的乡里制度之下，以里正为首的乡里精英会保障乡里中的孤老贫弱者。而宋改变了传统的乡里制度为职役制，里正成为催督赋役的职役。从亲属保障圈中被析出的老幼贫者，原本会成为地域性社区的责任，但是乡里组织丧失了这一职能，也缺乏必要的经费，自然难以承担。因此，这些不能很好地得到亲属保障和乡里保障的老幼者就陷入了更加困难的贫而无依状态。与此同时，在城市中，对于老幼的保障也是遵循从血缘到地缘的先后顺序。但城市中的血缘关系较之乡村更加松弛，邻里关系也不如乡村那样密切。当然，城市中还有业缘关系，即行业互助也会为城市中的弱势群体提供一定的保障，但其效果毕竟是极为有限的。因此，城市中的老幼者，一旦失去庇护，大多会流离失所成为街头乞丐。

---

① 杜正胜：《传统家族结构的典型》，《大陆杂志》第 65 卷第 2、3 期

② 《唐律疏议》卷 12《户婚》，上海古籍出版社，2013 年点校本，第 198 页。

③ 参见邢铁：《试论"宋型家庭"》《河北师范大学学报》2003 年第 6 期。

④ 张文教授在《中国宋代乡村社会保障模式的三层结构》（《学术月刊》2012 年第 4 期）一文中提出，宋朝乡村社会保障呈现出三层结构的同心圆，"第一层是亲属保障圈，即建立在血缘认同基础上的民间自我保障系统；第二层是邻里保障圈，即建立在地缘认同基础上的社会保障系统；第三层是政府保障圈，即建立在政府职责基础上的政府保障系统"。其中，亲属保障圈又呈现出一个同心圆，"家庭处于最内圈，第二圈是家族，最外圈是姻族"，家庭无疑承担了乡村救济的首要责任。

　　这些老弱贫困者，如果缺乏血缘保障和地缘保障，自然会成为国家政府应当管理的对象。作为代天统治万民的统治者，这些失去家庭依靠和邻里安恤的贫困者，即所谓"天民之穷者"，是其理所应当进行安抚养恤的社会责任。如前所述，在汉至唐的授田制之下，国家对于老幼贫困无依者最重要的保障方式是授田以保障其基本的生活。北宋不立田制，不再对民众授田，这些老幼贫困者从体制内被析出，成为了完全没有依靠和保障的体制外群体，即一个不同于前代的新的社会类别。在此情况下，他们的贫困问题就成为了北宋突出的社会问题，亟需国家与社会的正视与应对。

## 二、贫困的性别因素

　　关于宋朝妇女的研究，学界已有较多成果，[1] 涉及到妇女的法律地位、社会地位、社会生活等方面。但关于宋朝妇女的贫困问题，学界较少将其作为一个专门的类别予以研究。较之前代，宋朝妇女的贫困问题颇为突出，并引起了宋朝社会的一定关注。如以《夷坚志》为代表的宋朝笔记小说中有颇多关于社会下层妇女的生产生活状态的民间故事，文人也在其文集中对妇女的贫困状态有较多描述。

　　在以男性为中心的传统社会中，妇女由于其性别身份往往处于社会竞争的弱势地位。较之前代，北宋妇女的贫困问题更为凸显，主要包括以下二类。

　　其一，贫困在室女。北宋重嫁妆之风气盛行，社会各阶层都以置办女儿嫁妆为家庭的一项重要开支。对此，宋人多有议论。如司马光说，"今世俗之贪鄙者，将娶妇，先问资妆之厚薄，将嫁女，先问聘财之多少"。[2] 蔡襄也说，"观今之俗，娶其妻不顾门户，直求资财，随其贫富，未有婚姻之家不为怨怒"。[3] 两宋之际的廖刚说福建地区，"娶妇之家，必大集里邻亲戚，多至数百人，椎

---

① 主要代表成果有：陶晋生：《北宋妇女的再嫁与改嫁》，《新史学》1995 年第 3 期；邓小南主编：《唐宋女性与社会》，上海辞书出版社，2003 年版；张晓宇：《奁中物：宋代在室女"财产权"之形态与意义》，江苏教育出版社，2008 年；游惠远：《宋代民妇之家族角色与地位研究》，古代历史文化研究辑刊五编，台北：花木兰文化出版社，2011 年版；陈伟庆：《宋代民妇的生活情态》，古代历史文化研究辑刊十三编，台北：花木兰文化出版社，2015 年版。

② [宋] 司马光：《司马氏书仪》卷 3《婚仪上·亲迎》，中华书局，1985 年丛书集成本，第 33 页。

③ [宋] 蔡襄：《蔡襄全集》卷 29《福州五戒文》，福建人民出版社，1999 年点校本，第 655 页。

牛行酒，仍分彩帛钱银，然后以为成礼。女之嫁也，以妆奁厚薄外人不得见，必有随车钱。大率多者千缗，少者不下数百贯。倘不如此，则乡邻讪笑，而男女皆怀不满"，在此风俗之下，"富者以豪侈相高，贫者耻其不逮，往往贸易举贷以办。若力有不及，宁姑置而不为。故男女有过时而不得嫁娶"。① 川峡巴州也是如此，"巴人娶妇，必责财于女氏，贫人有至老不得嫁者"。②

范仲淹在义庄条款中规定："嫁女者钱五十千，娶妇者二十千，再嫁者三十千，再娶者十五千。"③ 聘财为20贯，嫁妆为50贯，再娶者聘财为15贯，再嫁者嫁妆为30贯，可见当时社会嫁妆往往高过聘礼。嫁妆关系到女儿在夫家的地位，甚至成为限制女儿出嫁的一道门槛。因此，为女儿置办嫁妆成为一个家庭的沉重负担，致使部分家贫在室女迟迟不能出嫁，甚至终身不嫁。很多士人之家的女儿因嫁妆不足也出嫁困难，如司马旦"尝有以罪免官贫不能存者，月分俸济之，其人无以报，愿以女为妾。旦惊谢之，亟出妻奁中物使嫁之"。④ 赵抃"平生不治赀业，不畜声伎，嫁兄弟之女十数、他孤女二十余人"，⑤ 资助亲属之女出嫁。甚至是宗室之女，也有因无力筹措嫁妆而"多自称不愿出适者"。⑥ 对于社会中下层的家庭，要准备女儿的嫁妆则更加困难。"又有一等贫穷，父母兄嫂之家所倚者，惟色可取，而奁具茫然"。⑦ 如果"财之不给，帷帟粧之不逮人，则妻妾诮其无能，女子羞泣不肯升车以嫁"。⑧ 因家贫被退婚的女子颇多，如《夷坚志》之《蜀州女子》所载汉州段家女，本有婚约，出嫁之前因其家贫而被毁弃毁约，只能卖身为妾。⑨ 而孤贫的女子则更难嫁出，如湖外人王郎中去世，其女琼奴本已有婚约，但因其"孤且贫"而被退婚，故而"孤

---

① [宋]廖刚：《漳州到任条具民间利病五事奏状》，收录于曾枣庄、刘琳主编：《全宋文》卷2994，上海辞书出版社、安徽教育出版社，2006年点校本，第139册，第45页。

② [宋]程颢、程颐：《二程集·河南程氏文集》卷4《华阴侯先生墓志铭》，中华书局，1981年点校本，第504页。

③ [宋]龚明之：《中吴纪闻》卷3《范文正公还乡》，上海古籍出版社，1986年点校本，第60页。

④ [元]脱脱等：《宋史》卷298《司马旦传》，中华书局，1977年点校本，第9906页。

⑤ [元]脱脱等：《宋史》卷316《赵抃传》，中华书局，1977年点校本，第10325页。

⑥ [宋]李心传：《建炎以来朝野杂记》甲集卷1《宗女奁具》，中华书局，2000年，第57页。

⑦ [宋]吴自牧：《梦粱录》卷20《嫁娶》，中华书局，1985年丛书集成本，第186页。

⑧ [宋]李觏：《李觏集》卷20《广潜书十五篇》，中华书局，1981年点校本，第225页。

⑨ [宋]洪迈：《夷坚乙志》卷20《蜀州女子》，中华书局，1981年点校本，第360-361页。

苦无依，不能自振"。① 又如赵邻几父子先后去世，仅留下三个幼女，"家极贫，三女皆幼，无田以养，无宅以居"，幸有仆人赵延嗣，"竭力营衣食给之，虽劳苦不避"，将三女抚养成人。后赵延嗣无力为三女送嫁，只得去求赵邻几的旧友同僚，才得到资助让三女出嫁。② 甚至有些家庭为避免日后巨大的嫁妆开支，"资财遣嫁力所不及，故生女者例皆不举"。③ 与此同时，还有如李觏《田舍女》一诗所说，"佣工出力当一男，长大过笄不会拜。有着四十犹无家，东村定昏来送茶。翁媪吃茶不肯嫁，今年种稻留踏车"，④ 农家以女子当劳力，延迟其婚嫁时间，导致其迟迟不嫁的现象。在此情况下，北宋社会中贫而未嫁的在室女问题凸显出来。

其二，贫困寡妻妾。如果家庭中成年男性死亡，女性需要独自承担起家庭的责任，生活将更加艰难，也更容易陷入贫困的状态。《太上感应篇》："传曰：寡也者，方当盛年，夫忽告殂，形单影只，触目无聊。"⑤ 需要说明的是，此处的寡妇并不包括前述"老而无夫"者，即是六十岁以下的丧夫女性。女子丧夫，即是失去了其家庭主要经济支柱，失去依靠之后，往往生存艰难，更容易陷入贫困状态。

在唐代均田制之下，除了成年男子可以得到授田，按照规定，寡妻妾也能够得到三十亩授田，"若为户者加二十亩"，⑥ 如果寡妻妾单独成女户者还可加多二十亩田。同时，在租庸调制之下，寡妻妾还可以得到减免租调的优待。⑦ 由唐入宋，政府取消了对民众的授田，自然也就取消给予寡妻妾的基本保障。

① ［宋］刘斧：《青琐高议·前集》卷3《琼奴记》，上海古籍出版社，2012年《历代笔记小说大观》本，第21-22页。

② ［宋］王辟之：《渑水燕谈录》卷3《奇节》，上海古籍出版社，2012年点校本，第23页。

③ ［宋］李心传：《建炎以来系年要录》卷117，绍兴七年十二月庚申，上海古籍出版社，1992年，第585页

④ 傅璇琮等：《全宋诗》（第20册）卷1202《李觏·田舍女》，北京大学出版社，1991年点校本，第13599页。

⑤ ［宋］李昌龄、郑清之等注：《太上感应篇集释》卷2《恤寡》，中央编译出版社，2016年，中央编译出版社，2016年，第29页。

⑥ ［后晋］刘昫等：《旧唐书》卷48《食货志上》，中华书局，1975年点校本，第2088页。

⑦ ［宋］欧阳修、宋祁：《新唐书》卷57《食货志一》，中华书局，1975年点校本，第1343页。载："凡主户内有课口者为课户。若老及男废疾、笃疾、寡妻妾、部曲、客女、奴婢及视九品以上官，不课。"

而同时，宋朝女子为户主者，即女户，较之前代还增加了租税的负担。

唐宋两代女户的界定有所不同。唐代女户通常是指无男丁户，"若户内并无男夫，直以女人为户"。① 宋朝女户有所变化，女户的划定不是根据家庭成员的性别，而是户主的性别。《宋史·食货志》称，"凡无夫无子，则为女户"。② 《文献通考·职役考》称："凡有夫有子，不得为女户。无夫、无子则生为女户，死为绝户。"③ 故此，"所谓女户，是指家无成年男子，由妇女当家长的民户"。④ 宋朝的女户户主要包括前述继承家业的未嫁女儿和寡居妇女，其中以寡居妇女为多。《宋刑统》中规定，"寡妻妾无男者，承夫分"，⑤ 在没有男性继承人的时候，寡妻妾可以继承丈夫的财产，并成为女户户主。女户包括女主户和女客户，其划分也是以土地和财产为标准。不论主客户，北宋建立之后，女户不论家中是否有男丁，均要缴纳身丁钱，"有身则有丁，有丁则有税"，后来无丁女户逐渐得以免除，"身丁钱不知所始……往者妇人有之，至淳化三年免"，⑥ 有丁女户依然要继续缴纳身丁钱。女主户则要承担两税，国家给予的优待则是可以免除职役，并得到一定的赋税蠲免。但如果是有丁女户，也是需要承担夫役的，"不计主户、牛客、小客，尽底通抄。差遣之时，所贵共分力役"。⑦ 在神宗免役法施行时，原本没有职役负担的女户也需要承担助役钱，"官户、僧道、寺观、单丁、女户有屋业每月掠钱及十五贯，庄田中年所收解斗及百石以上者，并令随贫富、分等第出助役钱"。⑧ 当然，有丁女户往往是一定时间内存在的，男子一般"年二十成丁"，⑨ 男子成丁后，就会成为新的户主，女户也就会转为普通户。而女客户虽然是无须交纳两税，赋役负担更轻，但通常

---

① 《唐律疏议》卷12《户婚》，上海古籍出版社，2013年点校本，第193页。

② [元]脱脱等：《宋史》卷178《食货志上六》，中华书局，1977年点校本，第4334页。

③ [元]马端临：《文献通考》卷13《职役考二》，中华书局，1986年影印本，考138。

④ 张文：《宋朝社会救济研究》，西南师范大学出版社，2001年版，第221页。

⑤ [宋]窦仪等：《宋刑统》卷12《户婚律·卑幼私用财》，法律出版社，1999年点校本，第222页。

⑥ [宋]陈傅良：《陈傅良文集》卷26《乞放身丁钱札子》，浙江大学出版社，1999年点校本，第356页。

⑦ [清]徐松辑：《宋会要辑稿》食货69之78，上海古籍出版社，2014年点校本，第8093页。

⑧ [宋]李焘：《续资治通鉴长编》卷365，元祐元年二月乙丑条，中华书局，1993年点校本，第8759页。

⑨ [清]徐松辑：《宋会要辑稿》食货70之4，上海古籍出版社，2014年点校本，第8101页。

都是"不能自存"的"孤老妇人"，①生活极为艰苦。但在国家财政紧缺的时候，这样的女客户也不能免于科配。如欧阳修说，河东路岚、宪等州，岢岚、宁化等军，是"僻小凋残"之处，即便是卖水卖柴的贫民和不能自存的女客户也一样需要承担科配。②

可见，在土地制度和赋役制度改变的北宋社会，寡妻妾不仅得不到如前代政府给予的土地保障，还要承担较之前代更加沉重的赋役负担，这必然会加重其贫困状况。与此同时，妇女在社会竞争中本就处于相对弱势的地位，还要受到其他社会成员的欺压，其生存自然更加艰难。如《清明集》卷7《宗族欺孤占产》载："宗族亲戚间不幸夭丧，妻弱子幼，又或未有继嗣者，此最可念也。悼死而为之主丧，继绝而为之择后，当以真实恻怛为心，尽公竭力而行之，此宗族亲戚之责之义也。近来词诉乃大不然，死者之肉未寒，为兄弟、为女婿、为亲戚者，其于丧葬之事，一不暇问，但知欺陵孤寡，或偷搬其财物，或收藏其契书，或盗卖其田地，或强割其禾稻，或以无分为有分，或以有子为无子，贪图继立，为利忘义，全无人心，此风最为薄恶。"③可见当时宗族亲戚之间欺凌孤寡、占其田产等情况并不罕见。女户也会容易受到政府官吏的欺压，如苏轼说："告赏法""近者军器监须牛皮，亦用告赏。农民丧牛甚于丧子，老弱妇女之家，报官稍缓，则挞而责之钱数十千，以与浮浪之人，其归为牛皮而已，何至乎！"④

因此，宋人对于寡妻妾的贫困状态进行了颇多描述。如《夷坚志》之《费道枢》所载嫠妇，因其夫亡，"贫无以归"，故欲为娼。⑤又如张家仆人为主人所击而致死，其妻儿本欲与主人同舟入京，"尤得从人浣濯以自给"，但为主人所叱拒，自述"孤困异土，兼乏裹粮，进退无路，不如死"，遂抱幼子投江自尽。⑥丈夫死亡，妻儿无以为生，选择赴死。甚至丈夫去世后，"妻贫嫠饿死，暴尸

---

① [宋]欧阳修：《欧阳修全集》卷116《乞免浮客及下等人户差科劄子》，中华书局，2001年点校本，第1771页。

② [宋]欧阳修：《欧阳修全集》卷116《乞免浮客及下等人户差科劄子》，中华书局，2001年点校本，第1771页。

③ 《名公书判清明集》卷7《户婚门·孤寡·宗族欺孤占产》，中华书局，1987年点校本，第236页。

④ [宋]苏轼：《苏轼文集》卷42《上韩丞相论灾伤手实书》，中华书局，1986年点校本，第1397页。

⑤ [宋]洪迈：《夷坚丙志》卷3《费道枢》，中华书局，1981年点校本，第384页。

⑥ [宋]洪迈：《夷坚丁志》卷9《张颜承节》，中华书局，1981年点校本，第613页。

不克葬"的情况也是存在的。①

与此同时，很多寡居女性还需要教养子女，甚至是继续侍奉公婆，承担起一个家庭的经济责任。如虞部郎中李君去世，其妻聂氏也是官宦之女，但仍然"家极贫"，嫠居二十余年，抚育年幼的子女。②蔡君山为廉吏，卒于县之后，其妻程氏抚养年幼的一男二女，"县之人哀其贫，以钱二百千为其赗"，程氏拒而不受。③处州丽水梁固于政和四年（1114年）去世，其妻"嫠居十年，安贫守义，日夜课诸子以学"。④司马沂妻魏氏，寡居抚养二男一女，"父母欲夺其志，夫家尊章亦遣焉"，娘家和夫家都不愿予以照料，逼其改嫁，"夫人自誓不许，恶衣蔬食，躬执勤苦，教育二子"，生活自然是极为艰苦的。⑤《夷坚志》载都昌妇吴氏，无子寡居，侍奉年老且病目的婆婆，只能从事一些杂务雇佣之工以营生，"为乡邻纺绩、澣濯、缝补、炊爨、扫除之役，日获数十百钱"，勉强够自给，虽孤贫却不肯"招壻接脚"。⑥蒋弘谨之妻史氏"幼寡"，"誓不再嫁"，其家"娄甚"，以"育鹅自给"。⑦宋人文集中，对于那些甘于贫困，教养儿子成才的寡居妇人给予了大力赞扬，如欧阳修"四岁而孤""家贫，至以荻画地学书"，⑧其母守节居贫，"力自营赡"，并亲自教导读书。⑨又如范雍"十岁而孤"，家庭贫困，其母"质衣为资"以供其就学。⑩

---

① [宋]洪迈：《夷坚支乙志》卷1《翟八姐》，中华书局，1981年点校本，第802页。

② [宋]司马光：《司马温公集编年笺注》卷78《虞部郎中李君墓志铭》，巴蜀书社，2009年点校本，第582页。

③ [宋]欧阳修：《欧阳修全集》卷27《蔡君山墓志铭》，中华书局，2001年点校本，第417页。

④ [宋]孙觌：《宋故文林郎梁府君墓志铭》，收录于曾枣庄、刘琳主编：《全宋文》卷3490，上海辞书出版社、安徽教育出版社，2006年点校本，第161册，第39页。

⑤ [宋]司马光：《司马温公集编年笺注》卷75《宋故处士赠尚书都官郎中司马君墓志铭（并序）》，巴蜀书社，2009年，第499页。

⑥ [宋]洪迈：《夷坚志补》卷1《都昌吴孝妇》，中华书局，1981年点校本，第1555页。

⑦ [明]陈仁锡：《无梦园初集》江集二《说人物》，明崇祯六年刻本

⑧ [宋]苏辙：《苏辙集》卷88《欧阳文忠公修神道碑》，语文出版社，2001年《三苏全书第12册》点校本，第437页。

⑨ [宋]欧阳修：《欧阳修全集》附录卷3《韩琦·宋故推诚保德崇仁翊戴功臣、观文殿学士、特进、太子少师致仕、上柱国、乐安郡开国公、食邑四千三百户、食实封一千二百户、赠太子太师、文忠欧阳公墓志铭并序》，中华书局，2001年点校本，第2699页。

⑩ [宋]范镇：《范忠献公雍神道碑》，收录于曾枣庄、刘琳主编：《全宋文》卷872，上海辞书出版社、安徽教育出版社，2006年点校本，第40册，第300页。

当然，也有些寡居妇女为求生存不得不谋求再嫁。如范仲淹"二岁而孤"，其母贫无依另嫁朱氏。① 宣城朱家，"本以贩籴为业，赀力稍赡"，但家产皆为儿子荡析，儿子三十一岁死，其母更加贫困不能自存，只能携女儿改嫁王氏。② 孙广妻崔氏，其夫在世时已耗尽家赀，至其夫卒，"夫人孤居益贫，携二稚儿入京师，依姨氏。久之，姨又卒，夫人抚二儿泣曰：吾不忍儿之无以毓也"，只得改嫁以抚养二儿成人。③ 正如吕南公诗云："昨日良人死穷独，粮空子幼身自哭。卖衣葬罢急谋嫁，富翁立待封居屋。夫妻寒贱恩亦深，缞麻终制非无心。饥肠雷鸣无可奈，礼法虽存何足赖。"④ 改嫁虽易受人非议，但在极度贫困的状况下，妇女也不得不以此为出路。

## 三、贫困的身体因素

因为身体因素而致其贫困的，主要是指民众因身体残疾导致其社会竞争力不足而处于贫困状态。或是受到文献记载不足的限制，学界对于宋朝残疾者的专门研究较少。身体残疾者是指因身体结构和功能缺失造成的生理缺陷者，他们往往在社会竞争中处于劣势。根据《宋刑统·户婚律》对残疾者的分级，可见宋人根据身体缺陷程度将其划分为残疾、废疾和笃疾三个级别。⑤ 其中"残疾"仅是身体有轻微缺陷，并不影响正常生活。废疾是身体有一定缺陷，"夫人有四支，所以成身，一体不备，则谓之废疾"，⑥ 需要他人照料，但尚有一定自理能力。笃疾则是身体有重大缺陷，基本没有自理能力，必须依赖他人照顾。具体界定范畴参见下表。

---

① ［宋］欧阳修：《欧阳修全集》卷20《资政殿学士户部侍郎文正范公神道碑铭并序》，中华书局，2001年点校本，第332页。

② ［宋］洪迈：《夷坚志补》卷11《宣城葛女》，中华书局，1981年点校本，第1647页。

③ ［宋］郑獬：《崔夫人墓志铭》，收录于曾枣庄、刘琳主编：《全宋文》卷1482，上海辞书出版社、安徽教育出版社，2006年点校本，第68册，第206页。

④ ［宋］吕南公：《灌园集》卷4《贫妇叹》，文渊阁四库全书本。

⑤ ［宋］窦仪等：《宋刑统》卷12《户婚律·脱漏增减户口》，法律出版社，1999年点校本，第214—215页。

⑥ ［宋］吕祖谦：《吕祖谦全集（第14册）·皇朝文鉴》卷127《王回·告友》，浙江古籍出版社，2008年点校本，第463页。

表3-1 宋朝残疾程度规定

| 等级 | 界定范畴 |
| --- | --- |
| 残疾 | 一目盲、两耳聋、手无二指、足无三指、手足无大拇指、秃疮无发、久漏下重、大瘿瘤，如此之类 |
| 废疾 | 痴痖、侏儒、腰脊折、一支废，如此之类 |
| 笃疾 | □疾、癫狂、二支癈、两目盲，如此之类 |

造成残疾的原因，一是天生身体缺陷，二是后天伤害而导致。其中，后天伤害包括：或因他人伤害。如《刑统》中规定："祖父母、父母殴子孙之妇，令废疾者，依户令：'腰脊折，一支废，为废疾'，合杖一百。笃疾者，'两目盲，二支废'，加一等，合徒一年。死者，徒三年。故杀者，谓不因殴詈，无罪而辄杀者，流二千里。若殴妾，令废疾，杖八十；笃疾，杖九十；至死者，徒二年；故杀者，徒二年半。过失杀者，各勿论。"[1] 如因犯受刑，"以生漆涂其两眼"，致使盲不见物。[2] 或因工作伤害。如担任地方保甲而受伤致残者，神宗熙宁四年（1071年）诏："自今保甲与贼斗死者，给其家钱五十千；有户税者，仍免三年科配。因致废疾者，给钱三十千。折伤者，二十千。被伤者，五千。"[3] 或因战乱导致。其中，文献记载中有较多因战争而致伤残者，包括有士兵和普通百姓。如陕西宣抚司上言称邠州振武长行杨元在与西贼战斗时重伤，"恐遂为废人。已令邠州给半分粮赐终其身"。神宗遂下诏，"自今诸军因与贼斗重伤致成笃疾、废疾者，并给小分，请受终其身，愿放停者听"。[4] 又如神宗熙宁十年（1077年），因为战争而造成大量的残疾者，"兴师十万，日费千金，内外骚动，殆于道路者七十万家"，导致府库空虚和百姓穷匮饥寒，"……远方之民，肝脑屠于白刃，筋骨绝于馈饷，流离破产，鬻卖男女，薰眼、

① ［宋］窦仪等：《宋刑统》卷22《夫妻妾媵相殴并杀》，法律出版社，1999年点校本，第399页。
② ［宋］洪迈：《夷坚丙志》卷13《蟹治漆》，中华书局，1981年点校本，第481页。
③ ［宋］李焘：《续资治通鉴长编》卷226，熙宁四年八月甲寅条，中华书局，1993年点校本，第5500页。
④ ［宋］李焘：《续资治通鉴长编》卷217，熙宁三年十月丙戌条，中华书局，1993年点校本，第5268页。

折骨、自经之状"。① 或为逃避兵役、差役等自残，如在差役重压之下强行"毁伤肢体规为废疾"而逃避差役者。② 还有受邪术所欺而自残身体者，如大观四年（1110 年）十月十五日诏："在京并外路州郡，自来多有愚夫惑于邪说，或诱引人口，伤残支体，或无图之辈缘作过犯，遁迹寺院，诈称沙弥陁头，苟免罪辜，闪避徭役。炼臂、灼顶、刲肉、燃指、截指、断腕，号曰教化；甚者致有投崖赴谷，谓之舍身。州郡有一谊传腾播，男女老稚群聚咨嗟，鼓动蠢愚，掊敛钱物，残害人命，互相渐染，有害风教。"③

"今之世有跛一足、眇一目不能自有者，皆天地之废民。"④ 残疾者因其生理缺陷往往在社会竞争处于劣势地位，成为社会弱势群体，一般被认为是"无以自振业者"⑤"不能自食之人"⑥"不能自存活者"⑦"贫无以自存者"。"凡天下疲癃残疾、孤独鳏寡，吾兄弟颠连而无告者也。疲癃，老病也。残疾，废疾也。孤独鳏寡，老而无子者，幼而无父者，老而无夫者、无妻者，皆天民之穷者也"。⑧ 可见残疾者与鳏寡孤独一样，被称为是"天民之穷者"。残疾者往往需要家人照应，如衡州陈道人，本以磨镜售卖为生，"中年忽盲"，需要每日扶着妻子的肩膀走到集市上去。⑨ 如果孑然一身，则极有可能陷入贫困艰难的境地。

《宋刑统·户婚律》中规定："诸鳏寡孤独，贫穷老疾，不能自存者，令近亲收养；若无近亲，付乡里安恤。如在路有疾患，不能自胜致者，当界官司

---

① ［宋］李焘：《续资治通鉴长编》卷 286，熙宁十年十二月甲辰条，中华书局，1993 年点校本，第 7005、7008 页。

② ［宋］林季仲：《论役法状》，收录于曾枣庄、刘琳主编：《全宋文》卷 3918，上海辞书出版社、安徽教育出版社，2006 年点校本，第 179 册，第 89 页；［宋］林季仲：《竹轩杂著》卷 3《论役法状》，清光绪刻本。

③ ［清］徐松辑：《宋会要辑稿》刑法 2 之 54，上海古籍出版社，2014 年点校本，第 8312 页。

④ ［宋］刘斧：《青琐高议·后集》卷 10《蓝先生续补》，上海古籍出版社，2012 年《历代笔记小说大观》本，第 128 页。

⑤ ［宋］林虑：《两汉诏令》卷六《西汉六·减内史地租诏》，文渊阁四库全书本。

⑥ ［宋］黄榦：《申省获常平米状》，收录于曾枣庄、刘琳主编：《全宋文》卷 6531，上海辞书出版社、安徽教育出版社，2006 年点校本，第 287 册，第 406 页。

⑦ ［宋］李昉：《太平御览》卷 859《饮食部十七·糜粥》，中华书局，1960 年影印本。

⑧ ［宋］张九成：《张九成集·横浦集》卷 15《西铭解》，浙江古籍出版社，2013 年点校本，第 23 页。

⑨ ［宋］洪迈：《夷坚丁志》卷 20《陈磨镜》，中华书局，1981 年点校本，第 707 页。

收付村坊安养，仍加医疗，并勘问所由，具注贯属、患损日，移送前所。"①
这一条款延续了唐律的内容，可见对于"鳏寡孤独贫穷老疾不能自存者"的安
置办法，依然是从血缘到地缘再到政府的先后顺序。但是，如前所述，由唐入
宋，社会发生了一系列的变化，包括家庭组织结构、社会基层组织结构，以及
整个社会结构都发生了较大的变化，这些变化必然会影响到这一律令的执行。
因此，和前述鳏寡孤独者一样，北宋残疾者往往难以得到血缘和地缘的充分保
障。并且，在唐代均田制之下，笃疾、废疾者也是能够得到四十亩的授田的，②
即便自己无力耕种，也可以作为生计来源之一。而北宋政府取消授田，即是将
其从体制内析出，失去了基本的生活保障。因此，北宋社会的残疾者也成为了
一个新的贫困类别。

　　社会中下层中的残疾者大多贫困无依，甚至无家可归，"凡孤煢残疾者，
责之亲党，使无失所"，③可见大量残疾者处于流离失所的状态。并且不少人
沦为乞丐，依靠乞讨为生，颇多"疲癃残疾乞呼食於道旁者"。④如《夷坚志》
中载南宋豫章乞丐张全，因在战争中"伤目折足"，被裁汰为民，"而病废不
能治生，乃乞于市"，每日拄拐行走，"目视荒荒，索塗甚苦"。⑤同时，他
们还会遭受其他社会成员的歧视和欺压，如贾蕃任县令时，"有笃疾贫民，应
对无礼，既违法使之赎铜，又非理栲掠枷锢其子，四日而死"。⑥又如《夷坚志》
中关于道州侏儒的故事，"道州民侏儒，见于白乐天讽谏，今州城罕有，唯江
华、宁远两县最多。孙少魏过其处，询诸土人，云皆感狄猴气而生者也。猴性
畏竹扇声，富家妇每姙娠就寝，必命婢以扇鞭扣其腹，则猴不敢近。贫下之妻
无力为此，既熟睡，往往梦猴来与交，及生子，乃矮小成侏儒。两县境接昭贺，
去九疑山五十里，皆瘴疠之地，山岭之上，猴千百为群相挽引，殊不畏人。其
精魂又能为人害如此"。⑦认为只有贫困家庭才会有侏儒，并将其视为狝猴精

① ［宋］窦仪等：《宋刑统》卷 12《户婚律·脱漏增减户口》，法律出版社，1999 年点校本，第 215 页。
② ［后晋］刘昫等：《旧唐书》卷 48《食货志上》，中华书局，1975 年点校本，第 2088 页。
③ ［宋］张伯行：《道统录》，中华书局，1985 年丛书集成本，第 49 页。
④ ［宋］何梦桂：《何梦桂集》卷 9《庐陵养济买田记》，浙江古籍出版社，2011 年点校本，第 225 页。
⑤ ［宋］洪迈：《夷坚丁志》卷 2《李家遇仙丹》，中华书局，1981 年点校本，第 551 页。
⑥ ［宋］李焘：《续资治通鉴长编》卷 225，熙宁四年七月戊子条，中华书局，1993 年点校本，第 5473 页。
⑦ ［宋］洪迈：《夷坚支景志》卷 6《道州侏儒》，中华书局，1981 年点校本，第 926 页。

气所生，可见民众对于身体缺陷者的歧视。

## 第二节　后天性贫困

所谓后天性贫困，即由于贫困者自身的个人品行、能力限制及其个人选择等因素造成其在社会竞争中处于劣势而导致的贫困状态。如英国古典政治经济学家达德利·诺思所说，"勤劳和才能就这样把人区分为富人和穷人"。[1] 不论是中国古代还是西方的贫困观都将个体性因素视为贫困的重要原因。

如前所述，由唐入宋，国家与社会的关系发生了变化。在此前的国家社会一体化的结构之下，除贱民以外的所有社会各阶层都是受到国家体制庇护的。在统一的体制内，决定贫富的主要因素不是个体能力而是身份地位。北宋国家与社会分离的结构之下，以农、工、商为代表的大量的社会群体从体制中被析出，需要依靠个人能力和其所拥有的社会资源进行社会竞争。在激烈的社会竞争中，社会阶层的上下流动加快，为部分人提供了能够凭借努力实现向上流动的机会，其主要以科举和经商为方式；与此同时，更多的人会仍然停留在社会下层，并且由于社会竞争的空前激烈而营生困难。在这样社会流动加剧的环境之下，更体现出个人能力的重要性。如欧阳修所说，"凡人材性不一，用其所长事无不举，强其所短，势必不逮"。[2] 不同人有着不同的材性，而在贫富问题上，所需要讨论的材性，主要包括个体在勤劳节俭方面的品性，在经营积蓄方面的能力，以及对于财富积累的选择态度等方面。其中有抱负、有能力的人可以通过努力而上升，而不善积蓄和能力不足的社会下层无力改变现状，则往往只能固守贫困。与此同时，体制内也存在这样的个体性贫困者，其主要是因个体选择而甘于贫困的，以安贫乐道的仕宦为主。

---

[1] [英]托马斯·孟，[英]尼古拉斯·巴尔本，[英]达德利·诺思：《贸易论（三种）》，商务印书馆，1982年版，第103页。

[2] [宋]苏辙：《苏辙集》卷88《欧阳文忠公修神道碑》，语文出版社，2001年《三苏全书第12册》点校本，第440页

## 一、个人品性与贫困

在西方历史发展中，长期将贫困归因于贫困者自身。在基督教义中，懒惰是人的七种罪恶之一，是导致一个人贫困的最重要因素。进入资本主义发展时期，更是大力宣扬懒惰致贫说，试图驱赶穷人进入工厂成为劳动力。如英国哲学家弗朗西斯·哈奇森说，"如果一个人没有养成勤劳的习惯，廉价的生活必需品就会怂恿懒惰。最好的办法是提高对所有必需品的需求……懒惰至少应该用短期的奴役状态来进行惩罚"。① 在中国人的认知中，勤与俭是日常生活中最重要的两种个人品性。勤劳节俭致富、懒惰奢侈致贫，这是中国社会长期延续的传统观念。因此，造成贫困的最主要两个个人品性因素即是因为懒惰和奢侈。一是个人因懒惰而不努力营生而造成其贫困；二是个人因奢侈浪费难以积蓄而造成其贫困。

"民生在勤，勤则不匮。"② 勤劳是致富的重要因素，与此相对，懒惰则是造成贫困的重要缘由。"富者侈而贫者惰"，③ 可谓是人们的普遍观点。"勤则事无可不为耶"是人们教育子孙的重要观点。④ 宋人对此也议论颇多，如司马光说，"今夫市井稗贩之人，犹知旱则资舟，水则资车，夏则储裘褐，冬则储绤绤。彼偷安苟生之徒，朝醉饱而暮饥寒者，虽与之俱为编户，贫富不侔矣"。⑤ 勤劳的人能够富足，而懒惰的人则只能处于饥寒之中。从社会学的角度来说，对于未来无望的人更易懒惰，因为挣扎也无力改变现状，于是不肯耽误片刻的幸福感。如徐从善有诗云："山中隐计成，习懒自无营。醉薄人生事，贫谙世俗情。床头惟有易，身外不须名。千载知吾意，无如向子平。"⑥

"俭则贫而有余，侈则富而不足"。⑦节俭是积蓄的重要方式，即便是富裕者，

---

① 转引自 [英] 迈克尔·佩罗曼：《资本主义的诞生》，广西师范大学出版社，2001 年版，第 5 页。

② 杨伯峻编著：《春秋左传注·宣公十二年》，中华书局，1990 年，第 752 页。

③ [宋] 程俱：《采石赋》，收录于曾枣庄、刘琳主编：《全宋文》卷 3324，上海辞书出版社、安徽教育出版社，2006 年点校本，第 155 册，第 3 页。

④ [宋] 刘克庄：《后村集》卷 149《陈太孺》，四部丛刊景旧钞本。

⑤ [宋] 李焘：《续资治通鉴长编》卷 194，嘉祐六年八月丁卯条，中华书局，1993 年点校本，第 4705 页。

⑥ [宋] 陈起：《江湖后集》卷 15《山中》，文渊阁四库全书本。

⑦ [宋] 彭龟年：《止堂集》卷 11《上袁守论苗仓收土米耗书》，中华书局，1985 年丛书集成本，第 135 页。

奢侈浪费也会败家致贫。"富而侈，侈而贫，贫既甚，而始悟"者颇多。①胡寅说，"民之贫有六，而侈费居一焉。上重敛则民贫，官吏贪则民贫，好用兵则民贫，末作众则民贫，惰游多则民贫，俗好奢则民贫。而好奢之事有五：华室屋，一也。侈嫁娶，二也。厚丧葬，三也。盛宾宴，四也。美服饰，五也。皆致贫之道也"。②子孙的材性往往决定了一个家庭的发展，如果一个富民家庭中出现"不肖子弟"，成日"耽酒好色，博弈游荡，亲近小人，豢养驰逐"，轻则倾家荡产，重则甚至沦为乞丐或窃盗，③很快就会走向衰败和贫困。

宋朝民间故事中较多因个人品性而荡析家产导致贫困的事例，如宣城朱家，"本以贩粜为业，赀力稍赡"，但儿子"长而放荡"，家产"皆为此子荡析"。④衢州刘枢幹，原本为书生，后"蒲博饮酒，穷悴日甚"。⑤芜湖王氏本"生计赡足"，唯有一女待嫁，但"心识不慧，不可外适"，故招赘刘氏子。三年后，"刘之家赀在饶者为恶婿所荡"，甚至将其妻卖于他人为侍妾。⑥镇江酒官生活奢侈，后沦落至"妻子衣不蔽体，每日求丐得百钱，仅能菜粥度日"，衣服污浊，因"得钱粜米而无菜资，但就食店拾所弃败叶，又无以盛贮，惟纳诸袖中"。⑦官家子弟郭信极重衣服整洁，"以练罗吴绫为鞋袜，微汗便弃去，浣濯者不复着，"后其父死，"尚有田三百亩，家资数千缗，尽为后母所擅"，连家中田畴所在都不知道，依靠教学幼子而月得千钱，沦落至"衣冠蓝缕，身寒欲颤"。⑧

分析民众贫困的原因，除了本节所重点探讨的个人品性问题，还有社会背景的影响。即北宋的城市商品经济发展、乡村土地制度和社会风气对于个体性贫困也有着极大的影响。

其一，北宋城市经济空前繁荣，而与人们的日常生活相关的，一方面是城

---

① [宋] 汪应辰：《文定集》卷12《书陶靖节及二苏先生＜和劝农诗＞示郑元制》，中华书局，1985年丛书集成本，第140页。

② [宋] 胡寅：《读史管见》卷14《陈纪·高宗宣帝上》，岳麓书社，2011年，第535页。

③ [宋] 袁采：《袁氏世范》卷2《处己·门户当寒生不肖子》，中华书局，1985年丛书集成本，第31页。

④ [宋] 洪迈：《夷坚志补》卷11《宣城葛女》，中华书局，1981年点校本，第1647页。

⑤ [宋] 洪迈：《夷坚三志》壬卷3《刘枢幹》，中华书局，1981年点校本，第1484页。

⑥ [宋] 洪迈：《夷坚支戊志》卷10《芜湖王氏痴女》，中华书局，1981年点校本，第1131页。

⑦ [宋] 洪迈：《夷坚丁志》卷6《奢侈报》，中华书局，1981年点校本，第583页。

⑧ [宋] 洪迈：《夷坚丁志》卷6《奢侈报》，中华书局，1981年点校本，第583-584页。

市商品市场极为丰富，可供选择的商品种类和消费类型极多，如开封"处处拥门，各有茶坊酒店，勾肆饮食"；① 另一方面是城市精神生活也空前繁荣，休闲娱乐消费方式很多，以瓦舍、妓院为代表的可供休闲享乐的场所极多。瓦舍勾栏是娱乐场所，开封城内，"大小勾栏五十余座。内中瓦子莲花棚、牡丹棚，里瓦子夜叉棚。象棚最大，可容数千人"。② 往来这些酒肆瓦市之人，"不以风雨寒暑，白昼通夜，骈阗如此"，③ 甚至妇女儿童也被吸引，"动鼓乐于空闲，就坊巷引小儿妇女观看"。④ 苏轼也载："王彭尝云：'涂巷中小儿薄劣，其家所厌苦，辄与钱，令聚坐听说古话'。"⑤ 此外还有寻欢作乐之所甚多，如时人说，"京师之娼最繁盛于天下"。⑥《东京梦华录》中载，开封城内，"凡京师酒店门首，皆缚彩楼欢门，唯任店入其门，一直主廊约百余步，南北天井两廊皆小阁子，向晚灯烛荧煌，上下相照，浓妆妓女数百，聚于主廊檐面上，以待酒客呼唤，望之宛若神仙"。⑦ 甚至酒楼中也"又有下等妓女，不呼自来筵前歌唱，临时以些小钱物赠之而去，谓之劄客"。⑧ 在此情况下，北宋城市人口面临的消费吸引力是前所未有的，也大大刺激了民众的消费欲望。不仅是对于官宦子弟、富商大贾，对于普通的中小工商业者、雇工和进城农民也是有着巨大的吸引力的。在此情况下，有不少人因过度消费而陷入"破终身之赀产而不自知也"⑨ 的境地。城市下层每日收入约在百文上下，据程民生先生考证，日入百文，只能解决一家五口的基本口粮问题，更难以有所积蓄。⑩ 而且很多人亦缺乏储蓄意识，往往每日消耗殆尽。吕南公载"淮西达佣，传者逸其名氏。

---

① [宋]孟元老著，邓之诚注：《东京梦华录注》卷3《马行街铺席》，中华书局，1982年，第111-112页。

② [宋]孟元老著，邓之诚注：《东京梦华录注》卷2《东角楼街巷》，中华书局，1982年，第66页。

③ [宋]孟元老著，邓之诚注：《东京梦华录注》卷2《酒楼》，中华书局，1982年，第71页。

④ [宋]孟元老著，邓之诚注：《东京梦华录注》卷3《诸色杂卖》，中华书局，1982年，第119页。

⑤ [宋]苏轼：《东坡志林》卷1《怀古·涂巷小儿听说三国语》，语文出版社，2001年《三苏全书第5册》点校本，第87页。

⑥ [宋]刘斧：《青琐高议·后集》卷7《温琬》，上海古籍出版社，2012年《历代笔记小说大观》本，第111页

⑦ [宋]孟元老著，邓之诚注：《东京梦华录注》卷2《酒楼》，中华书局，1982年，第71页。

⑧ [宋]孟元老著，邓之诚注：《东京梦华录注》卷2《饮食果子》，中华书局，1982年，第73页。

⑨ [宋]王安石：《王文公文集》卷32《风俗》，上海人民出版社，1974年，第380页。

⑩ 参见程民生：《宋人生活水平及币值考察》，《史学月刊》2008年第3期。

佣不习书，未尝知仁义礼乐之说，翳茨为居，与物无竞，力能以所工，日致百钱，以给炊烹。或时得羡于常，则尽推赢易酒肉以归，夜同妇子宴"。① 可见亦有城市雇工自身亦缺乏积储的意识，遇到所获多于平常的情况，就将多出的钱物用于买酒肉与妻儿宴饮，这应该不是个例，而是部分城市下层的共性。

其二，对于乡村来说，在土地数量不足和赋役负担沉重的情况下，大量的少地和无地农民，依靠租佃地主土地为生，一年的勤劳耕作和省吃俭用也仅能勉强维持个人或家庭的生存。这些挣扎在贫困线上下的贫困群体，一旦遇到婚丧嫁娶等人生大事，或是疾病差役等问题，即会面临破产，不得不通过借贷艰难度日。王安石诗云："有一种贫儿，不能自营生。若不作客走，即须随贼行。复有一种贫，常时腹彭亨。若有亦不畜，若无亦不营。"② 前一种贫困者即是没有土地所有权的农民，或成为佃客，或沦为盗贼。后一种贫困者则是不善积蓄和经营者，只注重即时享受。这种缺乏储蓄的贫困家庭，一遇饥荒，则更加难以度过。太宗曾说，"一年耕则有三年之食，百日劳则有一日之息，所以敦本厚生、足兵足食之大略也。如闻南亩之地，污莱尚多；比屋之民，游惰斯众。岁稔则犬马或余于粱肉，年饥则妻子不厌于糟糠。罕能固穷，遂至冒法"。号召民众在丰稔之年要勤俭，即时储蓄，"常岁所入除租调外，不得以食犬彘，多为酒醴；嫁娶丧葬之具，并从简俭"。③ 可见民众大多缺乏储备意识，一遇丰年，就奢侈享用，往往较少为灾年打算。在此情况下，乡村游惰浮食者较之前代自然会有所增多，因为很多人在这样的艰难中放弃了努力和挣扎，一些自身意志不强和较为懒惰之人，就会选择成为游惰之民，为祸乡里。

其三，对于普通民众来说，厚丧葬、侈嫁娶的社会风气，往往是造成其贫困的重要原因。如前文所述，北宋在婚丧方面奢侈之风盛行。如廖刚到任漳州，指出该州"婚嫁丧祭，民务浮侈"，民众相互遇婚丧嫁娶之事必大肆操办，"富者以豪侈相高，贫者侈其不逮，往往贸易举贷以办"。④ 又如政和二年（1112年）臣僚言，福建"溺子不育"，屡禁不止，是因其厚婚葬，致使广泛贫困，"究

---

① ［宋］吕南公：《灌园集》卷18《达佣述》，文渊阁四库全书本。

② ［宋］王安石：《王安石全集》卷50《拟寒山拾得十七》，上海古籍出版社，1999年版，第414页。

③ ［清］徐松辑：《宋会要辑稿》刑法2之2，上海古籍出版社，2014年点校本，第8281-8282页。

④ ［宋］廖刚：《漳州到任条具民间利病五事奏状》，收录于曾枣庄、刘琳主编：《全宋文》卷2994，上海辞书出版社、安徽教育出版社，2006年点校本，第139册，第45页。

其弊源，盖缘福建路厚其婚葬，至如殡葬，不得其力。供祭罗列焚献之物，创新缯帛，里闾之间，不问知识，尽行送礼。不顾父母具存，藏凶服以待送丧之用，利赴凶斋，意在所得。使遭丧者所费浩瀚，遂致有父母之丧，岁月深久而不葬。愚贫之俗，避于葬费而焚弃"。①

## 二、个人能力与贫困

西方社会在较长的时间里按照优胜劣汰的适者生存理论来看待贫困者，认为他们是因为自身能力低下而在社会竞争中被淘汰的弱者，是理所应当贫困的。"从贫困的实质看，贫困的核心是能力欠缺性。从表象上看，贫困首先表现为'低收入'。但就其实质看，是缺乏'手段'和'能力'，是能力贫困。"②中国传统社会中也认为贫困与贫者自身的能力密切相关，个体能力会限制其获取财富和更多社会资源的机会。如《史记·货殖列传》说，"贫富之道莫之夺予，而巧者有余，拙者不足"。

在国家社会一体化的社会结构之下，社会各阶层都在体制内按照既定的阶层身份从事相应的职业，可以说职业和身份都是相对固定的，不同社会群体之间的界限也是很清晰的。如农民，在授田制之下，得到了基本的土地保障，以男耕女织为主要方式的家庭生产较为稳定。由唐入宋，农、工、商等群体从体制内被析出。这些体制外群体必须依靠自身资源和能力参与社会竞争以获取财富。同时，商品经济发展推动民众的生产形式发生了变化，也进一步模糊了士、农、工、商的传统界线。

一方面，在乡村，农民在传统耕织方式之外，往往需要兼营他业。如吕南公所说，"客户之智非能营求也，能输气力为主户耕凿而已，则其一日不任事，其腹必空"。③租佃他人土地难以保障稳定的收入来源，因此下层农民大多会通过佣工、贩卖等补贴家计。如王柏所说，"今之农，与古之农异。秋成之时，百逋丛身，解偿之余，储积无几，往往负贩佣工以谋朝夕之赢者，比比皆是也"。④

① [清]徐松辑：《宋会要辑稿》刑法2之57，上海古籍出版社，2014年点校本，第8314页。
② 叶普万：《贫困概念及其类型研究述评》《经济学动态》2006年第7期。
③ [宋]吕南公：《灌园集》卷14《与张户曹论处置保甲书》，文渊阁四库全书本。
④ [宋]王柏：《鲁斋集》卷7《社仓利害书》，中华书局，1985年丛书集成本，第462页。

王柏即讲到宋朝农民与前代之不同，很重要的一点就是宋朝农民仅靠耕垦难以维持生计，需要依靠"负贩佣工"以帮补生计。北宋人均耕地面积较之前代大幅下降，[1]同时土地兼并严重，乡村存在大量的少地和无地农民，他们依靠租佃他人土地为生，除了政府赋税之外还要承担高额地租，自己所剩无几。因此很多小农需要兼业以维持生计，如张守所说，家业钱为"二十千之家，必佣、贩以自资，然后能糊口"。[2]笔记小说中有颇多类似的记载，如乡里有小民，"朴钝无它技，唯与人佣力受直""日以三十钱顾之舂谷，凡岁余得钱十四千"，即便是辛勤劳作，费力储蓄，但受其能力所限，因愚钝陷入官司，再次"积镪如洗"，又变回一贫如洗的状态；[3]建昌南原村民窬六，"素蠢朴"，专心耕稼，处于贫困状态；[4]鄱阳小民隗六，"家甚贫，为人佣作"；[5]河南下邳樵夫蔡五，采薪为生，"劳悴饥困，衣食不能自给"。[6]这些都可以说是受到个体能力限制而只能从事低收入低回报行业的贫困者。池州建德县庄户李五七，本是"生计温裕"，后"不复治生业，财力渐削"；[7]同时，能力更强者则会通过经商或从事其他收益回报较高的行业以获取更高利润，并且善于经营和积蓄。民间故事的叙述中常以"治生"一词说明人的善于经营，如钱塘人蔡某，"幼而好学，家贫无以自给，乃始勤力治生"，经过十余年的努力，家事给足。[8]董国庆之妾，"以治生为己任"，买驴磨面入城鬻之，三年以来"获利愈益多"，得以买田

---

① 据漆侠先生统计，北宋建国五十多年，户均土地从 95.5 亩降至 60.5 亩，中后期由于土地隐匿田产的问题，户均田亩数下降更多。（参见漆侠《宋代经济史》第一、六、八章，中华书局，2009 年版。）如四川，"蜀民岁增，旷土尽辟，下户才有田三五十亩，而赡一家十数口，一不熟，即转死沟壑"（[宋]李焘：《续资治通鉴长编》卷 168，皇祐二年六月乙酉条，中华书局，1993 年点校本，第 4048 页。）

② [宋]黄淮、杨士奇编：《历代名臣奏议》卷 107《仁民》，台湾学生书局，1964 年影印本，第 1461 页。

③ [宋]洪迈：《夷坚丙志》卷 11《钱为鼠鸣》，中华书局，1981 年点校本，第 462 页。

④ [宋]洪迈：《夷坚支甲志》卷 5《游节妇》，中华书局，1981 年点校本，第 746 页。

⑤ [宋]洪迈：《夷坚支甲志》卷 8《隗六母》，中华书局，1981 年点校本，第 776 页。

⑥ [宋]洪迈：《夷坚支丁志》卷 9《陈靖宝》，中华书局，1981 年点校本，第 1036 页。

⑦ [宋]洪迈：《夷坚志补》卷 15《李五七事神》，中华书局，1981 年点校本，第 1692 页。

⑧ [宋]刘颁：《彭城集》卷三七《故将侍郎郡守太子中允致仕赐绯鱼袋蔡君墓志铭》，中华书局，1985 年丛书集成本，第 495 页。

宅。<sup>①</sup> 秀州尹大"其家本微,致力治生,虽无田庄,而浮财颇裕"。<sup>②</sup>

另一方面,在城市,商品经济繁荣之下,激烈的市场竞争也需要市场参与者具有较强的职业能力和经营意识。商品经济的发展对于工商业者的经营能力提出了更高的要求,工商业者需要有强大的资金储备、广大的人脉网络和卓越的营销能力。在此情况下,善于发现商机、善于经营以及能够获取更多的社会资源者能够致富,如湖州市民许六郎,"本以货饼饵蓼糁为生",自给之余,还以宽余之钱进行放贷,"家业渐进"。<sup>③</sup> 京师小贩许大郎,"世以鬻面为业,然仅能自赡",后他"留意营理,增磨坊三处,买驴三四十头,市麦于外邑,贪多务得,无时少缓。如是十数年,家道日以昌盛,骎骎致富矣"。<sup>④</sup> 平江城北民周氏,本是卖麸面的小贩,后因眼光独到,"置买沮洳陂泽,围裹成良田,遂致富赡",还为其子纳粟买官。<sup>⑤</sup> 而很多缺乏经营意识和经商能力的小工商业者则只能依靠勤劳节俭经营社会利润率较低的行业,勉强维持生计,甚至难以自给。如福州游氏,经营小茶肆为生,"食常不足,夫妇每相与愁叹"。<sup>⑥</sup>即便本身是富裕之家,不善经营或能力不足也会很快衰败,甚至转为贫困下户。衢州李五七,本是"巨室子弟",后因生计沦落,为他人"管当门户"。<sup>⑦</sup> 河中市人刘痒因不能治生而"贫悴落魄"。<sup>⑧</sup> 衢州江山县士人毛璿因"不能治生,家事埋替",而不得不出售居屋。<sup>⑨</sup> 筠州戴敫,其父为游商,纳粟为太学生,后耗尽家财,转为贫困,"无衣食,乃佣于人为篙工,下汴迤逦至江外,萍寄岳阳,学钓鱼自给"。<sup>⑩</sup> 建昌人陈玠,"生计本厚",为装修新居被木工所欺骗,"日趋于侈",后全方位更建新居,"历数年,轮奂整洁,而膏腴上田扫空无余",<sup>⑪</sup>

① [宋]洪迈:《夷坚乙志》卷1《侠妇人》,中华书局,1981年点校本,第190页。

② [宋]洪迈:《夷坚支癸志》卷6《尹大将仕》,中华书局,1981年点校本,第1262页。

③ [宋]洪迈:《夷坚支景志》卷5《许六郎》,中华书局,1981年点校本,第916页。

④ [宋]洪迈:《夷坚支戊志》卷7《许大郎》,中华书局,1981年点校本,第1110页。

⑤ [宋]洪迈:《夷坚三志己》卷7《周麸面》,中华书局,1981年点校本,第1357页。

⑥ [宋]洪迈:《夷坚支癸志》卷6《游伯虎》,中华书局,1981年点校本,第1278页。

⑦ [宋]洪迈:《夷坚支乙志》卷4《衢州少妇》,中华书局,1981年点校本,第820页。

⑧ [宋]洪迈:《夷坚支甲志》卷1《五郎君》,中华书局,1981年点校本,第717页。

⑨ [宋]洪迈:《夷坚甲志》卷15《毛氏父祖》,中华书局,1981年点校本,第134页。

⑩ [宋]刘斧:《青琐高议·前集》卷5《远烟记》,上海古籍出版社,2012年《历代笔记小说大观》本,第32页。

⑪ [宋]洪迈:《夷坚支乙志》卷7《陈氏赁宅》,中华书局,1981年点校本,第875页。

为他人所欺，耗尽良田建屋，后陷于贫困境地，亦可说明其在经营方面的能力不足。

此外，《夷坚志》中《闻人邦华》一则最能体现出个人能力对于贫富的影响，信州贵溪闻人氏为两个儿子置下产业，其夫去世后数岁间，次子邦华"纵游荡费，破坏几尽"；而长子邦荣"独能立身节用，衣食丰馀"。<sup>①</sup>在商品经济繁荣的北宋社会中，贫富交替极为常见，善于经营者能够有机会致富，不善经营者则只能固守贫困或者由富转贫。如袁毂说，"昔之农者，今转而为工；昔之商者，今流而为隶。贫者富而贵者贱，皆交相为盛衰矣"。<sup>②</sup>在这样的致富机会较多的社会环境之下，"凡人情莫不欲富，至于农人、商贾、百工之家，莫不昼夜营度，以求其利"。<sup>③</sup>

### 三、个体选择与贫困

个体选择贫困说在西方学界也曾有较大影响。美国法理学家罗纳德·德沃金认为："人们的命运是由他们的选择和他们的环境决定的。他们的选择反映着他们的个性，而这种人格本身包含着两个成分：抱负与性格。我所说的抱负是广义的。一个人的抱负不但包括他的总体人生计划，还包括他的各种兴趣、偏好和信念：他的抱负为他作出这种选择而不是那种选择提供了理由或动机。人的性格是由一些人格特征构成的，它们不为他提供动机，而是影响着他追求自己的抱负。这些特征包括他的适应能力、精力、勤奋、顽强精神以及现在为长远回报而工作的能力，对于任何人来说，它们既可以是积极因素，也可以是消极因素。"<sup>④</sup>因此，个体选择成为影响一个人生活状况的重要决定因素。

如众所知，在商品经济发展的推动下，宋朝社会重财重利的风气极盛。上至官府，下至平民百姓，都致力于谋取财富。不论是文人仕宦还是农民雇工，

---

① [宋]洪迈：《夷坚志补》卷5《闻人邦华》，中华书局，1981年点校本，第1592页。

② [元]袁桷：《延祐四明志》卷19《考古集》，中华书局，1990年《宋元方志丛刊》影印本，第6422页。

③ [宋]蔡襄：《蔡襄全集》卷29《福州五戒文》，福建人民出版社，1999年点校本，第655-656页。

④ [美]罗纳德·德沃金：《至上的美德：平等的理论与实践》，江苏人民出版社，2012年版，第340页。

都以逐利为目标。如宋初曹彬就直言不讳："好官亦不过多得钱耳。"① 司马光也说，"无问市井田野之人，由中及外，自朝至暮。惟钱是求"。② 蔡襄说，"凡人情莫不欲富，至于农人、商贾、百工之家，莫不昼夜营度，以求其利"。③ 这都反映了北宋社会对于"利"的追求，已经形成了普遍的风气。在此社会风气之下，社会各阶层都积极谋求更多财富。

与此同时，一种思潮成为主流，必然也会有与它相对应的思潮出现，并影响到部分社会群体的财富观和生活态度。儒家历来注重安贫乐道，反对唯利是图的社会风气。北宋理学兴起，理学家们更是强调贫富有命，劝谕安抚贫民，财富是"命"定的，"非求之可得也"，当求而不得时，"则安于义理而已矣"。④ 甚至还有富贵不如贫贱的言论，如李之彦说："富贵者劳苦，贫贱者清闲；富贵者脆弱，贫贱者坚固；富贵者惊危，贫贱者安泰。孰谓贫贱不如富贵耶？"⑤

可以说，安于贫困也是另一种重要的社会思潮。一个健康而有能力的人安于贫困而不选择进一步谋取更多财富，这样的状况在北宋社会中是极为常见的。有人诚信经营，甘于清贫，如侯官县杨文昌，造扇为业，"为人朴直安分"，售扇有定价，"未尝妄有增加"，始终处于清贫的状态，"稍积余钱，则专用养母，自奉甚薄"。⑥ 有人安分守己，不以其他途径致富，如饶州市民鲁四公，煮猪羊血为羹贩卖，"所得不能过二百钱，然安贫守分"。⑦ 信州杨六，"以网钓为业，孤子一身，生涯惟叶舟而已。日所得钱，悉完酒肉之资，不买布帛，盛冬霜雪，亦单衣自如。酒酣，辄往来烟波间，鸣棹高歌，类有道者"。⑧

北宋社会对于这样安贫的选择极为宽容，甚至在极力倡导。尤其是对于贫宦和贫士而言，安贫乐道是颇受推崇的个人品质。黄裳说，"贫而无谄，善守

---

① [宋]司马光：《涑水记闻》卷1，中华书局，1989年点校本，第7页。

② [宋]李焘：《续资治通鉴长编》卷252，熙宁七年四月乙酉条，中华书局，1993年点校本，第6165页。

③ [宋]蔡襄：《蔡襄全集》卷29《福州五戒文》，福建人民出版社，1999年点校本，第655-656页。

④ [宋]朱熹：《论语集注大全》卷7《述而》，武汉大学出版社，2009年《四书大全校注》本，第482页。

⑤ [宋]李之彦：《东谷所见·富贵贫贱》，中华书局，1991年丛书集成本。

⑥ [宋]洪迈：《夷坚支癸志》卷4《画眉上土地》，中华书局，1981年点校本，第1251页。

⑦ [宋]洪迈：《夷坚支癸志》卷8《鲁四公》，中华书局，1981年点校本，第1283页。

⑧ [宋]洪迈：《夷坚支癸志》卷4《洞口先生》，中华书局，1981年点校本，第1249页。

贫者贫而乐，则忘其贫矣"。[①] 欧阳修说："贫贱常思富贵，富贵必履危机，此古人之所叹也。惟不思而得、既得而不患失之者，其庶几乎！富贵易安而患于难守，贫贱难处而患于易夺。"[②]

士农工商四民中，以士人的地位最高，读书应举是公认的提高社会地位和实现自我价值的最佳途径。然而对于那些出身贫寒的士子们来说，读书是不仅没有收入，而且需要耗费大量钱财，而科举这一通向成功的过程无疑是漫长而艰难的。读书人本是治生艰难，很多出身社会下层的士人安于贫困，注重气节，专注苦读。士人宋泽"安贫养母，不治生业，笃于诗书"。[③] 吴天常"少贫，不治生产，以气节自许"。[④] 王仲符居乡不仕，"家窘于资，不恤生事，客至如归。士有贫而就学者，衣食而教焉"，[⑤] 自身已是清贫，还周济贫困学生。福建老儒林君，孤身一人，以教书为业，"累众食贫"。[⑥] 宜黄涂四友，与其父兄"皆清居，陋巷茅檐，萧然自足"。[⑦]

即便是走上仕途，也有大量下层官员俸入低微，生活清贫却仍坚守道义，不为利益所动。如宋初三先生之一的石介，一家四十口，"曾、高以来，耕田为业，田薄牛弱，常居贫窭，岁尽天之时，穷地之利，竭人之力。并大人与介两人禄，四十口仅得饱食。今介禄阙，大人独食不足，乃泣别庭闱，远来田园，学老农老圃之事，勤稼树桑，庶几四十口衣夫帛、食夫粟，而免寒馁之忧矣"。[⑧] 可见其俸禄较低，难以维持一家生计。其自述曰："吾世本寒贱，吾身守贫约。家徒立四壁，无田负城郭。终岁服一衣，无装贮囊橐。吾虽得一官，官微月俸薄。况属岁荒凶，饥民填沟壑。吾幸有寸禄，不至苦殒获。随分且饱暖，不然亦流落。尔等勤初学，无耻衣食恶。仁义足饱饫，道德堪咀嚼。二者肥尔躯，不同乳与

① [宋]黄裳：《杂说三》，收录于曾枣庄、刘琳主编：《全宋文》卷2256，上海辞书出版社、安徽教育出版社，2006年点校本，第103册，第194页。

② [宋]欧阳修：《欧阳修全集》卷129《富贵贫贱说》，中华书局，2001年点校本，第1965页。

③ [宋]黄庭坚：《黄庭坚全集·宋黄文节公全集》正集卷32《宋粹父墓碣》，四川大学出版社，2001年点校本，第864页。

④ [宋]张耒：《张耒集》卷60《吴天常墓志》，中华书局，1998年点校本，第592页。

⑤ [宋]吕陶：《净德集》卷23《承事王府君墓志铭》，中华书局，1985年丛书集成本，第257页。

⑥ [宋]洪迈：《夷坚支甲志》卷6《林学正》，中华书局，1981年点校本，第757页。

⑦ [宋]洪迈：《夷坚支乙志》卷2《涂文伯》，中华书局，1981年点校本，第810页。

⑧ [宋]石介：《石徂徕集》卷17《上徐州崔谏议》，中华书局，1984年点校本，第204页。

酪。尔勿嫌粗粝，尔勿厌藜藿。富贵自努力，青云路非邈。"① 虽然生活清贫，仍然安贫乐道，坚守信念。甚至自身清贫，却还是贯彻儒家仁义观念，救济他人。如"每用度施予，不计家之有无，故月俸所入，随手而尽。虽亲戚朋友，不知其贫也"。②

北宋下层官员中贫困者较多，往往不善治生，安贫乐道。如朱翌说，"治生、仕宦，自是两途，少有俱进者。今人出仕之久，生理遂废"。③ 王得臣也说，"仕非为贫，有时为贫，今不然，为贫者多也"。④ 这与北宋选官范围扩大相关，大量下层官员来自社会中下层，出身贫寒，家境窘窭，仅依靠微薄的俸禄难以改善家庭状况。在此基础上，很多仕宦都不治生产，"得俸禄随手而尽，未尝有意于治生"，⑤ 甘于食贫，甚至需要仰赖夫人操持家业。如御史游公"素贫，不治生产，夫人攻苦食淡，能宜其家，其内助多矣"。⑥ 长沙李公"素贫，不治生事，夫人为均节其有亡以济。由此李公之仕宦，得以直己行义而不累于私"。⑦ 不仅自身清贫，还要周济亲族故旧，如鲁国先生，"喜宾客，重然诺，视金钱如泥，无分毫顾惜。不论多寡废尽，乃已竟坐此贫。而夫人处之怡然，自得其为善之乐也"。⑧

① [宋]石介：《徂徕石先生文集》卷3《三子以食贫，困于藜藿，为诗以勉之》，中华书局，1984年点校本，第33页。
② [宋]谢逸：《溪堂集》卷10《故朝奉大夫渠州使君季公行状》，江西教育出版社，2004年《豫章丛书》本，第595页。
③ [宋]朱翌：《猗觉寮杂记》卷下，中华书局，1985年丛书集成本，第50页。
④ [宋]王得臣：《麈史》卷下《风俗》，上海古籍出版社，1986年《宋元笔记丛书》本，第75页。
⑤ [宋]王禹偁：《小畜集》卷28《故侍御史累赠太子少师李公墓志铭并序》，商务印书馆，1936年《万有文库》本，第400页。
⑥ [宋]杨时：《御史游公墓志铭》，收录于曾枣庄、刘琳主编：《全宋文》卷2698，上海辞书出版社、安徽教育出版社，2006年点校本，第125册，第70页。
⑦ [宋]张耒：《张耒集》卷60《福昌县君杜氏墓志》，中华书局，1998年点校本，第887页。
⑧ [宋]唐庚：《唐先生集》卷16《史夫人行状》，四部丛刊本。

# 第三节　个体性贫困认知与应对

作为文明的产物，贫困是一个长期存在的社会现象。在不同的历史时期，贫困有着不同的表现形式和社会影响，社会对于贫困也有着相应不同的认知和应对。贫困首先表现为个体和家庭的财富匮乏。因此，在很长的历史时间里，贫困都被视为是个体性问题。

在中国传统观念中，个体性贫困者，或被认为是"天民之穷者"，即带有极强的命定色彩；或被认为是自身材性不足，即归因于贫困者自身。对于"天民之穷者"，即所谓"穷民"，历代政府和社会都将其纳入关注的范畴，并通过不同的方式予以救济。先秦时期的宗法制之下，宗族关系较为紧密，穷民的问题并不突出。战国之后，随着宗法关系的松弛，穷民的贫困问题愈发凸显。秦汉以降，对于人伦缺乏的穷民，国家给予了较多的关注和救助，一是通过授予土地，使穷民可以通过雇人耕种而解决基本的生计问题；二是通过定期或不定期的"廪给""赏赐"方式，对穷民予以生活补助；三是通过灾荒期间优先赈济穷民，缓解临时性匮乏。而对于因自身材性不足而造成其贫困的社会成员，则被视为其他贫困群体，在很长时间里并未成为国家和社会关注的对象。但其仍然可以享有国家的授田，在一定程度上还是受到国家体制保障的对象，其贫困问题在当时的社会中也并不显得突出。

如前所述，北宋建立，国家与社会的关系发生了变化，大量农民、工商业者从体制中被析出，必须依靠自身能力和社会资源参与社会竞争。同时，在商品经济繁荣的背景下，社会竞争较之前代更加激烈，亦对参与竞争者提出了更高的能力要求。其中，受到各种因素制约的社会弱势群体和自身材性不足的社会中下层在激烈的社会竞争中必然处于不利地位，致使其陷入贫困状态。因此，个体性贫困在北宋成了突出的社会问题，也成了引起国家与社会广泛关注并必须予以应对的问题。因此，普通民众、社会精英和国家政府从不同的立场出发，形成了对个体性贫困的不同层面的认知，并基于其认知进行一定的应对。

## 一、民众认知与应对

所谓民众，主要指不具有一定政治地位和社会地位的中下层群体，主要包括农村小自耕农、佃农和城市小工商业者、雇工等，其中以贫困者居多。对于个体性贫困，民众主要从文化层面和现实层面两个维度进行认知和应对。

### （一）文化层面

民众会从道德文化的角度来分析个体性贫困的成因。如前所述，宿命论是其中一个重要的解释，即天命所定、运势所向、因果报应、祖宗庇佑、神鬼奖惩等不可控力都被视为是影响人的贫富贵贱的重要原因。基于文化认知，民众也有一定的文化应对方式，即进行自我精神慰藉和推动道德性社会舆论。

一方面，民众通过文化方式实现自我精神慰藉。也就是说，民众通过民间故事的形式建立自己的认知体系和话语体系，将贫困转换为自己能够接受的状态。这种认知体系主要表现为民众大力宣扬各安本分，切勿谋取不义之财。《夷坚志》中有较多民间故事阐述了这一观点，以不当方式谋取钱财往往会招来恶报，因为"不义之物，死后必招罪咎"。[1] 如贫困医生孙道得到他人药方，诊疾得钱五万，"孙家贫，所得过望，生平未之有也，"自居其功，而不述药方之所来。后五十岁时在身体康健之下忽然一夕告殂，人们皆说"财物不可妄得"。[2] 鄱阳乡民"合宅染疫疠，贫甚，饘粥不能给"，卖毡笠以换钱召医巫买药，可直千钱，却被牙侩王三"辄隐其半"。后王三因贪人钱财，在梦中被杖责，卧床几个月。[3] 南城士人张临，本与娼女有婚盟，在连获乡举后"深念半世困于书生，苦贫为祟，若更聘一倡，两穷相守，何时可苏？"欲违背原有婚盟而娶富家鰲妇，后因见利忘义遭到神明惩罚而卒。[4] 即便是当世未得恶报，也会有宿世报。如湖州人陈小八，"以商贩缣帛致温裕"，因其前生窃取富人财物，今生富人为其子取其钱，后家财尽失，沦为乞丐。[5] 商人王兰，"以贾贩起家，积累资颇厚"，在村店卒亡，村店主人抛其尸，贪其财。后王兰转生为店主之子，"一意放荡，

---

[1] ［宋］洪迈：《夷坚志补》卷12《保和真人》，中华书局，1981年点校本，第1662页。

[2] ［宋］洪迈：《夷坚支丁志》卷5《义乌孙道》，中华书局，1981年点校本，第1007页。

[3] ［宋］洪迈：《夷坚支乙志》卷7《王牙侩》，中华书局，1981年点校本，第851-852页。

[4] ［宋］洪迈：《夷坚三志》补《崔春娘》，中华书局，1981年点校本，第1801页。

[5] ［宋］洪迈：《夷坚三志》辛卷10《陈小八子债》，中华书局，1981年点校本，第1465-1466页。

啸集轻薄少年，吹笙击毬，斗鸡走马，为闲游公子之态，竟死于酒色"，已将其父所得不义之财消耗大半。① 秀州尹大，"其家本微，致力治生，虽无田庄，而浮财颇裕"，后得子，"迫长成，下劣不肖，破荡钱帛"，乃是因为其"前生为某县尉，雇船渡江，尹大作梢工，利我财物，挤我溺于中流，今当索报"，不仅荡其家产，还索还性命。②

与此同时，品性正直、安分守己者则会得到好报，如太原颛氏，以务农自给，得遇两次上天赐钱，但都拒而不受"非望之财""以安愚分"，后子孙得此福报，进而为官。③ 南城童蒙，"贫甚，聚小儿学以自给"，因其为人正直，不欺暗室，得到好报，终能进士及第踏上仕途。④ 饶州市老何隆，拾得他人钱物，归还失主包氏，未取分毫。后何隆得病向包氏贷钱三百文，包弗与。何隆因舍而不取他人之财得到好报，"家亦温饱"，并得以长寿。包氏则因忘恩不义而遭恶报，黥配他戍。⑤ 侯官县小民杨文昌，"以造扇为业，为人朴直安分"，卖扇皆有定价，从未妄加，"稍积馀钱，则专用养母，自奉甚薄，闾巷颇推重之"，后成为一方土地神。⑥ 豫章沈生以埏埴为器，技艺精湛，所售最多，"家业甚裕"，其人"平日好善乐施，而奉佛尤谨"，捐钱数十万重塑佛像。后"年齿浸高，生计日削，妻子皆先沦亡，姻戚莫顾。因大雪出完，死有城东，僵尸在地无殁。"但转世却得以好报，"性识颖悟，年才弱冠请乡举，或云已登第"，被认为是"宿世善报"。⑦

另一方面，民众通过文化方式推动道德性的社会舆论。"祸福无门，唯人自召。善恶之报，如影随形。"⑧ 主要是通过善恶报应说导人向善，宣扬家庭和睦与邻里互助，以形成和谐的社会环境，并要求政府和富人对个体性贫困者予以救助。首先，民众通过报应说宣扬父母慈爱、子女孝顺的家庭和睦状态。父母溺杀子女会遭到恶报，如《夷坚志》中《高周二妇》讲到母女二人先后溺

① ［宋］洪迈：《夷坚志补》卷6《王兰玉童》，中华书局，1981年点校本，第1604页。
② ［宋］洪迈：《夷坚支癸志》卷6《尹大将仕》，中华书局，1981年点校本，第1262页。
③ ［宋］洪迈：《夷坚志补》卷7《颛氏飞钱》，中华书局，1981年点校本，第1614页。
④ ［宋］洪迈：《夷坚志补》卷9《童蓟州》，中华书局，1981年点校本，第1628页。
⑤ ［宋］洪迈：《夷坚志补》卷2《何隆拾券》，中华书局，1981年点校本，第1565页。
⑥ ［宋］洪迈：《夷坚支癸志》卷4《画眉上土地》，中华书局，1981年点校本，第1249页。
⑦ ［宋］洪迈：《夷坚志补》卷24《沈乌盆》，中华书局，1981年点校本，第1772-1773页。
⑧ ［宋］李昌龄、郑清之等注：《太上感应篇集释》，中央编译出版社，2016年。

杀亲生儿女，而遭致报应的故事；① 婺源严田民江四，"家世为农，颇饶足"，其妻产女，"怒，投之盆水中，逾时不死。江痛掐其两耳，皆落，如刀割然，遂毙"，次年其妻再次产女，"两耳缺断，全类向者掐痕""里巷以为业报"。② 子女孝顺会得好报，光村有村民毕姓兄弟二人，以佣力营生，以担粪土赚钱赡养母亲，"一日至食时雇者不至"，兄弟二人就会担心母亲无食，后得赐金器，"二人变其业以置田，遂为富人"，并且子孙得以为官，被称为"天之报施善人如此"。③ 都昌妇吴氏，无子寡居，侍奉年老且病目的婆婆，依靠佣工营生，"为乡邻纺绩、浣濯、缝补、炊爨、扫除之役，日获数十百钱"，勉强够自给，虽孤贫却不肯"招婿接脚"，后得到神明赐钱赐福。④ 而不孝的则会遭到恶报，如解州乡民梁小二，"家世微贱，然皆耕农朴实"，但对其寡居母亲尤为不孝，在荒饥流徙之时，乞食以哺其子，却杀其母亲，为天火所焚烧。⑤ 丰城农夫，在水灾之时全家迁徙，欲舍弃老母，后"为虎所食，流血污地，但馀骨发存焉。不孝之诛，其速如此"。⑥

其次，民众通过报应说宣扬邻里互助，推动乡里富人救助贫困者。都昌人陈彦忠，"伉质好义，疏财倜傥"，资助乡里赴任，"饷以百千，且馆其老稚于家，待之如骨肉"，后因其仁义而为简寂观土地。⑦ 乐平北村人夏义成，"生计给足，一意好善，不与里闾校短长，未尝以争讼到官府"，得以长寿善终。⑧ 楚州张尚，"家巨富，好施与，务济民贫，不责人之报"，虽遭遇乱世，为贼所掠，仍逢凶化吉回到故里，"故业赀产尚赢百万"。其仆大义护主，"尚以弟待之，张氏子弟皆事之如诸父。"⑨ 越人黄汝楫，"家颇富"，在贼乱之时以所积财富约值二万缗赎乡里千人性命，后因其"活人甚多，赐五子登科"。⑩ 这些故事都是宣扬富人仁义，周济邻里，为善乡里的。

---

① [宋]洪迈：《夷坚支甲志》卷6《高周二妇》，中华书局，1981年点校本，第757页。
② [宋]洪迈：《夷坚庚志》卷10《江四女》，中华书局，1981年点校本，第1214页。
③ [宋]王铚：《默记》卷下，清知不足斋丛书本。
④ [宋]洪迈：《夷坚志补》卷1《都昌吴孝妇》，中华书局，1981年点校本，第1555页。
⑤ [宋]洪迈：《夷坚支甲志》卷9《梁小二》，中华书局，1981年点校本，第784页。
⑥ [宋]洪迈：《夷坚丁志》卷11《丰城孝妇》，中华书局，1981年点校本，第627-628页。
⑦ [宋]洪迈：《夷坚支甲志》卷8《简寂观土地》，中华书局，1981年点校本，第775页。
⑧ [宋]洪迈：《夷坚支甲志》卷9《夏义成》，中华书局，1981年点校本，第784页。
⑨ [宋]洪迈：《夷坚支甲志》卷9《张尚义仆》，中华书局，1981年点校本，第784页。
⑩ [宋]洪迈：《夷坚志补》卷3《黄汝楫》，中华书局，1981年点校本，第1565页。

宋朝善书的兴起也是民众观念的重要体现，《太上感应篇》即是其中的重要一部，其大量宣扬善恶报应以劝人向善，主张"不履斜径，不欺暗室，积德累功，慈心于物。忠孝友悌，正己化人，矜孤恤寡，敬老怀幼。昆虫草木犹不可伤。宜悯人之凶，乐人之善，济人之急，救人之危，见人之得，如己之得，见人之失，如己之失。不彰人短，不炫己长，遏恶扬善，推多取少，受辱不怨，受宠若惊，施恩不求报，与人不追悔"。① 如能做到这些善行，则必然"人皆敬之，天道佑之，福禄随之，众邪远之，神灵卫之，所作必成，神仙可冀"。② 而对于社会弱势群体，太上感应篇称："传曰：老也者，阅世之久，更事之多，衰衰年少，无限沦丧，厖眉皓首，独保康强，可不敬乎？"③ "传曰：孔子曰：少者怀之。孟子亦曰：幼吾幼，以及人之幼。盖幼者，年方童稚，未有识知。为之长者，固故当矜怜而抚恤之也。虐而视之，非人道矣。故父母有幼子，则当尽其恩勤；兄有幼弟，则当极其友爱。他人有幼者，亦当推吾恩爱之心，等而视之，不宜分别彼此也。"④

可见，民众通过这样的文化方式，为贫困应对提供了道德基础，也对富人和政府的救济行为进行了道德性塑造。即无论是地方富人还是政府，如若坐视民众的贫困而不干预，就是不道德的，是应当受到社会谴责和神明惩罚的。

### （二）现实层面

民众也会从社会现实的角度来分析个体性贫困的成因。主要包括主观和客观两个方面因素。主观因素上，个人的勤惰俭奢和营生能力往往被认为是贫富分化的重要原因。勤劳节俭致富、懒惰奢侈致贫，这是中国社会长期延续的传统观念。同时，民间故事的叙述中常以"治生"一词说明人的善于经营。董国庆之妾，"以治生为己任"，买驴磨面入城鬻之，三年以来"获利愈益多"，得以买田宅。⑤ 与此相对，"不善治生"则是很多人户贫困破败的重要原因。河中市人刘痒因不善治生而"贫悴落魄"；⑥ 池州建德县庄户李五七，本是"生

---

① ［宋］李昌龄、郑清之等注：《太上感应篇集释》，中央编译出版社，2016年。

② ［宋］李昌龄、郑清之等注：《太上感应篇集释》，中央编译出版社，2016年。

③ ［宋］李昌龄、郑清之等注：《太上感应篇》卷2《敬老》，中央编译出版社，2016年，第30页。

④ ［宋］李昌龄、郑清之等注：《太上感应篇》卷2《怀幼》，中央编译出版社，2016年，第32页。

⑤ ［宋］洪迈：《夷坚乙志》卷1《侠妇人》，中华书局，1981年点校本，第190页。

⑥ ［宋］洪迈：《夷坚支甲志》卷1《五郎君》，中华书局，1981年点校本，第717页。

计温裕”，后"不复治生业，财力渐削"；①衢州江山县士人毛璿因"不能治生"
而不得不出售居屋。②客观因素上，政府和富人被认为是主要致贫因素，该层
面内容与前述文化认知一致。

因此，民众主要通过个人奋斗和民间互助的方式来予以应对。一方面，民
众大多会积极生产，以求改变贫困现状。老幼孤寡之人虽然社会竞争力不足，
但也大多会通过自身劳动以求得温饱，如宋人诗文中所描述之勤劳耕作的老农、
老妇，"老翁七十自腰镰"③"老妇勤机杼"；④"老农锄水子收禾，老妇攀机
女掷梭"；⑤"丈夫力耕长忍饥，老妇勤织长无衣"。⑥更有甚者，蔡襄即说洪
州有年老而贫者甚至代人受狱"以资其家"者。⑦个人能力有所不足者，虽然
难以致富，但大多积极生产，希望改变贫困现状。如秀州尹大"其家本微，致
力治生，虽无田庄，而浮财颇裕"；⑧抚民冯四，"家贫不能活"，携家逃于
宜黄为大姓佃田，"遂力农治园，经二十年，幼者亦娶妇，生涯仅给"。⑨另
一方面，民间互助组织开始兴起，是民众之间结成的互助性质的社会，对于生
活困难、疾病残疾和婚丧嫁娶进行资助。李元弼说，"民间多作社，俗谓之
保田蚕、求福禳灾而已"，⑩可见当时民间结社互助的现象极为普遍。如敦煌
私社，即是通过"义聚"以"备凝凶祸""赈济急难"，其中很重要的内容就
是"结社相资"以助葬和在春荒时节贷口粮和种子。⑪又如新安之社，《新安志·风
俗》中载，"愚民嗜储积，至不欲多男，恐子益多而赀分始少。苏公谪为令，

---

① [宋]洪迈：《夷坚志补》卷15《李五七事神》，中华书局，1981年点校本，第1692页。

② [宋]洪迈：《夷坚甲志》卷15《毛氏父祖》，中华书局，1981年点校本，第134页。

③ [宋]苏轼：《苏轼诗集》卷9《山村五绝》，中华书局，1982年点校本，第438页。

④ [宋]张九成：《张九成集·横浦集》卷2《拟古》，浙江古籍出版社，2013年点校本，第23页。

⑤ [宋]华岳：《翠微南征录》卷10《田家十绝》，四部丛刊本。

⑥ [宋]徐照：《芳兰轩诗钞·促促词》，商务印书馆，1936年万有文库第二集七百种宋诗钞本，
第2255页。

⑦ [宋]蔡襄：《蔡襄全集》卷33《尚书屯田员外郎赠光禄卿刘公墓碣》，福建人民出版社，1999
年点校本，第736页。

⑧ [宋]洪迈：《夷坚支癸志》卷6《尹大将仕》，中华书局，1981年点校本，第1262页。

⑨ [宋]洪迈：《夷坚三志壬》卷1《冯氏阴祸》，中华书局，1981年点校本，第1471页。

⑩ [宋]李元弼：《作邑自箴》卷6《劝谕民庶榜》，四部丛刊本。

⑪ 参见郝春文：《敦煌私社的"义聚"》《中国社会经济史研究》1989年第4期。

与民相从为社，民甚乐之"。① 即是通过结社储蓄用以养老之用。与此同时，民众还会向政府求助。宋朝民众已具有一定的权利意识，他们会根据法律规定，向政府陈诉灾伤困穷，请求减轻赋役负担，要求政府发放赈济钱米，这点在灾荒期间更加普遍，在前文中已述及。

## 二、精英认知与应对

所谓精英，即掌握着一定的政治、经济、社会、文化等资源的社会成员。本书中的精英主要指拥有政治地位和社会地位的中上层群体，其中以官员士大夫为主体。我们也从文化层面和现实层面来讨论精英对个体性贫困的认知和应对。

### （一）文化层面

从文化层面看，与精英对于社会性贫困的认知相似的是，宋朝精英在对个体性贫困的认知上也主张天命说，即认为贫困由天命所定，非人力所能改变。这主要针对的是先天性贫困者，这种解释与民众对贫困的文化认知类似，也带有道德性的特征，但不同于民众对宿命论的强调，精英更多是从学理性出发来认知个体性贫困问题。如前所述，以理学家为代表的宋朝精英承袭了儒家的天命说，将贫困问题归结于天命所定，认为贫富贵贱都由上天安排的，是每个人的命数。二程说："贫富有命"②"富贵、贫贱、寿夭，是亦前定。"③张载也说，"富贵贫贱者皆命也。今有人均为勤苦，有富贵者，有终身穷饿者，其富贵者即是幸会也。求而有不得，则是求无益于得也"。④ 即便同样的辛勤劳作，有人富贵，有人却始终处于贫困不继的状况。在二程和张载之后，南宋理学家如朱熹、陆九渊、曾德秀等人进一步发展了贫困的天命说，他们都将贫困问题归结于天命所定，认为"贫贱不能损得，富贵不曾添得"，很多人"戚戚于贫贱，

---

① ［宋］罗愿：《新安志》卷1《风俗》，《宋元方志丛刊》影印本，中华书局，1990年，第7604页。

② ［宋］程颢、程颐：《二程集·河南程氏遗书》卷4《游定夫所录》，中华书局，1981年点校本，第69页。

③ ［宋］程颢、程颐：《二程集·河南程氏遗书》卷23《鲍若雨录》，中华书局，1981年点校本，第307页。

④ ［宋］张载：《张载集·拾遗》之《性理拾遗》，中华书局，1978年点校本，第374页。

汲汲于富贵"，都是因为不明白这一道理而白费力气。[1] 除理学家之外，另一位倡导天命说的知名人士是司马光，他认为"天者，万物之父也"，人必须要顺应天的意志，如果强行违抗天命，必然招致惩罚，"天使汝穷，而汝强通之；天使汝愚，而汝强智之，若是者，必得天刑"，因此，"智愚勇怯贵贱贫富，天之分也"，不能"僭天之分"。[2] 与此同时，精英也会受到民众认知的影响，对于宿命说也有一定的主张，如《夷坚志》中《王嘉宾梦子》一则讲到，王嘉宾"在汉州梦至一处"，当为仙境，其在此处抱一儿归，乃是"贫弱之民子孙也"，后生子既长，"愚鲁不解事"，因其来处寒陋，[3] 即认为贫民子弟皆是资质愚钝的。

基于贫困天定的思想，精英一方面并不讳言贫困，甚至赞扬贫困，倡导"安贫乐道""俭以养德"，以此树立其道德形象，这在宋朝墓志中表现明显。[4] 正因为此，除了那些因为奢侈懒惰而无力营生者，大多数贫困者在宋朝社会不必承受道德上的指责。不仅如此，如前所述，他们在先天性贫困的认知上倾向于天命说，即认为"富贵贫贱者皆命也。今有人均为勤苦，有富贵者，有终身穷饿者，其富贵者即是幸会也。求而有不得，则是求无益于得也"。[5] 既然贫困源于天定，是人力无法改变的，那就应该顺应天命，安守本分，甘于贫困。而另一方面，精英也出于"仁义"思想，通过积极关注并帮助贫者，以此实现其作为儒士的道德完善目标。儒家历来以"仁义"为宗旨，"仁者人也，亲亲为大；义者宜也，尊贤为大。亲亲之杀，尊贤之等，礼所生也"。[6]《礼记·礼运》云："大道之行也，天下为公，选贤与能，讲信修睦。故人不独亲其亲，不独子其子。使老有所终，壮有所用，幼有所长，矜、寡、孤、独、

---

① [宋] 黎靖德编：《朱子语类》卷13《学七·力行》，北京：中华书局，1986年，第241页。

② [宋] 司马光：《司马文正公传家集》卷74《士则》《辩庸》，商务印书馆，1937年《万有文库》本，第906-907页。

③ [宋] 洪迈：《夷坚支景志》卷3《王嘉宾梦子》，中华书局，1981年点校本，第897页。

④ 参见 [美] 柏文莉：《权力关系：宋代中国的家族、地位与国家》，江苏人民出版社，2015年版，第20页。

⑤ [宋] 张载：《张载集·拾遗》之《性理拾遗》，中华书局，1978年点校本，第374页。

⑥ [清] 孙希旦撰：《礼记集解》卷50《中庸第三十一》，中华书局，1989年《十三经清人注疏》点校本，第1296页。[宋] 朱熹：《中庸章句大全下》，武汉大学出版社，2009年《四书大全校注》本，第195页。

废、疾者，皆有所养。"①《孟子·梁惠王上》曰："老吾老，以及人之老；幼吾幼，以及人之幼"，②又说："恻隐之心，人皆有之。"③因此，以儒学为主流思想的宋朝精英群体极为重视"仁义"，并将其视为完善个人道德和社会道德的重要内容。张载曾作《西铭》，谓："大君者，吾父母宗子，其大臣，宗子之家相也。尊年高所以长其长，慈孤弱所以幼其幼。圣其合德，贤其秀也。凡天下疲癃残疾茕独鳏寡，皆吾兄弟之颠连而无告者也。"④这番言论后来成为宋朝精英广为效仿的经典之说。苏轼说，"躬履仁义，著迹乡党。积累深厚，见于子孙"。⑤刘敞说："凡天下有至理，此盈者彼虚，此厚者彼薄，是自然之不可易者也。故为仁者不富，为富者不仁，亦若此矣。夫仁人之为身，必将先义而后利，先德而后禄，以礼为法，以智为辅，以文为表，以义为内，非其道，虽加千乘之利不悦焉；非其志，虽加万钟之禄不取焉，此仁人之所以为身也。此其为身，所以无富之称也。及其为家，则正其居处以应法，薄其奉养以应礼，均其有余以济不足，言其利以去其贪，此仁人之所以为家也，此其为家所以无富之名也。"⑥吕陶说："天之生斯人，皆可以为善也……夫恻隐之心，而谓之仁，人皆有也。仁之失，则徇爱而少断；羞恶之心，而谓之义，人皆有也，义之失，则多忍而寡恩。"⑦正是基于此，宋朝精英在民间慈善活动上，更多关注的是自身道德完善问题，而对于慈善的实际结果却并不过多强求。

### （二）现实层面

从现实层面看，宋朝精英主张材性说，即认为贫困由个体的才智能力不足和懒惰奢侈等所导致。所谓智识有优劣高下之差，性情有进取懈怠之分，营生有奢俭勤惰之别，都是导致贫富分化和加大贫富差距的重要因素。这主要针对

---

① ［清］孙希旦撰：《礼记集解》卷21《礼运第九之一》，中华书局，1989年《十三经清人注疏》点校本，第582页。
② 《诸子集成·孟子正义》卷1《梁惠王章句上》，中华书局，1954年版，第51—52页。
③ 《诸子集成·孟子正义》卷11《告子章句上》，中华书局，1954年版，第446页。
④ ［宋］张载：《张横渠集》卷一《西铭》，中华书局，1985年丛书集成本，第2页。
⑤ ［宋］苏轼：《苏轼文集编年笺注》卷38《祖保枢鲁国公》，巴蜀书社，2011年，第643页。
⑥ ［宋］刘敞：《公是集》卷39《为仁不富论》，中华书局，1985年丛书集成本，第466页。
⑦ ［宋］吕陶：《净德集》卷17《教以防其失论》，中华书局，1985年丛书集成本，第183页。

的是后天性贫困者，精英往往认为其贫困是因为贫困者自身缺乏积极谋取财富的精神和获取财富的能力。对于贫困者材性的批判早已有之。如《墨子》说，"昔上世之穷民，贪于饮食，惰于从事，是以衣食之财不足，而饥寒冻馁之忧至"。① 《史记·货殖列传》也说，"贫富之道莫之夺予，而巧者有余，拙者不足"。② 北魏贾思勰认为贫困源自个人懒惰和耽于享乐，"勤力可以不贫"，"穷窘之来，所由有渐"，即便丰裕的家庭，如果不知勤俭积蓄，也会慢慢陷入贫困。③ 在北宋商品经济繁荣和社会竞争加剧的背景下，个人材性显得更加重要。因此，宋朝精英对于材性说论述颇多。司马光认为，贫富是由于人们的"材性愚智"不同造成的，"富者智识差长，忧深思远，宁劳筋苦骨，恶衣菲食，终不肯取债于人，故其家常有赢余而不至狼狈也。贫者呰窳偷生，不为远虑，一醉日富，无复赢余，急则取债于人，积不能偿，至于鬻妻卖子，冻馁填沟壑而不知自悔也。"④ 富者见识远虑故能勤俭致富，而贫者目光短浅，没有长远计划，只顾当前享乐，才会愈加贫困。从这个角度上来说，司马光认为贫困是有其存在的必要性的，因为"夫使稼穑者饶乐，而惰游者困苦，则农尽力矣"。也就是贫困会成为推动农民勤劳和生产发展的一个激励因素，"农尽力则田倍收，而租有余矣"。⑤ 因此，司马光在其《家范》中警示子孙说："使其子孙果贤耶，岂蔬粝布褐不能自营，至死于道路乎？若其不贤耶，虽积玉满堂，奚益哉？多藏以遗子孙，吾见其愚之甚也。"认为不需要给子孙遗留大量财产，应该学习圣贤，"圣人遗子孙以德以礼，贤人遗子孙以廉以俭"。⑥ 李觏也提出"各从其能，以服其事"，应该根据个人能力选择从事的职业，才能"人各有事，事各有功，以兴材征，以济经用"。⑦ 他认为，不论什么营生之道，要想致富必须要有明确的目标、相应的才能、坚定的心志，还需审时度势把握机遇，再加

---

① 《诸子集成·墨子间诂》卷9《非命上》，中华书局，1954年版，第167页。

② ［汉］司马迁：《史记》卷129《货殖列传六九》，中华书局，1959年点校本，第3325页。

③ ［北魏］贾思勰：《齐民要术·自序》，中华书局，1956年版。

④ ［宋］司马光：《司马温公集编年笺注》卷41《乞罢条例司常平使疏》，巴蜀书社，2009年点校本，第47页。

⑤ ［宋］司马光：《上仁宗论理财三事乞置总计使》，收录于赵汝愚编：《宋朝诸臣奏议》卷102，上海古籍出版社，1999年点校本，第1093页。

⑥ ［宋］司马光：《家范》卷2《祖》，明天启六年刻本。

⑦ ［宋］李觏：《李觏集》卷6《国用第三》，中华书局，1981年点校本，第77页。

上自身的勤奋努力。富人之成功大多因为他们"心有所知，力有所勤，夙兴夜寐，攻苦食淡，以趣天时，听上令也"。① 苏轼说，富人之获利并非是所谓的天命所定，乃是因为他们能够为人所信服，拥有可以助其成事的人际关系网络，并且"夫事之行也有势，其成也有气"，富人能够"乘其势而袭其气也"，通过自身努力把握机遇获取财富。② 苏颂也说："人生在勤，勤则不匮。户枢不蠹，流水不腐，此其理也"③，认为勤能致富。其后，南宋精英承袭了对贫困的材性解释，并以浙东事功学派为代表将其进一步发展，认为"贫富不齐"是社会常态，"高卑小大，则各有分也；可否难易，则各有力也"，④ 社会财富本就是分配不均的，应该"听其自尔"。⑤ 而人之所以有贫富之分，乃是由于富者与贫者的材性差异，个人及其所在群体的才智、价值判断、思维观念、行为能力、勤奋程度和生活方式等都被认为是决定贫富的重要因素。

对于先天性贫困者，精英虽然认为"富贵贫贱者皆命也"，但统治者仍对这些贫困者负有一定的责任。所谓"天民之穷而无告者"，既然穷者是"天民"，君主作为"代天者"，理应对其有养济之责。⑥ 而后天性贫困者，精英虽然认为其是由于材性所限而贫困，在道义上并不应该予以救助，但他们却容易成为影响社会稳定和国家统治的祸源，"贫民无业，又将起而为盗"，⑦ 因此出于国家统治和社会稳定的需要，也要"惠活鳏寡，塞祸乱原"。⑧ 因此，北宋精英一方面积极推动政府保障活动，另一方面亦参与推动民间慈善活动。

首先，官员士大夫是精英中的主体，他们在官职任上会积极践行政府对个体性贫困者的救济措施，并推动政府保障的落实到位和完善发展。如陈次升曾向哲宗上言，建议宋廷取消20亩土地以下两丁之家的保甲冬教，其称："缘

---

① [宋] 李觏：《李觏集》卷 8《国用第十六》，中华书局，1981 年点校本，第 90 页。

② [宋] 苏轼：《苏轼文集》卷 4《思治论》，中华书局，1986 年点校本，第 118 页。

③ [宋] 朱熹纂集：《三朝名臣言行录》卷 11《丞相苏公》，四部丛刊本。

④ [宋] 陈亮：《陈亮集》卷 4《问答下》，中华书局，1987 年点校本，第 44 页。

⑤ [宋] 陈亮：《陈亮集》卷 13《问汉豪民商贾之积蓄》，中华书局，1987 年点校本，第 153 页。

⑥ [宋] 陈普：《石堂先生遗集》卷 5《召南羔羊》，明万历三年薛孔洵刻本。

⑦ [宋] 朱熹：《朱子全书·晦庵先生朱文公文集》卷 96《少师观文殿大学士致仕魏国公赠太师谥正献陈公行状》，上海古籍出版社、安徽教育出版社，2002 年点校本，第 4473 页。

⑧ [宋] 朱熹：《朱子全书·晦庵先生朱文公文集》卷 77《建宁府崇安县五夫社仓记》，上海古籍出版社、安徽教育出版社，2002 年点校本，第 3722 页。

贫下之人，其田不及二十亩，效力以求日给，若令上教，则废为生之道，官中虽给口食，不足以偿所费，其家无以养。兼老病羸弱之人，既难以筋力从事，其养生必赖于壮者。若是两丁之家，一丁老病，而又令壮丁代教，则老病者必致失所。窃闻此法既行，人欲避免保丁，有卖尽土地者，有分析生产者，或称父母年老，或分房向外，或令女婿出外乞破丁。人情如此，理当安存？"① 可见也是为了避免出现更多老而无依的先天性贫困者。又如嘉祐以前诸路即有广惠仓"以救恤孤贫"，② 后韩琦于嘉祐二年（1057 年）上请广泛设立广惠仓，以户绝田产所获收益惠养"在城老幼贫乏不能自存者"，得以推广各路，成为恤穷的正式机构。哲宗元祐二年（1087 年），范祖禹上《乞不限人数收养贫民札子》，推动了居养法的确立，③ 并得以在全国各地广泛设立居养院。针对贫病之人，王禹偁于咸平四年（998 年）上言请设病囚院，以隔离治疗病囚，得以下诏推广。④ 苏轼于元祐四年（1089 年）在杭州设立安乐坊，以收治贫病之人，⑤ 并买田收租，"以养天民之穷者"。⑥ 而在灾荒时期，个体性贫困者，尤其是"鳏寡孤独、跛眇废疾，不能自存之人"，⑦ 更为优先救济对象。如"李钰赈济法"，即将灾伤民户划分为四等抄札，"仁字系有产税物业之家；义字系中下户，虽有产税，灾伤实无所收之家；礼字系五等下户及佃人之田并薄有艺业，而饥荒难于求趁之人；智字系孤寡贫弱疾废乞丐之人。除仁字不系赈救，义字赈粜，礼字半济半粜，智字并济，并给历计口如常法，惟济米预散榜文，十月（日）一次委官支。毗陵与鄱阳尝行此法，民至于今称之"。⑧ 又如苏轼

---

① ［宋］陈次升：《上哲宗乞保甲地土不及二十亩》，收录于曾枣庄、刘琳主编：《全宋文》卷2240，上海辞书出版社、安徽教育出版社，2006 年点校本，第 102 册，第 353 页。

② ［宋］范祖禹：《上哲宗乞不限人数收养贫民札子》，收录于赵汝愚编：《宋朝诸臣奏议》卷66，上海古籍出版社，1999 年点校本，第 1118 页。

③ "元符元年，诏'鳏寡孤独贫乏不能自存者，以官屋居之，月给米、豆，疾病者仍给医药'，此即'居养法'（［清］徐松辑：《宋会要辑稿》食货 60 之 1，上海古籍出版社，2014 年点校本，第 7415 页）。）。

④ ［清］徐松辑：《宋会要辑稿》刑法 6 之 52，上海古籍出版社，2014 年点校本，第 8559 页。

⑤ ［宋］李焘：《续资治通鉴长编》卷 435，元祐四年十一月甲午条，中华书局，1993 年点校本，第 10496 页；［清］徐松辑：《宋会要辑稿》食货 68 之 130，上海古籍出版社，2014 年点校本，第 8033 页。

⑥ ［宋］施谔：《淳祐临安志》卷 7《养济院》，中华书局，1990 年《宋元方志丛刊》影印本。

⑦ ［宋］董煟：《救荒活民书》卷 3《程迥代能仁院赈济疏》，中华书局，1985 年丛书集成本，第 69 页。

⑧ ［宋］董煟：《救荒活民书》拾遗《李钰赈济法》，中华书局，1985 年丛书集成本，第 86-87 页。

在密州赈济饥荒时，"盘量宽剩，得数百石，专储以养弃儿"。① 大多数情况下，后天性贫困者都不被列入政府救济的范围，并历来受到社会精英的批判，但也有例外，如程颐就认为后天性贫困者也应该成为救济对象，救济"不给浮浪游手，无是理也。平日当禁游惰，至其饥饿，则哀矜之一也"。②

其次，宋朝精英作为社会中上层，普遍掌握着较多的社会财富，会积极参与并推动民间慈善活动。

一方面，他们对宗族中的先天性贫困者进行积极救济。敬宗收族的思想在宋得到了大力提倡，如张载提出："管摄天下人心，收宗族、厚风俗，使人不忘本，须是明谱系世族与立宗子法。宗法不立，则人不知统系来处。古人亦鲜有不知来处者。宗子法废，后世尚谱牒，犹有遗风。谱牒又废，人家不知来处，无百年之家，骨肉无统，虽至亲，恩亦薄。……宗子之法不立，则朝廷无世臣。且如公卿一日崛起于贫贱之中以至公相，宗法不立，既死遂族散，其家不传。宗法若立，则人人各知来处，朝廷大有所益。或问：'朝廷何所益？'公卿各保其家，忠义岂有不立？忠义既立，朝廷之本岂有不固？今骤得富贵者，止能为三四十年之计，造宅一区及其所有，既死则众子分裂，未几荡尽，则家遂不存，如此则家且不能保，又安能保国家！"③ 在敬宗收族思想的推动下，以文人士大夫为主体的社会精英往往将周济宗亲视为自己理所应当的责任。"人之姑姨姊妹，及亲戚妇人，年老而子孙不肖，不能供养者，不可不收养。"④ 如杜衍，以其俸入之余，"以给亲族之贫者"。⑤ 韩琦，"内外宗族，割俸以养之者，常十数家……恩例，常先旁族故旧之子孙贫而无托者"。⑥ 程伯温，"所得俸钱，分赡亲戚之贫者"。⑦ 程濬，将"族属贫者聚而衣食，养孤女寡妇而嫁之者凡

① ［宋］黄震：《黄震全集·黄氏日抄》卷67《范石湖文·奏状》，浙江大学出版社，2013年点校本，第1989页。

② ［宋］程颢、程颐：《二程集·河南程氏文集》卷8《不与人论立赈济法事》，中华书局，1981年点校本，第586页。

③ ［宋］张载：《张载集·经学理窟》之《宗法》，中华书局，1978年点校本，第259页。

④ ［宋］袁采：《袁氏世范》卷1《睦亲·收养亲戚当虑后患》，中华书局，1985年丛书集成本，第21页。

⑤ ［宋］吕祖谦：《少仪外传》卷上，中华书局，1985年丛书集成本，第17页。

⑥ ［宋］韩琦：《韩魏公集》卷19《家传》，中华书局，1985年丛书集成本，第264页。

⑦ ［宋］赵善璙：《自警篇》卷3《赈族》，中华书局，1985年丛书集成本，第77页。

六人"。① 孙抃,在眉山为大族,族中贫而无依者甚众,"闻公归,皆来取给,公竭资以周其费"。② 不仅以自身俸禄给予宗族内贫而无依者短时间救济,精英还兴办义庄和义田,给予贫困无依的族人长时期的保障。范仲淹于皇祐元年(1046年)以其积蓄钱财买入良田千亩,成为范式家族"义田","以养济群族"。③ 不仅赡养其宗族,甚至"乡里、外姻、亲戚如贫窘中非次急难或遇年饥不能度日,诸房同共相度诣实,即于义田米内量行济助"。④ 此后,范氏义庄得以延续,并且带动了各地义庄的兴起。这标志着宗族内的慈善"确立了制度化的模式"。⑤ 当然,也有不少义庄申明只养济族中贫困无依者,如刘辉"哀族人之不能为生者,买田数百亩以养之";⑥ 向子諲办义庄是为"赡宗族贫者";⑦ 吴奎"以钱二千万,买田北海,号曰义庄,以周亲戚朋友之贫乏者"。⑧

另一方面,他们对乡里或是治下辖区中的先天性贫困者进行积极救济。所谓远亲不如近邻,基于地缘认同和乡里舆论,宋朝精英对于乡里间的互助极为重视。范仲淹说:"吾吴中宗族甚众,于吾固有亲疏,然以吾祖视之,均是子孙,固无亲疏也,吾安得不恤其饥寒哉?且自祖宗来积德百余年,而始发于吾,得至大官,若独享富贵而不恤宗族,异日何以见祖宗于地下,亦何以入家庙乎?"⑨ 可见不仅将宗族内救济视为自身责任,也同样延及邻里乡党。故精英对于邻里的救助亦是颇为积极,如陈光庭,"捐田八十亩以其谷置义冢,收遗骸,及资贫不能婚嫁、病不能医者"。⑩ 戚同文,"乡里之饥寒及婚葬失其所者,皆力

① [宋]吕陶:《净德集》卷21《太中大夫武昌程公墓志铭》,中华书局,1985年丛书集成本,第241页。
② [宋]苏颂:《苏魏公文集》卷63《朝请大夫太子少傅致仕赠太子太保孙公行状》,中华书局,1988年点校本,第963页。
③ [宋]范仲淹:《范文正公集》卷8《钱公辅·义田记》,中华书局,1985年丛书集成本,第106页。
④ 周鸿度等:《范仲淹史料新编》,沈阳出版社,1989年版,第117—118页。
⑤ 参见张文:《宋朝民间慈善活动研究》,西南师范大学出版社,2005年版,第164页。
⑥ [宋]王辟之:《渑水燕谈录》卷4《忠孝》,上海古籍出版社,2012年点校本,第26页。
⑦ [宋]汪应辰:《文定集》卷21《徽猷阁直学士右大中大夫向公墓志铭》,中华书局,1985年丛书集成本,第262页。
⑧ [宋]刘邠:《彭城集》卷37《吴公墓志铭》,中华书局,1985年丛书集成本,第492页。
⑨ [宋]范仲淹:《范文正公集》附录《范文正公年谱》,中华书局,1985年丛书集成本,第415页。
⑩ 《永乐乐青县志》卷7《人物》,1982年《天一阁藏明代方志选刊》影印本。

赈之"。① 临邛人张元老，乐善好施，不仅赈恤亲属，也惠及邻里，其死后，"凡
三族之亲，及其乡之士大夫，闻而哭曰：'义士死矣！今而后吾属有患难，谁
其恤？'里巷之耆叟耋妇与其孤童弱女，闻而哭曰：'仁者亡矣！今而后吾家
有窘困，谁其济？'"② 应山连处士为善乡里，照顾乡里弱势群体，去世之时，
"其矜寡孤独凶荒饥馑之人皆曰：'自连公亡，使吾无所告依而生以为恨'"。
饥荒之岁，"出谷万斗以粜，而市谷之价卒不能增，及旁近县之民皆赖之"。③
钱塘人蔡某，"赡及乡里，施予不倦。族人与君别籍，既而复求分财，君亦推
与。族人后贫不能自存，又收养之。君之家，疏远而聚居者百余人，存抚教导，
凡五十余年，始卒如一。乡里宗族，于君无怨尤，而更称誉君。殿中丞卢君中
甫曰：'凡富而多怨者，专利而不顾也。愈富则愈纤啬，剥刻徼射，人与为仇。
蔡君则不然，其于乡里，视贫下者愈矜之，厚施而薄责，故远近归心'"。④
这些为善乡里的社会精英，都得到了民众的赞颂称道。此外，官员在其任职期
间，也会积极参与当地的恤穷活动，如李若谷见"民贫失婚姻者"，以其私钱
"助其嫁娶"。⑤ 沈遘见"民或贫不能葬，给以公钱，嫁孤女数百人"。⑥ 英宗
治平二年（1065 年），沈遘知杭州，对"人有贫不能葬者及女子孤无以嫁者，
以公使钱葬嫁数百人"。⑦ 文彦博私人捐资于洛阳设立药寮，"凡郊野之民无
有远迩，与道路之往来有疾病者"，都可以得到医治。⑧ 正如苏洵所说，"少
而孤则老者字之，贫而无归则富者收之"，⑨ 这是宋朝精英认为乡里之间应有

① [宋]文莹：《玉壶清话》卷 1，上海古籍出版社，2012 年《历代笔记小说大观》本，第 69 页。

② [宋]吕陶：《净德集》卷 26《故光禄寺承致仕张君墓志铭》，中华书局，1985 年丛书集成本，
　第 281 页。

③ [宋]欧阳修：《欧阳修全集》卷 24《连处士墓表》，中华书局，2001 年点校本，第 377 页。

④ [宋]刘颁：《彭城集》卷三七《故将侍郎郡守太子中允致仕赐绯鱼袋蔡君墓志铭》，中华书局，
　1985 年丛书集成本，第 495 页。

⑤ [元]脱脱等：《宋史》卷 291《李若谷传》，中华书局，1977 年点校本，第 9739-9740 页。

⑥ [元]脱脱等：《宋史》卷 331《沈遘传》，中华书局，1977 年点校本，第 10652 页。

⑦ [宋]李焘：《续资治通鉴长编》卷 205，治平二年七月辛巳条，中华书局，1993 年点校本，第
　4980 页。

⑧ [宋]范祖禹：《龙门山胜善寺药寮记》，收录于曾枣庄、刘琳主编：《全宋文》卷 2147，上海
　辞书出版社、安徽教育出版社，2006 年点校本，第 98 册，第 283 页。

⑨ [宋]苏洵：《苏洵集》卷 18《苏氏族谱亭记》，语文出版社，2001 年《三苏全书第 6 册》点校本，
　第 249 页。

的风气。当然，慈善是不带有私利目的的，但事实上社会精英在进行这样的救济活动时，往往也是带有一定的目的性的。有人以行善积德为宗旨，如《夷坚志》中《吴庚登科》所载，合州赤水县吴五承事，"其家颇饶于财"，因四世单传，故"专务阴德，凡可以济众振贫者，无所不尽"，后果然生两男，次子吴庚得以登科，因其家"累世阴骘，彰闻天地，神祇故以善祥相报尔"。① 又如亳州蓝方说，"今之世有跛一足、眇一目不能自有者，皆天地之废民，能赈恤之，亦有功行"。② 而在现实意义上，乡村的富民士绅、城市的工商业者以及地方上的乡居士人和退居官员，往往会借由济贫恤穷、修桥铺路等民间慈善和社会公益活动提升自身在地方社会中的话语权力与控制能力，进而成为地方精英分子。可以说，"民间济贫恤穷活动是各种地方精英及各种民间组织取得地方社会控制权力的最主要途径，进一步说，民间慈善是促进地方社会发育的主要动力"。③ 同时，地方官员与地方精英分子也通过地方上的自我赈济，一方面树立其在本地的威望与权力，另一方面缓解贫富矛盾，加强社会控制，稳定地方社会秩序。

## 三、政府认知与应对

基于"家国同构"的社会政治结构，中国古代的国家伦理带有强烈的血缘性特征。"天子作民父母，以为天下王"，④ 统治者对民众负有理所应当的社会责任，这可以说是一种"家庭责任"。这种社会责任主要表现为从先秦延续下来的重民思想和仁政思想。其中，尤其是对于以鳏寡孤独为主体的穷民尤为关注，《管子》载："论孤独，恤长老"⑤ "养长老，慈幼孤，恤鳏寡，问疾病，

① ［宋］洪迈：《夷坚支丁志》卷1《吴庚登科》，中华书局，1981年点校本，第977页。
② ［宋］刘斧：《青琐高议·后集》卷10《蓝先生续补》，《历代笔记小说大观》本，上海古籍出版社，2012年，第128页。
③ 张文：《济贫恤穷活动与宋朝民间社会的兴起》《郑州大学学报》（哲学社会科学版），2006年第6期。
④ ［清］孙星衍撰：《尚书今古文注疏》卷12《洪范第十二下》，中华书局，1989年《十三经清人注疏》点校本，第36页。
⑤ 《诸子集成·管子校正》卷14《四时》，中华书局，1954年版，第240页。

吊祸丧""衣冻寒，食饥渴，匡贫窭，振罢露，资乏绝"①"养老长弱，完活万民。"②因为穷民乃所谓"天民之无告者"，是上天令其失去依靠，故而身为"天子"的君主理应予以养恤。因此，"怀保小民，惠鲜鳏寡"历来被认为是政府重要的社会责任。③

宋政府对于个体性贫困的重视主要源于两个原因：其一，北宋建立，取消了对民授田，大量先天性贫困者失去了体制的庇护，较之前代失去了其基本的生活保障来源，更容易陷入赤贫的境地，也致使北宋个体性贫困者较之前代的人数更多。因此，为民父母的宋政府自然需要给予这些"贫而无告者"更多的关注，而对他们的救济则是宋政府施行"仁政"的重要内容之一。其二，个体性贫困者，尤其是其中的后天性贫困者，极易成为社会的不稳定因素，政府必须予以干预。如真宗景德三年（1006 年）十月诏书称，陕西沿边州郡"游惰之民聚而蒱博，急则为盗，恣扰乡闾"。④

对于个体性贫困的认知和应对，政府也是从文化和现实两个层面展开的。

## （一）文化层面

宋政府在其诏书与法律文件中，多将鳏寡孤独者称为"天穷"⑤"天之穷民"⑥，可见，其认为被称为"穷民"的先天性贫困者是由天命所定。而具体来说，《宋刑统》中规定："诸鳏寡孤独，贫穷老疾，不能自存者，令近亲收养；若无近亲，付乡里安恤。"⑦可见政府认为，这些先天性贫困者产生的首要原因是近亲的缺失和邻里的疏远。因此，政府试图通过对社会观念的引导来推动地方社会即亲族和邻里对先天性贫困的应对，大力倡导家族聚居，下达关于分家的禁令。政府大力提倡以家族、宗族的方式救助弱势群体。政府主张家族聚居，

---

① 《诸子集成·管子校正》卷 3《五辅》，中华书局，1954 年版，第 48 页。[清]洪颐煊：《管子义证》卷一之三《五辅第十》，清嘉庆二十四年刻本。

② 《诸子集成·管子校正》卷 17《禁藏》，中华书局，1954 年版，第 289 页。

③ [清]孙星衍撰：《尚书今古文注疏》卷 21《无逸》，中华书局，1989 年《十三经清人注疏》点校本，第 441 页。

④ [清]徐松辑：《宋会要辑稿》刑法 2 之 7，上海古籍出版社，2014 年点校本，第 8285 页。

⑤ 《宋大诏令集》卷 5《应天广运仁圣文武至德皇帝册文》，中华书局，1962 年点校本，第 20 页；《宋大诏令集》卷 117《命考制度使诏》，中华书局，1962 年点校本，第 396 页。

⑥ 《宋大诏令集》卷 186《监司分按居养安济漏泽诏》，中华书局，1962 年点校本，第 681 页。

⑦ [宋]窦仪等：《宋刑统》卷 12《户婚律·脱漏增减户口》，法律出版社，1999 年点校本，第 215 页。

《宋刑统·户婚律》规定，"诸祖父母、父母在，而子孙别籍、异财者，徒三年。若祖父母、父母令别籍，及以子孙妄继人后者，徒二年，子孙不坐。……诸居父母丧生子，及兄弟别籍异财者，徒一年"。[①]虽然实际施行的过程中并未严格遵照条法，但可见宋政府对于大家族共居的提倡。北宋政府还大量旌表同族义居家族，《宋史·孝义传》中受到旌表的家族多达 50 家。政府诏令中也多次强调要对"孝子顺孙、义夫节妇"进行具名褒奖，[②]以引导社会风气。与此同时也颁布诏令引导近亲及族属对先天性贫困者的照顾。如建隆四年（963 年）七月，武胜军节度使张永德上言："当道百姓家有疾病者，虽父母亲戚，例皆舍去，不供饮食医药，疾患之人多以饥渴而死。习俗既久，为患实深。已喻今后有疾者，不计尊幼，并须骨肉躬亲看视，如更有违犯，并坐严科。"太祖诏从之。[③]又乾德六年（968 年）六月十一日，太祖诏曰："厚人伦者莫大于孝慈，正家道者无先于敦睦。况犬马尚能有养，而父子岂可异居？有伤化源，实玷名教。近者西川管内及山南诸州相次上言，百姓祖父母、父母在者，子孙别籍异财，仍不同居。诏到日，仰所在长吏明加告诫，不得更习旧风，如违者并准律处分。"[④]虽然这样的诏令见效甚微，但可看出宋政府的倾向。在家族、邻里之后，作为承袭上天意志治理万民的统治者，理所应当对这些"天民之无告者"抱有怜悯之心和负起相应的责任。

而对于后天性贫困者，政府认为其贫困主要源自自身的懒惰和不积蓄，因此，政府也会通过劝勤、劝俭的诏令试图引导后天性贫困者。所谓"生民在勤"，[⑤]政府多次下诏劝民勤稼穑，并劝民节俭积蓄。如太祖乾德二年（964 年）诏令地方官员要劝民积蓄，使民"岁有余粮"。[⑥]太宗太平兴国七年（982 年）诏曰："《传》云：'人生在勤，勤则不匮'。故一年耕则有三年之食，百日劳则有一日之息，所以敦本厚生、足兵足食之大略也。如闻南亩之地，污莱

---

① [宋]窦仪等：《宋刑统》卷 12《户婚律·父母在及居丧别籍异财》，法律出版社，1999 年点校本，第 216 页。

② 参见《宋大诏令集》卷 117《命考制度使诏》（中华书局，1962 年点校本，第 397 页）、卷 136《申告上圣号赦文》（中华书局，1962 年点校本，第 479 页）。

③ [清]徐松辑：《宋会要辑稿》刑法 2 之 1，上海古籍出版社，2014 年点校本，第 8281 页。

④ [清]徐松辑：《宋会要辑稿》刑法 2 之 1-2，上海古籍出版社，2014 年点校本，第 8281 页。

⑤ 《宋大诏令集》卷 182《赐郡国长吏劝农诏》，中华书局，1962 年点校本，第 658 页。

⑥ 《宋大诏令集》卷 182《劝农诏》，中华书局，1962 年点校本，第 658 页。

尚多；比屋之民，游惰斯众。岁稔则犬马或余于粱肉，年饥则妻子不厌于糟糠。罕能固穷，遂至冒法。……今膏泽屡降，牟麦将登，当及此时，便为储蓄。应州县长吏，限诏到日告谕乡民：常岁所入除租调外，不得以食犬彘，多为酒醪；嫁娶丧葬之具，并从简俭；少年无赖辈相聚蒲博饮酒者，邻里共捕之。"①真宗天禧二年（1018 年）也诏劝民众要储蓄以防水旱之虞，"与其肆情于侈靡，曷若尽力于耕耘？所谓利用厚生，既富而教者也。如闻风俗，尚习浇浮，器用服装，动踰规制，车马屋室，日务僭奢。虽遇顺成，靡闻充积，时更小歉，田或未收，皆至匮空，莫得周给。念黎黔之有是，岂教导之未周？今年属丰登，下无徭役，戒其既往，诲以自新。宜令三京、诸路揭榜晓谕，常加察举，有孝悌力田、储蓄岁计者，长吏倍加存恤之"。②

### （二）现实层面

除了以诏令积极进行文化层面的引导，政府也积极从现实层面对个体性贫困予以应对。针对先天性贫困者，宋政府本着先付近亲乡里养恤，次予以优待，再加以收养救济的思路，采取了较多的应对措施。而对于后天性贫困者，政府认为其贫困源于自身的懒惰奢侈和能力不足，故历来不将其纳入政府保障的范畴。

首先，宋政府颁布"安恤法"，将先天性贫困者先付近亲、乡里养恤。前面已说到，政府认为造成先天性贫困的主要原因是家族庇护的缺失，因此在《宋刑统》中延续了唐代的规定："诸鳏寡孤独，贫穷老疾，不能自存者，令近亲收养；若无近亲，付乡里安恤。"③即将先天性贫困者交由家族和乡里进行养恤。但是，这条法令的实际施行效果却并不甚佳，如前所述，北宋家庭小型化和乡里制度变革的缘故，致使其并不能得以完全落实。为了推动亲族对孤老的养恤，元祐元年（1086 年）七月，左司谏王岩叟上言："臣伏以天下之可哀者，莫如老而无子孙之托，故王者仁于其所求，而厚于其所施。此遗嘱旧法，所以财产无多少之限，皆听其与也；或同宗之戚，或异姓之亲，为其能笃情义于孤老，所以财产无多少之限，皆听其与也；因而有取，所不忍焉。然其后献利之

---

① ［清］徐松辑：《宋会要辑稿》刑法 2 之 2，上海古籍出版社，2014 年点校本，第 8281—8282 页。
② 《宋大诏令集》卷 182《令储蓄诫奢借诏》，中华书局，1962 年点校本，第 660 页。
③ ［宋］窦仪等：《宋刑统》卷 12《户婚律·脱漏增减户口》，法律出版社，1999 年，第 215 页。

臣，不原此意，而立为限法，人情莫不伤之。不满三百贯文，始容全给，不满一千贯，给三百贯，一千贯以上，给三分之一而已。国家以四海之大、九州之富，顾岂取乎此？徒立法者累朝廷之仁尔。伏望圣慈特令复嘉祐遗嘱法，以慰天下孤老者之心，以劝天下养孤老者之意，而厚民风焉。如蒙开纳，乞先次施行。"①得到哲宗同意，施行天下。

其次，政府给予先天性贫困者以优待。政府长期对鳏寡孤独癃老废疾之人予以蠲免赋役的优待。如开宝五年（972 年）为修利堤防，劝课种蓻，按照户籍高低课民种榆柳及所宜之木，"其孤寡癃病者，不在此例"。②犯罪时予以免罚，如元丰五年（1082 年）开封府上言称，"诸老幼疾病犯罪应罚铜，而孤贫无以入赎者，取保矜放。本府日决狱讼，应赎者多孤寡贫乏，又无邻保，不免责厢巡状，以便取保之文。自今乞从本府审察，贫乏直行放免"，得以诏令从之。③此外，老弱病残之有亲属者，也能够得到一定的优待。如嘉祐四年（1059 年）规定，"男子百岁以上者，特推恩命；民父母年八十以上，复其一丁"，给予减免差役的优待。

再次，政府对先天性贫困者予以收养救济。北宋统治者多次在诏令中强调，"天之穷民，朕所矜恤"。④对于"孤寡茕独，不能自给者"，需要"倍加存抚"。⑤对于年老者，大观元年（1107 年）诏"居养鳏寡孤独之人，其老者并年五十以上，许行收养。诸路依此"。⑥宣和二年（1120 年），诏令"缘元丰、政和令，诸男女年六十为老""日前人特免改正"，⑦旧已按 50 岁收养之人不再改正。对于年幼者，各路广建居养院，遗弃小儿被收养其中，并规定"孤贫小儿可教者，令入小学听读，其衣襕于常平头子钱内给造，仍免入斋之用。遗

① [宋]李焘：《续资治通鉴长编》卷 383，元祐元年七月丁丑条，中华书局，1993 年点校本，第 9325 页。

② 《宋大诏令集》卷 182《沿河州县课民种榆柳及所宜之木诏》，中华书局，1962 年点校本，第 658—659 页。

③ [清]徐松辑：《宋会要辑稿》刑法 6 之 17—18，上海古籍出版社，2014 年点校本，第 8540 页。

④ 《宋大诏令集》卷 186《监司分按居养安济漏泽诏》，中华书局，1962 年点校本，第 681 页。

⑤ 《宋大诏令集》卷 136《申告上圣号赦文》，中华书局，1962 年点校本，第 479 页。

⑥ [清]徐松辑：《宋会要辑稿》食货 60 之 5，上海古籍出版社，2014 年点校本，第 7419 页。

⑦ [清]徐松辑：《宋会要辑稿》食货 60 之 7，上海古籍出版社，2014 年点校本，第 7422 页。

弃小儿，雇人乳养，仍听宫观、寺院养为童行"。① 对贫病废疾之人，崇宁元年（1102 年）置安济坊，"养民之贫病者，仍令诸郡县并置"。② 还有很多临时性救济，如熙宁十年（1077 年）对"经贼杀戮之家余存人口，委是孤贫不能自活者"，令所在州郡给予救济，"特日给口食米：十五岁以上一升半，以下一升，五岁以下半升，至二十岁止。仍令相度每五日一支"。③ 如遇水旱灾害，先天性贫困者也是政府的优先救济对象，如熙宁三年（1070 年）京城雪寒，令开封府收养"老疾孤幼无依乞丐者"。④ 元祐八年（1093 年），哲宗以大雪天寒，"诏收养内外乞丐老幼"。⑤ 政和三年（1113 年），徽宗诏："以诸路时雪稍多，道路艰阻，贫寒细民于法不合居养之人，如委实贫乏不能自存，亦合权行存恤救济。令诸路提举常平司更切多方存恤居养，仍许不限人数支给米豆。"⑥ 如徽宗所说，"民为邦本，本固则邦宁。天下承平日久，民既庶矣，而养生送死，尚未能无憾"，⑦ 看到在祁寒盛暑之下，"贫而无告及疾病者或失其所。朕甚悯焉"，⑧ 因为"天之穷民，朕所矜恤"，⑨ 乃令开封府建立居养院和安济坊收养贫困者，"以称朕意"，⑩ 并下诏大力发展社会福利机构，这被视为是统治者的责任所在。

最后，政府在对先天性贫困予以应对的基础上形成了制度性救济法令。宋政府制定了一系列济贫法规，如"居养法""惠养乞丐法""安济法"等。熙宁十年（1077 年）制定"惠养乞丐法"，并于元丰年间开始施行："诸州岁以十月差官检视内外老病贫乏不能自存者注籍，人日给米豆共一升，小儿半之。

---

① ［元］脱脱等：《宋史》卷 178《食货志上六》，中华书局，1977 年点校本，第 4339—4340 页。
② ［元］脱脱等：《宋史》卷 19《徽宗本纪一》，中华书局，1977 年点校本，第 364 页。
③ ［清］徐松辑：《宋会要辑稿》食货 57 之 8，上海古籍出版社，2014 年点校本，第 7333 页。
④ ［宋］李焘：《续资治通鉴长编》卷 218，熙宁三年十二月甲子条，中华书局，1993 年点校本，第 5296 页。
⑤ ［清］徐松辑：《宋会要辑稿》瑞异 2 之 17，上海古籍出版社，2014 年点校本，第 2629 页。
⑥ ［清］徐松辑：《宋会要辑稿》食货 59 之 9，上海古籍出版社，2014 年点校本，第 7382—7383 页。
⑦ 《宋大诏令集》卷 186《奉行居养等诏令诏》，中华书局，1962 年点校本，第 680 页。
⑧ 《宋大诏令集》卷 186《开封府置居养安济御笔手诏》，中华书局，1962 年点校本，第 680—681 页。
⑨ 《宋大诏令集》卷 186《监司分按居养安济漏泽诏》，中华书局，1962 年点校本，第 681 页。
⑩ 《宋大诏令集》卷 186《开封府置居养安济御笔手诏》，中华书局，1962 年点校本，第 680—681 页。

三日一给。自十一月朔始，止明年三月晦。"① 元符元年（1098 年），宋廷颁布居养法，"鳏寡孤独贫乏不能自存者，以官屋居之，月给米、豆，疾病者仍给医药……监司所至检察阅视，应居养者，以户绝屋居；无户绝者，以官屋居之。及以户绝财产给其费，不限月分，依乞丐法给米、豆，若不足者，以常平息钱充"。② 崇宁元年（1102 年）置安济坊，"养民之贫病者，仍令诸郡县并置"，③开始推行救治贫病者的"安济法"，并规定户数上千的城、寨，都要设置安济坊。④可以说，针对先天性贫困，宋政府建立了一套系统的福利救助机构，设立了救助贫困人口的福利机构如福田院、居养院、漏泽园等，还设置了医疗救助机构如病坊、安乐坊等，形成了较为完备的个体性贫困救助体系。⑤ 如徽宗于崇宁五年（1106 年）九月诏令所说："居养院、安济坊、漏泽园，以惠天下穷民。比尝申饬，闻稍就绪，尚虑州县怠于奉行，失于检察，仁泽未究。仰提举常平司倍加提按，毋致文具灭裂。城、寨、镇、市户及千以上，有知监者，许依诸县条例增置，务使惠及无告，以称朕意。"⑥

① ［宋］李焘：《续资治通鉴长编》卷 280，熙宁十年二月丁酉条，中华书局，1993 年点校本，第6865 页。
② ［清］徐松辑：《宋会要辑稿》食货 60 之 1，上海古籍出版社，2014 年点校本，第 7415 页。
③ ［元］脱脱等：《宋史》卷 19《徽宗本纪一》，中华书局，1977 年点校本，第 364 页。
④ ［清］徐松辑：《宋会要辑稿》食货 60 之 5，上海古籍出版社，2014 年点校本，第 7419 页。
⑤ 参见张文：《宋朝社会保障的成就与历史地位》《中国人民大学学报》2014 年第 1 期。
⑥ ［清］徐松辑：《宋会要辑稿》食货 60 之 5，上海古籍出版社，2014 年点校本，第 7419 页。

# 总　结

## 一、北宋贫困的特点

由唐入宋，在制度变化的推动下，在商品经济发展的基础上，社会发生了较大的变革。这场社会变革，体现在社会各个层面的变动上，尤其是社会制度和社会结构两方面。社会制度方面，土地制度由原来的政府授田转为"田制不立"，赋役制度由两税法开启了以二税和募役法为基础的全新体系，军队制度由传统府兵制转变为募兵制。社会结构方面，传统国家与社会一体化格局逐渐解体，国家与社会的分离将原来依附于体制生存的社会各阶层划分为体制内和体制外两类群体，新的社会阶层兴起，并在商品经济发展和科举制度推动下呈现出新的社会流动特征。在社会变革尤其是社会制度和社会结构变动的推动下，北宋社会贫富分化加剧，贫困群体扩大，贫困问题越发凸显并呈现出新的特点，这是本书探讨的核心问题。

### （一）北宋贫困的类型特点

从结构角度考察，北宋贫困是一个系统性问题，在社会变革之下有了新的分类特点。前文所述三个贫困类型，是基于贫困致因出发进行分类的。不论是社会因素、环境因素还是个体因素所造成的贫困问题，都是在北宋社会变革的时代背景下凸显出来的。首先，社会性贫困本身就是由北宋社会制度和社会结构变动所导致出现的全新社会类别，其与社会变革之间自然是联系更为紧密的。其次，环境性贫困虽然是由自然地理环境限制与自然灾害而导致出现的贫困状态，但其在北宋社会成为一个引起关注的全新类别也与社会变革之下的人口增长、耕地不足导致的大规模垦荒行动有关。再次，个体性贫困的主要因素在于贫困者自身，但个体性贫困者在北宋的大量增加以及成为引起关注的社会类别，是与社会变革之下血缘保障、地缘保障和政府保障的弱化密切相关的。因此，不能将任何一种贫困类型与社会变革割裂开来单独看待。

如前所述，这样的贫困分类只是从宋人对贫困的认知出发，并非绝对的。不同贫困类型之间也并不是割裂的，而是相互关联的。首先，社会性贫困者，是因社会制度和社会结构不合理而身处贫困状态的社会群体，一方面，他们大多受限于个人能力与社会资源的不足而从事低利润率的行业，在正当的市场竞争中已经处于劣势，同时还要遭遇不完全市场竞争中的权力和资本倾轧，因此与个体性贫困者在一定程度上是重合的；另一方面，社会性贫困者因为耕地不足而向山区进发，会面对地理环境带来的新的困境，同时亦更容易遭受灾害而陷入环境性贫困状态。其次，环境性贫困者，是因为受到地理环境限制和灾害侵扰影响生产和生活而陷入困境的社会群体，一方面，许多地区不仅"地瘠民贫"①，而且"地薄税重"②"民贫役重"，③导致他们贫困的不仅是因为恶劣的地理环境不利于其生产生活，还有政府剥削和地主盘剥等社会性因素；另一方面，他们中大多是由于自身本就处于贫困状态而无所积蓄的个体性和社会性贫困者，一旦遭遇灾害就会陷入更加深重的困境。再次，个体性贫困者，是因先天或后天原因而自身竞争能力不足的社会群体，一方面，他们或是乡村的失地农民，或是城市的小工商业者与雇工，要受到政府的赋役剥削和豪强富室的市场压迫，可以说与社会性贫困者在一定程度上是重合的；另一方面，他们由于身处温饱边缘，缺少粮食和财富积蓄，一旦遭遇灾害，就会陷入灾害性贫困的状态，甚至破产流离。

## （二）北宋贫困的时间特点

从纵向角度考察，北宋的贫困问题很明显是愈加凸显的。北宋王朝共167年，要对北宋贫困问题进行全面系统的研究，有必要对其进行纵向的历时性考察。虽然我们缺乏直接的数据资料来说明贫困的这一纵向发展特征，但可以通过分析影响贫困的几个主要因素在北宋时期的发展变化加以说明。北宋贫困是伴随着人均耕地减少、土地兼并加剧、商品经济发展和政府财政压力增大而愈

---

① [清]徐松辑：《宋会要辑稿》食货66之17，上海古籍出版社，2014年点校本，第7867页。

② [宋]李焘：《续资治通鉴长编》卷288，元丰元年二月丁未条，中华书局，1993年点校本，第5471页。

③ [清]徐松辑：《宋会要辑稿》食货65之13，上海古籍出版社，2014年点校本，第7084页。

加凸显的。

首先，土地问题。北宋人均耕地的不断减少和土地兼并的不断加剧都导致乡村中的失地和少地农民增多，成为贫困群体的主要组成部分。

一方面，人均耕地面积不断减少。北宋 167 年间，人口总数一直处于上升趋势，宋初仅 309 万户，至仁宗庆历八年（1048 年）已突破 1000 万户，到北宋末年已达 2000 万户，按照每户 5 口算，北宋人口已经超过 1 亿。[①] 在人口不断增长的情况下，北宋的耕地面积也在不断增长，一方面是人口增长提供了更多劳动人口以推动垦田数增长，另一方面是不断增长的人口需要大力垦田以满足更多的耕地需求。但是，垦田数的增长指数是远远不如人口的增长指数的，[②]因此，北宋的户均耕地是逐渐下降的。据漆侠先生统计，太祖开宝九年（976 年），每户平均占有土地 95.5 亩，真宗天禧五年（1021 年）降为 60.6 亩，至神宗元丰六年（1083 年）已降至每户平均占有土地 26.8 亩。同时考虑到大量隐匿田产的情况，可知北宋中后期的户均耕地亩数下降极为严重。在此情况下，越来越少的户均耕地必然难以维系一个五口之家的生活，自然会有更多的农民陷入贫困状态。与此同时，膏腴之田往往为豪强富姓所占，下层农民只能去开垦那些被称为"硗确""斥卤"和"瘠薄"的劣质土地，又会受到土壤环境的限制，也难以摆脱贫困状态。

另一方面，土地兼并不断加剧。北宋建立之初就确立了"田制不立"的土地政策，即国家不限制私有土地的自由买卖。在此政策推动下，土地买卖日益盛行，不仅私有土地，甚至是国有土地，也可以通过买卖转移使用权。至真宗、仁宗时期，土地兼并达到了一个高潮，同时，隐匿田产的现象也日趋严重。仁宗皇祐中，"天下垦田视景德增四十万七千顷，而岁入之谷乃减七十一万八千余石"，[③]垦田数增加，田赋却大大减少。可见，隐匿田产和产去税存的问题严重影响了国家的田赋收入，同时，也造成了赋税不均，进一步加重下层农民的负担。为此，宋政府进行了一定的尝试，如仁宗、神宗、徽宗朝都曾通过方田均税的方式试图均平赋税，但成效都不明显。以神宗熙丰变法为例，"爰自

① 参见漆侠：《宋代经济史》，中华书局，2009 年版，第 45 页。

② 参见漆侠：《宋代经济史》，中华书局，2009 年版，第 58 页。

③ ［宋］李焘：《续资治通鉴长编》卷 190，嘉祐四年八月己丑条，中华书局，1993 年点校本，第 5471 页。

井田一变，阡陌代兴，所谓田者，人使得贸之，贫者翼速售，则薄徙其税，富者欲邀利，则务低其直。税移而薄寸，故地虽去而赋益重；偿直既少，故地愈广而赋愈轻，此天下之公患也"。[①] 为应对这一问题，熙宁五年（1072 年）八月，宋政府颁布方田均税法，丈量土地，重定税额，试图调整地籍混乱和赋税不均的问题，取得了一定的成效。但是与此同时，熙丰变法也在一定程度上进一步推动了土地兼并的发展，如免役法的施行。本书在第二章探讨赋役制度与贫困的关系时有提及施行免役法对于土地兼并的推动作用。刘敞《役钱议》中说到，在差役法之下，富者因忌惮差役而不敢过多兼并土地和积累财富，这对于乡村下户来说是一定程度的保护。至实行募役法，富者只需要输纳免役钱，就可以免除差役负担，因此富者可以更加肆无忌惮兼并土地和积累财富，导致更多乡村下户失去土地，"流离散亡，转徙于四方"，陷入更加贫困的状态。[②]至北宋后期，土地兼并之风更加猖獗，政府也已无计可施。

其次，商品经济发展问题。商品经济发展是推动北宋社会变革的根本力量，也是导致北宋贫困问题越发凸显的重要因素。

一方面，北宋商品经济的不断发展推动了阶层分化和社会流动。商品经济发展推动社会财富的不断增加，而不同于以往相对固化的等级社会，北宋在国家与社会分离的结构下，财富不再是政治身份的绝对附属品。诚如梁其姿教授所说，在旧有社会分类方式不足以涵盖新的财富带来的复杂性时，新的类别必然应运而生。究其原因，主要因为"财富比前代充裕而且不再是控制在少数大族手中，人身关系有革命性的解放"。[③] 在此背景下，社会流动加剧，社会阶层发生了新的分化。其一，乡村中的小自耕农群体严重分化，非身份性地主阶层兴起。[④] 不同于以往由国家授田的方式，宋朝"田制不立""不抑兼并"的土地政策变化，推动地权进一步集中。大量自耕农失去土地，成为半自耕农或

---

① [宋] 李新：《跨鳌集》卷 21《上杨提举书》，文渊阁四库全书本。

② [宋] 毕仲游：《役钱议》，收录于曾枣庄、刘琳主编：《全宋文》卷 2400，上海辞书出版社、安徽教育出版社，2006 年点校本，第 111 册，第 77 页。

③ 梁其姿：《施善与教化：明清时期的慈善组织》，北京师范大学出版社，2013 年，第 17 页。

④ 非身份性地主指通过经济性兼并扩充所属土地的地主。葛金芳先生认为，经济性兼并的主要特征，"一是其土地的占有与扩充主要是通过经济手段即土地买卖方式而实现的；二是这种土地所有权之上，基本上已无军事、行政、司法等政治权力的附着。"参见葛金芳：《对宋代超经济强制变动趋势的经济考察》，《江汉论坛》1983 年第 1 期。

佃农。与此同时，也有部分农民通过购买土地等方式，成为非身份性地主或富农，乡村富裕群体兴起壮大。其二，城市中的下层群体壮大和工商业者群体兴起。大量失地农民向城市流动谋生，成为城市底层劳动者，壮大了城市下层群体。同时，由于城市基础劳动力得到补充，推动了城市的商品经济繁荣，中小工商业者群体兴起并发展。其三，职业官僚阶层兴起壮大。伴随传统世家大族势力的衰落，科举制推动大量社会中下层的士人走上仕途，职业官僚队伍不断壮大，成为宋朝社会不可忽视的新兴社会阶层。由此，以士大夫为主体的职业官僚阶层、以非身份性地主阶层为主体的乡村富裕阶层和以工商业者为主体的城市富裕阶层成了宋朝新兴的社会中上层；以小自耕农和佃农为代表的乡村贫困阶层和以雇工为代表的城市贫困阶层成了宋朝新兴的社会下层。与此同时，由于商品经济繁荣，社会流动性较大，贫富更替频繁，但是受到个人能力、社会资源等因素的影响，社会下层的向上流动是极为困难的，而社会中上层如果竞争失败则会沦为下层，因此，社会下层群体越发扩大，而社会财富则越来越集中到极少数大地主大商人和上层官僚手中。

另一方面，北宋商品经济的不断发展推动了贫富分化加剧，贫富差距扩大。其一，对于体制内来说，虽然是按照权力等级分配财富，但面对着商品市场的吸引，权力所有者亦通过经商谋取私利，并且在参与市场的过程中以权力获取更多利益。在此过程中，掌握更高权力的上层官僚和将领自然可以获得更高利益，而体制内的下层人员则收益微薄，甚至还要受到上层人员的盘剥而陷入贫困状态，贫富差距自然越发扩大。如王安石所说，"以今之制禄，而欲士之无毁廉耻，盖中人之所不能也。故今官大者，往往交赂遗、营赀产，以负贪污之毁；官小者，贩鬻、乞丐，无所不为。夫士已尝毁廉耻以负累于世矣，则其偷惰取容之意起，而矜奋自强之心息，则职业安得而不弛，治道何从而兴乎？又况委法受赂、侵牟百姓者，往往而是也"。[①] 其二，对于体制外来说，其本身就是按照商品市场来进行财富分配的。在市场竞争中，大地主大工商业者凭借其雄厚的资本及其与体制内的联系可以获得极高的利润，而农民和中小工商业者则因为所掌握的资本和社会资源有限而处于社会财富分配的劣势，大多处于贫困状态。在北宋社会中，不论是体制内还是体制外社会群体的贫富差距都是

---

① ［宋］王安石：《王荆公文集笺注》卷2《上仁宗皇帝言事书》，巴蜀书社，2005年版，第40页。

随着商品经济的不断发展而持续扩大的。[1] 并且，在这样的贫富差距不断扩大的发展趋势下，财富会不断向社会上层汇集，而社会下层则会越发贫困。

再次，政府财政问题。纵观北宋财政史，在财政收支问题上，初期基本能够实现收支平衡，太祖、太宗时期财政支出呈现上升趋势，真宗后期开始呈现财政紧张状态，至仁宗、英宗时期财政支出增长速度远大于财政收入增长速度，"国家财用，常多不足"，[2] 出现入不敷出的危机。神宗熙丰改革重点在于理财增收，但由于军事活动频繁，仍然处于财政困难中。神宗之后，北宋财政日益困窘。北宋末期，在军费开支巨大的同时，更是挥霍无度，政府陷入严重的财政危机之中。汪圣铎在对宋朝财政史的总结中指出，"宋代财政几乎始终存在入不敷出的威胁，而且这种威胁随着时间的推移，越来越突出，越来越厉害。造成这种局面的原因，显然是各种需求的膨胀，换言之，宋代财政支出存在着一种膨胀刚性"。[3] 在这样的财政需求刚性膨胀的情况下，中央政府只能不断向地方抽取财赋，形成一种"阶层性集权"的财政格局。[4] 于是地方财政压力不断增大，只能继续向下从体制外群体中敛财以增收。

北宋地方政府的财政收入，"以赋税、徭役、征榷为主体，另加部分例如官田、市易等官府经营性收入，以及大量有名无名的法外收入内容"。[5] 其一，赋税方面，自北宋建立之初开始，乡村的二税税额就是基本保持稳定的，只是随着垦田数的增加，二税总额亦会随之增加。北宋政府赋税的大幅度增加主要来自于各种附加税，并且随着财政的紧张会不断加大附加税的征收。而城市中坊郭户越发沉重的负担来自于科率。北宋前期，在财政尚宽裕的情况下，和买是主要的官民交易方式。此后，和买转变为科配，尤其是北宋后期，在财政入不敷出的情况下，科配成为了地方政府向坊郭户强制征收的赋税之一。其二，差役

---

[1] 对于北宋社会的贫富差距扩大问题，孙竞进行了深入的研究，参见孙竞：《北宋城市贫富差距与收入再分配研究——以开封为中心》，西南大学博士论文，2016年。

[2] [宋] 程颢、程颐：《二程集·河南程氏文集》卷5《上仁宗皇帝书》，中华书局，1981年点校本，第511页。

[3] 汪圣铎：《两宋货币史》，社会科学文献出版社，2003年版，第10页。

[4] 包伟民先生指出，宋朝国家财政体制是一种"阶层性集权"格局，实质是"上级政权总是试图不断地将下级的有效资源集权到自己手中，同时又将更多的财政负担推卸给下级"。参见包伟民：《宋代地方财政史研究》，中国人民大学出版社，2011年版，第147页。

[5] 包伟民：《宋代地方财政史研究》，中国人民大学出版社，2010年版，第3页。

方面，北宋前期的差役制度在一定程度上是保障下户利益的。因为下户虽然也要承担相应的差役，但其风险系数较小。而以衙前为首的差役对于中上户来说，需要承担极大的风险，甚至不少上户因服役而倾家荡产。同时，城市坊郭户是没有差役负担的。神宗朝改差役制为募役制，规定按照户等交纳免役钱以代替差役。这在很大程度上减轻了乡村上户的负担，却加重了乡村下户和城市坊郭户的负担。其三，征榷方面，北宋政府的征榷收入是逐渐增加的，并且成为了北宋财政收入的主要部分。据统计，太宗至道末年的征榷收入为1167.7万贯，占全国总收入的32.66%；天禧末年的征榷收入为2670万贯，占全国总收入的50.27%，有了极大的增长；至神宗熙宁十年（1085年），征榷收入上升至4248.4万贯，占全国总收入的67.76%。[1]此后虽然没有确切统计数据，但可以判断，征榷收入是逐年增加的，并且始终在北宋政府的货币总收入中占据重要的位置。而且，征榷不仅是商人的负担，也是转嫁到普通消费者身上的沉重负担。"昔之榷利曰取之豪强商贾之徒，以优农民，及其久也，则农民不获豪强商贾之利，而代受豪强商贾之榷，有识者知其苛横，而国计所需不可止也"[2]。不论是赋税、差役还是征榷方面，北宋政府对民众的剥削都是随着财政紧张不断加重的。在面对政府的这些征敛方式时，体制外的大地主、大工商业者往往能够凭借其与体制内的权力连接而逃避或转移负担，而远离权力中心的体制外中下层则大多无力反抗和逃避，自然会在越发沉重的剥削中愈加贫困。

　　总的来说，在北宋167年间，在社会人口快速增长，商品经济发展繁荣的背景下，贫困问题演进的总体趋势是贫困人口不断扩大，贫困问题愈加凸显。

### （三）北宋贫困的空间特点

　　从横向角度考察，北宋贫困在区域分布上是不均衡的。北宋疆域广阔，区域之间差异明显，不同区域有着不同的人均耕地状况、赋役摊派、自然地理环境与社会风俗，都会对该区域的贫困问题产生一定的影响。

　　其一，从经济发展水平来看。在传统农业社会，人口数量是反映一个地区经济发展水平的重要指标，如京师开封、河北、两浙、江东、成都府路都是人

---

[1]　参见包伟民：《宋代地方财政史研究》，中国人民大学出版社，2010年版，第200页。

[2]　[元] 马端临：《文献通考》自序，中华书局，1986年影印本，考4。

口密度极高的区域，也是北宋经济发展水平较高的区域。① 与此同时，人口密度较高的区域的土地垦殖率也较高，因为必须要有足够数量的垦田才能够承载一个区域的高密度人口。但是，对于一个区域的贫困状况，却不能简单从人口密度和垦田面积出发进行考量。人口密度高的区域，虽然垦田数也多，但其人均耕地面积却并不高，② 人地矛盾更为尖锐。因此，农民必须努力精耕细作，提高单位亩产量。但即便如此，无地少地的贫困群体依然极为庞大。同时，在这些经济发展较好的区域，政府的赋役摊派也更重，无疑是给本就因为耕地不足而陷于贫困状态的乡村下户增添了更大的负担。

其二，从赋役摊派来看。北宋疆域辽阔，不同区域的地理环境和经济发展水平皆有不同，政府在不同区域的财政需求也有所不同，因此政府在不同区域的赋役安排是不均衡的。如刘挚说，"天下户籍，均为五等。然十七路，三百余州军，千二百余县，凡户之虚实，役之轻重，类皆不同"。③ 曾布也说，"天下州县，户口多少，徭役疏数，所在各异，虽一乡村差役轻重，亦有不同者"。④ 从赋税来看，宋政府在北方地区的赋税摊派明显多于南方地区。据程民生先生研究，北方的田亩数额和人口户数都远少于南方地区，但二税税额却远多于南方地区的税额。"北方总额为2844万余，南方总额为2356万余，北方多于488万余"。⑤ 其中，二税征收最高的是北方的河北和陕西（即永兴军和秦凤路）地区，而征收最低的是南方的利州、夔州、广东和广西。二税的征收总额除了说明这些地区农业产量上的差异，也说明农民在承受政府剥削上的压力差异。从徭役来看，宋政府在摊派上也是有区域差异的。北方由于是军政事务集中地区，因此徭役摊派远远多于南方，尤其是河北和陕西，"比之他路民贫役重"，⑥ 民众的徭役负担尤为沉重。神宗时期施行免役法，虽然各地根据不同的情况制

① 参见韩茂莉：《宋代农业地理》，山西古籍出版社，1993年版，第27-28页。
② 参见程民生：《宋代地域经济》，河南大学出版社，1992年版，第68页。
③ ［宋］刘挚：《论助役十害疏》，收录于曾枣庄、刘琳主编：《全宋文》卷1665，上海辞书出版社、安徽教育出版社，2006年点校本，第38册，第559页。
④ ［宋］李焘：《续资治通鉴长编》卷225，熙宁四年七月戊子条，中华书局，1993年点校本，第5471页。
⑤ 参见程民生：《宋代地域经济》，河南大学出版社，1992年，第106-108页。
⑥ ［宋］李焘：《续资治通鉴长编》卷242，熙宁六年二月庚寅条，中华书局，1993年点校本，第5902页。

定了不同的征敛标准，也受到地方官吏的人为因素影响，但仍然可以根据各路免役钱征收情况看出各地民众在徭役方面的负担。据包伟民先生在《宋代地方财政史研究》中对熙丰年间各地免役钱负担的研究可以看出，仍然是北方地区明显高于南方地区，其中以河北和永兴军为最高。赋役的摊派征收一方面代表各地不同的经济发展水平，另一方面也代表各地民众承受的不同程度的剥削。

其三，从地理环境来看。本书第三章对于北宋地理环境尤其是土壤环境对农业生产和民众生活的影响和地理性贫困问题进行了讨论。根据对宋人记载中的硗确之地、斥卤之地和瘠薄之地进行梳理，可以看到，各区域的地理环境是极不平衡的，如其中京西、夔州、两广是较为突出的地理环境较差的区域。与此同时，各路内部也是不平衡的，即便是两浙这样的高产量区域，也存在地理环境较差的州府，广泛存在地理性贫困的问题。

其四，从社会风俗来看。各地不同的社会风俗对于当地的贫困问题也有极大的影响。有些地区以积蓄为风气，如两浙婺州，当地地瘠民贫，"故其民勤约而敦本，啬用而寡求，凡居室服器，趋完而已，皆不足为美观也"。[①] 有些地区则崇尚奢靡，如福建"婚嫁丧祭，民务浮侈"，民众遇婚丧嫁娶之事必大肆操办，"富者以豪侈相高，贫者侈其不逮，往往贸易举贷以办"。[②] 不少中下户因婚丧嫁娶的奢靡风气而借贷，转为贫困，甚至破产。

如上所述，北宋贫困是一个体系化的问题，具有新的类型特点。同时，北宋贫困问题并非是一朝而成的，而是随着商品经济的发展、土地兼并的加剧和政府财政的紧张而不断扩大和凸显的。此外，北宋贫困程度也并非是各地均衡的，而是会受到各地经济发展水平、政府赋役摊派、区域自然地理环境和区域社会风俗的影响而呈现出不同的区域差异。

---

① ［宋］杨时：《乾明寺修造记》，收录于曾枣庄、刘琳主编：《全宋文》卷2693，上海辞书出版社、安徽教育出版社，2006年点校本，第125册，第70页。

② ［宋］廖刚：《漳州到任条具民间利病五事奏状》，收录于曾枣庄、刘琳主编：《全宋文》卷2994，上海辞书出版社、安徽教育出版社，2006年点校本，第139册，第45页。

## 二、北宋贫困的认知

梁其姿教授曾经提出，中国古代关于贫困的概念及贫困人群的分类以宋朝为界，大体经历了两个不同时期。在宋朝以前，"贫富只是笼统的经济分类概念，贫人并不构成一具体的、可能危害国家经济的社会类别。在当时人的观念中，贫民之所以构成社会问题，并非单纯地由于物质上的匮乏，而是由于缺乏家族邻里的相助，古书中不将纯粹生活困苦的人作为一个独特的社会类别来讨论，而将鳏寡孤独这四种在人伦上有缺憾的人等同为贫人"。[①] 概括而言，中国古代的贫困人口由两类人组成，一为"穷民"，即鳏寡孤独四种人伦缺失者；另一类为"贫民"，即经济匮乏者。宋朝以前，贫困人口特指"穷民"，尽管汉唐史籍中也有贫人的提法，但一般仅作为饥荒期间的优先受照顾的分类，基本不具有常态的社会分类意义。从宋朝开始，贫、穷合流，成为一个新的社会类别，即贫困人口，并直接促成宋朝济贫事业——包括官方的济贫行政和民间慈善——的兴起。不过，梁其姿教授仅仅指出了贫困概念及贫困人群在宋朝前后所发生的变化，并未就此问题展开深入讨论。实际上，这一问题因与宋朝社会保障的逻辑转型问题直接相关，确有深入探究的必要。

本书从民众、精英和政府三个主体出发，分别探讨了其对于贫困的认知观念。如前所述，在土地制度变革和商品经济发展的前提下，人们的观念也发生了极大的转变，并且由观念转变推动了一系列的制度变革。反映在贫困观念转变方面，核心是观念主体即社会群体发生了变化。民众的主体由授田制下的小自耕农转变为土地兼并背景下的无地少地农民和城市中小工商业者；精英的主体由拥有世袭的稳固权力的"贵族"官僚转变为依靠科举获取权力和地位的新兴职业官僚；政府的权力结构由君主与"贵族"共治天下转变为君主权力绝对至上。在贫人"已成为必须正视的社会类别"与贫困问题"也被视为必须处理的社会问题"的社会背景下，[②] 他们自然会形成不同于前代的贫困认知。

民众的贫困认知，首先是从道德性出发，将贫困归因于宿命安排和个人材性，其次在现实层面将贫困致因指向富人和政府。民众的贫困认知包含了三层结构：其一，对贫困进行了道德性界定。即无论是宿命论还是材性论的说法，

---

[①] 梁其姿：《施善与教化：明清的慈善组织》，北京师范大学出版社 2013 年版，第 11 页。

[②] 梁其姿：《施善与教化：明清时期的慈善组织》，北京师范大学出版社 2013 年版，第 26 页。

都带有明显的道德性特征，只是其道德指向为个体。而将贫困问题的矛头指向富人和政府，则更体现了对贫困问题的现实的道德性塑造。即其贫困不是自身的问题，而是由富人和政府造成的。其二，为贫困干预提供了道德基础。即无论富人还是政府，坐视贫困而不干预，是不道德的。其三，就贫困干预生发出权利意识。即贫困者具有得到救济的权利，因为我是纳税者，自然应该获取救济的。据此，民众的贫困认知具有显著的权利觉醒意味，这也为宋朝济贫事业兴起与社会保障制度转型奠定了伦理基础。

精英的贫困认知，也主要从两个层面进行解释。一个层面是道德性的，包括天命说和材性说。或者认为贫困由天命所定，非人力所能改变；或者认为贫困由个体的才智能力不足和懒惰奢侈等所导致。这两种解释与民众的认知类似，也带有道德性的特征。另一个层面是现实性的，认为贫困源于不合理的国家制度与社会结构。其中，结构说是主流的观点，代表了职业官僚的现实倾向。精英是在更高的层次上讨论贫困问题，对其进行学理分析。关于贫困的致因，尽管精英也有天命说和材性说的解释，但更多仍是指向现实的国家制度和社会结构。其逻辑包括三个层面：一是在一定程度上呼应民众对于贫困问题的道德性界定，为贫困干预打上了政治正确的印记；二是从理论上分析了贫困与国家制度的关联，为相关制度的调整提供了支撑；三是从政治经济范畴对贫富关系进行了界定，形成富民救济贫穷的理论基础。上述三个层次的逻辑，最终形成关于贫困问题的理论构建。这无疑成为宋朝济贫事业兴起与社会保障转型的学理基础，并进一步推动政府以立法形式付诸实施。

政府的贫困认知，是从"仁政"思想出发，将民众的贫困视作自身的社会责任，同时亦认为社会制度和社会结构的不合理是导致贫困程度加深的重要原因，并将其在法律文书中予以体现。政府基于其施政理念和社会责任，在解决社会现实问题和维护统治的前提下，形成对贫困问题的法理性认知，并以立法形式予以展开。其逻辑包括三个层面：其一，政府在一定程度上接受了民众和精英对于贫困的道德性界定与分析，将其与传统的仁政理念相结合，为贫困干预注入了政治正确的内涵；其二，土地制度变革和社会经济发展带来的政府职能的变化，推动政府将贫困救济纳入其社会责任之中；其三，出于减轻财政负担和维系社会稳定的目的，政府大力推动民间互助，并通过法令来确定其合法性。可以说，在民众对贫困问题的伦理认知和精英对贫困问题的学理认知的基础上，宋朝政府通过立法的形式推动政府性济贫活动和民间慈善活动的兴起，完成了宋朝济贫事业兴起与宋朝社会保障转型的法理构建。

可见，民众、精英和政府的贫困认知都是从自身立场出发，基于自身利益诉求的。以三者中最为典型的精英为例，我们可以探析其贫困认知背后的话语体系构建与权力关系。北宋精英对于贫困的致因有三种主流的解释，即天命说、结构说和材性说。

其一是天命说，将贫困致因归于命数所定，源自传统的天命论。持此观点的主要以理学家为代表，他们对于天命的关注和探讨承袭了儒家的天命说，将贫困问题归结于天命所定，认为非人力可轻易改变。宋朝理学家大多出自有着深厚家学传承的家族，如二程出自世宦之家，自高祖程羽之后累世恩荫为官。南宋大儒朱熹祖上为婺源望族大姓，后虽家道中落，仍世代习儒。陆九渊出身于一个累世同居、阖门百口的传统世家大族，八世祖陆希声曾在唐昭宗时官至宰相。其他如张载、张栻等也是出于累世仕宦、颇有名望的家族。他们在治学方面往往有着深厚的家学渊源，以继承"圣人之学"自命。在社会剧烈变动时期，理学家们以"理"为内核、以"礼"为表征，构建其话语体系，意图恢复和维护固有的等级秩序。可见，理学家们大体上代表了以皇室宗亲、上层士大夫、大地主等为主体的传统社会上层的利益，这一群体作为社会中的既得利益者，希望固守传统的体制框架，保持传统的社会等级秩序稳定不变。在一定程度上，我们甚至可以认为他们延续了传统世家大族的文化传统。在贫富差距明显的社会背景下，他们虽然认识到了贫民的境况艰难，也知道贫困问题的加重会对国家治理和社会稳定构成威胁，但作为社会的既得利益者，保护自身利益不受损害是第一要务。他们通过宣扬贫困的命定论，希望社会中下层能够安于现状，不要为了改变贫困现状而做更多无谓的努力；他们倡导"安贫乐道"和"俭以养德"，希望给予贫困者以精神慰藉，使其能够遵从固有的等级制度。为了实现这一目标，以理学家为代表的社会上层极力倡导"礼法"，维持固有的等级秩序，才能保障他们既有的权力和利益。并且，在一定程度上，他们认为贫困是有其存在的必要价值的，"稼穑者饶乐，而惰游者困苦"，只有这样农民才能尽力耕作，社会生产才能得到推动发展，"则田善收而谷有余矣"。①

① [宋]司马光：《司马文正公传家集》卷25《论财利疏》，商务印书馆，1937年《万有文库》本，第357页。

因此他们主张贫富相依，"贫富大小之家，皆相依倚以成"。[①]可以说，他们承袭了魏晋以来世家大族的文化传统，在转型时期社会"失范"的状况下，致力于保持传统的价值规范，并按自身需求对其进行完善和升华，进而以此作为稳定社会秩序和影响民众行为的话语媒介，延续并推动传统的道德体系和权力关系的构建。

其二是结构说，从社会结构和制度层面探讨贫困的致因，这在宋朝士大夫中是广受认同的观点。他们通过对贫困致因进行结构性解释，关注社会下层的生存状况，试图完善制度，改善民生，巩固国家统治。贫困的结构解释者认为，贫困是国家制度和社会结构共同作用的结果。前述对贫困致因进行结构性探讨的士大夫主要可分为两类，一是以苏轼、欧阳修等为代表的民本主义者，他们从"民本"和"仁政"的思想出发，主张逐步完善制度，改善民生，以稳定社会秩序，巩固国家统治；二是以王安石等为代表的变法派，他们认为兼并猖獗、民贫国弱，统治者对此负有不可推卸的责任，主张进行制度上的改革，抑制兼并，掌控市场，加强对社会经济的控制和调节，这样才能"纾贫窭而钳并兼"，[②]缓解民困，进而巩固统治秩序。不论是民本主义者还是改革派，都是站在国家治理的角度来看待贫困问题，强调以国家权力来进行贫困干预，他们可以说是宋朝职业官僚阶层的利益代表者。宋朝科举制增强了社会流动性，增加了社会中下层士人跻身仕宦的机会。这些新兴的职业官僚及其家族的地位和权力主要来自于他们的官职差遣，政府俸禄是他们主要的财富来源。他们的利益与国家的利益在很大程度上达成了一致，这极大提高了他们参政的自觉性和责任感。[③]与此同时，他们的权力却没有稳定的保障，如刘子健先生所说，"尽管宋代以善待士大夫而著称，但是，从11世纪到12世纪，同专制权力相比，士大夫们对权力的分享程度却在日渐下降"。[④]不论是苏轼、欧阳修这样的民本主义者代表，还是变法派的领袖王安石等，都遭遇过贬谪。以苏轼为例，他出身于中小地主家庭，进士及第步入仕途，但其从政道路并非坦途，不论是变法派还是

---

① [宋]郑侠：《流民》，收录于曾枣庄、刘琳主编：《全宋文》卷2169，上海辞书出版社、安徽教育出版社，2006年点校本，第99册，第259页。

② [宋]李觏：《李觏集》卷8《国用第十一》，中华书局，1981年点校本，第85页。

③ 参见郭学信：《科举制度与宋代士大夫阶层》，《山东师大学报》（社会科学版）1996年第6期。

④ 刘子健：《中国转向内在：两宋之际的文化转向》，赵冬梅译，江苏人民出版社，2012年版，第152页。

保守派当权时，他都受到排挤，后来的"乌台诗案"更让他险些身死狱中。在这样的情况下，职业官僚对国家制度也有极大不满，试图通过改革来巩固本阶层的权力和地位。他们从关心民生的立场出发，将贫困的致因溯至不合理的国家制度和社会结构上，主张实行一定的改革措施，希望能够同时实现国富与民富的政治理想。并且，从贫困的天命所定到归咎于制度与结构弊端，职业官僚以结构贫困观的角度分析贫困致因，更能激发社会中上层群体对下层贫民的同情，进而加强下层贫民对国家权力的认同，亦有益于官僚群体以此为话语切入点表达利益诉求和阐明权力主张。

其三是材性说，认为贫者自身的材性之弱是致贫的重要原因。宋朝社会财富大规模增长，乡村的富裕群体和城市的工商业者群体兴起，并且在国家治理和社会稳定中逐渐发挥作用，自然也带动社会各阶层的经济思想和价值观念发生了较大变化，例如宋人的著作中有颇多"安富""保富"的思想体现。因此，北宋民本主义思想家们较早地提出了个人材性在贫富分化中的作用，并带动了贫困解释的材性说在宋朝的兴起。他们认为追求财富是人之天性，指出贫困应当归咎于贫者自身的愚钝、懒惰和不善治生，宣称富人是凭借才识与勤俭得以致富，强调其所获财富的正当性。这既是对社会下层努力改善贫困境况的鼓励，也是对城乡富裕阶层经济权力的维护。这一学说后来在南宋得到发展，其突出代表是南宋浙东事功学派。

需要说明的是，与精英的三种贫困解释相对应的主要思想流派和阶层指向并非是绝对的。宋朝社会处于复杂的转型期，思想家们也往往具有多重身份，代表了多个阶层群体的利益，并且每个思想家的主张深受其家庭背景、成长经历、学术传承、职业身份及其所处社会环境的影响，因此在贫困解释中体现了多重思想的复合性。

以司马光为例。首先，司马光一直被视作儒家民本主义思想的传承者，认为"民者，国之堂基也"，[1] 信奉"百姓足，君孰与不足"的说法，[2] 主张"藏富于民"，[3] 认为"富民"是"富国"的前提，多次强调社会制度的不合理是

---

[1] [宋] 司马光：《司马温公文集》卷20《惜时》，商务印书馆，1936年《万有文库》本，第310页。

[2] [清] 刘宝楠：《论语正义》卷15《颜渊第十二》，中华书局，1990年，第494页。

[3] 参见 [宋] 司马光：《司马文正公传家集》卷25《论财利疏》，商务印书馆，1937年《万有文库》本，第354页。

导致贫困人口增多和贫困程度加深的重要原因。其次，随着商品经济的发展，乡村富裕群体和城市工商业者群体兴起壮大，"保富"成了部分社会中上层的"共识"。例如，司马光在主张结构说的同时，也明确支持材性说，认为贫人的材性愚钝、目光短浅是致贫的重要原因，进而维护富人的利益。再次，从阶层立场上来说，司马光出身于名门望族，"家世为儒"，[①] 一直坚持维护社会上层的利益，因此也具有天命说的倾向。他在维护社会等级秩序这一点上与理学家们一致，坚持"礼法"是国家的"柱石"。[②] 他认为人必须要顺应天的意志，"天使汝穷，而汝强通之；天使汝愚，而汝强智之，若是者，必得天刑"，因此，"智愚勇怯、贵贱贫富，天之分也"，不能"僭天之分"。[③] 同时，作为政治上的反变法派，司马光以此作为反对变法、稳定朝局的理论基础。他说，"古之天地，有以异于今乎？古之万物有以异于今乎？古之性情有以异于今乎？天地不易也，日月无变也，万物自若也，性情如故也，道何为而独变哉？"[④] 他认为"变"会导致社会纷乱，强调祖宗之法不可变。看似矛盾的思想观点出自同一人，可见宋人贫困思想中突出的复合性，亦反映了宋人阶层身份和利益诉求的多元性，这正是宋朝混合复杂的时代背景在社会思潮上的复杂呈现。

可以说，在社会变革之下，身处社会中上层的各阶层为维护自身权力与利益，纷纷通过著书立说、思想论战等形式构建其话语体系。两宋三百年间，各家学派林立，义利之辩盛行，无疑是社会财富迅速增加、社会流动频繁以及各阶层的权力利益交锋在思想上的表现。贫困问题成了宋朝精英构建本阶层话语体系的重要载体，体现了北宋社会中上层试图建构权力关系的文化行为。不论是传统的既得利益者还是新兴的阶层群体，在社会剧烈变动之下他们或固执守旧或开放求新，但他们都清楚地认识到必须构建自身的道德体系和话语体系，进而才能建构和维护本阶层的权力结构。与此同时，只有得到权力的支持，才能保证其话语的权威性。权力与话语是相辅相成的关系，如佃农、小自耕农和

---

① [宋] 司马光：《司马温公文集》卷43《辞枢密副使第三劄子》，商务印书馆，1936年《万有文库》本，第555页。

② [宋] 司马光：《司马温公文集》卷20《惜时》，商务印书馆，1936年《万有文库》本，第310页。

③ [宋] 司马光：《司马文正公传家集》卷74《士则》，商务印书馆，1937年《万有文库》本，第906—907页。

④ [宋] 司马光：《司马文正公传家集》卷74《辩庸》，商务印书馆，1937年《万有文库》本，第906页。

城市下层居民等贫困群体，却由于身处社会下层不具备相应的话语权力，无力为自己的利益发声。

综上所述，基于观念的转变，宋朝民众、精英和政府的贫困认知共同构成了宋朝社会保障转型的逻辑基础。民众的贫困认知构成了宋朝社会保障转型的伦理基础；精英的贫困认知构成了宋朝社会保障转型的学理基础；政府的贫困认知构成了宋朝社会保障转型的法理基础。其中，贫困认知的道德性倾向是推动民众、精英和政府的贫困认知达成一定程度的共识并形成完整的认知结构的重要基础。可以说，贫困认知带来的逻辑基础转变推动了宋朝济贫事业兴起与社会保障的转型，形成了政府性社会保障的建设高峰，也推动了民间慈善的兴起。

## 三、北宋贫困的应对

关于北宋贫困的应对问题，本书从民众、精英和政府三个主体出发，分别探讨了其对于贫困的文化和现实应对。

首先，从应对主体来看，民众、精英和政府都有积极应对，同时也都对其他应对主体寄予极大的希望。一方面，应对主体都基于自身贫困认知，对贫困予以积极的现实应对，试图缓解贫困日趋严重的问题。民众通过自身勤奋劳作、节俭积蓄、转营他业等方式，试图改变自身贫困状态；精英通过周济宗族、救济乡里推动民间慈善活动的开展，并且通过落实政府救济措施以推动政府保障；政府通过调整赋役、减免负担、给予补贴优待、建立仓储和济贫机构、颁布救济法令等方式积极推动对贫民的救济和保障。另一方面，应对主体都对其他主体寄予极大希望，通过文化应对的方式，试图推动其他主体积极参与贫困应对。民众将贫困的责任指向富人和政府，通过制造道德舆论的方式推动精英和政府参与救济；精英和政府均认为民众应当通过自身努力改变贫困境况，通过劝民耕织和劝民积蓄的方式予以推动。精英认为政府应当基于仁政理念进行积极的贫困应对，同时政府应当将此纳入其社会责任之中；政府则基于贫富相交养的理念认为精英应当承担起贫困应对的相应责任。

而考察三个应对主体的具体应对内容，民众的贫困应对因为其话语权缺失而没有较为完整详细的记载，我们仅能从宋人文集或笔记小说中得以探知，精英和政府的贫困应对则能够通过史料记载得以较为清晰地呈现出来。精英的贫困应对以民间慈善为主要内容。主要包括针对宗族姻亲的"宗亲慈善"、针对邻里乡党的"社区慈善"、针对朋友故旧的"周朋恤旧"和基于互惠基础上的"民间互助"四种基本的慈善内容。① 民间慈善活动在北宋尚处于发端时期，是对政府救济的补充，尤其是在政府救济较为不足的乡村，民间慈善发挥了重要的作用。政府的贫困应对以政府保障为主要内容。一方面，针对灾荒的荒政体系，建立了以报灾减灾制度为核心的法律法规体系，以常平仓、义仓为核心的仓储备荒体系，以蠲免、赈给、赈粜、赈贷为核心的救荒措施体系。另一方面，针对贫困的济贫体系，建立了以居养法为核心的有关济贫的法律法规体系，建立了以福田院、居养院为主，以安济坊为辅的济贫设施体系，建立了以医药惠民局为核心的医疗救助体系。② 在北宋贫困应对中，政府保障可以说是处于主导地位的。

其次，从应对方式来看，北宋贫困的应对方式主要包括文化应对和现实应对。文化应对是从思想、文化、心理等方面应对贫困，现实应对是针对贫困采取的具体应对举措。

考察两种贫困应对方式之间的关系，文化应对是现实应对的基础和出发点，现实应对是文化应对的目标和落脚点。对于民众来说，一方面，是对自身贫困境况进行文化阐释和自我精神慰藉，这是民众对自身贫困现状无力改变的情况下的无奈认可，即已经失去了改变贫困的欲望，于是将其归之于宿命论。基于此，民众使自己与当前生活现状达成了妥协，采取消极的方式应对现实的贫困。另一方面，是运用传统的为善仁义思想、功利思想和因果报应思想形成道德舆论以劝善富人，这是民众向富人要求救济的道德基础。对于精英来说，一方面，是运用儒家思想、民间思想、宗教信仰等劝善富者和对贫者进行心灵安抚，基于此，精英主动参与到民间慈善活动之中，推动民间慈善活动在北宋的兴起。另一方面，是主张国家本着仁政思想对贫者进行救济，故此，精英通过上书建言、撰文著书的方式强调政府理应承担救济贫民的社会责任，同时积极推动政府救济的落实和完善。对于政府来说，主要从天人感应的原理出发，通过对主流意识的引导、对宗教信仰的管理和给予贫人温暖、麻痹和移情等手段，以达

① 参见张文：《宋朝民间慈善活动研究》，西南师范大学出版社，2005年版。

② 参见张文：《论两宋社会保障体系的演变脉络》《苏州大学学报（哲学社会科学版）》2015年第2期。

到安抚贫人、稳定统治秩序的目的；现实层面则以优待减负和政府救济的方式为主，还有相应的财政、军政和民政措施

如前所述，宋人贫困认知带有明显的道德性倾向。可以说，道德性特征是推动民众、精英和政府的贫困认知达成一定程度的共识并形成完整的认知结构的重要基础，并奠定了宋朝济贫事业的兴起与社会保障转型的逻辑基础。因此，北宋贫困应对更多是基于道德性的应对。宋政府虽然已经将贫困救济视为其社会责任的一部分，但在实际贫困应对的过程中，仍然是以道德意义为重。精英也是如此，参与贫困应对更多是出于仁义道德和功利思想，其在民间慈善活动中更多注重的是自身道德的完善和地方精英地位的确立问题。如张文教授所说："对于皇帝来说，社会救济仍是一种行仁政的姿态；对于士人来说，是完善自身道德的一种途径；对于民间普通人来说，则是一种行善积德的过程。"①

再次，从应对效果来看，北宋贫困应对达到了一定的效果。贫困成为引起政府和社会广泛关注的社会问题，可见其对于北宋社会造成了较大的影响，甚至影响到了国家统治和社会稳定。但是，北宋167年间，却始终没有发生过全国性的农民战争或民众变乱，以政府保障为核心的贫困应对可以说起了极大的作用。②《宋史·食货志》引用了《文献通考》中一段赞誉仁宗皇帝的话来评价宋朝的贫困应对状况："水旱、蝗螟、饥疫之灾，治世所不能免，然必有以待之，周官'以荒政十有二聚万民'是也。宋之为治，一本于仁厚，凡振贫恤患之意，视前代尤为切至。诸州岁歉，必发常平、惠民诸仓粟，或平价以粜，或贷以种食，或直以振给之，无分主客户。不足，则遣使驰传发省仓，或转漕粟于他路；或募富民出钱粟，酬以官爵，劝谕官吏，许书历为课；若举放以济贫乏者，秋成，官为理偿。又不足，则出内藏或奉宸库金帛，鬻祠部度僧牒；东南则发运司岁漕米或数十万石，或百万石济之。赋租之未入、入未备者，或纵不取，或寡取之，或倚阁以须丰年。宽逋负，休力役，赋入之有支移、折变者省之，应给蚕盐若和籴及科率追呼不急、妨农者罢之。薄关市之征，鬻牛者免算，运米舟车除沿路力胜钱。利有可与民共者不禁，水乡则蠲蒲、鱼、果、

---

① 张文：《宋朝社会救济研究》，西南师范大学出版社，2001年，第375页。

② 参见李华瑞：《宋代的社会保障与社会稳定》《探索与争鸣》2016年第3期。

蔬之税。选官分路巡抚，缓囚系，省刑罚。"① 从该段言论中，可见北宋贫困应对取得了极高的成就，对于北宋社会稳定发展有着重要的作用。

但同时，我们也不能过高估计北宋贫困应对的效果。其一，在初次分配不公平的前提下，以调整再分配为主的贫困应对必然是效果有限的；其二，在时代的局限之下，宋人在对贫困的认知上是存在一定误差的，以认知为基础的应对必然会存在一定的错位；其三，在集权的等级社会之下，贫困应对效果要受到权力限制，同时统治者的施政能力、官员的执行力度、社会成员个体的品性能力等都会影响到贫困应对的效果。并且，贫困应对在不同范畴内的效果也是不同的，我们可以以城市和乡村、体制内和体制外两个维度来看北宋贫困应对的不同效果。

从城乡来看，北宋对于贫困的应对是极不平衡的。以政府应对来看，一方面，在赋役摊派上，乡村负担较之城市更重。其中，最突出的即是差役的摊派，仅限于乡村户，城市坊郭户虽然也有商税、科配等负担，但如司马光所说，"但闻有因役破产者，不闻因税破产者"，② 可见乡村户的负担和风险远高于城市坊郭户。即便是神宗时期变差役法为募役法，城市坊郭户交纳的"助役钱"也仅为乡村户的一半，③ 可见政府在赋役摊派上是较为优待城市的。另一方面，在政府救济上，主要资源也是向城市倾斜的。北宋建立了以常平仓、广惠仓、义仓等为代表一系列备荒仓储，还有以福田院、居养院、安济坊、漏泽园等为代表的一系列济贫福利机构，但基本都是设置在县级以上的城市中，以救助城市居民为主要任务。故时人说，"诸处赈济多止及于城市而不及乡野"，④ 在此情况下，政府的贫困应对在城市所收成效自然比乡村更好。但同时，城市中较为完善的政府救济措施也会吸引更多的乡村人口流入城市，如仁宗朝，刘敞所奏："臣伏见城中近日流民众多，皆扶老携幼，无复生意。问其所从来，或云久旱耕种失业，或云河溢田庐荡尽。窃闻圣慈悯其如此，多方救济，此诚陛

① [元]脱脱等：《宋史》卷178《食货志上六》，中华书局，1977年点校本，第4837页。
② [宋]司马光：《涑水记闻》卷15《李戒建言募人充役》，中华书局，1989年点校本，第305页。
③ 参见漆侠：《王安石变法》，上海人民出版社，1959年版，第117页。
④ [清]俞森：《荒政丛书》卷3《屠隆荒政考》，文渊阁四库全书本。

下为民父母之意。"① 这必然会进一步加重城市贫困应对的难度和负担。而作为政府应对的补充，精英应对在乡村则更有效。因为乡村是"熟人"的社会，其慈善是封闭性慈善，即出于宗亲邻里的认同感和乡里的舆论及现实压力，精英会更多参与贫困救济。而城市是"陌生人"的社会，其慈善是开放性慈善，即由于血缘和邻里关系较为疏远，精英参与贫困救济更多是出于善心。② 在此情况下，乡村的民间慈善一般较之城市发展得更好。此外，从民众个体的贫困应对来说，城市中商品经济繁荣，大量的就业机会吸引乡村贫困人口涌入谋生，同时城市中的济贫措施和福利机构也吸引乡村贫困人口进入以等待政府救济。即便是在乡村中务农的佃农和小自耕农，很多也会选择兼营雇工或贩卖商品到城市，以补贴家计。因此，总的来说，北宋贫困应对在城市的成效是高于乡村的。

从体制内外来看，体制内贫困群体得到的保障明显优于体制外贫困群体。体制内按照身份等级和政治权力进行正当的财富分配，同时，低等级人员还要受到高等级人员的盘剥和压榨，因此也产生了数量庞大的贫困群体，主要包括贫困宗室、中下层官吏和普通士兵。对于贫困宗室，宗室本已享有丰厚的待遇，宋政府对于贫困的宗室也还有相应的救济，如对"宗室系祖免亲以外两世，祖、父俱亡而无官，虽有官而未厘务者，各贫不能给者，委大宗正司及所在官司常切体访，保明闻奏，支破钱米"。③ 而对宗室中"孤幼无依及尤贫失所者，不以世数，所在具名闻奏，当议特加存恤"。④ 后崇宁三年（1104 年）还下诏设立敦宗院，养济宗室。⑤ 对于中下层官吏，政府一方面提高官吏俸禄，另一方面给予一定的救济，如助葬及抚恤遗属、资助赴任及归乡旅费等。⑥ 对于普通士兵，政府一方面在正俸之外给予一定的补贴和赏赐，另一方面给予一定的抚恤和安置，这主要针对伤亡士卒和退伍士兵。总的来说，体制内的贫困群体能够得到政府给予的相对稳定和长期的救济与保障。体制外人员通过商品市场进行财富分配，大量个人能力与社会资源不足、与权力无法连接的社会中下层在

---

① ［宋］刘敞：《上仁宗论水旱之本》，收录于赵汝愚编：《宋朝诸臣奏议》卷 40，上海：上海古籍出版社，1999 年，第 410 页。

② 参见张文：《社区慈善：两宋民间慈善活动的空间结构》，《中国社会经济史研究》2005 年第 4 期。

③ ［清］徐松辑：《宋会要辑稿》帝系 5 之 8，上海古籍出版社，2014 年点校本，第 117 页。

④ ［清］徐松辑：《宋会要辑稿》帝系 4 之 34，上海古籍出版社，2014 年点校本，第 117 页。

⑤ ［清］徐松辑：《宋会要辑稿》职官 20 之 34-35，上海古籍出版社，2014 年点校本，第 3581-3583 页。

⑥ 参见张文：《宋朝社会救济研究》，西南师范大学出版社，2001 年版，第 263-267 页。

市场竞争中处于不利地位，陷入贫困状态，主要包括乡村下户和客户、城市小工商业者和雇工等。政府对于这些贫困群体的救济，前面已经有较多讨论。对比政府对于体制内外贫困的应对，很明显可以看到，政府对于体制内的救济更加长效稳定，保障经费也更加充足；对体制外的救济则会受到经费所限而难以保证其稳定持续性。同时，以贫困人口数量来看，体制外贫困群体必然远远多于体制内贫困群体，在本身经费有限的情况下，落实到贫困个体的救济份额自然就更少了。因此，总的来说，北宋贫困应对在体制内的成效是高于体制外的。

# 余　论

　　行文至此，有必要在前文的论述基础上对本书的立论基础和问题缘起进行一定的回应。

　　在学界对宋朝历史的研究中，长期存在两种主要的论断：一是把宋朝视为积贫积弱的代名词，战乱不断、武力不振、冗官冗兵、财政紧张，这些都是给宋朝贴上的标签；二是把宋朝视为中国古代社会发展的高峰，因其制度变革、经济发展、文化繁荣等特点突出。通过对北宋贫困问题进行系统考察，我们更能清楚地透过表象探析北宋社会的实际情况。可以说，贫困是北宋社会的普遍现象，是在社会经济发展、城市经济繁荣和社会财富大幅度增长的同时日益凸显的社会性问题。而这个社会性问题，是在社会变革的背景下产生的。

　　社会变革可以说是一把双刃剑，其一方面会打破原有社会格局，推动社会快速发展，增强社会流动性，给予更多人向上流动的机会；但另一方面，其亦会加大社会竞争，扩大贫富差距，暴露出更多社会问题。唐宋变革亦是如此。在商品经济发展的推动下，唐宋变革以制度变迁、城市发展、文化繁荣为表征，而掩盖于社会发展与变动之下的社会问题却较少引起关注。由魏晋到隋唐，国家与社会是"一体化"的关系，由于均田制、府兵制与官市制等制度的存在，社会各阶层均依托于国家体制之下。唐代施行两税法后，这样的国家社会一体化格局开始松动。至宋，国家取消授田，土地自由买卖，工商自谋出路，都意味着旧有格局被打破，国家与社会分离，原来均依附于国家体制的各阶层被区分为体制内与体制外两部分。体制内外的分化，在社会结构层面表现为阶层分化，这在很大程度上打破了原来完全由政治身份所决定的阶层固化现象，推动了人身依附关系的松弛，加大了社会流动性，给了社会下层向上流动的机会。与此同时，体制内外的分化，在财富分配层面表现为双轨制的分配方式，即体制内仍然依靠权力等级分配财富，体制外则依靠市场进行财富分配。而由于集权社会之下的"公域"与"私域"并不泾渭分明,政治权力对市场干预严重。在不完全的市场竞争中,体制内人员和体制外与权力相连接的势力群体自然可以获取更多财富,而远离权力中心又市场竞争力不足的社会下层则在财富分配格局中处于完全不利的地位,愈发贫困。因此,体制分化也可以说是一把双刃剑,一方面带来更多社会流动的机会,另一方面也加深了社会下层的贫困程度,进一步扩大了贫困人群。

具体到不同的贫困类型,可以看到,在唐宋变革与体制分化的背景下,贫困在北宋社会呈现出了新的时代特点。

其一,社会性贫困。在传统的国家社会一体化格局下,社会各阶层是按照政治身份来划分等级和财富的,低等级的贫困被认为是理所应当的。至宋,国家与社会的关系变动,社会各阶层被划分为体制内外两大类别。体制内仍然按照政治身份进行等级划分和财富分配,其分配比重明显向中高等级倾斜,而人数占据极大比例的低级人员一方面获得的正当收入较低,另一方面还要承受高等级人员的盘剥,造成体制内贫困问题。体制外,乡村的地主、农民和城市中的工商业者从体制中被析出,需要通过商品市场分配财富。乡村中,由于土地制度变化推动土地兼并,出现了严重的贫富分化,土地向中上层地主集中,相当部分的农民丧失部分或全部的土地,成为半自耕农或佃农,并成为北宋社会性贫困者的主要组成部分;城市中,商品经济繁荣也造成严重的贫富分化,财富大量向中上层工商业者集中,大量小工商业者、雇工和进城农民则要遭受来自市场竞争中的资本剥削和体制内的权力剥削,成为城市中的社会性贫困者。可见,社会性贫困是在体制分化之下出现的新的社会类别。

其二,环境性贫困。一方面,在社会经济空前发展的推动下,北宋人口大幅度增长,户均耕地严重不足,社会亟需更多的土地以满足需求。同时,土地兼并之下社会各阶层对于土地都有着极高的渴望,因此,北宋社会兴起了大举向山区和湖泊进发的垦荒行动。因此,原本不利于农业生产的低质量土地大量被垦为耕地,受到地理环境限制而影响生产和生活的贫困者增多,成为了一个新的社会类别即地理性贫困者。另一方面,人口的增长,垦荒行动对山区湖泊的侵占,在一定程度上会增加环境的压力,亦有可能会增加灾害的发生频次。同时,自然环境较为恶劣的区域往往也是灾害频发的地区,地理性贫困者的增多,自然也会带来因为灾害而影响生产生活的灾害性贫困者的增多。再加上社会性贫困和个体性贫困问题，这些在常态下已经难以积蓄的贫困群体，一旦面临灾害时则更加难以抵御，往往陷入更加困难的境地。

其三，个体性贫困。以最具典型性的乡村为例，早在汉唐时期，以"鳏寡孤独癃老疾废"为代表的贫困群体已然存在，并有较多相关的讨论。但在传统的家族制度、乡里制度和政府授田制度之下，他们一方面是受到束缚的，另一方面也可以得到较为稳定的血缘和地缘保障。因此，个体性贫困虽然早已存在，但却并未成为一个引起广泛关注的社会类别。由唐入宋，在土地制度变化的推动下，农民失去了较为稳定的土地保障，人与土地的联系相对减弱，同时，在家庭组织结构和社会基层组织结构变动的情况下，农民对家族和乡里的人身依附关系也相对松弛。这一方面减轻了农民被强制套上的束缚和枷锁，另一方面也弱化了原有的血缘和地缘保障。在此情况下，乡村中的老幼妇残等弱势群体，因为不再能够得到政府授田而从体制中被析出，同时其中的相当一部分人还从弱化的血缘和地缘保障范围内被析出，其贫困问题自然格外突出，成为北宋社会的一个新的社会类别并引起广泛关注。

可见，通过对北宋贫困类型的考察，可以更加具体地探析唐宋变革之下社会转型期的时代特点。同时，以贫困为切入点来看中国古代社会历史发展线索，我们可以发现，贫困是伴随着中国传统社会发展始终的。而宋朝是中国传统社会贫困问题大规模发生的朝代，如梁其姿教授所言，"大体而言，在宋以前，虽然贫富的差别在中国社会一直是明显的经济现象，但'贫穷'并不构成一个需要解决的特殊经济社会问题"。[①] 面对这样的新的社会类别，无论民众还是朝野，都进行了一定的思索、认知和应对。在社会变革之下，人们的观念也必然发生转变，形成新的社会思潮。基于观念的转变，民众、精英和政府对贫困问题形成了不同层面的认知体系，并且共同构建了宋朝济贫事业兴起与社会保障转型的逻辑基础。因此，以政府保障、民间慈善和民众自救为主的贫困应对方式，共同推动了宋朝济贫事业兴起与社会保障的转型，一方面形成了政府性社会保障的建设高峰，建成了一套从灾荒救助到贫困救助的完整体系；另一方面也推动了民间慈善的兴起，"形成了以血缘慈善、地缘慈善为核心的民间社会保障体系"。[②] 可以说，宋朝开创了中国传统社会面对贫困问题的新传统，

---

① 梁其姿：《施善与教化：明清的慈善组织》，北京师范大学出版社，2013年版，第11页。

② 张文：《宋朝社会保障的成就与历史地位》，《中国人民大学学报》2014年第1期。

这对此后的元、明、清三代在贫困问题上的认知和应对有着重要的影响。与此同时，由于北宋贫困的根源来自社会变革与体制分化之下的财富初次分配不公，因此，以调节财富再分配为主要手段的贫困应对在效果上必然是极为有限的。但考虑到其时代局限性，我们也不应苛求古人，而应该充分认识到其贫困应对的积极意义。

# 附　录

## 一、图表目录

# 二、参考文献

## （一）古籍

[1]［汉］司马迁：《史记》，中华书局，1959年点校本。

[2]［汉］郑玄注，［唐］贾公彦疏：《周礼注疏》，北京大学出版社，2000年点校本。

[3]［汉］孔安国传，孔颖达疏：《尚书正义》，北京大学出版社，2000年点校本。

[4]［后晋］刘昫等：《旧唐书》，中华书局，1975年点校本。

[5]［宋］李焘：《续资治通鉴长编》，中华书局，1979年点校本。

[6]［宋］范仲淹：《范文正公集》，中华书局，1985年丛书集成本。

[7]［宋］包拯：《包拯集校注》，黄山书社，1999年点校本。

[8]［宋］欧阳修：《归田录》，中华书局，1997年点校本。

[9]［宋］欧阳修：《欧阳修全集》，中华书局，2001年点校本。

[10]［宋］司马光：《资治通鉴》，中华书局，1956年点校本。

[11]［宋］司马光：《涑水记闻》，中华书局，1989年点校本。

[12]［宋］司马光：《司马文正公传家集》，商务印书馆，1937年《万有文库》本。

[13]［宋］司马光：《司马温公集编年笺注》，巴蜀书社，2009年点校本。

[14]［宋］苏洵：《嘉祐集》，四部丛刊本。

[15]［宋］苏轼：《苏轼诗集》，中华书局，1982年点校本。

[16]［宋］苏轼：《苏轼文集》，中华书局，1986年点校本。

[17]［宋］苏辙：《栾城集》，上海古籍出版社，1987年。

[18]［宋］苏颂：《苏魏公文集》，文渊阁四库全书本。

[19]［宋］董煟：《救荒活民书》，文渊阁四库全书本。

[20]［宋］夏竦：《文庄集》，文渊阁四库全书本。

[21][宋]毕仲游：《西台集》，中华书局，1985年影印本。

[22][宋]郑侠：《西塘集》，文渊阁四库全书本。

[23][宋]王安石：《临川先生文集》，中华书局，1959年点校本。

[24][宋]胡仔：《苕溪渔隐丛话》，中华书局，1985年丛书集成本。

[25][宋]张九成：《张九成集》，浙江古籍出版社，2013年点校本。

[26][宋]赵汝愚编：《宋朝诸臣奏议》，上海古籍出版社，1999年点校本。

[27][宋]梅尧臣：《梅尧臣集编年校注》，上海古籍出版社，2006年。

[28][宋]李昌龄、郑清之等注：《太上感应篇集释》，中央编译出版社，2016年。

[29][宋]王辟之：《渑水燕谈录》，上海古籍出版社，2012年点校本。

[30][宋]刘一止：《苕溪集》，文渊阁四库全书本。

[31][宋]刘宰：《漫塘文集》，文渊阁四库全书本。

[32][宋]楼钥：《攻媿集》，中华书局，1985年丛书集成本。

[33][宋]龚明之：《中吴纪闻》，上海古籍出版社，1986年点校本。

[34][宋]程颢、程颐：《二程集》，中华书局，1981年点校本。

[35][宋]吴自牧：《梦粱录》，中华书局，1985年丛书集成本。

[36][宋]洪迈：《夷坚志》，中华书局，1981年点校本。

[37][宋]黄庭坚：《黄庭坚全集》，四川大学出版社，2001年点校本。

[38][宋]张耒：《张耒集》，中华书局，1998年点校本。

[39][宋]吕陶：《净德集》，中华书局，1985年丛书集成本。

[40][宋]李之彦：《东谷所见》，中华书局，1991年丛书集成本。

[41][宋]窦仪等：《宋刑统》，法律出版社，1999年点校本。

[42][宋]陈傅良：《陈傅良文集》，浙江大学出版社，1999年点校本。

[43]《名公书判清明集》，中华书局，1987年点校本。

[44][宋]窦仪等：《宋刑统》，法律出版社，1999年点校本。

[45][宋]吕祖谦：《吕祖谦全集》，浙江古籍出版社，2008年点校本。

[46][宋]刘斧：《青琐高议》，上海古籍出版社，2012年《历代笔记小说大观》本。

[47][宋]林虙：《两汉诏令》，文渊阁四库全书本。

[48][宋]李昉：《太平御览》，中华书局，1960年影印本。

[49][宋]刘克庄：《后村集》，四部丛刊景旧钞本。

[50][宋]陈起：《江湖后集》，文渊阁四库全书本。

[51][宋]彭龟年：《止堂集》，中华书局，1985年丛书集成本。

[52][宋]胡寅：《读史管见》，岳麓书社，2011年。

[53][宋]孟元老著，邓之诚注：《东京梦华录注》，中华书局，1982年。

[54][宋]石介：《石徂徕集》，中华书局，1984年点校本。

[55][宋]朱翌：《猗觉寮杂记》，中华书局，1985年丛书集成本。

[56][宋]王得臣：《麈史》，上海古籍出版社，1986年《宋元笔记丛书》本。

[57][宋]王禹偁：《小畜集》，商务印书馆，1936年万有文库本。

[58][宋]华岳：《翠微南征录》，四部丛刊本。

[59][宋]徐照：《芳兰轩诗钞》，商务印书馆，1936年《万有文库》本。

[60][宋]张伯行：《道统录》，中华书局，1985年丛书集成本。

[61][宋]何梦桂：《何梦桂集》，浙江古籍出版社，2011年点校本。

[62][宋]李元弼：《作邑自箴》，四部丛刊本。

[63][宋]程珌：《程端明公洺水集》，《宋集珍本丛刊》。

[64][宋]陈普：《石堂先生遗集》，明万历三年薛孔洵刻本。

[65][宋]张载：《张载集》，中华书局，1978年点校本。

[66][宋]黎靖德编：《朱子语类》，中华书局，1986年。

[67][宋]李觏：《李觏集》，中华书局，1981年点校本。

[68][宋]韩琦：《韩魏公集》，中华书局，1985年丛书集成本。

[69][宋]赵善璙：《自警篇》，中华书局，1985年丛书集成本。

[70][宋]吕陶：《净德集》，中华书局，1985年丛书集成本。

[71][宋]汪应辰：《文定集》，中华书局，1985年丛书集成本。

[72][宋]刘邠：《彭城集》，中华书局，1985年丛书集成本。

[73][宋]何薳：《春渚纪闻》，中华书局，1983年。

[74][宋]李子仪：《姑溪居士后集》，中华书局，1985年点校本。

[75][宋]袁采：《袁氏世范》，中华书局，1985年丛书集成本

[76][宋]李心传：《建炎以来系年要录》，中华书局，1985年影印本。

[77][宋]陈舜俞：《都官集》，文渊阁四库全书本。

[78][宋]委心子：《新编分门古今类事》，中华书局，1987年。

[79][宋]吕午：《左史谏草》，商务印书馆，文渊阁四库全书本。

[80][宋]王炎：《双溪类稿》，文渊阁四库全书本。

[81][宋]蔡襄：《蔡襄集》，上海古籍出版社，1996年。

[82][宋]吴箕：《常谈》，中华书局，1985年。

[83][宋]吕南公：《灌园集》，文渊阁四库全书本。

[84][宋]吴潜：《许国公奏议》，中华书局，1985年。

[85][宋]谢逸：《溪堂集》，文渊阁四库全书本。

[86][宋]周淙：《乾道临安志》，中华书局宋元方志丛刊本，1990年。

[87][宋]施谔：《淳祐临安志》，中华书局宋元方志丛刊本，1990年。

[88][宋]潜说友：《咸淳临安志》，中华书局宋元方志丛刊本，1990年。

[89][宋]范成大：《吴郡志》，中华书局宋元方志丛刊本，1990年。

[90][宋]项公泽：《淳祐玉峰志》，中华书局宋元方志丛刊本，1990年。

[91][宋]谢公应：《咸淳玉峰续志》，中华书局宋元方志丛刊本，1990年。

[92][宋]史弥坚：《嘉定镇江志》，中华书局宋元方志丛刊本，1990年。

[93][宋]史能之：《咸淳毗陵志》，中华书局宋元方志丛刊本，1990年。

[94][宋]梁克家：《淳熙三山志》，中华书局宋元方志丛刊本，1990年。

[95][宋]罗愿：《新安志》，中华书局宋元方志丛刊本，1990年。

[96][宋]施宿：《嘉泰会稽志》，中华书局宋元方志丛刊本，1990年。

[97][宋]张淏：《宝庆会稽续志》，中华书局宋元方志丛刊本，1990年。

[98][宋]周应合：《景定建康志》，中华书局宋元方志丛刊本，1990年。

[99][宋]钱可则：《景定严州续志》，中华书局宋元方志丛刊本，1990年。

[100][宋]罗濬：《宝庆四明志》，中华书局宋元方志丛刊本，1990年。

[101][宋]谈钥：《嘉泰吴兴志》，中华书局宋元方志丛刊本，1990年。

[102][宋]方回：《古今考》，文渊阁四库全书本。

[103][元]脱脱等：《宋史》，中华书局，1977年点校本。

[104][元]马端临：《文献通考》，中华书局，1986年影印本。

[105][元]袁桷：《延祐四明志》，中华书局，1990年《宋元方志丛刊》影印本。

[106][明]黄淮，杨士奇编：《历代名臣奏议》，上海古籍出版社，1989影印本。

[107][明]陈仁锡：《无梦园初集》，明崇祯六年刻本。

[108][清]董诰等：《全唐文》，中华书局，1983年。

[109][清]徐松辑：《宋会要辑稿》，上海古籍出版社，2014年点校本。

[110][清]沈垚：《落帆楼文集》，民国吴兴丛书本。

[111][清]彭定求等编：《全唐诗》，中华书局，1960年。

[112][清]赵翼：《廿二史札记校证》，中华书局，1984年。

[113][清]王夫之：《读通鉴论》，中华书局，1975年。

[114][清]俞森：《荒政丛书》，文渊阁四库全书本。

[115][清]王念孙著，钟宇讯点校：《广雅疏证》，中华书局，1983年。

[116][清]毕沅：《续资治通鉴》，岳麓书社，1992年点校本。

[117]傅璇琮主编：《全宋诗》，北京大学出版社，1998年。

[118]曾枣庄，刘琳主编：《全宋文》，上海辞书出版社、安徽教育出版社，
　　　2006年。

[119]傅惜华选注：《宋元话本集》，四联出版社，1955年。

[120]《中华野史》编委会编：《中华野史》，三秦出版社，2000年。

[121]曾枣庄，舒大刚主编：《三苏全集》，语文出版社，2001年。

## （二）现代专著

[1][法]米歇尔·福柯：《规训与惩罚：监狱的诞生》，三联书店，1999年。

[2][美]白凯：《中国的妇女与财产（960-1949）》，上海书店出版社，2003
　　年。

[3][美]柏文莉：《权力关系：宋代中国的家族、地位与国家》，江苏人民出
　　版社，2015年版。

[4][美]包弼德：《宋代研究工具书刊指南》，广西师范大学出版社，2008
　　年。

[5][美]亨利·乔治：《进步与贫困》，商务印书馆，2010年。

[6][美]罗纳德·德沃金：《至上的美德：平等的理论与实践》，江苏人民出
　　版社，2012年版。

[7][美]马丁·瑞沃林：《贫困的比较》，北京大学出版社，2005年。

[8][美]史蒂芬·M，博杜安：《世界历史上的贫困》，商务印书馆，2015年。

[9][美]田浩编：《宋代思想史论》，社会科学文献出版社，2003年。

[10][日]夫马进：《中国善会善堂史》，商务印书馆，2005年。

[11][日]平田茂树、远藤隆俊、冈元司编：《宋代社会的空间与交流》，河南

大学出版社，2008年。

[12][日]斯波义信：《宋代江南经济史研究》，江苏人民出版社，2011年。

[13][日]斯波义信：《宋代商业史研究》，台北：稻禾出版社，1997年。

[14][印度]阿玛蒂亚·森：《贫困与饥荒》，商务印书馆，2001年。

[15][英]迈克尔·佩罗曼：《资本主义的诞生》，广西师范大学出版社，2001年版。

[16][英]托马斯·孟，[英]尼古拉斯·巴尔本，[英]达德利·诺思：《贸易论》，商务印书馆，1982年版。

[17]包伟民：《宋代城市研究》，中华书局，2014年。

[18]包伟民：《宋代地方财政史研究》，上海古籍出版社，2001年。

[19]包伟民主编：《宋代制度史研究百年 1900-2000》，商务印书馆，2004年。

[20]曹家齐：《宋代交通管理制度研究》，河南大学出版社，2002年。

[21]岑大利：《中国乞丐史》，台湾文津出版社，1992年。

[22]车迎新主编：《宋代货币研究》，中国金融出版社，1995年。

[23]陈国灿：《南宋城镇史》，人民出版社，2009年。

[24]陈志英：《宋代物权关系研究》，中国社会科学出版社，2006年。

[25]程民生：《宋代地域经济》，河南大学出版社，1992年。

[26]程民生：《宋代地域文化》，河南大学出版社，1997年。

[27]程民生：《宋代人口问题考察》，河南人民出版社，2013年。

[28]程民生：《宋代物价研究》，人民出版社，2008年。

[29]戴建国：《宋代法制初探》，黑龙江人民出版社，2000年。

[30]戴建国：《宋代刑法史研究》，上海人民出版社，2008年。

[31]邓云特：《中国救荒史》，武汉大学出版社，2012年。

[32]方宝璋：《宋代财经监督研究》，中国审计出版社，2001年。

[33]方宝璋：《宋代经济管理思想与当代经济管理》，中国言实出版社，2008年。

[34]傅宗文：《宋代草市镇研究》，福建人民出版社，1989年。

[35]高聪明：《宋代货币与货币流通研究》，河北大学出版社，2000年。

[36]高楠：《宋代民间财产纠纷与诉讼问题研究》，云南大学出版社，2009年。

[37]葛金芳：《南宋全史·社会经济与对外贸易卷》，上海古籍出版社，2012年。

[38]龚延明：《宋代官制辞典》，中华书局，1997年。

[39]官性根:《宋代成都府政研究》,巴蜀书社,2010年。

[40]郭东旭:《宋代法制研究》,河北大学出版社,1997年。

[41]何忠礼:《南宋全史·政治、军事和民族关系卷》,杭州大学出版社,
1999年。

[42]何忠礼:《宋代政治史》,浙江大学出版社,2007年。

[43]何竹淇编:《两宋农民战争史料汇编》,中华书局,1976年。

[44]黄纯艳:《宋代财政史》,云南大学出版社,2013年。

[45]贾玉英:《宋代监察制度》,河南大学出版社,1996年。

[46]姜密:《宋代"系官田产"研究》,中国社会科学出版社,2006年。

[47]姜锡东:《宋代商人和商业资本》,中华书局,2002年。

[48]李华瑞:《宋代救荒史稿》,天津古籍出版社,2014年。

[49]李景寿:《宋代商税问题研究》,云南大学出版社,2005年。

[50]李晓:《宋代工商业经济与政府干预研究》,中国青年出版社,2000年。

[51]梁庚尧:《南宋的农村经济》,新星出版社,2006年。

[52]梁庚尧:《宋代社会经济史论集》,允晨文化,1997年。

[53]吕志兴:《宋代法律体系与中华法系》,四川大学出版社,2009年。

[54]吕志兴:《宋代法制特点研究》,四川大学出版社,2001年。

[55]苗书梅、葛金芳等:《南宋全史·典章制度卷》,上海古籍出版社,2012年。

[56]苗书梅:《宋代官员选任和管理制度》,河南大学出版社,1996年。

[57]聂崇歧:《宋史丛考》,中华书局,1980年。

[58]宁欣:《唐宋都城社会结构研究——对城市经济与社会的关注》,商务印
书馆,2009年。

[59]漆侠:《宋代经济史》,中华书局,2009年。

[60]漆侠主编:《辽宋西夏金代通史》,人民出版社,2010年。

[61]秦晖:《耕耘者言:农民学文集》,山东教育出版社,1999年。

[62]秦晖:《田园诗与狂想曲——关中模式与前近代社会的再认识》,中央编
译出版社,1996年。

[63]邱云飞著,袁祖亮主编:《中国灾害通史》(宋代卷),郑州大学出版
社,2008年。

[64]屈超立:《宋代地方政府民事审判职能研究》,巴蜀书社,2003年。

[65]曲彦斌：《中国乞丐史》，上海文艺出版社，1990年。

[66]沈宗宪：《国家祀典与左道妖异——宋代信仰与政治关系之研究》，国立台湾师范大学历史研究所博士论文，2000年。

[67]石涛：《北宋时期自然灾害与政府管理体系研究》，社会科学文献出版社，2010年。

[68]宋瑞熙：《宋代社会研究》，中州书画社，1983年。

[69]苏金源、李春圃编：《宋代三次农民起义史料汇编》，中华书局，1963年。

[70]粟品孝：《南宋军事史》，上海古籍出版社，2012年。

[71]孙达人：《中国古代农民战争史》，陕西人民出版社，1980年。

[72]孙洪涛：《中国流民史·古代卷》，安徽人民出版社，2001年。

[73]孙祚民主编：《中国农民战争史》，湖北人民出版社，1989年。

[74]谭诗斌：《现代贫困学导论》，湖北人民出版社，2012年。

[75]汪圣铎：《两宋财政史》，中华书局，1995年。

[76]汪圣铎：《两宋货币史》，社会科学文献出版社，2003年。

[77]王曾瑜：《宋朝阶级结构研究》，河北教育出版社，1996年。

[78]王隶：《宋代经济史稿》，长春出版社，2001年。

[79]王菱菱：《宋代矿冶业研究》，河北大学出版社，2005年。

[80]王书奴：《中国娼妓史》，上海三联书店，1988年。

[81]王云海主编：《宋代司法制度》，河南大学出版社，1992年。

[82]魏天安：《宋代行会制度史》，东方出版社，1997年。

[83]吴松弟：《南宋人口史》，上海古籍出版社，2008年。

[84]吴晓亮主编：《宋代经济史研究》，云南大学出版社，1994年。

[85]邢铁：《宋代家庭研究》，上海人民出版社，2005年。

[86]徐吉军：《南宋都城临安》，杭州出版社，2008年。

[87]杨果：《中国俸禄制度史》，武汉大学出版社，1996年。

[88]杨万里：《宋词与宋代的城市生活》，华东师范大学出版社，2006年。

[89]杨晓红：《宋代民间信仰与政府控制》，西南交通大学出版社，2010年。

[90]杨宇勋：《取民与养民：南宋的财政收支与官民互动》，国立台湾师范大学历史研究所印行，2003年。

[91]杨宇勋：《先公庚后私家——宋朝赈灾措施及其官民关系》，台北：万卷

楼图书股份有限公司，2013年。

[92]姚瀛艇等编：《宋代文化史》，河南大学出版社，1992年。

[93]伊永文：《行走在宋代的城市 宋代城市风情图记》，中华书局，2005年。

[94]衣川强：《宋代文官俸给制度》，台湾商务印书馆，1977年。

[95]游彪：《宋代寺院经济史稿》，河北大学出版社，2003年。

[96]张邦炜：《婚姻与社会 宋代》，四川人民出版社，1989年。

[97]张邦炜：《宋代政治文化史论》，人民出版社，2005年。

[98]张帆：《现代性语境中的贫困与反贫困》，人民出版社，2009年。

[99]张剑、吕肖奂、周扬波：《宋代家族与文学研究》，中国社会科学出版社，2009年。

[100]张金花：《宋诗与宋代商业》，河北教育出版社，2006年。

[101]张锦鹏：《宋代商品供给研究》，云南大学出版社，2003年。

[102]张其凡：《宋代人物论稿》，上海人民出版社，2009年。

[103]张全明：《两宋生态环境变迁史》，中华书局，2015年。

[104]张文：《宋朝民间慈善研究》，西南师范大学出版社，2005年。

[105]张文：《宋朝社会救济研究》，西南师范大学出版社，2001年。

[106]张文：《中国古代乡村社会保障问题研究》，西南师范大学出版社，2015年。

[107]赵靖主编：《中国经济思想通史》，北京大学出版社，2002年。

[108]赵晓耕：《宋代官商及其法律调整》，中国人民大学出版社，2001年。

[109]周宝珠：《宋代东京研究》，河南大学出版社，1992年。

[110]周怡：《解读社会：文化与结构的路径》，社会科学文献出版社，2004年。

[111]朱瑞熙：《中国政治制度通史》（宋代卷），社会科学文献出版社，2011年。

# 后　记

　　本书是在博士论文基础上略加修润而成的。转眼博士毕业已是五年，一直犹豫是否将其出版。既希望给自己求学以来最用心的成果画上一个句号，又担心文章太过粗劣贻笑大方。2021 年我在博士论文基础上拟定选题《宋代贫富冲突与调控机制研究》，有幸获得国家社科基金项目立项资助。在推进课题研究的过程中，我还是鼓起勇气决定将论文修改成书，既是对自己过去研究阶段的总结，也是作为我后续课题研究的支撑。

　　虽然拙作疏漏不足之处甚多，但也是自己努力完成的成果，更要感恩诸多师友与亲朋的帮助。在此，我诚挚地向他们表示感谢。

　　首先，感谢我的导师张文教授和师母卢渝宁老师。不论是硕博求学期间，还是离校工作之后，老师和师母都如同我的父母一般，给予我关怀和帮助。从为人处世到生活态度，从治学到工作，老师和师母都言传身教，让我获益匪浅，终生受用。老师儒雅仁厚、治学严谨、学识渊博、幽默风趣，一直是我心中历史学者的完美典范。从博士论文的选题、构思到撰写、修改至最终定稿，处处凝聚着老师的心血。在我写作遇到瓶颈与困难时，老师总是高屋建瓴，适时给予指导和点拨，为我的写作保驾护航。学生资质驽钝，又时而懈怠，未能很好完成老师的期许，深感歉疚。

　　其次，感谢各位师友的指导与帮助。包伟民老师、黎小龙老师、喻学忠老师、马强老师、朱圣钟老师、曾现江老师、李文学老师在我的论文选题、写作和修改过程中，都给予我很多宝贵的建议与意见，深表感谢！同时，也非常感谢师门的师兄、师弟、师妹们的照应与帮助。论文写作和校对时多得王碧、李娟娟、孙丰琛、夏悦、韩晓玲、吴晓玲、易剑龙、高兰兰等同门的大力支持与帮助。

　　再次，感谢我的家人和朋友的支持。当初放弃工作回到学校读书，在很多人看来这是需要很大勇气的事，万幸得到了家人和朋友的支持帮助。读书三年半，不能够给予家里经济上的支撑，父母也充分体谅我。尤其是我的母亲，为了支持我追求梦想，付出和牺牲了太多。遗憾的是，读博期间，奶奶离世了。而在本书出版校对时，父亲也因病去世。这本书，也是献给奶奶和父亲的最有诚意的礼物，希望我依然是他们的骄傲。同时，亲友们在我求学和工作生活中给予了诸多支持和帮助，无法一一列出，只能在此一并表示感谢！

最后，本书的出版还得益于吉林大学出版社、西南大学出版社老师的帮助，深表感谢！

康文籍

2022 年 10 月